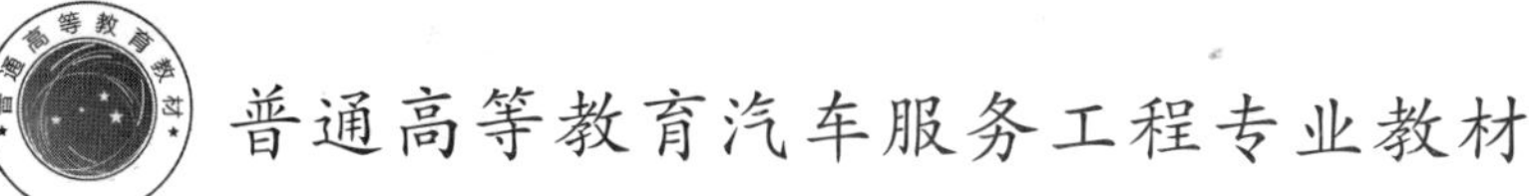

普通高等教育汽车服务工程专业教材

汽车诊断与检测技术

（第5版）

张建俊　主　编
张　圣　副主编
李建民　主　审

人民交通出版社股份有限公司
北京

内 容 提 要

本书是普通高等教育汽车服务工程专业教材。全书分为六章，以在用汽车不解体诊断与检测技术为主，分别介绍了汽车诊断与检测技术基础知识、汽车检测站、发动机诊断与检测、底盘诊断与检测、整车诊断与检测和新能源汽车诊断与检测等内容。

本书可作为高等院校汽车服务工程、交通运输等专业的教材，也可作为高职高专院校汽车类专业的教材，以及从事汽车诊断、检测与维修相关技术人员的参考资料。

图书在版编目(CIP)数据

汽车诊断与检测技术/张建俊主编. —5版. —北京：人民交通出版社股份有限公司，2021.8

ISBN 978-7-114-17339-4

Ⅰ.①汽… Ⅱ.①张… Ⅲ.①汽车—故障诊断—高等学校—教材②汽车—故障检测—高等学校—教材 Ⅳ.①U472.9

中国版本图书馆CIP数据核字(2021)第097704号

书　　名：汽车诊断与检测技术(第5版)
著 作 者：张建俊
责任编辑：钟　伟
责任校对：赵媛媛
责任印制：张　凯
出版发行：人民交通出版社股份有限公司
地　　址：(100011)北京市朝阳区安定门外外馆斜街3号
网　　址：http://www.ccpcl.com.cn
销售电话：(010)59757973
总 经 销：人民交通出版社股份有限公司发行部
经　　销：各地新华书店
印　　刷：北京市密东印刷有限公司
开　　本：787×1092　1/16
印　　张：18.75
字　　数：447千
版　　次：1995年12月　第1版
2003年7月　第2版
2010年1月　第3版
2015年1月　第4版
2021年8月　第5版
印　　次：2021年8月　第5版　第1次印刷　总第34次印刷
书　　号：ISBN 978-7-114-17339-4
定　　价：52.00元
(有印刷、装订质量问题的图书由本公司负责调换)

PREFACE 第5版前言

本教材初版,是根据原交通部教育司批准的由高等院校汽车运用工程专业教学指导委员会1992年第三次会议确定的教材编写计划编写的,由人民交通出版社于1995年12月出版发行。经过数次修订,此次已是第5版。

本教材可作为高等院校汽车服务工程和交通运输等专业的主干专业课教材,多年来在本科院校汽车专业教学中广泛使用,受到师生们的喜爱和欢迎。编者根据普通高等教育特点,按照教育部指示精神,结合汽车维修企业现代汽车诊断与检测技术发展状况,在教材内容上把基本理论、专业知识和操作技能作为教学内容的核心,并且理论联系实际,注重对学生提出问题、分析问题、解决问题等综合能力和创新意识的培养。

本教材分为六章,以在用汽车不解体诊断与检测技术为主,分别介绍了汽车诊断与检测技术基础知识、汽车检测站、发动机诊断与检测、底盘诊断与检测、整车诊断与检测和新能源汽车诊断与检测六部分内容,主要让学生学习汽车诊断与检测技术的原理、故障分析判断方法和现代检测诊断技术。检测诊断方法包括经验诊断法和现代诊断法。在现代诊断法中,介绍了汽车检测诊断设备的检测诊断原理、工作原理、基本结构和使用方法。全书突出了新设备、新工艺和新技术等内容,对陈旧内容作了修改,对非必检项目作了较大篇幅的删除,并认真贯彻执行了国家标准中有关在用汽车诊断与检测技术的规范和要求,特别是贯彻了《机动车运行安全技术条件》(GB 7258—2017)、《道路运输车辆燃料消耗量检测评价方法》(GB/T 18566—2011)、《汽油车污染物排放限值及测量方法(双怠速法及简易工况法)》(GB 18285—2018)等最新国家标准。

由于本教材是对所学专业知识的综合运用,因此必须在学生学完专业基础课及相关的专业课之后,才能进入本课程的学习。

教学中,教师善于处理教材内容十分重要。在学时有限的情况下,编者建议使用本教材的教师,在教学中对于重点、难点内容要精讲,即讲深讲透;对于非重点、非难点内容讲明白即可;对于有些易懂内容,可布置学生自学;对于一些实践性强的内容最好进行现场教学,以达到直观、易学和身临其境的教学效果。

本教材由山东交通学院信息科学与电气工程学院张圣副教授负责仪器仪表、诊断设备、检测设备中电子电器、计算机和人工智能等内容的修订;其余内容由山东交通学院汽车工程学院高级实验师、中国汽车工程学会全国首批汽车维修工程领域资深工程师兼汽车应用与服务分会特聘专家、山东省老科学技术工作者协会研究员张建俊修订。本教材由山东交通学院汽车工程学院李建民教授主审。

在本教材修订过程中，参阅了较多国内外公开出版或发表的文献和检测诊断设备使用说明书，在此一并致谢！

由于时间仓促和编者水平所限，本教材难免有不当甚至谬误之处，恳请使用本教材的师生和读者批评指正。

编　者

2021 年 1 月 28 日

CONTENTS 目　录

第一章　汽车诊断与检测技术基础知识 …… 1
第一节　概述 …… 1
第二节　基础理论 …… 3
第三节　基本知识 …… 8
第二章　汽车检测站 …… 16
第一节　概述 …… 16
第二节　检测站检测工艺程序 …… 29
第三章　发动机诊断与检测 …… 37
第一节　发动机功率检测 …… 37
第二节　汽缸密封性检测 …… 42
第三节　点火系统诊断与检测 …… 47
第四节　汽油机燃料系统诊断与检测 …… 62
第五节　柴油机燃料系统诊断与检测 …… 99
第六节　机油品质检测与分析 …… 117
第七节　发动机异响诊断 …… 125
第四章　底盘诊断与检测 …… 136
第一节　传动系统诊断与检测 …… 136
第二节　转向轴和转向系统诊断与检测 …… 162
第三节　车轮平衡度检测 …… 181
第四节　悬架装置检测 …… 188
第五节　制动系统诊断与检测 …… 195
第五章　整车诊断与检测 …… 208
第一节　动力性检测 …… 208
第二节　燃料消耗量检测 …… 219
第三节　车轮侧滑量检测 …… 225
第四节　制动性能检测 …… 231
第五节　车速表指示误差检测 …… 243
第六节　汽油车排气污染物检测 …… 247
第七节　柴油车排气污染物检测 …… 258
第八节　前照灯检测 …… 267
第九节　驾驶员耳旁噪声及喇叭声级检测 …… 278
第六章　新能源汽车诊断与检测 …… 282

第一节　概述 …… 282
第二节　新能源汽车简介 …… 283
第三节　新能源汽车诊断检测程序 …… 286
参考文献 …… 294

第一章　汽车诊断与检测技术基础知识

汽车诊断技术主要是针对汽车故障而言,汽车检测技术主要是针对汽车使用性能而言。通过对汽车的诊断与检测,可以在不解体情况下判明汽车技术状况,为汽车继续运行或维修提供可靠依据。

燃烧石油燃料的传统汽车,在我国发展已比较成熟。2012 年国务院发布实施的《节能与新能源汽车产业发展规划(2012—2020 年)》,拉开了我国新能源汽车发展的序幕,到 2015 年我国已成为引领世界汽车转型的重要力量。目前我国汽车工业正在向电动化、网络化、智能化、共享化方向发展,势不可挡。

为适应汽车维修行业的发展需要,本教材增加了新能源汽车诊断与检测内容,将其作为新的一章。

第一节　概　　述

在开始学习本课程时,首先要了解有关术语的解释、诊断与检测的目的、诊断类型、诊断方法及其特点等内容。

一、术语解释

(1)汽车技术状况:定量测得的表征某一时刻汽车外观和性能参数值的综合。

(2)汽车工作能力:汽车执行技术文件规定的使用性能的能力。

(3)汽车综合性能:汽车动力性、安全性、燃料经济性、使用可靠性、排气污染物和噪声,以及整车装备完整性与状态、防雨密封性等多种技术性能的组合。

(4)汽车故障:汽车部分或完全丧失工作能力的现象。

(5)故障现象:故障的具体表现。

(6)汽车检测:确定汽车技术状况或工作能力进行的检查和测试。

(7)汽车诊断:在不解体(或仅卸下个别零件)条件下,确定汽车技术状况,查明故障部位及原因进行的检测、分析和判断。

(8)诊断参数:供诊断用的,表征汽车、总成、机构技术状况的物理量和化学量。

(9)诊断周期:汽车诊断的间隔期。

(10)诊断标准:对汽车诊断的方法、技术要求和限值等的统一规定。

(11)汽车检测站:从事汽车检测的事业性或企业性机构。

(12)汽车诊断站:从事汽车诊断的企业性机构。

(13)汽车维修:汽车维护和修理的泛称。

(14)汽车维护:为维持汽车完好技术状况或工作能力而进行的作业。

(15)汽车修理:为恢复汽车完好技术状况(或工作能力)和寿命而进行的作业。

二、汽车诊断与检测的目的

1. 安全环保检测

对汽车实行不解体的定期和不定期安全环保检测，目的是确保运行车辆在具有符合要求的外观、良好的安全性能和规定排放范围内的条件下安全、高效地运行。

2. 综合性能检测

对汽车实行定期和不定期综合性能检测，目的是在不解体情况下，对运行车辆确定其工作能力和技术状况，查明故障或隐患的部位和原因；对维修车辆实行质量监督，建立质量监控体系，确保车辆在安全性、可靠性、动力性、经济性、噪声和废气排放状况等方面具有良好的技术状况，以创造更大的经济效益和社会效益。同时，对车辆实行定期综合性能检测，又是实行"视情修理"修理制度的前提和保障。"视情修理"和旧制度"计划修理"相比，既不会提前修理造成浪费，也不会滞后修理造成车况恶化。"视情修理"是以检测诊断和技术鉴定为依据。没有科学、可靠的依据，就无法确定汽车是继续运行还是进厂修理，更无法视情确定修理范围和深度。

三、汽车诊断类型方法及特点

汽车经过长期使用以后，随着行驶里程增加，技术状况会逐渐变坏，出现动力性下降、经济性变差、安全性降低、排放污染物增加、噪声污染加大和可靠性降低等现象。汽车的这一变化过程是必然的，是符合发展规律的。但是，如能按一定周期诊断出汽车的技术状况，并采取相应的维护和修理措施，就可以延缓上述变化过程并延长汽车的使用寿命。

汽车技术状况的诊断是由检查、测试、分析、判断等一系列作业完成的。其基本方法主要分为两种：一种是传统的人工经验诊断法，另一种是仪器设备诊断法。

1. 人工经验诊断法

人工经验诊断法（以下简称"经验诊断法"），是诊断人员凭借丰富的实践经验和一定的理论知识，在汽车不解体或局部解体情况下，借助简单工具，用眼看、耳听、手摸、鼻子闻等手段，边检查、边试验、边分析、边判断，进而对汽车技术状况（或工作能力）作出诊断的一种方法。

经验诊断法，具有不需要专用检测设备、可随时随地应用、投资少和见效快等优点。但是，也有诊断速度慢、准确性差、不能进行定量分析，且诊断人员必须具有较高技术水平才能胜任等缺点。

经验诊断法多适用于中、小型维修企业和汽车车队。该法虽然有一定缺点，但在相当长的时期内仍有十分重要的实用价值。即使普遍使用了仪器设备诊断法，也不能完全脱离经验诊断法；即使是专家诊断系统，也是把人脑的分析、判断通过计算机语言变成了微机的分析、判断。所以，不能鄙薄经验诊断法，本教材将其作为重要内容之一介绍。

2. 仪器设备诊断法

仪器设备诊断法是在经验诊断法的基础上发展起来的一种现代诊断方法。该方法可在不解体情况下，用仪器、设备检测整车、总成、机构的诊断参数，为分析、判断汽车技术状况（或工作能力）提供定量依据。

用于汽车的仪器、设备，可分为检测设备和诊断设备两种。采用微机控制的诊断设备，能自动分析、判断、存储并打印汽车的技术状况(或工作能力)。

仪器设备诊断法,具有检测速度快、准确性高、能实现定量分析等优点。但是,也有投资大、占用厂房且操作人员需要培训等缺点。仪器设备诊断法多适用于汽车检测站、汽车诊断站、大型维修企业、特约维修服务站和4S店的维修车间等,是汽车维修企业维修现代汽车必须具备的。本教材将其作为重要内容之一介绍。

汽车诊断与检测从无到有,是随着汽车的进步逐渐发展起来的一门既要有很强专业理论知识,又要具有一定专业实践技能的综合性应用技术。

第二节　基础理论

从事汽车诊断与检测技术工作,不仅要有完善的检测手段和分析、判断的能力以及方法,而且要有正确的理论指导和必备的基本知识。

诊断参数、诊断标准、诊断周期是从事汽车诊断与检测技术工作必须掌握的基础理论。

一、诊断参数

1.概述

参数,是表明某一重要性质的量。诊断参数,是供诊断用的,表征汽车、总成、机构技术状况的量。有些结构参数(如磨损量、间隙量等)可以表征技术状况,但在不解体情况下,直接测量汽车、总成、机构的结构参数往往受到限制。如汽缸间隙、汽缸磨损量、曲轴和凸轮轴各轴承间隙、曲轴和凸轮轴各道轴颈磨损量、各齿轮啮合间隙及磨损量、各轴轴向间隙及磨损量等,都无法在不解体情况下直接测量。因此,在检测诊断汽车技术状况时,需要采用一种与结构参数有关而又能表征技术状况的间接指标(量),该间接指标(量)称为诊断参数。

事实上,诊断参数既与结构参数紧密相关,又能够反映汽车的技术状况,是一些可测的物理量和化学量。

汽车诊断参数包括工作过程参数、伴随过程参数和几何尺寸参数。

1)工作过程参数

工作过程参数是汽车、总成、机构工作过程中输出的一些可供测量的物理量和化学量。例如,发动机功率、驱动车轮输出功率或驱动力、汽车燃料消耗量、制动距离或制动力、制动减速度、滑行距离等。这些参数往往能表征诊断对象总的技术状况,适合于总体诊断。如果通过检测得知底盘输出功率符合要求,说明汽车动力性符合要求,也说明发动机技术状况和传动系统技术状况均符合要求;反之,通过检测得知底盘输出功率不符合要求,说明汽车动力性不符合要求,也说明发动机输出功率不足或传动系统损失功率太大。因此,可以整体上确定汽车和总成的技术状况。

汽车不工作时,工作过程参数无法测得。

2)伴随过程参数

伴随过程参数是伴随汽车、总成、机构工作过程输出的一些可测量。例如,工作过程中出现的振动、噪声、异响、过热等,可提供诊断对象的局部信息,常用于复杂系统的深入诊断。

汽车不工作(过热除外)时,伴随过程参数无法测得。

3）几何尺寸参数

几何尺寸参数可提供总成、机构中配合零件之间或独立零件的技术状况。例如，配合间隙、自由行程、圆度、圆柱度、端面圆跳动、径向圆跳动等，都可以作为诊断参数来使用。它们提供的信息量虽然有限，但却能表征诊断对象的具体状态。

汽车常用诊断参数见表1-1。

汽车常用诊断参数　　表1-1

诊断对象	诊断参数	诊断对象	诊断参数
整车	最高车速（km/h） 加速时间（s） 最大爬坡度（°，%） 驱动车轮输出功率（kW） 驱动车轮驱动力（kN） 汽车燃料消耗量（L/km，L/100km，km/L） 汽车侧倾稳定角（°） 汽车排放CO容积百分数（%） 汽车排放HC容积百万分数（10^{-6}） 汽车排放NO_x容积百分数（%） 汽车排放CO_2容积百分数（%） 汽车排放O_2容积百分数（%） 柴油车自由加速可见污染物 光吸收系数（m^{-1}） 柴油车自由加速烟度（Rb）	发动机总成	额定转速（r/min） 怠速转速（r/min） 发动机功率（kW） 发动机燃料消耗量（L/h） 单缸断火（油）转速平均下降值（r/min） 排气温度（℃）
		曲柄连杆机构	汽缸压力（MPa） 汽缸漏气量（kPa） 汽缸漏气率（%） 曲轴箱窜气量（L/min） 进气管真空度（kPa）
		配气机构	气门间隙（mm） 配气相位（°）
汽油机燃料供给系统	空燃比 空气过量系数 汽油泵出口关闭压力（kPa） 供油系统供油压力（kPa） 喷油器喷油压力（kPa） 喷油器喷油量（mL/100次、200次…） 各缸喷油器喷油不均匀度（%）	点火系统	断电器触点间隙（mm） 断电器触点闭合角（°） 点火波形重叠角（°） 点火提前角（°） 火花塞间隙（mm） 各缸点火电压值（kV） 各缸点火电压短路值（kV） 点火系统最高电压值（kV） 火花塞加速特性值（kV）
柴油机燃料供给系统	输油泵输油压力（kPa） 喷油泵高压油管最高压力（kPa） 喷油泵高压油管残余压力（kPa） 喷油器针阀开启压力（kPa） 喷油器针阀关闭压力（kPa） 喷油器针阀升程（mm） 喷油器喷油量（mL/100次、200次…） 各缸喷油器喷油不均匀度（%） 供油提前角（°） 喷油提前角（°）	冷却系统	冷却液温度（℃） 冷却液液面高度 风扇传动带张力（kN） 风扇离合器接合、断开时的温度（℃）
传动系统	传动系统游动角度（°） 传动系统功率损失（kW） 机械传动效率 总成工作温度（℃）	润滑系统	机油压力（kPa） 机油池液面高度 机油温度（℃） 机油消耗量（kg，L） 理化性能指标变化量 清净性系数*K*的变化量 介电常数的变化量 金属微粒的容积百分数（%）

续上表

诊断对象	诊断参数	诊断对象	诊断参数
制动系统	制动距离(m) 充分发出的平均减速度(m/s^2) 制动力(N、kN) 制动拖滞力(N、kN) 驻车制动力(N、kN) 制动时间(s) 制动协调时间(s) 制动完全释放时间(s)	转向桥 与转向系统	车轮侧滑量(m/km) 车轮前束值(mm) 车轮外倾角(°) 主销后倾角(°) 主销内倾角(°) 转向轮最大转向角(°) 最小转弯直径(m) 转向盘自由转动量(°) 转向盘最大转向力(N)
行驶系统	车轮静不平衡量(g) 车轮动不平衡量(g) 车轮端面圆跳动量(mm) 车轮径向圆跳动量(mm) 轮胎胎面花纹深度(mm)	其他	前照灯发光强度(cd) 前照灯光束照射位置(mm) 车速表允许误差范围(%) 喇叭声级(dB) 客车车内噪声级(dB) 驾驶员耳旁噪声级(dB)

2. 诊断参数与测量条件、测量方法的关系

不同的测量条件、测量方法,可以测得不同的诊断参数值。

测量条件一般包括温度条件、速度条件、负荷条件等。多数诊断参数需要汽车运行至正常工作温度测得,只有少数诊断参数可在冷温下测得。除了温度条件外,速度条件和负荷条件也很重要。例如,发动机功率的检测,需在一定的转速和节气门开度下进行;汽车制动距离的检测,需在一定的制动初速度和荷载(空载或满载)下进行。

对诊断参数的测量方法也有规定,如汽油车排放污染物的测量,采用怠速法,规定各排气组分均应采用不分光红外线法进行;柴油车自由加速烟度的测量,采用滤纸烟度法和不透光烟度法进行等。没有规范的测量条件和测量方法,无法统一尺度,因而测得的诊断参数值也就无法评价汽车的技术状况。所以,要把诊断参数及其测量条件、测量方法看成是一个不可分割的整体。

二、诊断标准

汽车诊断标准是汽车技术标准中的一部分。

汽车诊断标准是对汽车诊断的方法、技术要求和限值等的统一规定。

汽车诊断参数标准仅是对汽车诊断参数限值的统一规定,有时也简称为汽车诊断标准。

汽车诊断标准中包括汽车诊断参数标准。

1. 诊断标准的类型

汽车诊断标准与其他技术标准一样,分为国家标准、行业标准、地方标准和企业标准四种类型。

1)国家标准

国家标准是国家制定的标准,冠以中华人民共和国国家标准字样。国家标准一般由某行业部、委、局提出,由国家市场监督管理总局、国家标准化管理委员会或有关委、局批准、发布

或联合发布，全国各级各有关单位和个人都要贯彻执行，具有强制性和权威性。例如，《机动车运行安全技术条件》（GB 7258—2017）、《汽油车污染物排放限值及测量方法（双怠速法及简易工况法）》（GB 18285—2018）等都是强制推行的国家标准。GB 后部带“T”的标准（如 GB/T），是推荐性国家级标准，也要强制推行。

2）行业标准

行业标准也称为部、委、局标准，是部、国家委员会或国务院直属局制定、发布并经国家市场监督管理总局等部门备案的标准，在部、委、局系统内或行业内贯彻执行，一般冠以中华人民共和国某某部、委、局或某某行业标准，也在一定范围内具有强制性和权威性，各级各有关单位和个人也必须贯彻执行。例如，《报废机动车拆解环境保护技术规范》（HJ 348—2007）是国家环境保护总局标准，属于强制性标准；《汽车维护工艺规范》（JT/T 201—1995）（已废止）、《营运车辆技术等级划分和评定要求》（JT/T 198—2004）、《汽车检测站计算机控制系统技术规范》（JT/T 478—2002）、《乘用车悬架特性的评价指标和检测方法》（JT/T 497—2004）是中华人民共和国交通行业标准，属于推荐性标准。

3）地方标准

地方标准是省（直辖市、自治区）级、市地级、市县级制定并发布的标准，在地方范围内贯彻执行，也在一定范围内具有强制性和权威性，所属范围内的单位和个人必须贯彻执行。省、市地、市县三级除贯彻执行上级标准外，可根据本地具体情况制定地方标准或率先制定上级没有制定的标准。地方标准中的限值可能比上级标准中的限值要求还要严格。

4）企业标准

企业标准一般包括汽车制造厂推荐的标准、汽车运输企业和汽车维修企业内部制定的标准和检测设备制造厂推荐的参考性标准三部分。

（1）汽车制造厂推荐的标准。

它包括汽车制造厂在汽车使用说明书和维修手册中公布的汽车使用性能参数、结构参数、调整数据和使用极限等，可从中选择一部分作为诊断参数标准来使用。该种标准是汽车制造厂根据设计要求、制造水平，为保证汽车的使用性能和技术状况而制定的。

（2）汽车运输企业和汽车维修企业的标准。

它是汽车运输企业、汽车维修企业内部制定的标准，只在企业内部贯彻执行。有条件的企业除贯彻执行上级标准外，往往还能根据本企业的具体情况，制定企业标准或率先制定上级没有制定的标准。企业标准中有些诊断参数的限值甚至比上级标准还要严格，以保证汽车维修质量和树立良好的企业形象。一般情况下，企业标准应达到国家标准和上级标准的要求，同时允许超过国家标准和上级标准的要求。

（3）检测设备制造厂推荐的参考性标准。

它是检测设备制造厂针对本设备所检测的诊断参数，在尚没有国家标准和行业标准的情况下制定的诊断参数限值，通过检测设备使用说明书提供给使用单位的参考性标准，以判断汽车、总成、机构的技术状况。

任何一级标准的制定和修订，都要既考虑技术性和经济性，又要考虑先进性，并尽量参考同类型国际标准。

2. 诊断参数标准的组成

为了定量地评价汽车、总成、机构的技术状况,确定维护、修理的范围和深度,预报无故障工作里程,仅有诊断参数是不够的,还必须建立诊断参数标准,提供一个比较尺度。这样,在检测到诊断参数值后,对照诊断参数标准值,即可确定汽车是继续运行还是进厂(场)维修。

诊断参数标准一般由初始值 P_f、许用值 P_d 和极限值 P_n 三部分组成。

1)初始值 P_f

此值相当于无故障新车和无故障大修车诊断参数值的大小,往往是最佳值,可作为新车和大修车的诊断参数标准。当诊断参数测量值处于初始值范围内时,表明诊断对象技术状况良好,无须维修便可继续运行。

2)许用值 P_d

若诊断参数测量值在此值范围内,则诊断对象技术状况虽发生变化但尚属正常,无须修理(但应按时维护)即可继续运行。超过此值,勉强许用,但应及时安排维修。否则,汽车带“病”行车,故障率上升,可能行驶不到下一个诊断周期。

3)极限值 P_n

诊断参数测量值超过此值后,诊断对象技术状况严重恶化,汽车须立即停驶修理。此时,汽车的动力性、经济性和排气净化性大大降低,行驶安全得不到保证,有关机件磨损严重,甚至可能发生机械事故。所以,汽车必须立即停驶修理,否则将造成更大损失。

可以看出,通过对汽车进行检测,当诊断参数测量值在初始值和许用值以内,汽车可继续运行;当诊断参数测量值超过极限值,须停止运行进厂修理。因此,将诊断参数测量值与诊断参数标准值比较,就可得知汽车技术状况,并作出相应的决断。

诊断参数标准的初始值、许用值和极限值,可能是一个单一的数值,也可能是一个数值范围。它们三者之间的关系及诊断参数随行驶里程的变化情况,如图 1-1 所示。

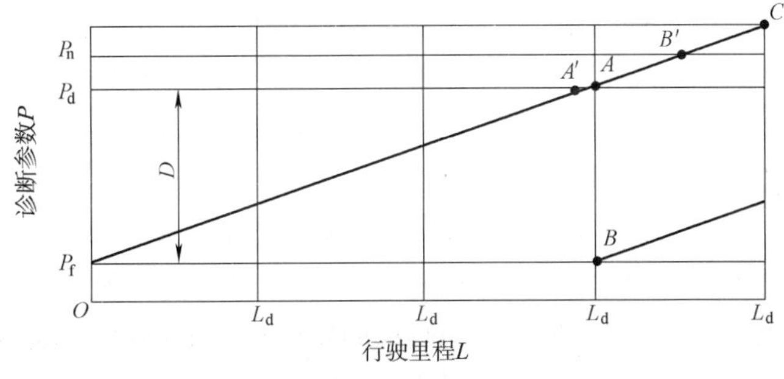

图 1-1 诊断参数随行驶里程的变化情况

D-诊断参数 *P* 的允许变化范围;L_d-诊断周期;$P_f C$-诊断参数 *P* 随行驶里程 *L* 的变化;*A′*-*P* 变化至与 P_d 相交,继续行驶可能发生故障;*B′*-*P* 变化至与 P_n 相交,继续行驶可能发生损坏;*C*-发生损坏;*A*-*P* 变化至 *A′* 后可继续行驶,至最近的一个诊断周期采取维修措施;*AB*-采取维修措施后,*P* 降至初始标准 P_f,汽车技术状况恢复

可以看出,在诊断参数标准 $P_f \sim P_d$ 区间,即 *D* 区间,是诊断参数 *P* 允许变化的区间,属无故障区间;在 $P_d \sim P_n$ 区间,是可能发生故障的区间;在诊断参数 *P* 超过 P_n 以后的区间,是可能发生损坏的区间。

三、诊断周期

诊断周期是汽车诊断的间隔期,以行驶里程或使用时间(月或日)表示。诊断周期的确定,应满足技术和经济两方面的条件,获得最佳诊断周期。最佳诊断周期,是能保证车辆的完好率最高而消耗费用最少的诊断周期。

确定最佳诊断周期的工作是非常重要的。它既要使车辆在无故障状态下运行,又要使我国维修制度中“定期检测、强制维护、视情修理”的费用降至最低,因此要在“定期”上做好文章。

1. 制定最佳诊断周期应考虑的因素

制定最佳诊断周期,应考虑汽车技术状况,汽车使用条件,汽车检测诊断、维护修理、停驶损耗的费用等几项因素。

1)汽车技术状况

在汽车新旧程度不一,行驶里程不一,技术状况等级不一,甚至还有使用性能、结构特点、故障规律、配件质量不一等情况下,制定的最佳诊断周期也不会一样。凡是新车或大修车、行驶里程较少的车、技术状况等级为一级的车,其最佳诊断周期应长,反之则应短。

2)汽车使用条件

它包括气候条件、道路条件、装载条件、驾驶技术、是否拖挂、燃润料质量等条件。凡是气候恶劣、道路状况极差、经常超载、驾驶技术不佳、拖挂行驶、燃润料质量得不到保障的汽车,其最佳诊断周期应短,反之则应长。

3)费用

它包括检测诊断、维护修理、停驶损耗的费用。若使检测诊断、维护修理费用降低,则应使最佳诊断周期延长,但汽车因故障停驶的损耗费用会增加;若使停驶损耗的费用降低,则应使最佳诊断周期缩短,但检测诊断、维护修理的费用会增加。

2. 制定最佳诊断周期的方法

根据原交通部《汽车运输业技术管理规定》,运输业汽车实行“定期检测、强制维护、视情修理”的制度。该规定要求车辆二级维护前应进行检测诊断和技术评定,根据评定结果确定附加作业或修理项目,结合二级维护一并进行。又规定车辆修理应贯彻视情修理的原则,即根据车辆检测诊断和技术鉴定的结果,视情按不同作业范围和深度进行。既要防止拖延修理造成车况恶化,又要防止提前修理造成浪费。

从上述规定中可以看出,二级维护前和车辆大修前都要进行检测诊断。其中,大修前的检测诊断,一般在大修间隔里程行将结束时结合二级维护前的检测诊断进行。既然规定在二级维护前进行检测诊断,则二级维护周期(间隔里程或间隔时间)应视为我国目前的最佳诊断周期。

二级维护周期,对于不同车型、不同使用条件、不同使用强度等,均不相同。可参照汽车使用说明书、汽车维修手册的规定或按照交通主管部门的规定执行。

第三节　基本知识

在汽车诊断与检测作业中,为了获得诊断参数测量值,检测人员要选择规定的测量仪表、仪器或设备(统称为检测设备)组成检测系统,在一定的测量条件、测量方法下,对汽车进行检测、分析和判断。

检测系统的基本组成、智能化检测系统、测量误差和精度、检测设备的使用维护与故障处理、汽车维修企业和汽车检测站应配备的检测设备等方面的知识,是汽车诊断与检测技术从业人员应掌握的基本知识。

汽车检测站应配备的检测设备见本书第二章有关内容。

一、检测系统的基本组成

一个由一般仪表、仪器构成的检测系统,通常是由传感器、变换及测量装置、记录与显示装置、数据处理装置等组成,如图 1-2 所示。

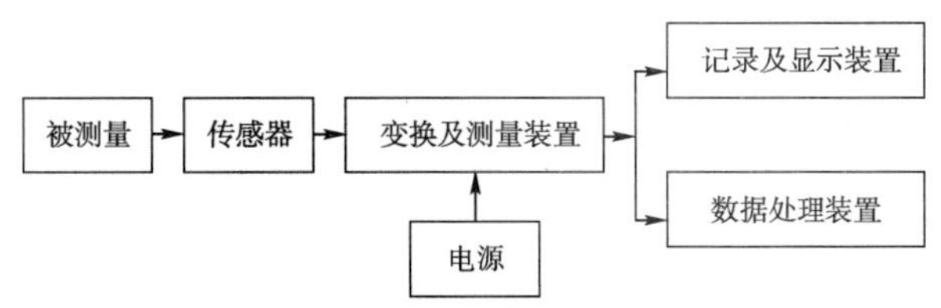

图 1-2 检测系统的基本组成

1. 传感器

传感器是一种能够把被测非电量(物理量、化学量、生物量等)的信息转换成与之有确定对应关系的电信号输出的器件或装置。传感器是获取信息的手段,在整个检测系统中占有重要地位。由于传感器处于检测系统的输入端,所以其性能直接影响到检测系统的工作可靠性和测量精度。

汽车检测设备使用的传感器,如果按测量性质分类,可以将传感器分为机械量传感器(如位移传感器、力传感器、速度传感器、加速度传感器等)、热工量传感器(如温度传感器等)、化学量传感器和生物量传感器等类型;如果按输出量的性质分类,可以将传感器分为参量型传感器(输出的是电阻、电感、电容等无源电参量,如电阻式传感器、电感式传感器和电容式传感器等)和发电型传感器(输出的是电压和电流信号,如热电偶传感器、光电传感器、磁电传感器、压电传感器)等。

2. 变换及测量装置

变换及测量装置是一种将传感器送来的电信号变换成易于测量的电压或电流信号的装置。这类装置通常包括电桥电路、调制电路、解调电路、阻抗匹配电路、放大电路、运算电路等,能对传感器信号进行放大,对电路进行阻抗匹配、微分、积分、线性化补偿等处理工作,是检测系统里比较复杂的部分。

3. 记录与显示装置

记录与显示装置是一种将变换及测量装置送来的电信号进行记录和显示,使检测人员了解测量值大小和变化过程的装置。记录与显示装置的显示方式一般有模拟显示、数字显示和图像显示三种。

模拟显示一般是利用指针式仪表指示被测量值的大小,应用广泛。其优点是结构简单、价格低廉、读数方便和直观,缺点是易造成读数误差。

数字显示是直接以十进制数字形式指示被测量值的大小,应用越来越广泛。该种显示方式有利于消除读数误差,并且能与微机联机,使数据处理更加方便。

图像显示是用记录仪显示并记录被测量值处于动态中的变化过程,以描绘出被测量值随时间变化的曲线或图像作为检测结果,供分析和使用。常用的自动记录仪有光线示波器、电子示波器、笔式记录仪、磁带记录仪和存储器等。其中，光线示波器具有记录和显示两种功能，电子示波器只具有显示功能，磁带记录器只具有记录功能。

4. 数据处理装置

数据处理装置是一种用来对检测结果（数据或曲线）进行分析、运算、处理的装置。例如，对大量测量数据进行数理统计分析，对曲线进行拟合，对动态测试结果进行频谱分析、幅值谱分析和能量谱分析等。

二、智能化检测系统

由一般仪表、仪器构成的检测系统，其指示装置大多为指针式。这种检测系统的最大缺点是指示精度低、分辨率差和使用寿命低，故将逐渐被智能化检测系统所代替。

智能化检测系统，一般是指以微机（单板机、单片机或个人电脑）为基础而设计制造出来的一种现代检测系统。因为是由微机控制整个检测系统，所以使检测系统的结构和功能发生了根本性的变化。

一般检测系统设有许多调节旋钮，在测量过程中的量程选择、极性变换、亮度调节、幅度调节和数据显示等工作都需要人工操作。智能化检测系统是以微处理器作为控制单元，能把系统中各个测量环节有机地结合起来，并赋予微机所特有的诸如编程、自动控制、数据处理、分析判断、存储打印等功能，因此是一种自动控制的现代检测系统。

智能检测系统一般由传感器、放大器、A/D（模数）转换器、微机系统、显示器、打印机和电源等组成。

智能检测系统与一般检测系统相比有如下一些特点：

1. 自动零位校准和自动精度校准

为了消除由于环境条件的变化（例如温度），使放大器的增益发生变化所造成的仪器零点漂移，智能检测系统设置有自动零位校准功能，采用程序控制的方法，在输入搭铁的情况下，将漂移电压存入随机存储器（RAM）中，经过运算即可从测量值中消除零位偏差。

自动精度校准是采用软件的自校准功能，事先通过分别测出零位偏差、增益偏差以及各项修正值，进而建立各部分的校准方程——数学模型。自动校准的精度取决于数学模型的建立，即取决于数学模型能否真正反映客观实际。

2. 自动量程切换

智能检测系统中的量程切换一般也是通过软件实现的。编制软件是采用逐级比较的方法，从大到小（从高量程到低量程）自动进行。软件一旦判定被测参数所属量程，程序即自动完成量程切换。

3. 功能自动选择

智能检测系统中的功能选择，实际上是在数字仪表上附加时序电路，是用一个模拟数字转换器（A/D）采集多通道的信号，在程序控制下通过电子开关实现的。只要智能检测系统中的各功能键（如温度 T、流量 L 等）进行统一编码，就能由（中央处理器 CPU）发送各种控制字符（如 A_1、A_2 等），通过接口芯片来控制各个电子开关的启闭。这样，在测量过程中检测系统能自动选择或自动改变测量功能。这种功能的改变完全可以由用户事先设定，在程序中发送不同的控制字符，相应的电子开关便接通，从而实现功能的自动选择。

4. 自动数据处理和误差修正

智能检测系统有很强的自动数据处理功能。例如,能按线性关系、对数关系、乘方关系,求得测量值相对于基准值的各种比值,并能进行各种随机量的统计分析和处理,求得测量值的平均值、方差值、标准偏差值、均方根值等。对于系统误差的修正,往往由于事先知道被测量的修正量,故在智能检测系统中,这种误差的修正就变得更为简单。除此之外,智能检测系统还能对非线性参数进行线性补偿,使仪器的读数线性化。

5. 自动定时控制

某些测量过程是需要自动定时控制的。智能检测系统实现自动定时控制有两种方法:一种是用硬件完成,例如某些微处理器中就有硬件定时器,其可以向 CPU 发出定时信号,CPU 会立即响应并进行处理;另一种是用软件达到延时的目的,即编制固定的延时程序,按 0.1s、1.0s……甚至 1.0h 延时设计,并作为子程序存放在只读存储器(ROM)中,用户在使用中只要给定各种时间常数,通过反复调用这些子程序,就可实现自动定时控制。后者方法简单,但定时精度不如前者高。

6. 自动故障诊断

智能检测系统可在系统内设有故障自检系统,一般采用查询的方式进行,能在遇到故障时自动显示故障部位,大大缩短诊断故障的时间,实现检测系统自身的快速诊断。

7. 功能越来越强大

一些综合性能的智能检测系统,如发动机综合性能分析仪、汽车故障解码器、新型汽车示波器等,不仅能对国产车系进行检测诊断,而且能对亚洲车系、欧洲车系和美洲车系进行检测诊断;不仅能检测诊断发动机的电控系统,而且能检测自动变速器、防抱死制动系统、安全气囊、电子悬架、巡航系统和空调等的电控系统;不仅能读出故障码、清除故障码,而且还能读出数据流,进行系统测试、OBD-Ⅱ(汽车第二代车载诊断系统)等多项功能。

8. 使用越来越方便

像发动机综合性能分析仪、汽车故障解码器、新型汽车示波器和四轮定位仪等检测设备,均设有上、下级菜单。使用中只要点击菜单,选择要测试的内容,操作就会变得非常简单、方便。

现代汽车检测设备中,像侧滑试验台、制动试验台、车速表试验台、底盘测功试验台等,几乎都已采用智能化检测系统。

三、测量误差和精度

使用检测设备对汽车技术状况进行检测诊断时,由于被测量、检测系统、检测方法、检测条件受到变动因素以及检测人员身心状态变化的影响,使检测人员不可能测量到被测量的真值。测量值和真值之间总会存在一定的测量误差。可以说,测量误差自始至终存在于一切科学试验和测量之中,是不可避免的,被测量的真值是难以测量到的。尽管如此,人们一直设法改进检测系统、检测方法和检测条件,并通过对检测数据的误差分析和处理方法,使测量误差保持在允许范围之内,或者说使检测达到一定测量精度之内,使检测结果成为合理的和可信的。

1. 测量误差

测量误差主要来源于系统误差、环境误差、方法误差和人员误差等。不同的分类方法,可以将测量误差分出不同的类型。如果按测量误差的表示方法分类，可以分为绝对误差和相对误差两类；如果按测量误差出现的规律分类，可以分为系统误差、随机误差和过失误差三类；如果按测量误差的状态分类，可以分为静态误差和动态误差两类。

现将绝对误差、相对误差、系统误差、随机误差和过失误差分别介绍如下。

1）绝对误差和相对误差

（1）绝对误差是指测量值与被测量真值之间的差值，如下式所列：

$$\delta = X - X_0$$

式中：δ——绝对误差；

X——测量值；

X_0——被测量真值。

绝对误差 δ 有正、负符号和单位。δ 的单位与被测量的单位相同。一般来讲，绝对误差越小，测量值越接近被测量的真值，即测量精度越高。但是，这一结论只适用各测量值大小相等的情况，不适用各测量值不等时评价测量精度的大小。例如：某仪器测量 10m 的长度，绝对误差为 0.01mm；另一仪器测量 100m 的长度，绝对误差也为 0.01mm。从绝对误差来看，它们的测量精度是一样的，但由于测量长度不等，实际上它们的测量精度并不相同。为此，必须引入相对误差的概念。

（2）相对误差是指测量值的绝对误差 δ 与被测量真值 X_0 的比值，用百分数表示，如下式所列：

$$r = \frac{\delta}{X_0} \times 100\% = \frac{X - X_0}{X_0} \times 100\%$$

式中：r——相对误差。

相对误差能更好地比较不同测量结果的测量精度。例如上面所举的例子，如果用相对误差表示，则有：

$$r_1 = \frac{0.01}{10} \times 100\% = 0.1\%$$

$$r_2 = \frac{0.01}{100} \times 100\% = 0.01\%$$

可以看出，前一种仪器的相对误差为 0.001，后一种仪器的相对误差为 0.0001。显然，后一种仪器的测量精度要远远高于前一种仪器。但是，用相对误差来评定测量精度也有不足之处。它只能表示不同测量结果的精确程度，不适用衡量检测设备本身的测量精度。这是因为同一台检测设备在其测量范围内的相对误差也是发生变化的，随着被测量的减小，相对误差变大，因此又有“引用误差”的概念。

引用误差是绝对误差 δ 与指示仪表量程 L 的比值，以百分数表示，如下式所列：

$$r_0 = \frac{\delta}{L} \times 100\%$$

如果用指示仪表整个量程中可能出现的绝对误差最大值 δ_m 代替 δ，可得到最大引用误差，如下式所列：

$$r_{0m} = \frac{\delta_m}{L} \times 100\%$$

对于一台确定的检测设备，最大引用误差是一个定值。检测设备一般采用最大引用误差不能超过的允许值,作为划分精度等级的尺度。常见的精度等级有0.1、0.2、0.5、1.0、1.5、2.0、2.5、5.0级。精度等级为1.0的检测设备,在使用中其最大引用误差不超过±1.0%。也就是说,在指示仪表的整个量程内,其绝对误差的最大值不会超过量程的±1.0%。可以看出,对于精度等级已知的检测设备,只有被测量值接近满量程时才能发挥其测量精度。因此,使用检测设备时,只有合理选择量程,才能提高仪器的测量精度。

2)系统误差与随机误差

(1)系统误差是指在同一测量条件下多次测量同一量时,测量误差的大小和符号保持不变或按一定规律变化的误差。其中,测量误差的大小和符号保持不变的称为恒值系统误差,否则称为变值系统误差。

变值系统误差又可分为累进性系统误差、周期性系统误差和按复杂规律变化的系统误差等几种类型。

检测设备本身测量精度不高,测量方法不当,使用方法不当和环境条件变化等因素,都可能产生系统误差。如非电量测量中变换器的零点误差,测试仪表机械零点不在原点上引起的误差,在整个测量过程中其数值和符号都是保持不变的,属于恒值系统误差;又如指示仪表的刻度盘安装位置不正而引起的误差,属于变值系统误差。系统误差的大小表明测量值相对被测量真值有一恒值的或按规律变化的误差。系统误差越小,测量结果的正确度越高。

系统误差是有规律可循的,其产生的原因往往是可知的。因此,掌握其变化规律和查明产生的原因,采取一定的预防措施或对测量值进行修正,能够减少或消除对检测结果的影响。

(2)随机误差是指在同一测量条件下多次测量同一量时,误差的大小和符号以不可预见方式变化的误差。随机误差是测量中一些独立的、微小的、偶然的因素所引起的综合结果,因此也称偶然误差。

随机误差是不可避免的,而且在同一条件下多次进行的重复测量中,它或大或小,或正或负,既不能用试验方法消除,也不能修正。但是,可以利用概率论和统计学的方法进行研究和处理,进而掌握随机误差的规律,确定对测量结果的影响。

需要指出的是,测量误差之间在一定条件下可以相互转化。对于某种误差,在此一条件下可能为系统误差,而在另一条件下可能为随机误差,反之亦然。因此,掌握误差转化的特点,采用相应的方法进行数据处理或修正,可以减少误差的影响。

测量中系统误差和随机误差往往都同时存在,可以按其对测量结果的影响程度分以下三种情况进行处理:

①当系统误差远大于随机误差时,可略去随机误差,按系统误差处理。

②当系统误差很小或已修正(如刻度盘安装位置不正已得到纠正)时,可按随机误差来处理。

③当系统误差和随机误差的影响程度差不多时,二者均不可忽略,应按不同方法处理。

3)过失误差

由于操作者的不当而造成的测量误差,称为过失误差。过失误差主要是人为因素造成的,例如测量人员操作不当、读数错误、记录错误和计算错误等,都会造成过失误差。含有过失误差的测量结果属于坏值或异常值,误差分析时应剔除。

2.精度

随机误差的大小表明测量结果的分散性。通常，用精密度表示随机误差的大小。当随机误差大、测量值分散时，表明精密度低；反之，表明精密度高。精密度高时，测量的重复性好。系统误差小时，测量结果的正确度高；反之，正确度低。

精确度是测量的精密度和正确度的综合反映。精确度高的测量，意味着系统误差和随机误差都小。

精确度有时简称为精度。

四、检测设备的使用维护与故障处理

汽车检测设备，既有一般检测系统，也有智能检测系统，而且智能检测系统的使用越来越广泛。为了使检测设备保持良好的技术状况，必须做好日常的使用、维护和故障处理等工作。

1.使用与维护

(1)检测设备的使用环境，如温度、湿度、灰尘、振动等必须符合其使用说明书的规定，否则应采取必要的措施。

(2)指针式检测设备在使用前应检查指针是否在机械零点位置上，否则应调整。

(3)如需预热，检测设备使用前应预热至规定时间。

(4)应按使用说明书规定的方法对检测设备进行校准和调整，符合要求后才能投入使用。

(5)电源开关不宜频繁开启和关闭。

(6)检测设备的电源电压应在额定值 ±5% 范围内。

(7)严格防止高压电窜入控制线和信号线内，且控制线、信号线不宜过长。

(8)检测设备使用完毕应及时关闭电源，有降温要求的应使机内风扇继续工作数分钟，直至温度降至符合要求为止。

(9)要经常检视检测设备传感器的外部状况，如有破损、松动、位移、积尘和受潮等现象，应及时处理。

(10)检测设备积尘，可定期用毛刷、吸尘器等清除，严禁用有机溶剂和湿布等擦拭内部元件。

2.智能检测设备的故障处理

1)开机后检测设备不工作，面板指示灯全灭

(1)检查电源是否接通，熔断丝是否烧断；

(2)检查整流管、调整管等是否短路或损坏；

(3)检查电解电容器和外部控制引线状况，此两处往往是故障多发点。

2)使用中检测设备显示值偏离实际值较多

(1)检查传感器工作是否正常，其输出电压是否符合要求；

(2)检查电路板的放大器工作是否正常；

(3)检查 A/D 转换器参考电压是否正常。

3)使用中检测设备显示值不变

(1)检查传感器、放大器的工作是否正常；

(2)检查电路板上的集成块(A/D 转换芯片、显示驱动芯片、微处理器等)是否损坏。

4)使用中检测设备误动作

(1)检查是否有外部干扰源;

(2)检查电源滤波、机壳搭铁、输入信号屏蔽等措施是否完善。

5)使用中检测设备发送数据误码较多

(1)检查通信插座接触情况,若接触不良应紧固插座;

(2)在满足通信速率的情况下,尽可能降低传送波频率。

除以上外,还应经常检查检测设备中继电器、电解电容器、电位器、接插件和按键等一些经常易损坏的器件,若工作不良,要及时修理或更换,以减少故障发生。

第二章　汽车检测站

随着汽车制造业、交通运输业的飞速发展和家用轿车等的迅速普及，汽车已成为现今社会不可缺少的交通运输工具，其保有量越来越大。如何用先进的手段检测并诊断汽车的技术状况，使汽车更好地发挥其动力性、经济性、排气净化性、安全性、可靠性和舒适性等使用性能，是业界一直追求的目标。汽车检测站在这种情况下应运而生，并逐渐发展、壮大、成熟。它不仅可以代表政府车辆管理机关或行业对汽车技术状况进行检测和监督，而且已成为汽车制造企业、汽车运输企业、汽车维修企业中不可缺少的重要组成部分。

第一节　概　　述

汽车检测站(以下简称“检测站”)是综合运用现代检测技术，对汽车实施不解体检测、诊断的机构。它具有现代的检测设备和检测方法，能在室内检测出车辆的各种参数并诊断出可能出现的故障，为全面、准确评价汽车的使用性能和技术状况提供可靠依据。

一、检测站服务功能

按照国家标准《汽车综合性能检验机构能力的通用要求》(GB/T 17993—2017)的规定，汽车综合性能检验机构的服务功能如下：

(1)接受委托，对道路运输车辆技术状况及性能进行检验和评定。

(2)接受委托，对车辆维修竣工质量进行检验。

(3)接受委托，对车辆改装、改造、技术评估以及相关新技术、科研鉴定等项目进行检验。

(4)接受交通、公安、环保、商检、质检、保险、司法等部门和机构的委托，依据相关标准对车辆进行规定项目的检验与核查。

二、检测站类型

按不同的分类方法，检测站可以分为不同的类型。

1. 按服务功能分类

按照服务功能分类，检测站可分为安全环保检测站、维修检测站和综合性能检验机构三种类型。

1)安全环保检测站

安全环保检测站是代表国家的执法机构，不是营利性企业。它按照国家规定的车检法规，定期检测车辆中与安全和环保有关的项目，以保证汽车安全行驶，并将排放污染降低到允许的限度。安全环保检测站的检测结果往往只有“合格”“不合格”两种，而不一定非作具体数据显示和故障分析，因而检测速度快，效率高。对于自动化程度比较高的安全环保检测站，其年度检车量可达数万辆次。检测合格的在用车辆凭检测结果报告单办理年审签证，在有效期内准予行驶。

安全环保检测站一般由车辆管理机关直接建立,或由车辆管理机关认可的汽车运输企业、汽车维修企业等企业单位或事业单位建立,也可多方联合建立。这种检测站由于检测节奏快,仅适合在用汽车年度审验用,不适合新车各种试验。

2)维修检测站

维修检测站主要是从车辆维护和修理的角度,承担车辆维修前、后的技术状况检测。它能检测车辆的主要使用性能,并能进行故障分析和判断。它一般由汽车运输企业或汽车维修企业建立。

3)综合性能检验机构

综合性能检验机构能按照规定的程序、方法,通过一系列技术操作行为,对在用汽车综合性能进行检测(验)评价工作并提供检测数据和报告。许多综合性能检验机构,既能承担车辆管理机关的安全环保检测,又能承担汽车运输企业、汽车维修企业等企事业单位的车辆技术状况诊断,还能承接科研单位、高等院校等委托的性能试验和参数测试。这种检验机构检测设备多,自动化程度高,数据处理迅速准确,因而功能齐全,检测项目广且深度大,可为合理制定诊断参数标准、诊断周期以及为科研、教育、设计、制造和维修等部门或单位提供可靠依据,并能承担对检测设备的精度测试。

2. 按规模大小分类

按照规模大小分类,检测站可分为大、中、小三种类型。

1)大型检测站

大型检测站检测线多,自动化程度高,年检能力大,且能检测多种车型。大型综合检测站可成为一定地区范围内的检测中心。

2)中型检测站

中型检测站至少有两条检测线,国内地市级及以上城市建成的检测站多为这种类型。

3)小型检测站

小型检测站主要指那些服务对象单一的检测站。如规模不大的安全检测站、维修检测站就属于这种类型,不能承担更多的检测任务。这种检测站设有一条或两条作用相同的检测线。如果是一条检测线时,往往能兼顾大、小型汽车的检测;如果是两条检测线时,其中一条检测线往往是专检小型汽车,而另一条线则大小型汽车兼顾。这种规模的检测站,在国外较为常见。

有些检测站虽然服务对象单一,但站内设置的检测线较多,因而不应再称为小型检测站。如国外,把拥有4条安全环保检测线的检测站,视为中型检测站。

3. 按自动化程度分类

按照检测线自动化程度分类,检测站可分为手动式、半自动式和全自动式三种类型。

1)手动检测站

手动检测站的各检测设备,由人工手动控制检测过程,从各单机配备的指示装置上读数,笔录检测结果或由单机配备的打印机打印检测结果,因而占用人员多、检测效率低、读数误差大,多适用于维修检测站。

2)全自动检测站

全自动检测站利用微机控制系统将检测线上各检测设备连接起来,除车辆上部和下部的外观检查工位仍需人工检查外，其他所有工位都能实现自动控制检测过程，使设备的起动与运转、数据采集、分析判断、存储、显示和集中打印报表等全过程实现自动化。检测长可坐在主控制室内通过闭路电视观察各工位的检测情况，并通过检测程序向各工位受检车辆的驾驶员和检测员发出各种操作指令。每一项检测结果均能在主控制室内的电脑显示器和各工位上的检验程序指示器上同时显示，因而检测长、各工位检测员和驾驶员均能随时了解每一项检测结果。

由于全自动检测站自动化程度高，检测效率高，能避免人为的判断错误，因而获得广泛应用，目前国内外的安全检测站多为这种形式。

3）半自动检测站

半自动检测站的自动化程度或范围介于手动和全自动检测站之间，一般是在原手动检测站的基础上将部分检测设备（如侧滑试验台、制动试验台、车速表试验台等）与微机联网以实现自动控制，而另一部分检测设备（如烟度计、废气分析仪、前照灯检测仪、声级计等）仍然手动操作。当微机联网的检测设备因故不能进行自动控制时，各检测设备仍可手动操作。

4. 按站内检测线数分类

按照站内检测线数分类，可分为单线检测站、双线检测站、三线检测站等多种类型。总之，站内有几条检测线，就可以称为几线检测站。例如，日本某陆运事务所的检测站有 8 条检测线，可称为八线检测站。

5. 按所有制分类

按照所有制分类，检测站可分为国营检测站、民营检测站等多种类型。例如，日本就有国家车检场和民间车检场之分，我国的汽车检测站除多数是国营性质外，也已出现按股份制等建立的民营汽车检测站。

6. 综合检验机构按职能分类

综合检验机构如果按职能分类，可分为 A 级站、B 级站和 C 级站三种类型，其职能如下。

1）A 级站

A 级站能全面承担检测站的任务，即能检测车辆的制动、侧滑、灯光、转向、前轮定位、车速、车轮动平衡、底盘输出功率、燃料消耗、发动机功率和点火系统状况以及异响、磨损、变形、裂纹、噪声、废气排放等状况。A 级综合检验机构，都会配备底盘测功机，除能检测诊断在用汽车外，一般也能承担新车各种试验。

2）B 级站

B 级站能承担在用车辆技术状况和车辆维修质量的检测，即能检测车辆的制动、侧滑、灯光、转向、车轮动平衡、燃料消耗、发动机功率和点火系统状况以及异响、变形、噪声、废气排放等状况。

3）C 级站

C 级站能承担在用车辆技术状况的检测，即能检测车辆的制动、侧滑、灯光、转向、车轮动平衡、燃料消耗、发动机功率以及异响、噪声、废气排放等状况。

三、检测站组成和工位布置

1. 检测站组成

检测站主要由一条至数条检测线组成。对于独立而完整的检测站，除检测线外，还应包括停车场、清洗站、泵气站、维修车间、办公区和生活区等设施。

1）安全检测站

安全检测站一般由一条至数条安全环保检测线组成。例如，日本陆运事务所的国家车检场，即使规模较小也有两条安全环保检测线。其中，一条为大、小型汽车通用自动检测线，另一条为小型汽车（轴质量500kg或以下）的专用自动检测线。除此以外，还配备一条新规检测线，以对新车登录、检测之用。日本中等规模的国家车检场，一般设有4条安全环保检测线，如东京某车检场就是如此。4条自动检测线中，一条为大、小型汽车通用检测线，其余3条为小型汽车专用检测线。另外，还配备一条新规检测线和一条柴油车排烟检测线。

2）维修检测站

维修检测站一般由一条至数条综合检测线组成。

3）综合检验机构

综合检验机构一般由安全环保检测线和综合检测线组成，可以各为一条，也可以各为数条。国内交通系统建成的检测站大多属于综合检验机构，一般由一条安全环保检测线和一条综合检测线组成，如图2-1所示。

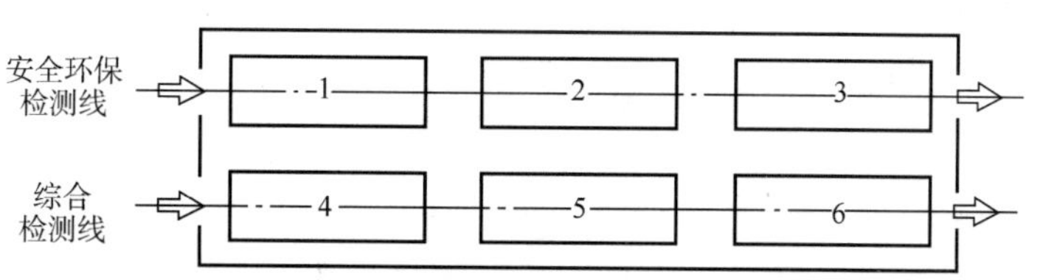

图2-1 双线综合检验机构平面布置示意图

1-外观检查工位；2-侧滑制动车速表工位；3-灯光尾气（废气）工位；4-外观检查及车轮定位工位；5-制动工位；6-底盘测功工位

2. 检测线组成和工位布置

不管是安全环保检测线还是综合检测线，它们都由多个检测工位组成，布置形式多为直线通道式，检测工位则是按一定顺序分布在直线通道上。

1）安全环保检测线

手动和半自动的安全环保检测线，一般由外观检查（人工检查）工位、侧滑制动车速表工位和灯光尾气（废气）工位3个工位组成。其中，外观检查工位带有地沟。全自动安全环保检测线既可以由上述3个工位组成，也可以由4个工位或5个工位组成。5个工位一般包括汽车资料输入及安全装置检查工位、侧滑制动车速表工位、灯光尾气工位、车底检查工位（带有地沟）、综合判定及主控制室工位，如图2-2和图2-3所示。

对于安全环保检测线，不管是3个工位、4个工位，还是5个工位，也不管工位顺序如何编排，其检测项目是固定的，因而均布置成直线通道式，以利于流水作业。

2）综合检测线

如前所述，综合检验机构分为A、B、C三种类型，职能各不一样，因而站内综合检测线的功能也不一样。A级综合检验机构（以下简称“A级站”）能全面承担检测站的任务，是职能最全的检测站。A级站在国内一般设置两条检测线，一条为安全环保检测线，主要承担车管部门对车辆进行年审的任务；另一条为综合检测线，主要承担对车辆技术状况的检测诊断。A级站的综合检测线一般有两种类型：一种是全能综合检测线，另一种是一般综合检测线。

全能综合检测线设有包括安全环保检测线主要检测设备在内的比较齐全的工位，而一般综合检测线设置的工位不包括安全环保检测线的主要检测设备。

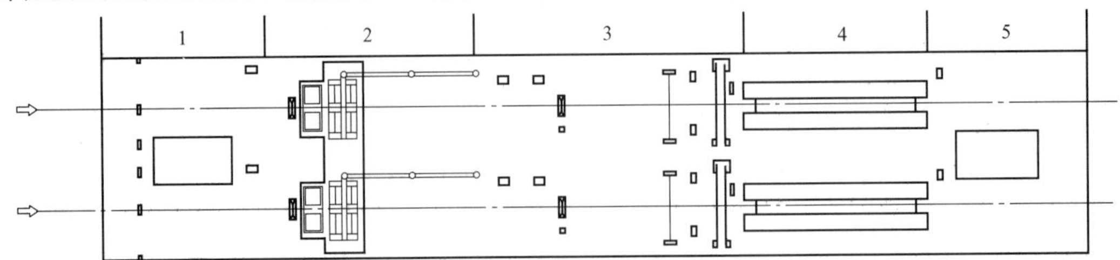

图 2-2　日本五工位全自动安全环保检测线平面布置图

1-汽车资料输入及安全装置检查工位；2-测滑制动车速表工位；3-灯光尾气工位；4-车底检查工位；5-综合判定及主控制室工位

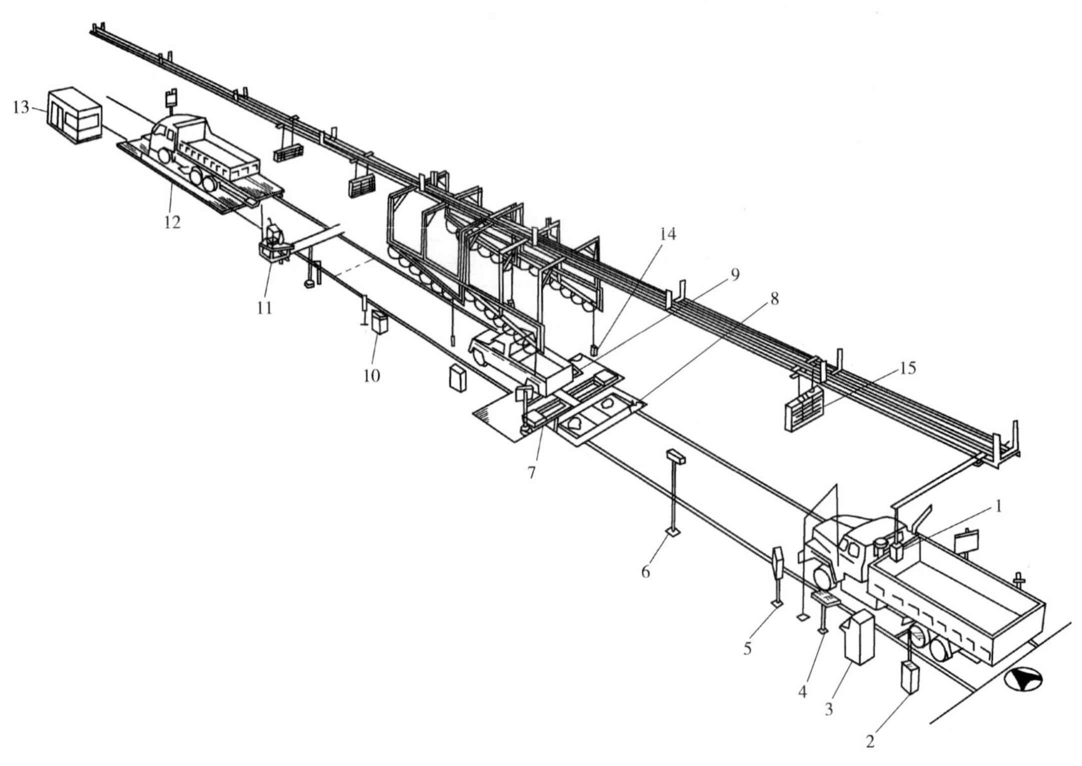

图 2-3　国产五工位全自动安全环保检测线

1-进线指示灯；2-烟度计；3-汽车资料登录微机；4-安全装置检查不合格项目输入键盘；5-烟度计检验程序指示器；6-电视摄像机；7-制动试验台；8-侧滑试验台；9-车速表试验台；10-废气分析仪；11-前照灯检测仪；12-车底检查工位；13-主控制室；14-车速表检测申报开关；15-检验程序指示器

图 2-1 所示的综合检测线即为全能综合检测线。它由外观检查及车轮定位工位、制动工位和底盘测功工位组成，能对车辆技术状况进行全面检测诊断，必要时也能对车辆进行安全环保检测。这种检测线的检测设备多，检测项目齐全，与安全环保检测线互不干扰，因而检测效率相对较高，但建设费用也高。

如图 2-4 所示的综合检测线，是一种接近全能的综合检测线。它由发动机测试及车轮平衡工位、底盘测功工位、车轮定位及车底检查工位组成，除制动性能不能检测外，安全环保检测线上的其他检测项目均能在该线上检测。

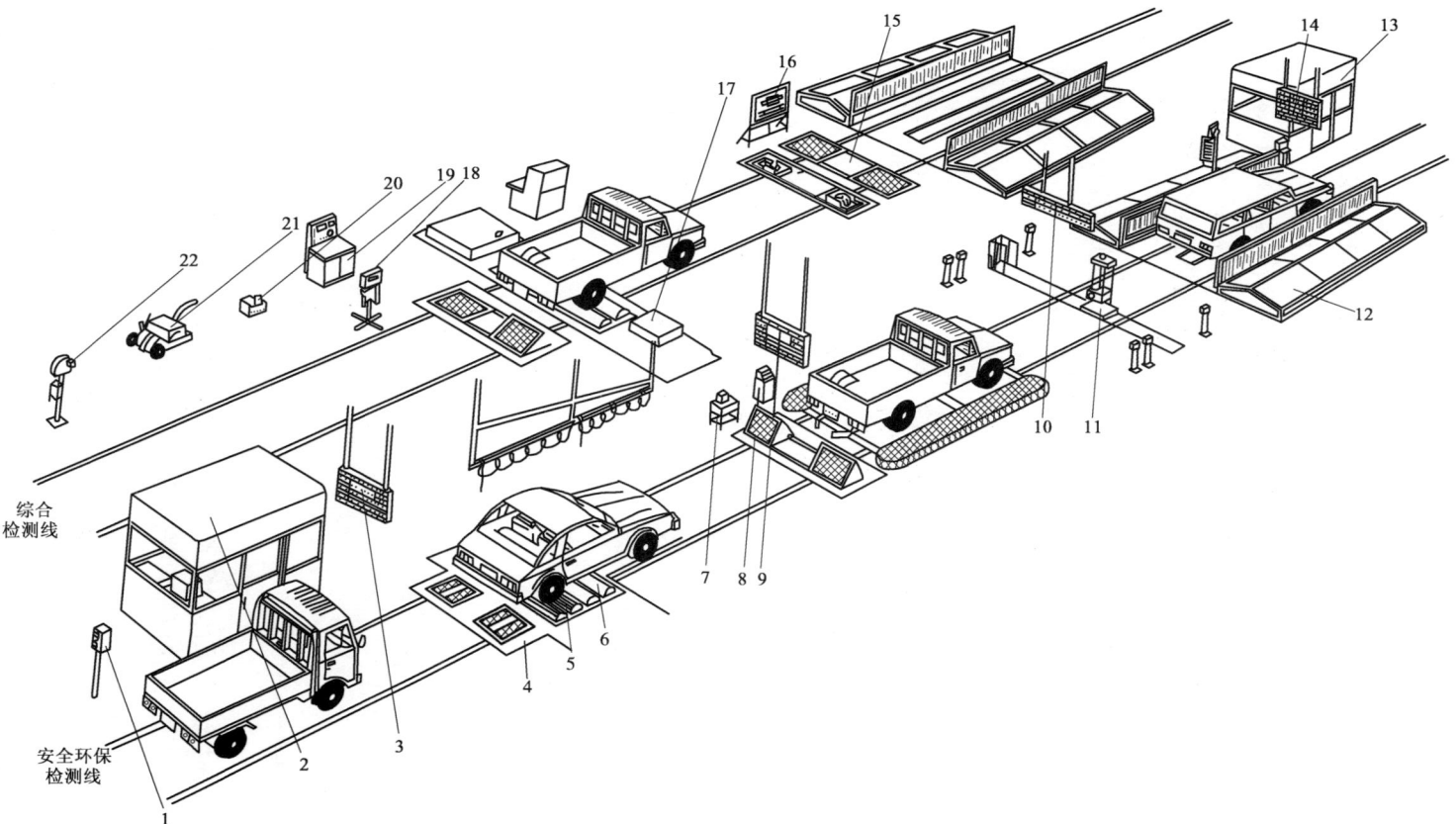

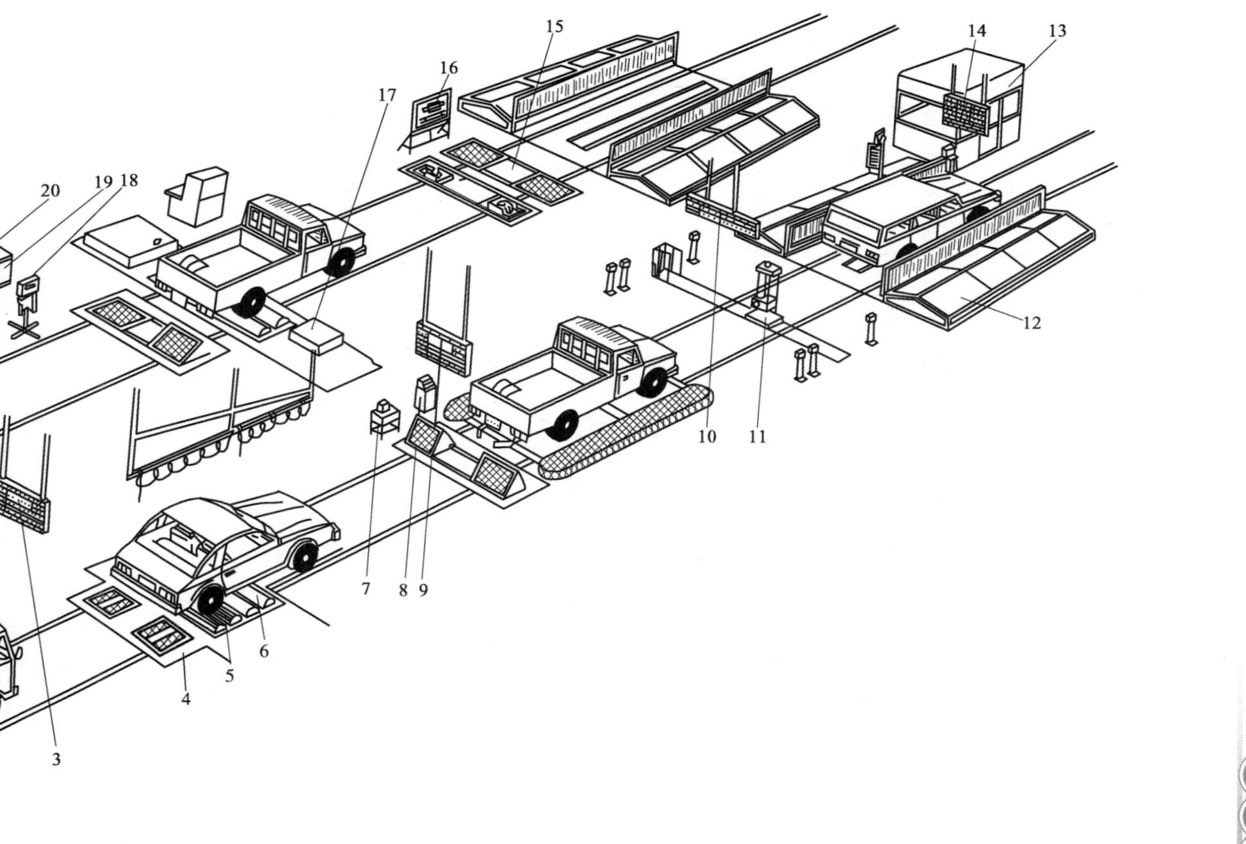

图 2-4 双线综合检验机构

1-进线指示灯；2-进线控制室；3-L 工位检验程序指示器；4、15-侧滑试验台；5-制动试验台；6-车速表试验台；7-烟度计；8-排气分析仪；9-ABS 工位检验程序指示器；10-HX 工位检验程序指示器；11-前照灯检测仪；12-地沟系统；13-主控制室；14-P 工位检验程序指示器；16-前轮定位检测仪；17-底盘测功工位；18、19-发动机综合性能分析仪；20-机油清净性分析仪；21-就车式车轮平衡机；22-轮胎自动充气机

A 级站的一般综合检测线主要由底盘测功工位组成，能承担除安全环保检测项目以外项目的检测诊断，必要时车辆须驶到安全环保检测线上才能完成有关项目的检测，国内已建成的综合检验机构有相当多是属于这种类型。与全能综合检测线相比，一般综合检测线设备少，检测项目少，建设费用低，但检测效率也低。

综合检测线上各工位的车辆，由于检测诊断项目不一、检测诊断深度不同，很难在相同的时间内检测诊断完毕。很有可能前边工位的车辆工作量大，而后边工位的车辆工作量小，但后边车辆又无法超越，因而影响了工作效率。当综合检测线采用直线通道式布置，而又允许在线上进行诊断故障和调试作业时，将不可避免地遇到上述问题。在这种情况下，也可以将综合检测线的各工位横向布置成尽头式、穿过式或其他形式，以适合实际生产的需要，提高检测效率。

B 级综合检验机构和 C 级综合检验机构的综合检测线不包括底盘测功工位。

四、各工位设备与检测项目

（一）安全环保检测线

以五工位全自动安全环保检测线为例，介绍各工位主要设备和检测项目如下，主要设备中不包括软件。

1. 汽车资料输入及安全装置检查工位

本工位除将汽车资料输入登录微机并发送给检测线主控制微机外，还进行汽车上部的灯光和安全装置等项目的外观检查（Lamps and Safety Device Inspection），可简称为 L 工位。

1）主要设备

（1）进线指示灯。

（2）汽车资料登录微机、键盘及显示器。

（3）工位测控微机。

（4）检验程序指示器。

（5）轮胎自动充气机。

（6）轮胎花纹测量器。

（7）检测手锤。

（8）不合格项目输入键盘。

（9）电视摄像机。

（10）光电开关。

2）检查项目

由检查人员人工检查汽车上部的灯光、安全装置、防护装置、操纵装置、工作仪表和车身等是否装备齐全、工作正常、连接可靠和符合规定。检查的重点是灯光和安全装置。具体检查项目见表 2-1。

车上部外观检查项目　　表 2-1

序　号	检查项目	序　号	检查项目
1	远光灯	3	制动灯
2	近光灯	4	倒车灯

续上表

序　　号	检查项目	序　　号	检查项目
5	牌照灯	18	驻车制动操纵杆
6	示廓灯、辅助灯、标志灯	19	转向器自由转动量
7	室内灯	20	油箱、加油口盖
8	车厢、座位	21	挡泥板
9	车门、车窗	22	防护网及连接装置
10	车身、漆面	23	电器导线
11	后视镜、下视镜、侧视镜	24	起动机
12	风窗玻璃	25	发电机、蓄电池
13	刮水器	26	灭火器
14	喇叭	27	仪表、仪表灯
15	轮胎、轮胎螺栓	28	机油低压报警器
16	离合器、变速器	29	半轴螺栓
17	制动踏板自由行程	30	座椅安全带

2. 侧滑制动车速表工位

本工位由侧滑检测(Alignment Inspection)、轴重检测(Weight Inspection)、制动检测(Brake Test)和车速表检测(Speedometer Test)组成,简称ABS工位。

1)主要设备

(1)工位测控微机。

(2)侧滑试验台。

(3)轴重计或轮重仪(与反力式滚筒制动试验台配套使用。如反力式滚筒制动试验台本身配备轴重测量装置或采用惯性式平板制动试验台,则不必再配备轴重计或轮重仪)。

(4)制动试验台。

(5)车速表试验台及车速检测申报开关(或遥控器)。

(6)检验程序指示器。

(7)光电开关。

(8)反光镜。

2)检测项目

(1)检测前轮侧滑量。

(2)检测各轴轴重。

(3)检测各轮制动拖滞力和制动力。

(4)检测驻车制动力。

(5)检测车速表指示误差。

3. 灯光尾气工位

本工位主要由前照灯检测(Head Light Test)、排气检测(Exhaust Gas Test)、烟度检测(Diesel Smoke Test)和喇叭声级检测(Noise Test)组成,简称HX工位。

1）主要设备

（1）工位测控微机。

（2）前照灯检测仪。

（3）排气分析仪。

（4）烟度计。

（5）声级计。

（6）检验程序指示器。

（7）停车位置指示器。

（8）光电开关。

（9）反光镜。

2）检测项目

（1）检测前照灯发光强度和光轴偏斜量。

（2）检测汽油车怠速、高怠速排气污染物或柴油车自由加速烟度。

（3）检测喇叭声级。

4. 车底检查工位

车底检查（Pit Inspection）工位，可简称为 P 工位。

1）主要设备

（1）工位测控微机。

（2）检验程序指示器。

（3）地沟内举升平台。

（4）检测手锤。

（5）不合格项目输入键盘。

（6）对讲话筒及扬声器。

（7）光电开关。

（8）车辆到位报警灯或报警器。

（9）地沟内电视摄像机。

2）检测项目

本工位进行车辆底部的外观检查，由检测人员在地沟内人工检查底盘各装置及发动机的连接是否牢固可靠，有无弯扭断裂、松旷及漏油、漏水、漏气、漏电等现象，具体检查项目见表2-2。

车底检查项目　　表2-2

序　号	检查项目	序　号	检查项目
1	发动机及其连接装置	8	转向主销及其轴承
2	车架	9	纵横拉杆
3	前梁	10	前悬架连接
4	转向器的转向轴及其万向节	11	前吊耳销子
5	转向器支架	12	后悬架连接
6	转向垂臂	13	后吊耳销子
7	转向器	14	各部杆系

续上表

序　号	检查项目	序　号	检查项目
15	各种软管	23	减振器
16	油路、气路、电路	24	钢板弹簧夹及U形螺栓
17	储气筒	25	排气管及消声器
18	传动轴、万向节、伸缩节	26	制动拉杆、驻车制动器
19	中间支承	27	后桥壳
20	离合器及操纵机构	28	缓冲器、保险杠、牵引钩
21	变速器	29	漏油、漏水、漏气、漏电
22	主传动器	30	油箱、蓄电池等的固定

5. 综合判定及主控制室工位

1）主要设备

（1）主控制微机、键盘及显示器。

（2）打印机。

（3）监控电视（电视摄像机显示器）。

（4）控制台及主控制键盘。

（5）稳压电源。

（6）不间断电源。

2）检测项目

汽车到达检测工位时，检测项目已全部检测完毕。主控制微机对各工位检测结果进行综合判定后，由打印机集中打印检测结果报告单，并由检测长交给被检汽车驾驶员。

全自动安全环保检测线主要设备及其作用见表2-3。除表中所列主要设备外，还可以选购内部电话或对讲设备、空调机和设备校准装置等。表列设备中，侧滑试验台、轴重计或轮重仪、制动试验台、车速表试验台、前照灯检测仪、排气分析仪、烟度计、声级计和检测手锤为检测设备。

全自动式安全环保检测线主要设备一览表　　表2-3

序号	设备名称	用　途
1	进线指示灯	控制进线车辆，绿灯进，红灯停
2	汽车资料登录微机	登录汽车资料，并发送给主控制微机
3	工位测控微机	承担工位检测过程控制、数据采集与处理等工作
4	检验程序指示器	指示工位检测程序，下达操作指令，显示检测结果，引导车辆前进
5	轮胎自动充气机	按设定的轮胎气压自动充气
6	轮胎花纹测量器	测量轮胎花纹深度
7	检测手锤	检查各连接件、车架等是否松动或开裂
8	不合格项目输入键盘	将车上、车下外观检查中的不合格项目报告主控制微机
9	摄像机及监察电视	供主控制室的检测长监察地沟及整个检测线的工作情况
10	侧滑试验台	检测转向轮侧滑量

续上表

序号	设备名称	用途
11	轴重计或轮重仪	检测各轴轴重
12	制动试验台	检测各轮拖滞力、制动力和驻车制动力
13	车速表试验台	检测车速表指示误差
14	车速表检测申报开关或遥控器	当试验车速达 40km/h 时按下此开关或遥控器,微机采集此时的实际车速数据
15	光电开关	当车轮遮挡光电开关时,光电开关产生的信号输入微机,报告车辆到位,微机安排检测开始
16	反光镜	供驾驶员观察车轮到达试验台或停车线的位置
17	前照灯检测仪	检测前照灯发光强度和光轴偏斜量
18	排气分析仪	检测汽油车排气中的 CO 和 HC 浓度
19	烟度计	检测柴油车排气中的自由加速烟度
20	声级计	检测喇叭声级
21	停车位置指示器	指引汽车在灯光尾气工位停车线上准确停车
22	地沟内举升平台	使地沟内的检测人员在高度上处于最有利的工作位置
23	对讲话筒及扬声器	用于地沟上下的通话联系
24	地沟内报警灯或报警器	报告车辆到达车底检查工位
25	主控制微机	安排检测程序,对照检测标准,综合判定并存储、打印检测结果
26	打印机	打印检测结果报告单
27	控制台	主控制微机、键盘、显示器、打印机、监察电视等均安放在控制台上,是全线的控制中心
28	主控制键盘	当微机系统出现故障不能使用时,可通过主控制键盘对各工位实施控制,以不间断检测工作
29	稳压电源和不间断电源	稳定电压,不间断供电

(二)综合检测线

以图 2-1 全能综合检测线为例,对综合检测线各工位主要设备和检测项目介绍如下。

1. 外观检查及车轮定位工位

该工位包括车上、车底外观检查和车轮定位检测。

1)主要设备

(1)轮胎自动充气机。

(2)轮胎花纹测量器。

(3)检测手锤。

(4)地沟内举升平台。

(5)地沟上举升器。

(6)就车式车轮平衡机。

(7)声发射探伤仪。

(8)侧滑试验台。

(9)四轮定位仪或车轮定位检测仪。

(10)转向盘自由转动量检测仪。

(11)转向盘转向力检测仪。

(12)传动系统游动角度检测仪。

(13)底盘间隙检测仪(也称为悬架和转向系统间隙检测仪)。

2)检测项目

(1)车上、车底外观检查项目同于全自动安全环保检测线。

(2)就车检测车轮不平衡量并将其平衡。

(3)对转向节枢轴等安全机件进行探伤。

(4)检测前轮侧滑量。

(5)检测前轮最大转向角、主销后倾角、主销内倾角,并视需要检测前轮前束值和前轮外倾值。

(6)检测后轮前束值和后轮外倾角。

(7)检测转向盘自由转动量。

(8)检测转向盘转向力。

(9)检测传动系统游动角度。

(10)检测悬架、转向系统和轮毂轴承的间隙。

2. 制动工位

1)主要设备

(1)轴重计或轮重仪(与反力式滚筒制动试验台配套使用。如反力式滚筒制动试验台本身配备轴重测量装置或采用惯性式平板制动试验台,则不必再配备轴重计或轮重仪)。

(2)制动试验台。

2)检测项目

(1)检测各轴轴重。

(2)检测各轮制动拖滞力和制动力,按制动曲线分析制动过程。

(3)检测驻车制动力。

3. 底盘测功工位

本工位能模拟汽车道路行驶,因而可组织较多的检测设备同时或交叉地对汽车发动机、底盘、电器设备和车身等进行动态综合检测诊断。配备的设备越多,能检测诊断的项目也越多。

1)主要设备

(1)底盘测功试验台(也称为底盘测功机)。

(2)发动机综合性能分析仪(汽、柴油机合一或分开)。

(3)电控系统检测仪(汽车解码器、汽车示波器、汽车扫描仪等)。

(4)电器综合测试仪。

(5)汽缸压力测试仪或汽缸压力表。

(6)汽缸漏气量(率)测试仪。

(7)真空表或真空测试仪。

(8)油耗计。

(9)五气体分析仪。

(10)烟度计。

(11)声级计。

(12)机油清净性分析仪。

(13)发动机无负荷加速测功仪。

(14)发动机异响分析仪。

(15)传动系统异响分析仪。

(16)温度计或温度仪。

2)检测项目

(1)检测驱动车轮的输出功率或驱动力,模拟车辆各种行驶速度行驶,进行加速性能、等速性能和滑行性能等性能试验,检测百公里耗油量和经济车速等。

(2)对点火系统、供油系统、冷却系统、润滑系统、传动系统、行驶系统、电器设备、车身等的技术状况进行检测、分析和判断。

(3)对装配汽油机的车辆,根据不同类型,进行怠速试验、双怠速试验和简易工况法等试验。根据排放的CO、HC、NO_x、CO_2和O_2浓度,分析空燃比、燃烧状况、汽缸密封性状况和排放污染等状况。

(4)对装配柴油机的车辆,根据不同类型,进行自由加速法及加载减速法试验,分析空燃比、燃烧状况、汽缸密封性状况和排放污染等状况。

(5)检测、分析并判断发动机和传动系统异响。

(6)检测各总成温度和发动机排气温度。

当该工位上有些项目检测时间过长时,也可在前面工位上提前进行。例如,机油清净性分析完全可以在第一工位上对机油取样,接着到分析仪上进行分析,以平衡与其他项目的检测进度。

在综合检测线上,允许对车辆做必要的调试。如调试时间太长,应出检测线在维修车间内进行。

当在综合检测线上进行安全环保检测时,应按安全环保检测线规定项目进行。

全能综合检测线的主要设备及其作用见表2-4。

全能综合检测线主要设备一览表　　表2-4

序号	设备名称	作用
1～29项设备同表2-3所列		
30	地沟上举升器	举起车辆,使车轮离地
31	就车式车轮平衡机	就车检测车轮不平衡量,并通过配重使车轮平衡
32	声发射探伤仪	在不解体情况下探测汽车零件的裂纹和损伤
33	四轮定位仪或车轮定位检测仪	检测车轮前束值、车轮外倾值和主销后倾值、主销内倾值及前轮最大转向角度值
34	转向盘自由转动量检测仪	检测转向盘自由转动量
35	转向盘转向力检测仪	检测转向盘转动力
36	传动系统游动角度检测仪	检测传动系统自由转动量
37	底盘间隙检测仪	检测轮毂轴承、转向节主销、纵横拉杆和钢板弹簧销等处的间隙
38	发动机综合性能分析仪	对汽、柴油发动机的功率、汽缸压力、点火正时、供油正时、点火系统技术状况、供油系统技术状况、电控系统技术状况和异响等进行检测、分析和判断
39	电控系统专用检测仪	包括解码器、示波器、扫描器、专用诊断仪、信号模拟器等,用于对汽车电控系统检测诊断

续上表

序号	设备名称	作　用
40	电器综合测试仪	检测电器设备的技术状况
41	汽缸压力测试仪或汽缸压力表	检测汽缸压缩压力
42	汽缸漏气量(率)测试仪	检测汽缸漏气量或漏气率
43	真空表或真空测试仪	检测进气管真空度,用于评价汽缸密封性
44	油耗计	检测燃油消耗量
45	五气体分析仪	检测、分析排气中的 CO、HC、NO_x、CO_2 和 O_2
46	机油清净性分析仪	分析机油的清净性程度
47	发动机无负荷测功仪	对发动机进行无负荷加速测功
48	发动机异响分析仪	分析、诊断发动机异响
49	传动系统异响分析仪	分析、诊断传动系统异响
50	温度计或温度仪	检测各总成温度和发动机排气温度

第二节　检测站检测工艺程序

汽车进入检测站后,在站内、线内只有按照规定的检测工艺路线和检测工艺程序流动,才能完成整个检测过程。

一、检测工艺路线

1. 检测站工艺路线

对于一个独立而完整的检测站,汽车进站后的工艺路线流程如图 2-5 所示。

2. 检测线工艺路线

检测线的工位布置是固定的,进线检测的汽车按工位顺序流水作业。

1) 安全环保检测线

(1) 手动式:以图 2-1 所示的安全环保检测线为例,其工艺路线流程如图 2-6 所示。

(2) 全自动式:以图 2-2 所示的安全环保检测线为例,其工艺路线流程如图 2-7 所示。

2) 综合检测线

以图 2-1 所示的全能综合检测线为例,其工艺路线流程如图 2-8 所示。

以上所介绍的安全环保检测线与全能综合检测线的工艺路线,均为全工位检测工艺路线。经维修、调试后进线复检的车辆,只需检测不合格项目,因而往往在有关工位上就有关项目再检测一次,其他工位仅流过而已,无须再全面检测一遍。

在综合检测线上,并不一定所有的车辆都执行全工位检测工艺路线。若根据车辆状况或应车主要求只进行单工位或双工位检测时,仅制定单工位或双工位检测工艺路线即可,不必制定全工位检测工艺路线。

二、检测工艺程序

以图 2-2 五工位全自动安全环保检测线的全工位检测为例介绍检测工艺程序,并请参见图 2-4 的安全环保检测线。

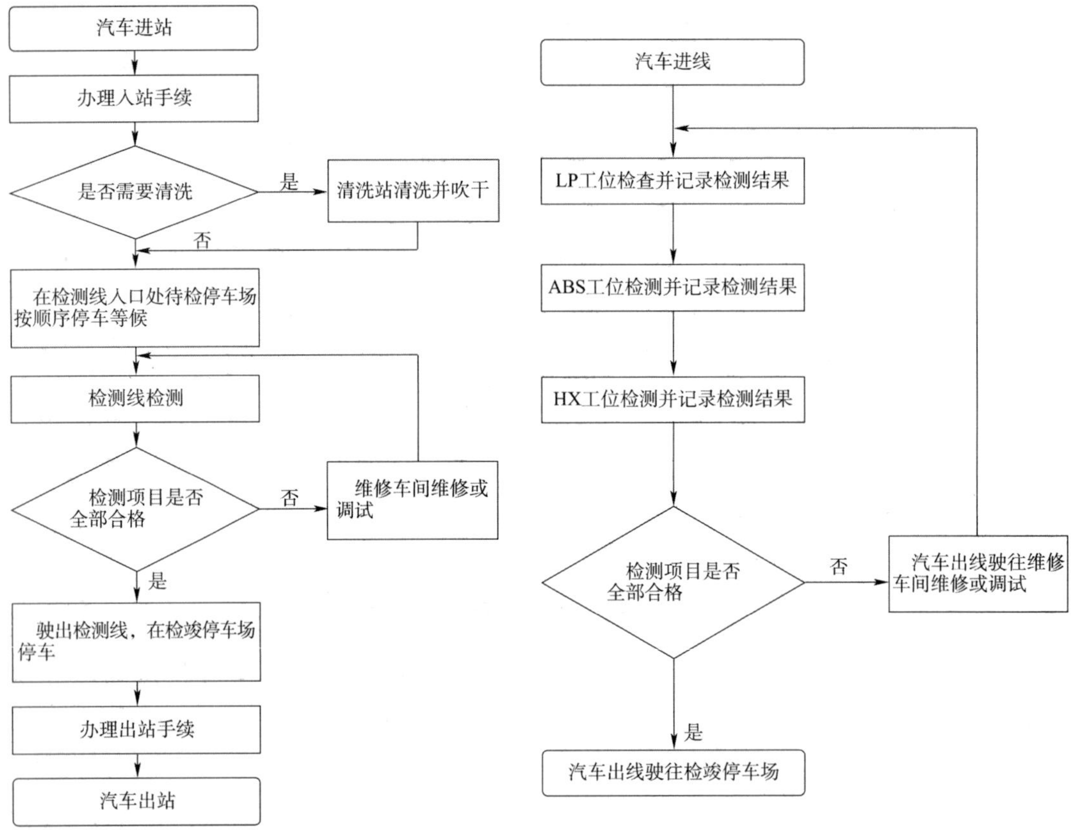
汽车进站
办理入站手续
是否需要清洗
是
清洗站清洗并吹干
否
在检测线入口处待检停车场按顺序停车等候
检测线检测
检测项目是否全部合格
否
维修车间维修或调试
是
驶出检测线，在检竣停车场停车
办理出站手续
汽车出站
汽车进线
LP工位检查并记录检测结果
ABS工位检测并记录检测结果
HX工位检测并记录检测结果
检测项目是否全部合格
否
汽车出线驶往维修车间维修或调试
是
汽车出线驶往检竣停车场

图 2-5　检测站工艺路线流程图

图 2-6　手动式安全环保检测线工艺路线流程图

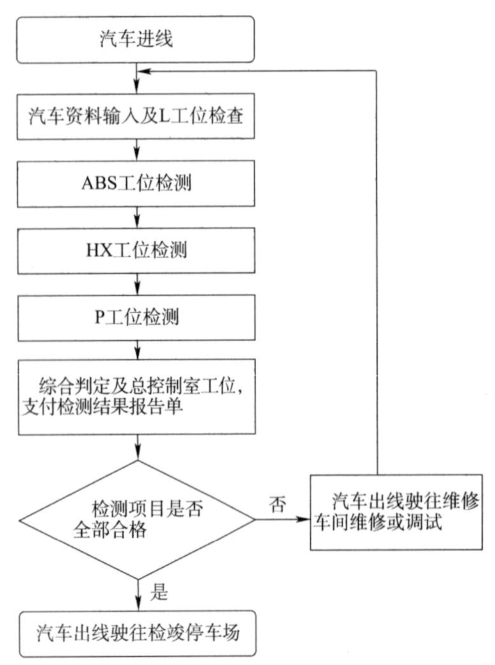
汽车进线
汽车资料输入及L工位检查
ABS工位检测
HX工位检测
P工位检测
综合判定及总控制室工位，支付检测结果报告单
检测项目是否全部合格
否
汽车出线驶往维修车间维修或调试
是
汽车出线驶往检竣停车场

图 2-7　全自动式安全环保检测线工艺路线流程图

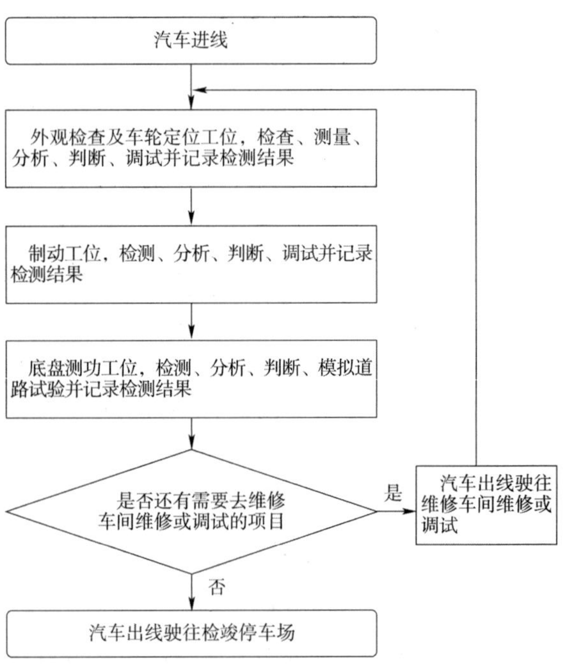
汽车进线
外观检查及车轮定位工位，检查、测量、分析、判断、调试并记录检测结果
制动工位，检测、分析、判断、调试并记录检测结果
底盘测功工位，检测、分析、判断、模拟道路试验并记录检测结果
是否还有需要去维修车间维修或调试的项目
是
汽车出线驶往维修车间维修或调试
否
汽车出线驶往检竣停车场

图 2-8　全能综合检测线工艺路线流程图

1. 汽车资料输入及 L 工位检查

1）汽车资料输入

汽车资料登录微机一般放置在进线控制室或检测线入口处的左侧，由登录员操作。经过清洗并已吹干的汽车，在检测线入口处等候进线。此时的汽车驾驶员，在国外检测站多为原车驾驶员，在国内检测站多为站内专职引车员。如系原车驾驶员，在等候期间要读懂挂于检测线门前的入站规则。进线指示灯红色为等待，绿色（或蓝色）为开进。当绿色指示灯亮时，汽车进入检测线并停在第一工位上，由登录员根据行车执照和报检单，向登录微机输入牌照号码、厂牌车型、车主单位或车主姓名、发动机号码、底盘号码、灯制、驱动形式、车辆状况（新车、在用车）、检验类型（初检、复检）、燃料（汽油、柴油等）和检测项目（全部检测、某项检测）等资料，并发往主控制微机，由主控制微机安排检测程序。此时，进线指示灯由绿色转为红色。当汽车在本工位检查完毕驶往下一工位并遮挡下一工位光电开关时，进线指示灯又由红色转为绿色。

国内检测线有不少是在汽车进线前就已经将有关资料输入登录微机的。此后，当第一工位为空位时，登录员及时将输入的资料发往主控制微机，由主控制微机安排检测程序。此时绿色指示灯亮，允许被登录的汽车进入检测线。当进线汽车遮挡第一工位光电开关时，通知微机车辆到达第一工位，进线指示灯由绿色转为红色。

2）L 工位检查

汽车在本工位停稳后，由检查人员按规定项目进行汽车上部外观检查。此时，驾驶员要始终注视前上方的工位检验程序指示器（图 2-4 中 3），并按该指示器的指示操作有关机件，以配合检查人员的检查。工位检验程序指示器有灯箱式、彩色显示器式和电子灯阵式三种形式，本教材以灯箱式为例。L 工位检验程序指示器面板图如图 2-9 所示。

<table>
<tr><td>前照灯</td><td>变光灯</td><td colspan="2">前副灯</td></tr>
<tr><td>车宽标志灯</td><td>制动灯</td><td colspan="2">倒车灯</td></tr>
<tr><td>转向灯</td><td>停车灯</td><td colspan="2">报警灯</td></tr>
<tr><td>刮水器</td><td>喇叭</td><td colspan="2">非常信号装置</td></tr>
<tr><td colspan="2">安全装置</td><td>○</td><td>×</td></tr>
<tr><td colspan="4">前　　进</td></tr>
</table>

图 2-9　L 工位检验程序指示器面板图

在本工位检查中，若有不合格项目，可通过不合格项目输入键盘报告主控制微机，并在检查完毕后及时按下该键盘上的“检查结束”键，否则主控制微机将一直等待。主控制微机判定检查结果时，只要有一项不合格，即判定安全装置检查不合格，并将检查结果分别在主控制室的主控制微机显示器（以下简称“微机显示器”）上和本工位检验程序指示器上同时显示。当显示“○”时为合格，显示“×”时为不合格。

如果下一工位空闲，则本工位检验程序指示器显示“前进”二字，驾驶员将汽车驶入下一工位。于是本工位又为空位，等待下一辆汽车进入。

2. ABS 工位

1）侧滑量检测

汽车沿地面标线，以 3～5km/h 的车速匀速通过侧滑试验台。通过时，汽车应垂直于侧滑板，不可转动转向盘。当汽车前轮切断侧滑试验台入口的光电开关时，光电开关输出的电信号通知微机，微机开始采集车轮侧滑量数据。当汽车前轮切断侧滑试验台出口的光电开关时，数据采集结束，并以此期间侧滑板的最大位移量作为侧滑量数据，并经主控制微机判

<table>
<tr><td colspan="3">侧滑试验台</td><td>○</td><td>×</td></tr>
<tr><td>前制动</td><td rowspan="3">放开</td><td rowspan="3">踏下</td><td>○</td><td>×</td></tr>
<tr><td>中间制动</td><td>○</td><td>×</td></tr>
<tr><td>后制动</td><td>○</td><td>×</td></tr>
<tr><td>驻车制动</td><td>拉紧</td><td>松开</td><td>○</td><td>×</td></tr>
<tr><td rowspan="2">车速表试验台</td><td colspan="4">40km/h按下申报开关</td></tr>
<tr><td colspan="2">踩制动踏板</td><td>○</td><td>×</td></tr>
<tr><td colspan="3">前 进</td><td colspan="2">再检一次</td></tr>
</table>

图 2-10 ABS 工位检验程序指示器面板图

断是否合格,然后将检测结果在主控制室微机显示器和本工位检验程序指示器(图 2-4 中 9)上同时显示。本工位检验程序指示器面板图如图 2-10 所示,当“侧滑试验台”栏内显示“○”时为合格,显示“×”时为不合格。

2)制动力检测

以反力式滚筒制动试验台(以下简称“制动试验台”)为例介绍制动力检测。当制动试验台前设有轴重计或轮重仪时,汽车被检车轴应先称重然后再驶上制动试验台测制动力。称重时被检车轴驶上轴重计或轮重仪并遮挡光电开关,报告微机车辆到位,车轴重力通过压力传感器变成电信号供微机采集。然后,该车轴驶上制动试验台测制动力。

若制动试验台本身带有轴重测量装置,则在其前面不再设有轴重计或轮重仪。汽车检测前轮侧滑量后,其前轴直接驶到制动试验台上,先称重后测制动力,其工艺程序如下所述。

汽车左右车轮驶入制动试验台两滚筒之间并遮挡光电开关,微机确认车辆到位,安排称重和制动力检测,步骤如下:

(1)降下制动试验台举升器。

(2)测量轴重。

(3)起动制动试验台电动机,滚筒带动车轮转动。

(4)在制动踏板放松情况下,采集左、右车轮的制动拖滞力。

(5)用力踩下制动踏板,采集左、右车轮的最大制动力,至滚筒停转时采集结束。

(6)拉紧驻车制动器操纵杆,采集左、右车轮最大制动力(只有与驻车制动器相连的车轴才进行此项检测)。

(7)主控制微机判定检测结果,并分别在主控制室的微机显示器和工位检验程序指示器(图 2-10)有关栏目内同时显示。同样,显示“○”为合格,显示“×”为不合格。

(8)检测结果不合格时,微机安排“再检一次”。

(9)升起制动试验台举升器,该轴驶出,另一轴驶入,按同样程序检测。

主控制微机将采集到的数据按下列式子计算,然后与国家标准对照,判定制动性能是否合格。

$$\text{轮拖滞力与轴荷的百分比}=\frac{\text{轮拖滞力}}{\text{轴荷}}\times 100\% \tag{2-1}$$

$$\text{轴制动力与轴荷的百分比}=\frac{\text{左轮制动力}+\text{右轮制动力}}{\text{轴荷}}\times 100\% \tag{2-2}$$

$$\text{全车制动力总和与整车质量的百分比}=\frac{\text{全车制动力总和}}{\text{整车质量}}\times 100\% \tag{2-3}$$

检测中,汽车驾驶员要始终注视前上方的检验程序指示器,并按其上的指令操作。

检测多轴汽车并装轴(如三轴汽车的中轴和后轴)的制动力,而其中任一轴的传动关系又不能单独脱开时,可采用使制动试验台左右两组滚筒旋转方向不同的方法进行,并且只采集车轮正转时的制动数据。即制动试验台带动右轮正转左轮反转时,只采集右轮制动时的数据,带动右轮反转左轮正转时,只采集左轮制动时的数据。可以看出,两次测试中左、右车轮旋转方向不同,由于驱动桥差速器行星齿轮的自转作用,另一在制动试验台之外的驱动桥并不驱动,无须在制动试验台前后设置自由滚筒。因此,用该法检测多轴汽车并装轴的制动力时,可免去制动试验台前后两组共计 8 个自由滚筒,不仅节省了设备购置费,而且减少了设备占地面积,使检测线造价大大降低。

3)车速表指示误差检测

将与车速表传感器相连的车轴驶上车速表试验台,车轮遮挡光电开关,微机确认车辆到位,落下车速表试验台举升器。驾驶员把垂吊在汽车左侧的车速检测申报开关或遥控器持于手中,变速杆置于最高挡位,按照检验程序指示器的指令,匀速地将汽车加速至 40km/h(驾驶室内车速表指示值),待指针稳定后按下车速检测申报开关或遥控器。微机采集此时的实际车速数据(车速表试验台测量值),并传输给主控制微机判定检测结果,如不合格,则安排"再检一次"。检测结果在主控制室微机显示器和工位检验程序指示器有关栏目内同时显示。同样,显示"○"为合格,显示"×"为不合格。

按下车速检测申报开关后,即可踩下制动踏板使车轮与滚筒减速。当工位检验程序指示器显示"前进"指令时,汽车开往下一工位。

4)本工位检测程序说明

在本工位检测的汽车,由于其轴制、驱动形式和驻车制动器安装位置不同,因而它们的检测程序也不一样。

(1)四轮汽车(后轮驱动、后轮驻车):

侧滑→前制动→后制动→驻车制动→车速表。

(2)四轮汽车(前轮驱动、前轮驻车):

侧滑→前制动→驻车制动→车速表→后制动。

(3)四轮汽车(前轮驱动、后轮驻车):

侧滑→前制动→车速表→后制动→驻车制动。

(4)六轮汽车(前双轴、后单轴、后轮驱动、后轮驻车):

侧滑→前制动→中间制动→后制动→驻车制动→车速表。

(5)六轮汽车(前单轴、中单轴、后单轴、中轮驱动、中轮驻车):

侧滑→前制动→中间制动→驻车制动→车速表→后制动。

(6)六轮汽车(前单轴、中后并装双轴、中后轮驱动、中后轮驻车):

侧滑→前制动→中间制动→驻车制动→后制动→车速表。

最后一种汽车的车速表检测,必须在制动试验台与车速表试验台之间装备一组自由滚筒,否则该项不能检测。

上述常见类型的汽车与对应程序非常重要,如果进线时汽车资料输入错误,则会导致检测程序混乱。

当本工位检验程序指示器显示"前进"时,汽车驶入下一工位。

3. HX 工位

1)前照灯检测

汽车沿地面标线缓慢驶入本工位。注意汽车应与前照灯检测仪的导轨保持垂直,并按引导指示器的指令在停车线上停车。这种引导指示器与两组光电开关(入口光电开关和出口光电开关)相互配合,引导汽车"前进""停车"和"后退"。当汽车还未到达停车线时,引导指示器亮出"前进"二字,指引汽车前进;当汽车前照灯遮挡入口光电开关时,引导指示器立即亮出“停车”二字，指令汽车停车。此时，汽车停在停车线上，前照灯与前照灯检测仪受光器的距离符合检测要求。如果汽车未及时停住，越过了停车线并遮挡了出口光电开关，则引导指示器亮出“后退”二字，指引汽车后退，直至出口光电开关又导通，引导指示器又显示“停车”二字，汽车立即停车即会符合检测要求。

汽车停在停车线上，微机确认车辆到位，安排检测程序。本工位检验程序指示器（图2-4中10）指令驾驶员打开远光灯（发动机运转，电源系统处于充电状态），前照灯检测仪从护栏内自动驶出，分别对前右灯和前左灯进行发光强度和光轴照射方向的检测。当前照灯发光强度不够或无明显光轴时，前照灯检测仪无法自动跟踪光轴，此时需要主控制室人工操作主控制键盘上的辅助控制键，辅助前照灯检测仪的受光器进入光轴投射区以便实施跟踪。HX工位检验程序指示器的面板图如图2-11所示。

<table>
<tr><td rowspan="2"></td><td rowspan="2">上</td><td rowspan="2"></td><td rowspan="2">开远光灯</td><td rowspan="2"></td><td rowspan="2">上</td><td rowspan="2"></td><td colspan="3">插入探头</td></tr>
<tr><td colspan="3">检查中</td></tr>
<tr><td rowspan="2">左</td><td rowspan="2">光</td><td rowspan="2">右</td><td rowspan="2">检查中</td><td rowspan="2">左</td><td rowspan="2">光</td><td rowspan="2">右</td><td colspan="3">取出探头</td></tr>
<tr><td>CO</td><td>○</td><td>×</td></tr>
<tr><td rowspan="2">○</td><td rowspan="2">下</td><td rowspan="2">×</td><td rowspan="2">前进</td><td rowspan="2">○</td><td rowspan="2">下</td><td rowspan="2">×</td><td>HC</td><td>○</td><td>×</td></tr>
<tr><td>按喇叭</td><td>○</td><td>×</td></tr>
</table>

图2-11　HX工位检验程序指示器面板图

前照灯检测仪跟踪到前照灯光轴后，进行数据采集，并传输给主控制微机分析判断，检测结果在主控制室微机显示器和工位检验程序指示器上，发光强度以“○”（合格）或“×”（不合格）的方式同时显示，光轴照射方向以上、下、左、右光的方式显示。

前右灯的检测结果一经显示，前照灯检测仪便自动移至前左灯，以同样的方法检测发光强度和光轴照射方向，显示检测结果后自动驶回护栏内。

左、右前照灯中有一项不合格，前照灯的综合判定即为不合格。

2）排气或烟度检测

汽车在前照灯检测停车线上停车后，微机确认车辆到位，安排尾气检测程序。

如果是汽油车，由本工位检验程序指示器指令检测员或汽车驾驶员（须下车）将排气分析仪探头插入怠速运转的汽车排气管中，抽取气样，检测汽车排气。排气分析仪将分析出的CO和HC浓度转变成电信号供微机采集。微机判定后分别在主控制室微机显示器和工位检验程序指示器上同时显示检测结果。未采集到数据时，检测结果不显示。因此，车辆到位后根据指令应及时将排气分析仪探头插入排气管规定深度，以免错过采集时机。

<table>
<tr><td colspan="3">插入探头　　安置踏板开关</td></tr>
<tr><td>第一次自由加速</td><td rowspan="4">踏加速踏板</td><td rowspan="4">抬加速踏板</td></tr>
<tr><td>第二次自由加速</td></tr>
<tr><td>第三次自由加速</td></tr>
<tr><td>第四次自由加速</td></tr>
<tr><td colspan="3">取出探头拆下踏板开关</td></tr>
<tr><td>烟 度 检 测</td><td>○</td><td>×</td></tr>
</table>

图2-12　烟度检验程序指示器面板图

如果是柴油车，根据图2-12所示的检验程序指示器指令，检测员或汽车驾驶员（须下车）将烟度计探头插入怠速运转的柴油车排气管规定深度，先做三次自由加速的预动作，以熟悉加速方法并把排气管内的炭渣等积存物吹掉，然后在加速踏板上安置踏板开关，再按指令和操作规程进行四次自由加速，检测柴油车排放烟度。烟度计自动完成抽气取样、烟度检测和清洗等动作，并将烟度转变成电信号供微机采集。微机把后三次采集的数据的平均值作为自由加速烟度检测值，判定后分别在主控制室微机显示器和烟度检验程序指示器上同时显示检测结果。同样，以“○”（合格）或“×”（不合格）的方式显示。在烟度检测操作过程中，加速运转和怠速运转的时间由微机通过烟度检验程序指示器上指令显示的时间间隔进行控制，只要严格、及时地按指令操作，即可保证操作规程顺利执行。

3）喇叭声级检测

汽车在前照灯检测停车线上停车后，微机确认车辆到位，安排喇叭声级检测程序。将声级计连同其支架移至汽车正前方对正汽车，且声级计应平行于地面，其传声器距汽车2m，距地面1.2m。驾驶员按工位检验程序指示器的指令按下喇叭3～5s，声级计测量此时的声级并将其电信号输入微机供采集数据。微机判定后在主控制室微机显示器和工位检验程序指示器上同时显示检测结果。同样，显示“○”为合格，显示“×”为不合格。

本工位的前照灯检测、排气或烟度检测、喇叭声级检测，既可安排同步进行，也可安排按一定顺序进行。一般情况下，前照灯检测与尾气检测可同步进行，喇叭检测则安排在这之前或之后进行。届时，如果是原车驾驶员驾车驶入本工位，要十分关注本工位检验程序指示器，先亮灯的栏目就是先进行检测的项目。

当本工位检验程序指示器显示“前进”时，汽车驶入下一工位。

4. P 工位

汽车沿地面标线驶入本工位。当汽车遮挡本工位入口光电开关时，通知微机车辆到位，同时地沟内报警灯闪烁或报警器响，通知地沟内检查人员车辆到达本工位。汽车停在地沟上，由检查人员按规定项目进行车辆底部人工检查。此时，驾驶员要始终注视前上方的工位检验程序指示器（参见图2-4中14），并按其上的指令操纵有关机件，以配合检查员的检查。

检查中		
发动机熄火		
转动转向盘		
踩制动踏板		
拉驻车制动器		
踩离合器踏板		
车底检查	○	×
前进		

图2-13　P工位检验程序指示器面板图

P工位检验程序指示器的面板图如图2-13所示，其上指令由检查人员手持有线按钮盒或红外遥控器控制。除此之外，检查人员还可通过地沟内的话筒和地沟上的扬声器通知驾驶员与其配合，以完成检验程序指示器指令之外的检查项目。检查中，若有不合格项目，可通过将不合格项目用键盘输入报告主控制电脑，并在检测完毕后及时按下该键盘上的“检查结束”键，通知主控制电脑车底检查结束，否则主控制电脑将一直处于等待状态。主控制电脑判定检查结果时，只要有一项不合格，即判定车底检查不合格。同样，检查结果在主控制室微机显示器和工位检验程序指示器上同时显示。显示“○”为合格，显示“×”为不合格。

地沟内的检查人员，可随时通过脚踏开关调节地沟内举升平台的高度，以使两手处于最有利的操作位置。

当本工位检验程序指示器显示“前进”时，将车驶入下一工位。

5. 综合判定及主控制室工位

汽车进入本工位，主控制微机根据该车在前4个工位的检查结果进行综合判定。在L检查、ABS检测、HX检测和P检查各检测项目中，只有各项均合格，整车检测的总评价才判为合格；只要有一项不合格，则总评价判为不合格。

主控制微机将汽车资料、检测项目、检测结果及整车检测总评价等进行存储并发往打印机，由打印机在先期印刷成一定格式的打印纸上自动打印出检测结果报告单。在检测结果报告单上，各检测项目的检测结果和整车总评价，在对应的栏目内，合格以“○”打印，不合格以“×”打印。驾驶员拿到检测结果报告单后，立即将汽车驶出检测线，全线检测结束。

上述全自动五工位安全环保检测线可同时检测5辆汽车，检测节奏为4min/辆左右。如果采用同样功能的双线系统（参见图2-2），配备5名检测员，每日实际工作7h，可日检测200余辆次汽车，全年可检测5万余辆次汽车，工作效率极高。由于自动化程度高，各工位检验程序指示器又十分醒目，因而原车驾驶员在读懂入站规则后，可驾车进入检测线，不一定非要配备专职引车员。

对于手动控制的安全环保检测线，各工位上的检测设备均要配备自身的指示装置。当汽车流经每一检测设备时，由检测人员手动操作，目视读数，大脑判定和笔录检测结果，工作效率远不如全自动检测线，且检测结果有可能出现人为因素等差错。

对于综合检测线，由于汽车技术状况不同，检测目的不同，因而检测、诊断、调试的项目和深度也就不同。有的少至几项，有的多达几十项，不像安全环保检测线那样服务对象单纯，检测项目统一。所以，综合检测线很难实现微机自动控制，多为手动操作各检测设备，检测程序也要视具体情况而定。

检测线上主要检测设备的结构、工作原理和使用方法，在后续各章节中介绍。

第三章　发动机诊断与检测

发动机是汽车的动力源。汽车的动力性、经济性、排放净化性、可靠性和使用寿命等性能指标都直接与发动机有关。由于发动机结构复杂,工作条件又很不稳定,经常处于转速、负荷和温度变化的条件下运转,某些零件还要在高温、高压等苛刻条件下工作,因而故障率最高,往往成为汽车诊断与检测的重点总成。

发动机技术状况变化,主要表现在性能降低、损耗增加和故障增多上。用以诊断与检测发动机技术状况的主要技术参数有:

(1)发动机功率。

(2)发动机燃料消耗量。

(3)汽缸密封性。

(4)排放净化性。

(5)混合气燃烧质量。

(6)点火系统工作质量。

(7)机油压力。

(8)机油中含金属量。

(9)发动机工作温度。

(10)发动机振动和异响等。

在进行发动机技术状况诊断时,可以应用发动机检测设备,重点检测出与发动机功率、燃料消耗、排放污染物和磨损等有关的诊断参数,与诊断参数标准对照,进行分析、判断和评价。这是因为,上述4个诊断参数不仅表明了发动机的工作性能和磨损状况,也是决定汽车继续运行还是进厂(场)维护、修理的重要标志。

发动机其他诊断参数见本书第一章表1-1。

在发动机综合性能检测中,使用的检测设备比较多。如发动机无负荷测功仪、汽缸压力表、汽缸漏气量(率)检测仪、曲轴箱漏(窜)气量检测仪、真空表、点火正时检测仪、供油正时检测仪、汽油泵试验计、机油品质分析仪、万用表、工业纤维内窥镜、解码器、示波器和发动机综合性能分析仪等,都已成为必不可少的检测设备。为了使教学效果更加直观,建议上述检测设备的结构原理、使用方法等教学内容放在实践课(实验课、实习课)中进行,在实物面前进行现场教学,本教材不再详细介绍。

第一节　发动机功率检测

发动机的有效功率是曲轴对外输出的净功率,是一个综合性评价指标。通过该评价指标,不仅可以定量地获得发动机的动力性,而且可以定性地确定发动机的技术状况。检测发动机功率的方法，可以分为稳态测功和动态测功两种。

一、稳态测功和动态测功

1. 稳态测功

稳态测功，是指发动机在节气门开度一定，转速一定和其他参数都保持不变的稳定状态下，在测功机上测定发动机功率的一种方法。常见的测功机有水力测功机、电力测功机和电涡流测功机三种。测功机能测出发动机的转速和转矩，然后通过下式计算得出：

$$P_e = \frac{T_e \cdot n}{9550} \tag{3-1}$$

式中：P_e——发动机的有效功率，kW；

T_e——发动机的有效转矩，N · m；

n——发动机转速，r/min。

稳态测定发动机的额定功率是在节气门全开的情况下，由测功机向发动机的曲轴施加额定负荷，使其在额定转速下稳定运转，测出其对应的转矩，不论发动机的行程数和形式如何，均可用上式计算出有效功率。

稳态测功的结果比较准确、可靠，多为发动机设计、制造、院校和科研单位做性能试验所采用。其缺点是测功时费时费力、成本较高，并且需要大型、固定安装的测功机。因而，在一般的汽车维修企业和汽车检测站中稳态测功采用不多。

由于稳态测功时，需要对发动机施加外部负荷，所以也称为有负荷测功或有外载测功。

2. 动态测功

动态测功，是指发动机在节气门开度和转速等参数均处于变动的状态下，测定发动机功率的一种方法。由于动态测功时无须对发动机施加外部载荷，所以又称为无负荷测功或无外载测功。

由于动态测功时无须向发动机施加负荷，也就不需要像测功机那样的大型设备，而用小巧的无负荷测功仪就车检测即可。虽然无负荷测功仪测量精度稍差，但具有使用方便和省时、省力的优点，因而在汽车维修企业和综合检验机构中采用较多。

二、无负荷测功原理

无负荷测功原理是基于动力学的原理。当发动机在怠速或某一空载低转速运转时，突然全开节气门加速运转，此时发动机产生的动力，除克服惯性和内部各种运转阻力外，将使曲轴加速运转。即，发动机以自身运动机件为载荷加速运转。如果被测发动机的有效功率越大，则曲轴的瞬时角加速度也越大，而加速时间越短。所以，只要测得角加速度或加速时间，就可以获得发动机功率。

无负荷测功可分为两类：一类是用测定瞬时加速度的方法测量瞬时功率，另一类是用测定加速时间的方法测量平均功率。

三、无负荷测功仪使用方法

无负荷测功仪,既可以制成单一功能的便携式测功仪,也可以和其他测试仪表组合起来制成便携式或台式移动式发动机综合测试仪。便携式无负荷测功仪一般都制作得比较小巧,便于携带,使用中与发动机的连接也很方便。更有的无负荷测功仪制作得像袖珍式收音机一般大小,带有拔节天线,可以收取发动机运转时的点火脉冲信号,而不必与发动机采取任何有线连接。图 3-1 所示面板图是国产单一功能的便携式无负荷测功仪。它可以测出发动机加速过程中起始转速 n_1 至终止转速 n_2 转速范围内的加速时间—平均功率。

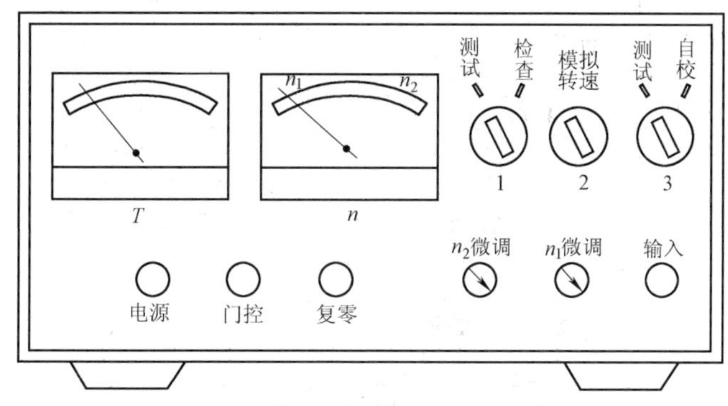

图 3-1　便携式无负荷测功仪面板图

不管哪种形式的无负荷测功仪,其通用的使用方法如下。

1)仪器准备

(1)未接通电源前,如指示装置为指针式,应检查指针是否在机械零点上,否则应进行调整。

(2)接通电源,电源指示灯亮,预热仪器至规定时间。

(3)带有数码管的仪器,数码管的亮度应正常,且数码均在零位。

(4)按仪器使用说明书给定的方法,对仪器进行检查、调试和校正,待完全符合使用要求后才能投入使用。

(5)测加速时间—平均加速功率的仪器,要利用仪器的模拟转速、门控指示灯和微调电位器,调整好起始转速 n_1 和终止转速 n_2 的门控。微机控制的仪器,可通过数字键键入 n_1、n_2 的设定值。

(6)需要置入转动惯量的仪器,要把被测发动机的转动惯量置入无负荷测功仪内。

2)发动机准备

预热发动机至正常工作温度。调整发动机怠速,使其在规定的转速范围内稳定运转。

3)仪器与发动机联机

仪器和发动机准备好后,把仪器的传感器(包括夹持器)按要求连接在发动机规定部位。如系带拔节天线的袖珍式无负荷测功仪,应拉出天线。

4)测功方法

(1)按下“复零”键,使指示装置复零。

(2)按下其他必要的键位,如机型选择键、缸数选择键和“测试”键等。需要输入操作码的仪器,则应按要求输入规定的操作码。

(3)发动机在怠速下稳定运转,操作者在驾驶室内快速把加速踏板踩到底,发动机转速急速上升。当发动机转速超过终止转速 n_2 时应立即松开加速踏板,切忌长时间高速空转。记下或打印出测量结果,按下“复零”键,使指示装置复零。重复上述操作三次,检测结果取算术平均值。

有些仪器为了保护发动机不受损害和提高使用的方便性,当转速上升超过 n_2 时,能使发动机自动熄火;而当转速下降至低于 n_1 时,只要按下“复零”键,在指示装置复零的同时又能自动接通点火线路,使发动机怠速运转。

上述测功方法称为怠速加速法,既适用于汽油机又适用于柴油机。

5)查对功率

仅能显示加速时间的无负荷测功仪,测得加速时间后应到仪器制造厂推荐的曲线图或表格中查出对应的功率值,以便与标准功率值对照。某国产中等吨位货车发动机的功率—时间对照表见表 3-1。表中的功率值为不带发电机、打气泵和风扇的台架稳态外特性试验值。

某国产中等吨位货车发动机功率—时间对照表 表 3-1

加速时间(s)	0.31	0.36	0.46
稳态外特性功率值(kW)	99.3	88.3	66.2

一些台式移动式发动机综合性能分析仪,也具有无负荷测功功能(参见图 3-2)。当元征 EA-1000 型发动机综合性能分析仪用于测定发动机功率时,以柴油发动机为例,操作方法如下。

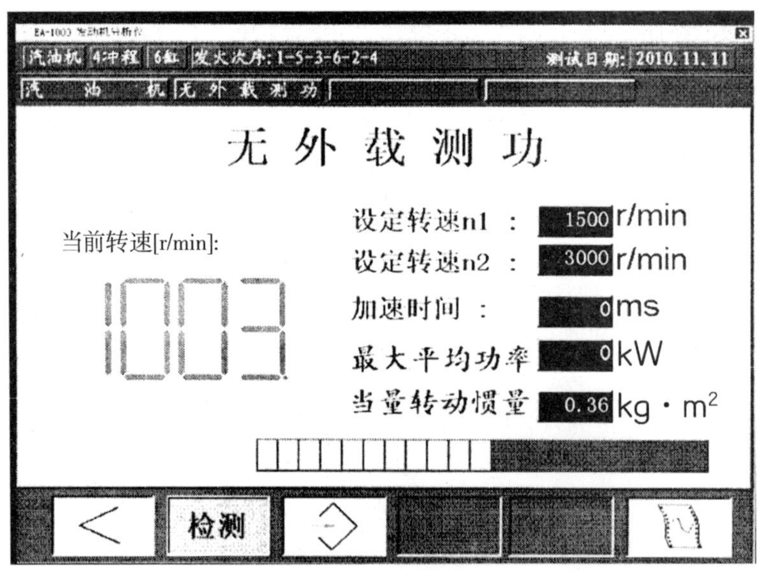

图 3-2 无外载测功

(1)在主菜单中点击“柴油机”。

(2)在柴油机下级菜单中选择“无外载测功”,进入无外载测功界面,如图 3-2 所示。

(3)设定起始转速 n_1 和终止转速 n_2。

(4)键入当量转动惯量。

(5)点击“检测”按钮,界面出现 5s 倒计时。

(6)当倒计时为“0”时迅速踩下加速踏板,至发动机转速超过 n_2 时抬起加速踏板。

(7)读取发动机的加速时间和最大平均功率。

(8)点击“保存数据”和“打印报表”按钮,对数据进行保存和打印。点击“显示菜单”,返回主、副菜单。

四、诊断参数标准

根据国家标准《机动车运行安全技术条件》(GB 7258—2017)的规定,发动机功率应大于等于标牌(或产品使用说明书)标明发动机功率的 75%。

如果发动机功率偏低,一般是燃料系统技术状况不佳、点火系统技术状况不良或汽缸密封性差等原因造成,应进一步深入诊断找出具体原因,进行调整、更换或修理。

五、单缸功率检测和单缸转速降

无负荷测功仪既可以检测发动机的整机功率,又可以检测某汽缸的单缸功率。检测单缸功率的方法是:先测出发动机整机功率,再测出某单缸断火情况下的发动机功率,两功率之差即为断火之缸的功率。技术状况良好的发动机,各缸功率是一致的,称为动力平衡。动力不平衡时,会造成发动机运转不稳。因此,通过比较各单缸功率,可判断各缸工作状况,进而判断发动机动力是否平衡。也可以利用单缸断火情况下测得的发动机转速下降值,来评价发动机各缸的工作状况。工作正常的发动机,在某一转速稳定运转时,发动机的指示功率与发动机运动机件摩擦所消耗的功率是平衡的。此时,若通过断火停止某一缸的工作,则会打破原来的平衡,使发动机转速下降,并达到另一新的平衡转速。当四冲程发动机在 800r/min 稳定工作时,取消任一个汽缸工作,致使发动机转速正常平均下降值见表 3-2。要求最高与最低下降值之差不大于平均下降值的 30%。如果转速下降值偏低,说明断火之缸工作不良,功率偏小。

单缸断火转速正常平均下降值 表 3-2

发动机缸数	单缸断火转速正常平均下降值(r/min)	发动机缸数	单缸断火转速正常平均下降值(r/min)
4 缸	150	8 缸	50
6 缸	100		

需要注意的是,在进行单缸断火试验时,断火时间不宜过长。否则,会造成汽缸内积存的燃油过多,冲刷缸壁润滑油膜,加速汽缸、活塞和活塞环的磨损。

发动机单缸功率偏低,一般是该缸高压分线、分线插座或火花塞技术状况不良,汽缸密封性欠佳,汽缸上机油等原因造成的,应进一步深入诊断找出具体原因,进行调整、更换或修理。

元征 EA-1000 型发动机综合性能分析仪,通过提取汽油机 1 缸点火信号和点火系统 1 次信号,在“动力平衡”菜单启动后,自动使各缸依次断火,从而获得各缸未断火以前转速、断火以后转速及转速下降的百分比,如图 3-3 所示。

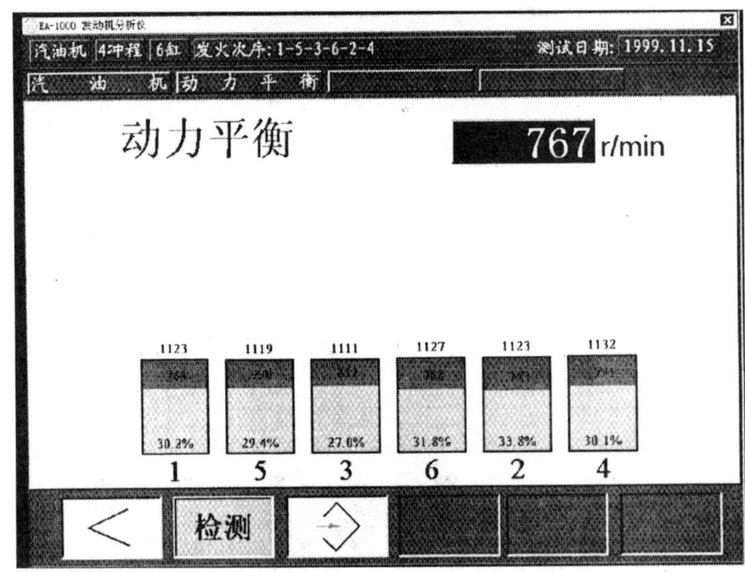

图 3-3 测试“动力平衡”

第二节 汽缸密封性检测

汽缸密封性与汽缸、汽缸盖、汽缸衬垫、活塞、活塞环和进排气门等零件的技术状况有关。这些零件组合起来（以下简称“汽缸组”），成为发动机的“心脏”。它们技术状况的好坏，不但严重影响发动机的动力性、经济性和排放净化性，而且决定了发动机的使用寿命。在发动机使用过程中，由于上述零件的磨损、烧蚀、结胶、积炭等原因，引起汽缸密封性下降。汽缸密封性是表征汽缸组技术状况的重要参数。

汽缸密封性的诊断参数主要有汽缸压缩压力、曲轴箱漏气量、汽缸漏气量、汽缸漏气率及进气管真空度等。就车检测汽缸密封性时，只要检测出上述诊断参数的一项或两项，就足以说明问题。

一、汽缸压缩压力检测

检测活塞到达压缩终了上止点时汽缸压缩压力（以下简称“汽缸压力”）的大小，可以表明汽缸密封性。检测汽缸压力所使用的检测设备有汽缸压力表和汽缸压力检测仪两种。

1. 用汽缸压力表检测

由于汽缸压力表具有价格低廉、轻便小巧、实用性强和检测方法简便等优点，因此，在汽车维修企业中用汽缸压力表检测汽缸压力应用非常广泛。

1）汽缸压力表的结构与工作原理

汽缸压力表是一种气体专用压力表，一般由压力表头、导管、止回阀和接头等组成。压力表头多为鲍登管（Bourdon-tube）式，其驱动元件是一根扁平的弯曲成圆圈状的管子，一端为固定端，另一端为活动端。活动端通过杠杆、齿轮机构与指针相连。当一定压力的气体进入弯管时，弯管伸直。于是，通过杠杆、齿轮机构带动指针运动，在表盘上指示出压力的大小。

汽缸压力表的接头有两种形式：一种为螺纹管接头，可以拧紧在火花塞或喷油器螺纹孔内；另一种为锥形或阶梯形的橡胶接头，可以压紧在火花塞或喷油器孔上。接头通过导管与压力表头相连通。导管也有两种：一种为软导管，另一种为金属硬导管。软导管适用于螺纹管接头，硬导管适用于橡胶接头。

汽缸压力表还装有能通大气的止回阀。当止回阀处于关闭位置时，可保持压力表指针位置以便于读数。当止回阀处于打开位置时，可使压力表指针回零。汽缸压力表外形图如图3-4所示。

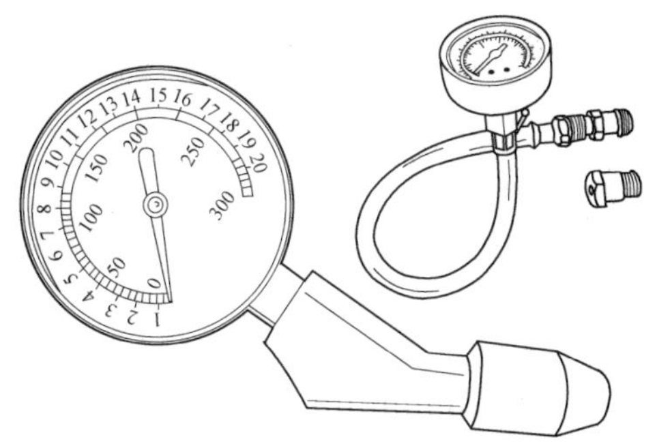

图3-4　汽缸压力表外形图

2）汽缸压力表使用方法

（1）检测条件。

发动机应运转至正常工作温度，用起动机带动已拆除全部火花塞或喷油器的发动机运转，其转速应符合原厂规定。

（2）检测方法。

拆下空气滤清器，用压缩空气吹净火花塞或喷油器周围的脏物，拆下全部火花塞或喷油器，并按汽缸顺序放置。对于汽油机，还应把点火系统二次高压总线拔下并可靠搭铁，以防止电击或着火。然后，把汽缸压力表的橡胶接头插在被测缸的火花塞或喷油器孔内，扶正压紧。将节气门（带有阻风门的还包括阻风门）置于全开位置，用起动机转动曲轴3～5s（不少于4个压缩行程），待压力表头指针指示并保持最大压力后停止转动。取下汽缸压力表，记录读数，按下止回阀使压力表指针回零。

按上述方法依次测量各缸，每缸测量不少于两次，每缸测量结果取算术平均值。

就车检测柴油机汽缸压力时，应使用螺纹接头的压力表。如果该机要求在较高转速下测量，此种情况除受检汽缸外，其余汽缸均应工作。其他检测条件和检测方法同汽油机。

3）结果分析

汽缸压力的测得结果如高于原设计值，并不一定表明汽缸密封性好，要结合使用和维修情况进行分析。这种情况有可能是燃烧室内积炭过多、汽缸衬垫过薄或缸体与缸盖结合平面多次修理加工过甚造成。

汽缸压力测得结果如低于原设计值，说明汽缸密封性降低，可向该缸火花塞或喷油器孔内注入少量机油，然后用汽缸压力表再测汽缸压力，进行深入诊断并记录。

（1）若第二次测得的结果比第一次高，接近标准压力，表明是汽缸、活塞环、活塞磨损过大或活塞环对口、卡死、断裂及缸壁拉伤等原因造成了汽缸不密封。

（2）若第二次测得的结果与第一次大致相同，即仍比标准压力低，则表明进排气门或汽缸衬垫不密封。

（3）若两次测量结果均表明相邻两缸压力都相当低，则说明两缸相邻处的汽缸衬垫烧损窜气。

以上仅为对汽缸组不密封部位的故障分析和判断，并不能有把握地确诊，为了准确地找出故障部位，可在测量完汽缸压力后，针对压力低的汽缸，采用以下方法进行确诊。拆下空气滤清器，打开散热器盖、加机油口盖和节气门，用一条3m长的胶管，一头接在压缩空气气源（600kPa以上）上，另一头通过锥形橡皮头插在火花塞或喷油器孔内，用力压住。摇转发动机曲轴，使被测汽缸活塞处于压缩终了上止点位置，然后将变速器挂入低速挡，拉紧驻车制动器操纵杆，打开压缩空气开关，注意倾听发动机漏气声。如果在进气管口处听到漏气声，说明进气门关闭不严密；如果在排气消声器口处听到漏气声，说明排气门关闭不严密；如果在散热器加水口处看到有大量气泡冒出，说明汽缸衬垫不密封造成汽缸与水套沟通；如果在加机油口处听到漏气声，说明汽缸活塞摩擦副磨损严重。

用汽缸压力表检测汽缸压力，尽管应用极为广泛，但存在测量误差大的缺点。研究表明，汽缸压力的测量结果不但与汽缸内各处的密封程度有关，而且还与曲轴的转速有关。某发动机汽缸压力与曲轴转速的关系曲线如图3-5所示。从图中可以看出，只有当曲轴转速超过1500r/min以后，汽缸压力曲线才变得比较平缓。但在低转速范围内，即在检测条件中由起动机带动曲轴达到的转速范围内，即使有较小的转速变化Δn，也能引起汽缸压力测量值较大的变化Δp。不同型号的发动机，由起动机带动曲轴的转速不可能一致，即使同一型号的发动机，由于蓄电池、起动机和发动机的技术状况不一，用起动机带动曲轴的转速也不可能完全一致。这就出现了检测转速是否符合规定值的问题。它是用汽缸压力表检测汽缸压力误差大的主要原因之一。因此在检测汽缸压力时，用转速表监测曲轴转速，将是发现问题、获得正确结果分析的重要保证。

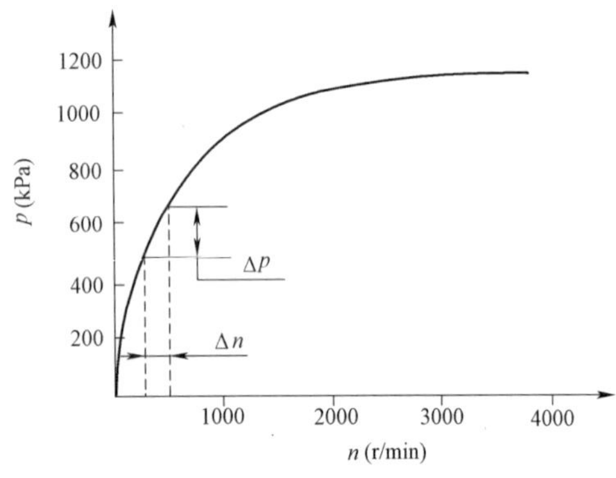

图3-5　汽缸压力与曲轴转速的关系曲线

2. 用汽缸压力检测仪检测

汽缸压力检测仪主要有压力传感器式、起动电流式和电感放电式等形式，可检测各缸汽缸压力或直接评价各缸压力的均衡情况。其中，起动电流式汽缸压力检测仪是基于以下原理工作的。

发动机起动时的阻力矩，主要由曲柄连杆机构产生的摩擦力矩和各缸压缩行程受压气体的反力矩两部分组成。在起动转速下摩擦力矩可认为是稳定的常数，各缸压缩行程受压气体的反力矩是随各缸汽缸压力变化的波动量。起动机带动发动机曲轴旋转所需要的转矩是起动电流的函数，起动电流的变化与汽缸压力的变化间存在着对应关系，而起动转矩又与汽缸压力成正比。因此，完全可以通过测量起动过程中对应各缸起动电流的大小间接获得各缸汽缸压力的大小，无须获得各缸汽缸压力的大小而根据起动电流的变化情况间接评价各缸汽缸压力的均衡情况。

有些发动机综合性能检测仪，把起动电流的波形变成柱状图来显示各缸的汽缸压力，非常直观。该种检测仪在选择“起动机及发电机”项后，进入起动电流检测功能。按下“检测”键，起动发动机，检测仪自动发出各缸全部断油指令，屏幕显示出发动机转速、起动电流，同时绘制起动电流曲线和相对汽缸压力柱状图，达到通过检测起动电流而间接获得对应汽缸压力变化量（%）的目的。某汽油机“起动电流及起动电压”的检测，如图3-6所示。

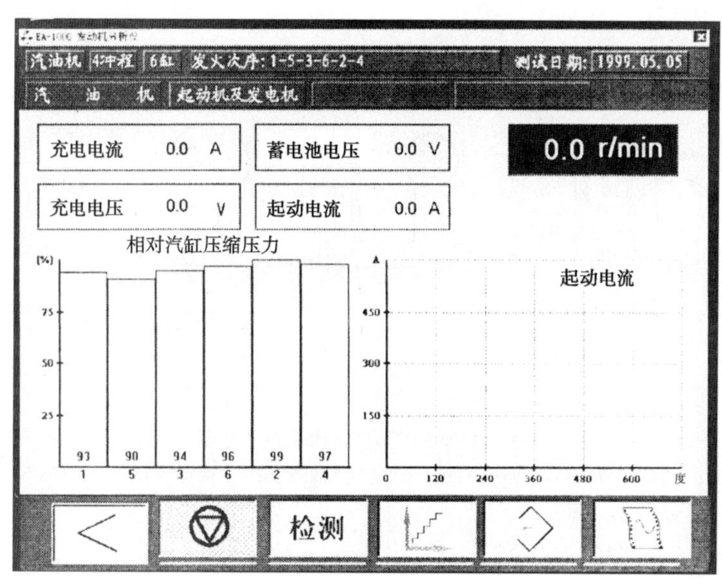

图 3-6 通过检测起动电流而间接获得对应汽缸压力变化量(%)

使用汽缸压力检测仪检测汽缸压力时,发动机不应着火工作。如果汽缸压力检测仪自身没有断油功能,对于汽油机可采用拔下二次高压总线分电器端进行搭铁的方法,对于柴油机可采用旋下高压油管喷油器端接头断油的方法,达到不着火目的。

二、曲轴箱漏气量检测

随着汽缸活塞摩擦副的磨损,窜入曲轴箱的气体量就会增加。据资料介绍,国外新发动机曲轴箱漏气量为 15 ~ 20L/min,磨损后的发动机则高达 80 ~ 130L/min。所以,发动机工作时单位时间内窜入曲轴箱的气体量,可以作为衡量汽缸活塞摩擦副密封性的评价指标。

曲轴箱漏气量的检测,须采用专用气体流量测量装置进行。

曲轴箱漏气量大,一般是汽缸、活塞、活塞环磨损量大,活塞环对口、结胶、积炭、失去弹性、断裂或缸壁拉伤等原因造成的,应结合使用、维修和配件质量等方面情况,进行深入诊断,找出具体原因,采取换件、维护、修理等措施,直至恢复汽缸密封性。

三、汽缸漏气量检测

汽缸漏气量的检测采用汽缸漏气量检测仪进行。该检测仪检测的基本原理,是用压力表检测活塞处于压缩终了上止点时外部充入一定压力的压缩空气在汽缸内的压力变化情况,用压力变化情况表征整个汽缸组的密封情况。即,压力变化情况不仅表征汽缸活塞摩擦副的密封情况,还能表征进排气门、汽缸衬垫、汽缸盖及汽缸的密封情况。

1. 检测仪结构与工作原理

国产 QLY—1 型汽缸漏气量检测仪主要由减压阀、进气压力表、测量表、校正孔板、橡胶软管、快换管接头和充气嘴等组成,如图 3-7 所示。此外,还得配备外部气源、指示活塞位置的指针和活塞定位盘。

外部气源的压力应相当于汽缸压缩压力,一般应为 600 ~ 900kPa。压缩空气按箭头方向进入汽缸漏气量检测仪,其压力由进气压力表显示。随后,它经由减压阀、校正孔板、橡胶软管、快换管接头、充气嘴进入处于压缩终了上止点的汽缸。压缩空气在汽缸内的压力变化情况由测量表显示,压力变化情况表明了汽缸组的密封情况。

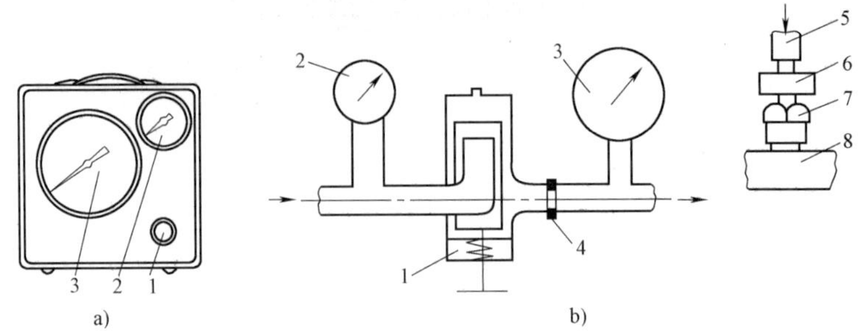

图 3-7　QLY—1 型汽缸漏气量检测仪

a)检测仪面板图;b)检测仪结构示意图

1-减压阀;2-进气压力表;3-测量表;4-校正孔板;5-橡胶软管;6-快换管接头;7-充气嘴;8-汽缸盖

2. 检测仪使用方法

以检测汽油机汽缸漏气量为例。

(1)先将发动机预热到正常工作温度,然后用压缩空气吹净火花塞周围的灰尘,再拧下所有火花塞,装上充气嘴。

(2)将检测仪接上外部气源,在其出气口完全密封的情况下,通过调节减压阀,使测量表指针指在 400kPa 位置上。

(3)卸下分电器盖和分火头,装上指针和活塞定位盘。指针可用旧分火头改制,仍装在原来位置上。活塞定位盘用较薄的板材制成,其上按缸数进行刻度,并按分火头的旋转方向和发动机点火次序刻有缸号。假设被测发动机是 6 缸发动机,分火头顺时针方向旋转,点火次序为 1-5-3-6-2-4,则活塞定位盘上每 60°有一刻度,共有 6 个刻度,并按顺时针方向在每个刻度上刻有 1、5、3、6、2、4 的阿拉伯数字。由于发动机型号不同,分电器壳体直径不同,故必须由检测人员自己动手制作。

(4)用手摇把摇转曲轴,先使第 1 缸活塞处于压缩终了上止点位置,然后转动活塞定位盘,使刻度"1"对正指针。变速器挂低速挡,拉紧驻车制动器操纵杆。

(5)在 1 缸充气嘴上接上快换管接头,向 1 缸充入相当于该汽缸压缩压力的外部压缩空气,读取并记录测量表指针稳定后的数值。该数值反映了该缸的密封性。在充入压缩空气的同时,可以从进气管口、排气消声器口、加机油口、散热器加水口和汽缸盖与汽缸体结合面周边等处,检查是否有漏气声,以便找出故障部位。

(6)摇转曲轴,使指针对正活塞定位盘下一缸的刻度线,按以上方法检测下一缸漏气量,直至将所有汽缸检测完。

(7)为使数据可靠,各缸应重复测量一次,每缸测量值取算术平均值。

检测仪使用完毕后,减压阀应退回到原来位置。

3. 诊断参数标准

对于汽缸漏气量,我国还没有制定出统一的诊断参数标准。QLY—1 型汽缸漏气量检测仪使用说明书中,对于国产货车的发动机,在确认进、排气门和汽缸衬垫密封性良好的情况下,汽缸密封状况(主要指汽缸活塞摩擦副)的判断可参考表 3-3 处理。即当测量表读数大于250kPa时,汽缸活塞摩擦副密封状况符合要求,发动机可以继续使用;当测量表读数小于

250kPa 时,汽缸活塞摩擦副密封状况不符合要求,应采取发动机汽缸换环或镗缸大修等措施,恢复汽缸密封性。

汽缸漏气量参考性诊断参数标准　　表 3-3

汽缸密封状况	测量表读数值(kPa)	汽缸密封状况	测量表读数值(kPa)
合格	>250	不合格	<250

四、汽缸漏气率检测

汽缸漏气率的检测,无论是使用仪器,检测的方法,还是判断故障的方法,与汽缸漏气量的检测是一致的,只不过汽缸漏气量检测仪的测量表标定单位为 kPa 或 MPa,而汽缸漏气率测量表的标定单位为百分数。

汽缸漏气率检测仪是这样标定的:接通检测仪外部气源,在检测仪出气口密封的情况下,调节减压阀,使测量表指针指示为“0%”,表示汽缸不漏气;打开检测仪出气口,测量表指针回落至最低点,标定为“100%”,表示汽缸内的压缩空气百分之百漏掉。在测量表“0%”至“100%”间,把原汽缸漏气量检测仪表盘的气压数折合成漏气的百分数,便能直观地指示漏气率。

汽缸漏气率的诊断参数标准可参考国外经验,见表 3-4。当汽缸漏气率达 30% ~40% 时,如果能确认进排气门、汽缸衬垫、汽缸盖和汽缸等处是密封的(可从各泄漏处有无漏气声或迹象确认),则说明汽缸活塞摩擦副的磨损已接近极限值,到了须换环或镗缸的程度。

汽缸漏气率参考性诊断参数标准　　表 3-4

汽缸密封状况	测量表读数(%)	汽缸密封状况	测量表读数(%)
良好	0 ~ 10	较差	20 ~ 30
一般	10 ~ 20	换环或镗缸	30 ~ 40

汽缸漏气率的检测虽然比较麻烦、费时,但检测全面,指示直观,国外使用该种检测仪往往备有全套附件,能快速地连接到当前流行的任何汽车上,应用非常普遍。

第三节　点火系统诊断与检测

汽油机在不同工况下工作时,不仅需要一定数量和浓度的可燃混合气,而且需要按点火次序适时地供给强电火花,以点燃可燃混合气,使发动机产生动力。如果汽油机点火系统技术状况不佳,甚至出现了故障,不但严重影响发动机的动力性、经济性、排放净化性,而且无法正常工作。实践证明,点火系统是汽油机各机构、系统中故障率最高者之一,往往是诊断与检测的重点对象。

点火系统常见故障有缺火、断火、错火和火弱等故障。故障的部位分为一次(初级)线路和二次(次级)线路两部分。按照课程分工,点火系统常见故障的现象、原因和经验诊断方法,由《汽车电器设备》课讲授,本书不再赘述。

一、点火波形观测方法

汽车专用示波器的点火示波器(以下简称“点火示波器”),可用来检测、诊断汽油机点火系统的技术状况。它能将每个汽缸点火电压随时间的变化关系用波形的形式直观地表现出来，以便于观察、分析和判断。使用点火示波器显示点火波形，除了操作简单和测试迅速外，另一个重要优点是能够描绘点火的全过程。以下以传统点火系统（带机械式断电器触点，下同）为例，介绍点火波形的观测和分析方法。

点火示波器屏幕上显示的波形，在垂直方向上表示电压，在水平方向上表示时间，走向从左至右。并且，以基线为基准，向上为正电压，向下为负电压。

1. 标准单缸点火波形

图3-8所示为点火示波器显示的传统点火系统单缸一次、二次电压随时间变化的标准波形。它描绘了从断电器触点打开，经过闭合至再次打开为止（一个完整的点火循环）的电压随时间变化的过程。

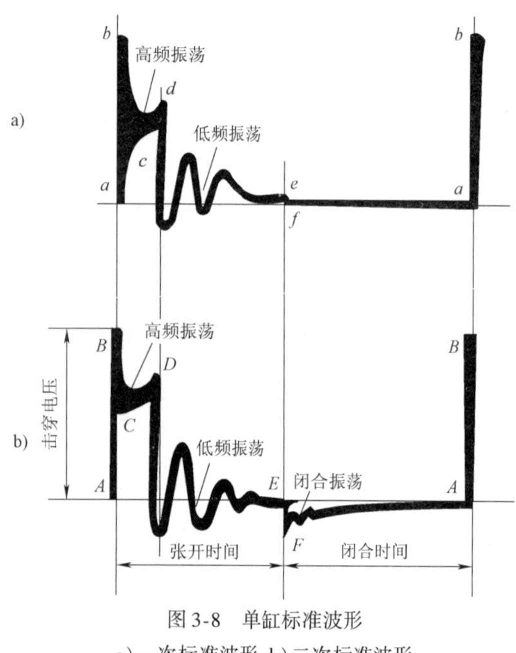

图3-8　单缸标准波形
a)一次标准波形；b)二次标准波形

1)二次标准波形

二次标准波形如图3-8b)所示，波形各段含义如下。

*AB*段：在断电器触点打开的瞬间，由于一次电流迅速下降，点火线圈内一次线圈的磁场迅速消失，在二次线圈中感应出的高压电动势急剧上升。当二次电压还没有达到最大值时，就将火花塞间隙击穿。击穿火花塞间隙的电压称为击穿电压（点火电压），如图中*AB*线所示。*AB*线也称为点火线。*B*点的高度，表明点火系统克服火花塞间隙、分火头间隙和高压导线各电阻并将可燃混合气点燃的实际二次电压。

*BC*段：在一举击穿火花塞等间隙和电阻后，二次电压骤然下降，*BC*为此时的放电电压。

*CD*段：火花塞间隙被击穿后，通过火花塞间隙的电流迅速增加，致使两电极之间引起火花放电。火花放电电压比较稳定。在示波器屏幕上，*CD*的高度表示火花放电的电压，*CD*的宽度表示火花放电的持续时间。据资料介绍，当发动机转速为2000r/min时，火花放电持续时间约为0.001s，即使一个完整的点火循环，对于六缸发动机来说也不过0.01s。*CD*线称为火花线。

在火花塞间隙被击穿的同时，储存在C_2（系指分布电容，即点火线圈匝间、火花塞中心电极与侧电极间、高压导线与机体间所具有的电容量总和）中的能量迅速释放，故*ABC*段称为“电容放电”。其特点是放电时间极短（1μs），放电电流很大（可达几十安培）。所以，*A*、*C*两点基本上是在同一垂线上。电容放电时，伴有迅速消失的高频振荡，频率为10^6～10^7Hz。但电容放电只消耗了磁场能的一部分，剩余磁场能所维持的放电称为“电感放电”。其特点是放电电压低，放电电流小，持续时间长，但振动频率仍然较高。所以，整个*ABCD*段波形为高频振荡波形。

*DE*段：当保持火花塞间隙持续放电的能量消耗完毕，电火花在*D*点消失，点火线圈和电容器中的残余能量以低频振荡的形式耗完。此时电压变化为一连续的减幅振荡，波峰一般

在 3～5 个以上。

EF 段:断电器触点闭合,点火线圈一次电路又有电流通过,二次电路产生负压。

FA 段:触点闭合后,先是产生二次闭合振荡,然后二次电压由一定负值逐渐变化到零。当至 *A* 点时,断电器触点又打开,二次电路又产生击穿电压。

从图 3-8 中可以看出,由左至右,从 *A* 点至 *E* 点为断电器触点张开时间,从 *E* 点至 *A* 点为断电器触点闭合时间。张开时间加闭合时间等于一个完整的点火循环,亦等于一个完整的多缸发动机各缸间的点火间隔。断电器触点的张开时间、闭合时间和点火间隔,一般用分电器凸轮轴转角表示。多缸发动机的点火间隔,4 缸发动机为 90°,6 缸发动机为 60°,8 缸发动机为 45°。所以,断电器触点的张开时间和闭合时间又可分别称为触点张开角和触点闭合角。上述角度如果用曲轴转角表示,对于四冲程发动机来说需乘以 2。

2)一次标准波形

一次标准波形如图 3-8a)所示。它是从跨接在断电器触点(俗称白金)上得到的,又称为白金波形。当断电器触点打开时,二次电压迅速增高,一次电压也迅速增加,两电压之和击穿火花塞等处间隙和电阻,如 *ab* 线所示。当火花塞两电极之间出现火花时,随之出现高频振荡,由于点火线圈一、二次之间的变压器效应,也出现在一次波形中,所以图中 *abd* 段为高频振荡波形。当二次点火放电终了时,点火线圈和电容器中的残余能量要继续释放,一次电路中出现低频振荡波形,如图中 *de* 段所示。同样,由于点火线圈一、二次间的变压器效应,低频振荡波形也出现在二次波形上,这就是图 3-8b)中 *DE* 段波形。

de 段波形振荡终了时为一段直线,高于基线的距离表示施加于一次电路上断电器触点两端的电压。触点从 *e* 点闭合。闭合后的一次电压几乎降至零,显示如一条直线,一直延续到断电器触点下一次打开,如图中 *fa* 段所示。当下一次点火时,点火循环将在下一个汽缸重复开始。

2. 波形排列形式

示波器采集到点火信号后,通过不同排列,以多缸平列波、多缸并列波、多缸重叠波和单缸选缸波 4 种排列形式分别显示点火波形,以便于检测人员从不同排列形式波形中观测、分析、判断点火系统技术状况。

1)多缸平列波

在示波器屏幕上,从左至右按点火次序将所有各缸点火波形首尾相连的一种排列形式,称为多缸平列波。6 缸发动机的标准二次平列波,如图 3-9 所示。

2)多缸并列波

在示波器屏幕上,从下至上按点火次序将所有各缸点火波形之首对齐并分别放置的一种排列形式,称为多缸并列波。6 缸发动机的标准二次并列波,如图 3-10 所示。有的点火示波器,将各缸点火波形按点火次序以三维的排列形式显示出来,可称为三维多缸并列波。

3)多缸重叠波

在示波器屏幕上,将所有各缸点火波形之首对齐并重叠在一起的排列形式,称为多缸重叠波。6 缸发动机的标准二次重叠波,如图 3-11 所示。

4)单缸选缸波

在示波器屏幕上,根据需要选出的任何一缸的单缸点火波形,称为单缸选缸波形。

由于点火系统又有一次线路和二次线路之分,因此上述 4 种波形排列形式又有一次多缸平列波、一次多缸并列波、一次多缸重叠波、一次单缸选缸波和二次多缸平列波、二次多缸并列波、二次多缸重叠波、二次单缸选缸波之分。

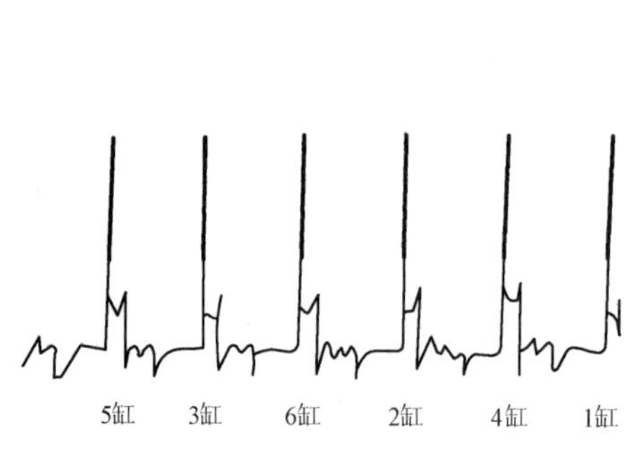

图 3-9　标准二次平列波

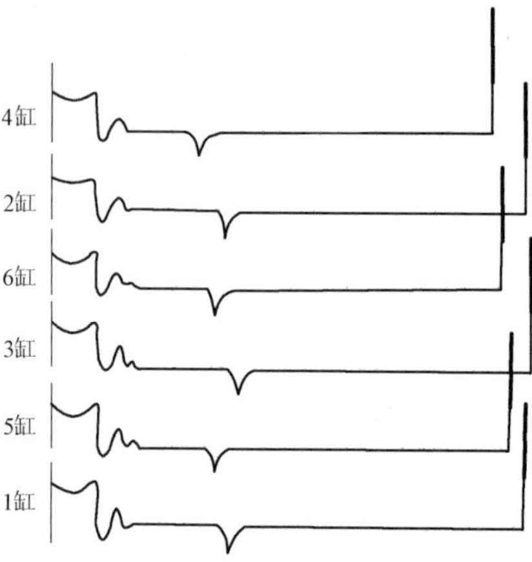

图 3-10　标准二次并列波

3. 点火波形上的故障反映区

当示波器与发动机联机后，在发动机运转中如果实测的点火波形与标准波形相比有差异，说明点火系统有故障。传统点火系统在点火波形上有 4 个故障反映区，如图 3-12 所示。

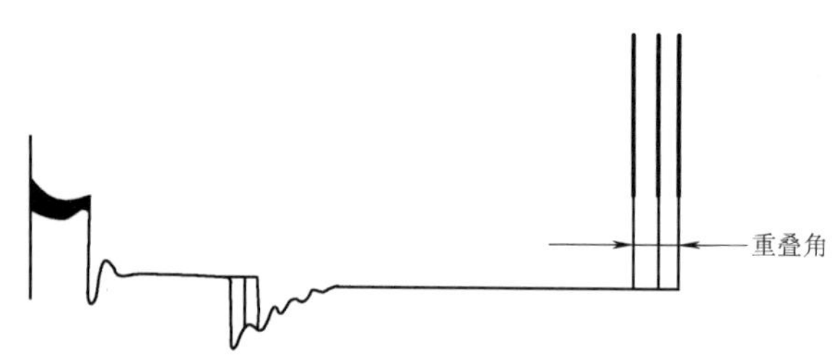

图 3-11　标准二次重叠波

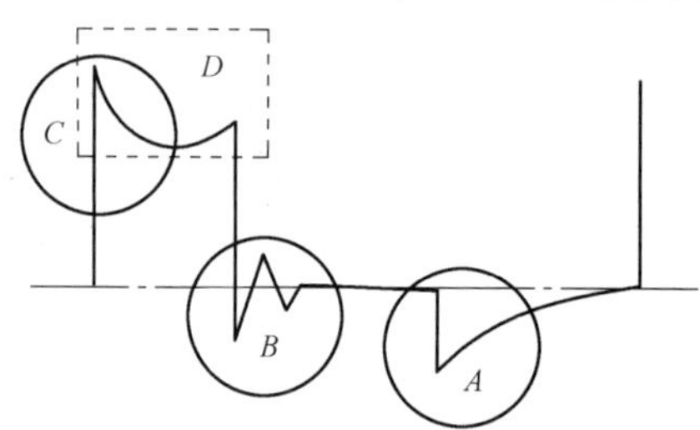

图 3-12　波形上的故障反映区

图中 *A* 区为断电器触点故障反映区，*B* 区为电容器、点火线圈故障反映区，*C* 区为电容器、断电器触点故障反映区，*D* 区为配电器、火花塞故障反映区。

4. 点火示波器使用方法

1）观测项目

点火示波器，可观测、分析、判断传统点火系统下列项目：

（1）断电器触点闭合角。

（2）各缸波形重叠角。

（3）点火提前角。

（4）断电器触点是否烧蚀。

（5）断电器活动触点臂弹簧弹力是否正常。

（6）火花塞是否“淹死”或断续点火。

（7）各缸点火高压值。

（8）火花塞加速特性。

（9）点火系统最高电压值。

(10)分火头跳火间隙。

(11)点火线圈二次线圈是否断路。

(12)电容器性能是否良好等。

2)准备工作

(1)按示波器使用说明书要求,对仪器通电预热、检查校正,待符合要求后再投入使用。

(2)起动发动机,预热到正常工作温度。

3)点火示波器与发动机联机

点火示波器与发动机联机,是指点火示波器的点火传感器(包括夹持器等)与发动机点火系统有关部位的连接。传统点火系统一次点火信号是从断电器触点两端采集的,二次点火信号是从点火线圈高压总线上采集的,具体连接方法请参见点火示波器使用说明书。元征发动机综合性能分析仪(带有点火示波器功能)的联机方法如下。

(1)传统点火系统。

元征发动机综合性能分析仪(以下简称"分析仪")的电源夹持器夹持在蓄电池正、负极上,红正、黑负;一次信号红、黑色小鳄鱼夹分别夹在点火线圈的一次接线柱上,红正、黑负;1缸信号传感器(外卡式感应钳)卡在第1缸高压线上;二次信号传感器(外卡式电容感应钳)卡在点火线圈中心高压线上,如图3-13所示。通过二次信号传感器的信号可获得二次点火波形,通过1缸信号传感器信号的触发,可获得按点火次序排列的各缸波形。

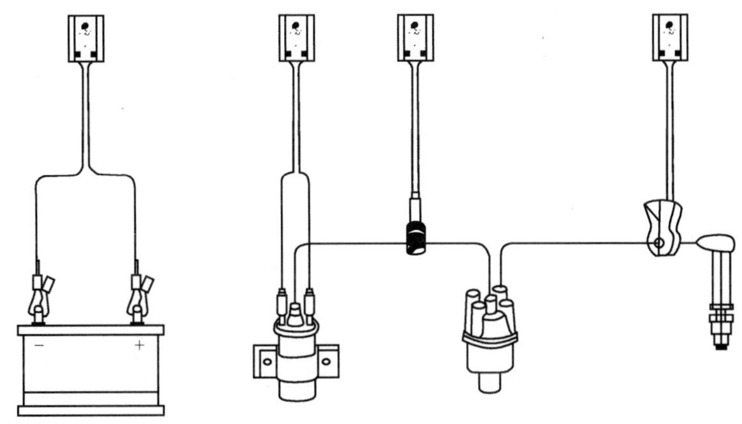

图3-13　分析仪传感器与传统点火系统联机方法

(2)无分电器点火系统。

对于单缸独立点火线圈式,须采用分析仪的金属片式二次信号传感器,连接方法如图3-14所示。对于双缸独立点火线圈式,在检测任一缸点火波形时,需将1缸信号传感器和二次信号传感器共同卡在该缸高压线上,如图3-15所示。

4)使用方法

(1)在分析仪主菜单上选择"汽油机",在副菜单上选择"点火系统",在下一级菜单中选择"次级点火信号",于是分析仪屏幕显示点火系统次级检测界面。

(2)点击界面下端的波形切换软按钮,可分别观测到二次多缸平列波、二次多缸并列波(三维波形)和二次多缸重叠波,如图3-16~图3-18所示。需要指出的是,显示屏幕上击穿电压的坐标刻度具有智能性,当测得的击穿电压值大于20kV时,量程会自动更换为40kV。

（3）在点火系统的下级菜单中选择“初级点火信号”，于是分析仪屏幕显示点火系统初级检测界面，如图3-19所示。

（4）点击界面下端的其他软按钮，可实现数据存储、图形存储、故障诊断、图形打印和返回主菜单功能。

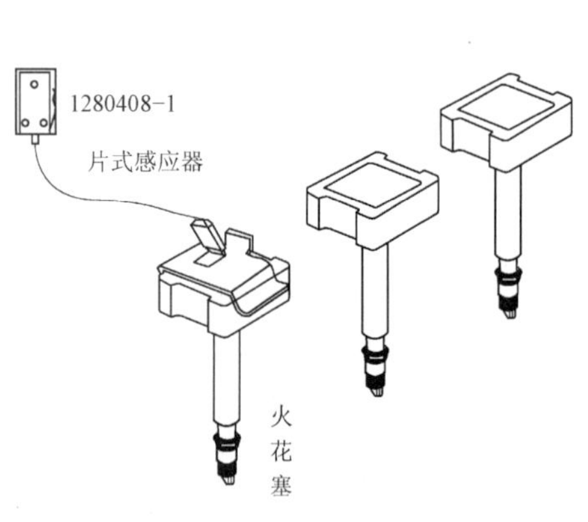

图3-14　分析仪信号传感器与单缸独立点火线圈式点火系统的联机方法

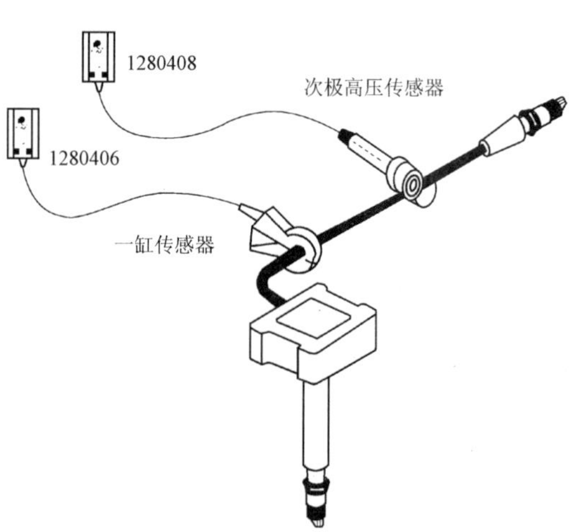

图3-15　分析仪信号传感器与双缸独立点火线圈式点火系统的联机方法

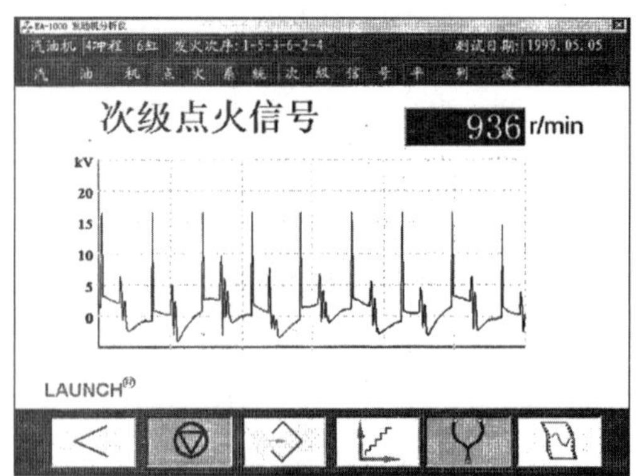

图3-16　观测二次多缸平列波

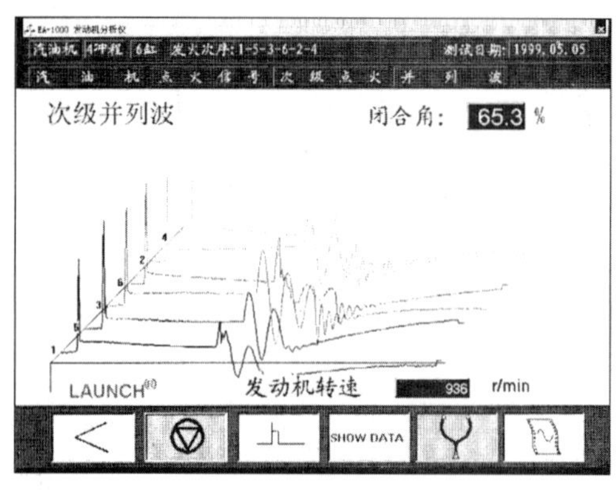

图3-17　观测二次多缸并列波

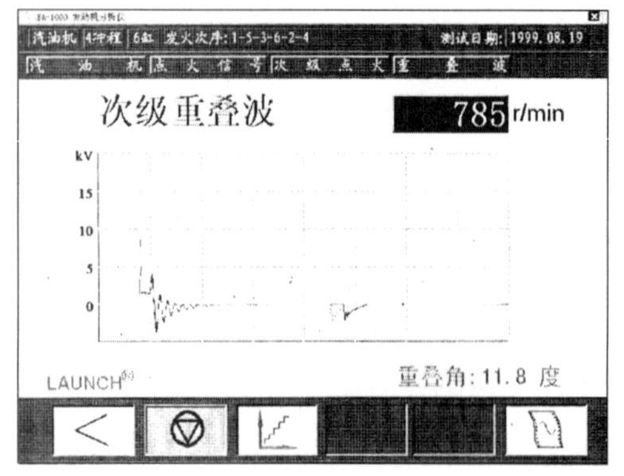

图3-18　观测二次多缸重叠波

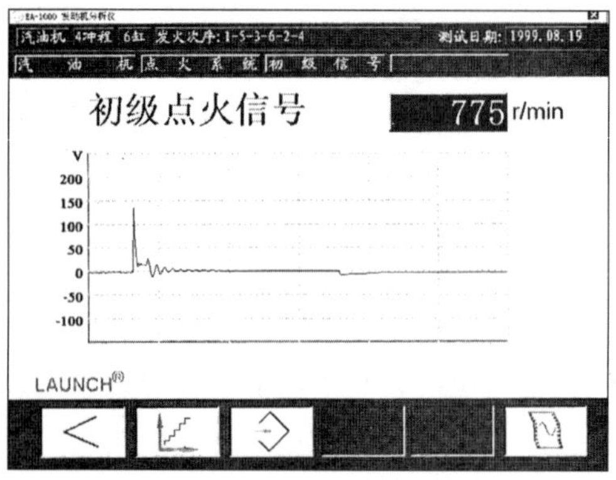

图3-19　观测一次点火波形

5. 点火波形的观测、分析方法

通过观测波形,可直观、快速地分析、判断点火系统的技术状况。对于不同功能、不同形式的点火示波器,一般通过按键、输入操作码、菜单选择等方法,即可在点火示波器屏幕上显示出被测发动机的一次或二次多缸平列波、多缸并列波、多缸重叠波和单缸选缸波,并通过旋钮或按键使屏幕的亮度、对比度、波形位置、波形幅度等符合观测要求。观测波形时,凡是有转速要求的,应使发动机在规定转速下运转。

被测发动机点火波形显示后,首先应与标准波形对照。如果实测点火波形完全同于标准波形,说明点火系统技术状况良好;如果实测波形有异常,说明点火系统有故障,应按照点火波形的 4 个故障反映区,观察异常波形处在哪个反映区内,即可诊断出故障。

1) 二次多缸平列波

二次多缸平列波也称为高压多缸平列波。利用该波形可完成下列参数测量和故障诊断。

(1) 各缸点火高压值测量。

可从点火示波器屏幕上左侧的 kV 刻度尺上直接读出各缸击穿电压值。击穿电压值应符合原厂规定。国产货车击穿电压值一般为 6 ~ 8kV 或 8 ~ 10kV,进口及国产轿车击穿电压值一般为 10 ~ 20kV。各缸击穿电压值应一致,相差不大于 2kV。某国产货车的二次平列波如图 3-20 所示。

各波形位置按点火次序从左至右排列。下面分为 4 种情况进行故障分析、判断:

①如果各缸点火电压均过高,超过规定值上限,则可能是混合气过稀、分电器中央高压线两端部未插到底、分电器盖插孔和高压线圈插孔脏污严重、分火头与分电器盖插孔电极间隙太大或各缸火花塞间隙均偏大等原因造成的。

②如果个别缸点火电压过高,则可能是该缸高压分线端部在分电器盖插孔内未插到底、分电器盖插孔脏污严重、分火头与分电器盖该缸高压分线插孔电极间隙太大或该缸火花塞间隙太大等原因造成的。

③若各缸点火电压均过低,低于规定值下限,则可能是混合气过浓、各缸火花塞间隙过小、各缸火花塞电极油污、蓄电池电压不足或电容器容量不足等原因造成的。

④如果个别缸点火电压过低,则可能是该缸火花塞间隙太小、火花塞电极油污或火花塞绝缘性能差等原因造成的。

(2) 单缸短路高压值测量。

将某缸火花塞上的高压分线拔下对机体短路,该缸点火电压应小于规定值(国产中等载质量货车发动机应小于 5kV)。否则,说明分火头与分电器盖插孔电极间隙过大或该缸高压分线与分电器盖插孔接触不良。某国产货车第 2 缸高压分线短路的二次平列波,如图 3-21 所示。

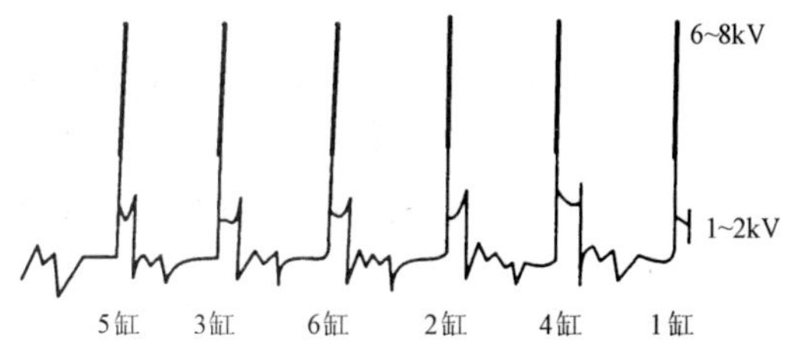

图 3-20 某国产货车的二次平列波

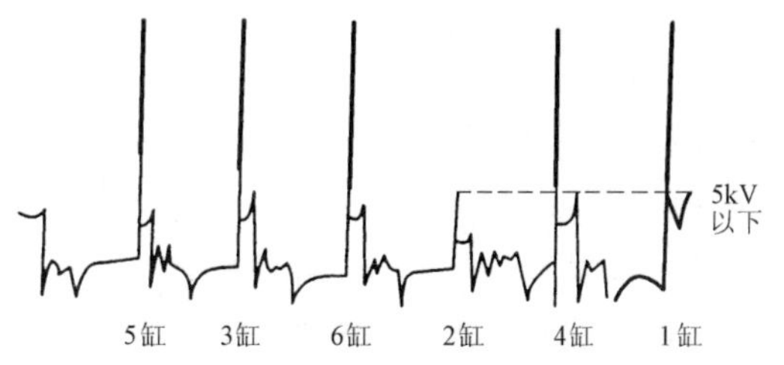

图 3-21 第 2 缸高压线短路的二次平列波

(3)单缸开路高压值测量。

将某缸高压线从火花塞上拔下而不短路,该缸点火高压值应达到20～30 kV,即达到点火系统的最大电压值。否则,说明高压线、分电器盖绝缘不良或点火线圈、电容器性能不良。某国产中等载质量货车发动机2缸高压线开路测量时击穿电压上升的情况,如图3-22所示。

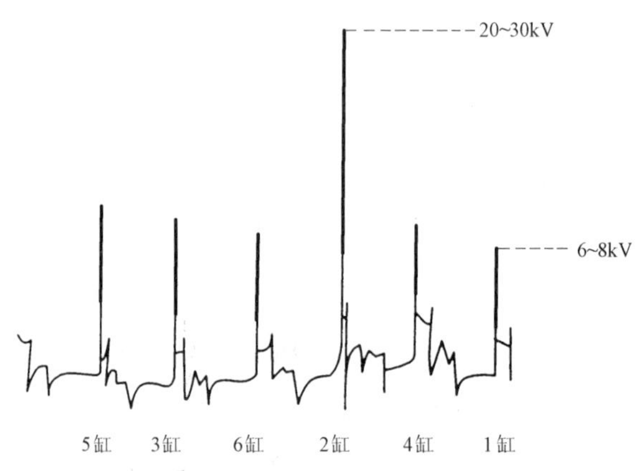

图3-22　第2缸高压线开路的二次平列波

(4)火花塞加速特性测量。

使发动机转速稳定在800r/min左右,突然加大节气门开度使发动机加速运转。此时,各缸点火电压相应增大,但增大部分不应超过3kV,否则应更换火花塞。加速时的最高点火电压数值,一定要在加速的瞬间读出。这是因为当转速稳定下来后,点火峰值仍会回到应有状态。此试验主要是检查火花塞在加速工况下的工作性能。当火花塞电极间隙偏大或其电极烧蚀时,点火电压会超过3kV。

2)二次多缸并列波

二次多缸并列波也称为高压多缸并列波。该波形的最大优点是,既能观察到点火系统整体(所有各缸的点火波形),又能观察到点火系统个别(每个单缸的点火波形)。正常的二次多缸并列波,各缸的火花线长度应相等,各缸的低频振荡波和闭合段波形应上下对齐,振幅应一致。与标准波形对照,实测波形上异常之处,即反映点火系统有故障。

利用二次多缸并列波,可获得单缸选缸波,并能进行下列参数测量和故障诊断。以元征发动机综合性能分析仪示波器为例,介绍如下。

(1)可观测到单缸选缸波。

按F3键或图3-17下方从左向右第3个软键,可按点火次序分别得到各缸点火波形,其他缸波形消失,以便于单独观测。

(2)可测量参数。

①可测得各缸断电器触点闭合角值,参见图3-17。被测发动机的断电器触点闭合角(以下简称“闭合角”)已显示在检测界面上,按F3热键,可显示出各缸的闭合角值。测得的闭合角值要与标准值对照。在点火系统技术状况良好的情况下,各缸闭合角应占点火间隔的百分比和对应的分电器凸轮轴转角如下:

4缸发动机:45%～50%(40°～45°分电器凸轮轴转角);

6缸发动机:63%～70%(38°～42°分电器凸轮轴转角);

8 缸发动机:64% ~71%(29° ~32°分电器凸轮轴转角)。

有些点火示波器显示的是闭合角占点火间隔的百分比,有些点火示波器显示的是闭合角对应的分电器凸轮轴转角。

如果测出的闭合角太小,说明断电器触点间隙太大。这不仅有可能使点火时间提前,还可造成高速时点火高压不足。若测出的闭合角太大,则说明断电器触点间隙太小。这不仅有可能使点火时间推迟,而且造成某些缸由于断电器触点张不开而缺火。因此,应调整断电器触点间隙为0.35 ~0.45mm,使闭合角符合要求。但调整断电器触点间隙后,点火提前角也随之改变,因而还应重新校正点火正时,以保证发动机的动力性、经济性和排放净化性符合要求。

②可测得各缸的击穿电压值、火花电压值和火花持续时间。按下 F4 热键或图 3-17 检测界面下方的“SHOW DATA”软键,可动态显示各缸的击穿电压值、火花电压值和火花持续时间(ms)。当各缸的这些数值不一致时,可对照有关缸波形异常,找出点火系统故障。

(3)可诊断常见故障。

由于资料来源的关系,以下二次多缸并列波是以单缸波形的形式出现的。需要提请注意的是,不少故障是出现在二次多缸并列波每一缸波形上的,也有些故障是出现在某一单缸波形上的,要具体故障具体分析。

①如果二次并列波反置,如图 3-23 所示,说明点火系统一次线路接反。

②如果二次并列波触点闭合处有杂波,如图 3-24 所示,说明断电器触点电阻太大(烧蚀)。

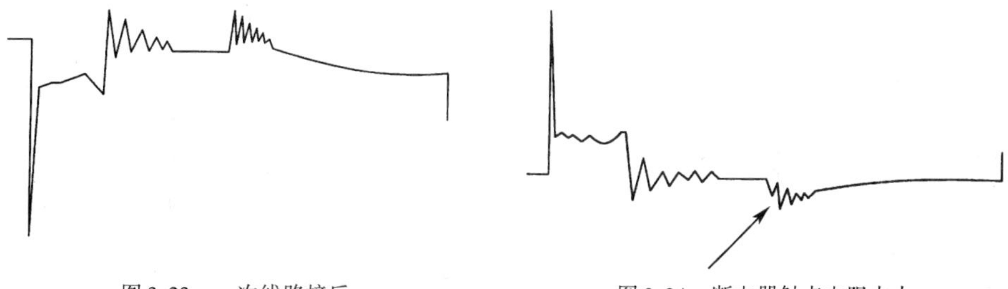

图 3-23　一次线路接反　　　图 3-24　断电器触点电阻太大

③如果二次并列波在断电器触点断开处出现小平台,如图 3-25 所示,说明电容器漏电。

④如果二次并列波击穿电压过高,且没有良好的放电过程,火花的持续阶段较为陡峭,如图 3-26 所示,说明次级线路电阻太大,可能是次级线路开路、接触不良或火花塞间隙过大等原因造成。

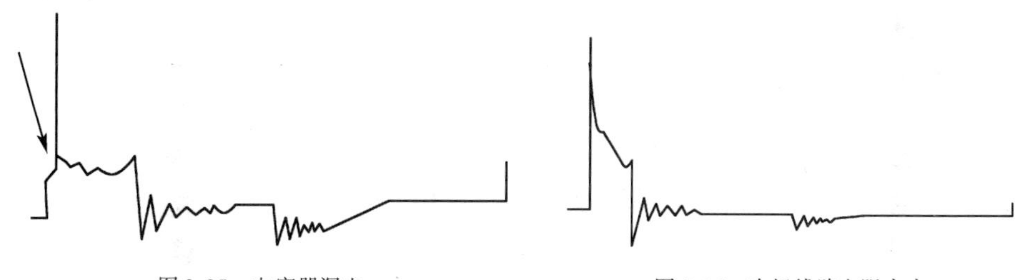

图 3-25　电容器漏电　　　图 3-26　次级线路电阻太大

⑤如果二次并列波火花电压有波动现象,如图 3-27 所示,说明电控汽油喷射系统喷油器工作不良,引起可燃混合气浓度波动造成的。这一故障可能出现在每一缸波形上,也可能出现在某一缸波形上。

⑥如果二次并列波火花电压较低,如图 3-28 所示,可能是可燃混合气过浓或火花塞漏

电造成的。当可燃混合气过浓时,虽然点火初期的离子电离程度小,击穿电压高,但在火花持续阶段离子电离程度提高,火花电压有所降低。当火花塞漏电时,火花电压也降低。

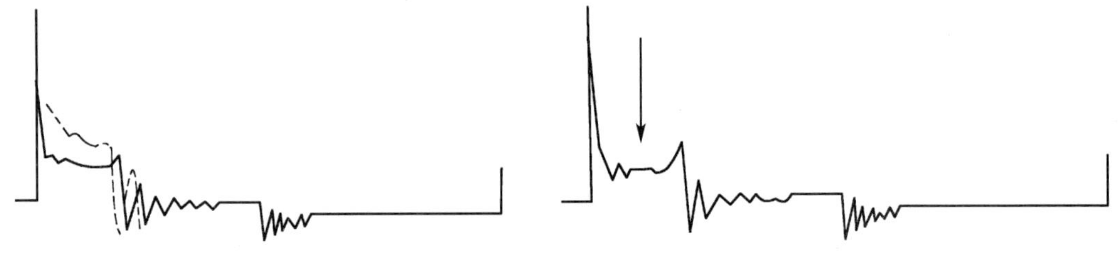

图 3-27　电喷系统喷油器工作不良　　　图 3-28　可燃混合气过浓或火花塞漏电

⑦如果二次并列波火花电压较低,如图 3-29 所示,也可能是可燃混合气过稀或汽缸压力太低造成的。这是由于可燃混合气过稀或汽缸压力太低时,都会引起可燃混合气密度降低,无须多高电压就可将火花塞间隙击穿,故火花电压有下降现象。

⑧如果二次并列波火花电压较低,如图 3-30 所示,也可能是火花塞积炭或间隙太小造成的。由于积炭是具有电阻的导体,消耗了一部分电能,引起火花电压降低。火花塞间隙太小,也会引起火花电压降低。

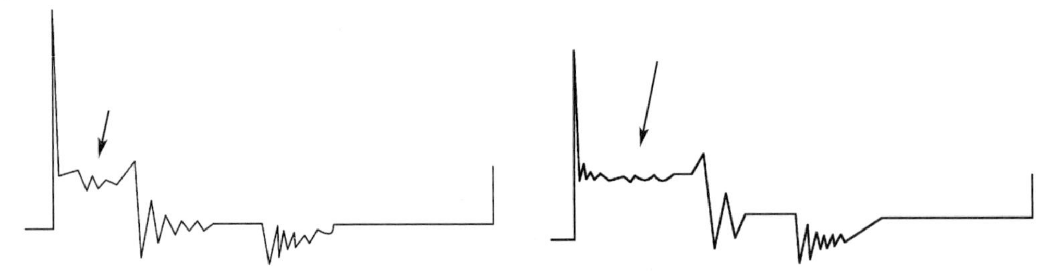

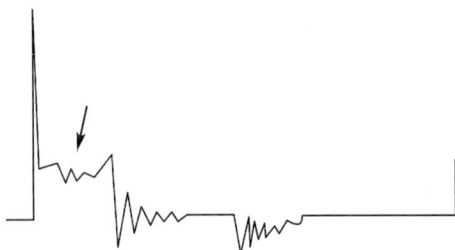

图 3-29　可燃混合气过稀或汽缸压力太低　　　图 3-30　火花塞积炭或间隙太小

⑨如果二次并列波不时有上下平移现象,如图 3-31 所示,说明次级线路有间歇性断电现象。

⑩如果二次并列波击穿电压不足 5kV,如图 3-32 所示,说明次级线圈漏电。

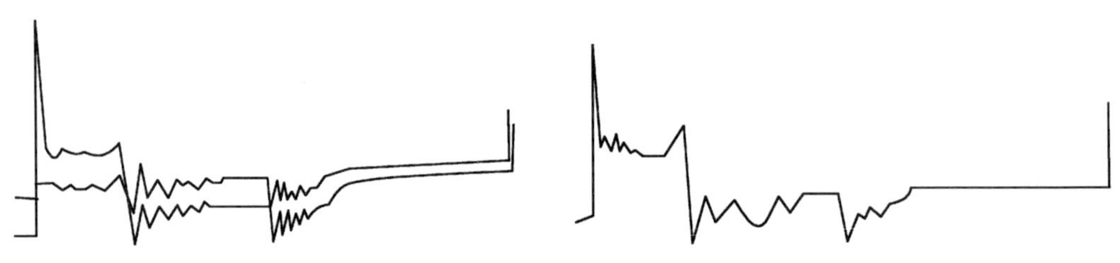

图 3-31　次级线路有间歇性断电现象　　　图 3-32　次级线圈漏电

以上,用二次多缸并列波分析、判断故障仅举了 10 个例子,可以说能观测到的故障还有一些,主要靠经验积累,在此不再赘述。

3)二次多缸重叠波

二次多缸重叠波也称为高压多缸重叠波。由于该波形是各缸点火波形的叠加,因而可评价各缸工作的一致性。各缸工作一致的重叠波就像一个单缸波形,只要其中任一缸工作不佳,其波形就会偏离重叠波,届时通过逐缸单缸断火,可立即找出工作不佳的汽缸来。点火示波器显示出被测发动机二次多缸重叠波后,可进行下列参数测量。

（1）可测得各缸波形间的重叠角。

如果各缸点火波形的长度不一致，表明各缸点火间隔不一致。此时，最短波形与最长波形之间的重叠区所对应的分电器凸轮轴转角，称为各缸波形间的重叠角。重叠角应不大于点火间隔的5%，以零或接近零为好。根据这一原则，重叠角的标准值（分电器凸轮轴转角）应为：

4 缸发动机不大于4.5°；

6 缸发动机不大于3.0°；

8 缸发动机不大于2.25°。

重叠角的大小，可以表明多缸发动机点火间隔的一致程度。重叠角越大，说明点火间隔越不均匀。重叠角太大，是由于分电器凸轮制造不准、磨损不均或分电器凸轮轴磨损松旷、弯曲变形等原因造成的。

（2）可测得各缸触点闭合角的平均值。

在重叠波上，由于各缸波形重叠在一起，无法测得每缸触点闭合角值，但可以测得各缸触点闭合角的平均值。

在实测的二次多缸重叠波上，如果波形异常，可与标准波形（图3-8）对照，然后进行一些故障分析与判断，方法同上述二次多缸并列波。

4）一次多缸平列波

一次多缸平列波的标准波形如图3-33所示。该波形不常用，有时在单缸选缸转速降测量中作为短路指示用。

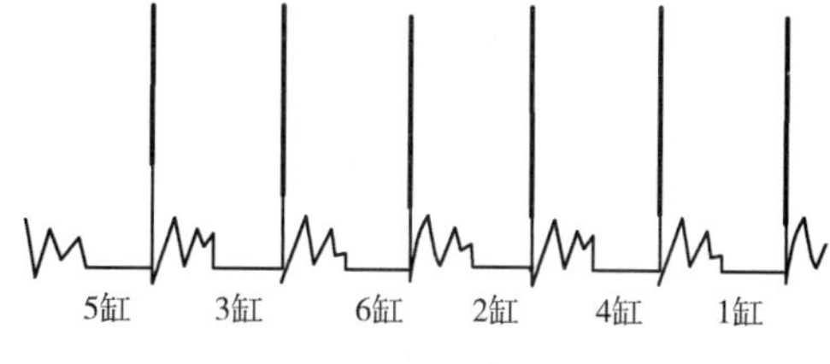

图3-33　标准一次多缸平列波

5）一次多缸并列波和一次多缸重叠波

这两种波形测量的项目及反映的故障，与二次多缸并列波和二次多缸重叠波一致，不再赘述。

6）单缸选缸波

在观测、分析点火系统波形过程中，有时为了仔细观察某一缸的点火波形，可将该缸点火波形单独选出（其他缸波形消失），并适当增加其垂直幅度和水平幅度。单缸选缸波形常常在二次多缸并列波或一次多缸并列波上进行。此时应通过按键或菜单先获得二次多缸并列波或一次多缸并列波，再通过选缸键获得所需缸的二次单缸选缸波或一次单缸选缸波。

6. 无触点电子点火系统点火波形特点

以上是以传统的点火系统为例介绍了标准波形、波形排列形式、波形上的故障反映区和波形观测方法等内容。随着电子技术在汽车上的应用，无触点电子点火系统一经问世，就在提高发动机的动力性、经济性和减少排气污染等方面显示出了优越性，从而得到广泛应用。无触点电子点火系统波形与传统点火系统波形相比有以下相同点和不同点。

1）相同点

（1）无触点电子点火系统在检测诊断中波形的排列形式、波形观测方法与传统点火系统相同。

（2）无触点电子点火系统的一次点火波形、二次点火波形基本上与传统点火系统的点火波形相同。波形上也有高频振荡波（点火线、火花线）、低频振荡波和二次闭合振荡波，也有张开段和闭合段，点火线和火花线的解释也同于传统点火系统。

2)不同点

(1)无触点电子点火系统波形上低频振荡波异常时,仅表示点火线圈的技术状况不佳,而与电容器无关,这是因为电子点火系统无电容器。

(2)无触点电子点火系统波形上闭合点处和张开点处的波形,虽然与传统点火系统极为相似,但不是断电器触点闭合和张开造成的,而是晶体三极管或晶闸管的导通与截止电流造成的。

(3)无触点电子点火系统波形上闭合段的长度、形状,与传统点火系统波形不完全相同,甚至车型之间也略有差异。主要表现在:有的车型闭合段在发动机高转速时加长,二次点火波形闭合段内有波纹或凸起,这些现象均属正常。

(4)无触点电子点火系统中,有的点火系统当波形闭合段结束时,先产生一条锯齿状的上升斜线,然后导出点火线,不像传统点火系统点火波形那样,随着触点打开产生一条急剧上升的点火线,但这属于正常现象。

(5)在无分电器点火系统中,有两缸共用一个点火线圈的点火系统。这种点火系统在一个汽缸中会发生两次点火:一次点火发生在压缩行程终了上止点前,为有效点火;另一次点火发生在排气行程终了上止点前,为无效点火。在有效点火波形上,因汽缸内可燃混合气电离程度低,所以击穿电压和火花电压都较高。在无效点火波形上,因汽缸内废气电离程度高,所以击穿电压和火花电压都较低,这些均属正常现象。

利用示波器观测点火波形,是实现快速检测诊断的重要方法之一,在国外应用十分普遍,特别是观测二次波形,认为是一项综合检测。这是因为,如果被测发动机的二次波形没有问题,说明点火系统、供油系统均无问题。

二、点火正时检测

点火正时,是指正确的点火时间。点火时间一般用点火提前角(曲轴转角或凸轮轴转角)表示。当点火时间正确时,点火提前角处于最佳状态。然而,最佳点火提前角是随着转速、负荷和汽油的辛烷值等因素的变化而变化的。对于传统点火系统,随转速和负荷的变化,是在动态情况下由分电器上的离心式调节器和真空式调节器自动调节的;随辛烷值的变化,则是在静态情况下通过获得最佳初始点火提前角,即获得最佳分电器固定位置得到的。当使用的汽油辛烷值改变时,发动机的初始点火提前角,即分电器壳的固定位置也需要随之改变。

初始点火提前角也称为初始点火正时,是点火提前自动调节装置进入工作状态前的基础。在离心式调节器和真空式调节器工作正常的情况下,发动机最佳点火提前角往往决定于初始点火提前角。

发动机的点火正时是非常重要的,将直接影响发动机的动力性、燃料经济性和排放净化性。

1.检测点火正时应掌握的原则

发动机的点火正时,在使用中并不是一成不变的。应根据汽车的技术状况、燃料和运行条件等方面的变化,及时进行检查及校正,所掌握的原则如下:

(1)使用辛烷值较高的汽油时,应将点火时间略微提前;反之,使用辛烷值较低的汽油时,应将点火时间略微推迟,以防爆燃。

(2)混合气成分不同,直接影响燃烧速度。根据试验测定,当过量空气系数为 0.8 ~0.9 时燃烧速度最快,此时点火提前角应小一些;当过量空气系数大于或小于此值时,即混合气稀或浓时,都会使燃烧速度减慢,此时点火提前角应大些。

(3)容易产生爆燃的发动机,点火提前角应小一些。

(4)在高原地区,因为大气压力低,因而发动机的进气压力和压缩终了的压力均降低,会影响汽油的雾化和混合气的涡流运动,对混合气的形成不利,从而造成混合气燃烧速度降低。与平原地区相比,在相同的混合气成分下,高原地区运行的汽车,点火提前角应大些。

(5)外界温度的变化对汽油的雾化有一定的影响。因此,天气寒冷时,点火时刻应略微提前;而天气炎热时,点火时刻应略微推迟。

(6)发动机已接近大修,汽缸压缩压力降低时,点火时间可略微提前。

(7)由于对排气净化的要求越来越严格,不能再以发动机功率的大小作为检查及校正点火正时的依据,而是应该略微推迟点火时间,以减少排放污染物为首要目的。

发动机点火正时的检测方法,有经验法、闪光法两种。

2. 用经验法检查并校正点火正时

检查点火正时的目的是查证点火时间的准确性,而校正点火正时的目的是获得最佳初始点火提前角,即为了获得最佳分电器壳固定位置。

以有触点式点火系统为例,介绍检查及校正点火正时的方法如下。

(1)用手摇把摇转曲轴,使分电器凸轮将断电器触点完全打开,检查并调整断电器触点间隙,使其保持在 0.35 ~0.45mm 范围内。继续摇转曲轴,查看其他各缸触点间隙是否均在规定范围内。

(2)将 1 缸活塞或最末缸活塞摇至压缩终了上止点位置。可采用下列方法:先拆下 1 缸火花塞,用手堵住火花塞孔,同时用手摇把摇转曲轴,直到能听到从火花塞孔发出排气声,说明 1 缸已处于压缩行程。然后在继续摇转曲轴的同时,注意观察飞轮上或曲轴传动带盘上的上止点标记。当该标记与固定标记对正时,停止摇转并抽出摇把,此时 1 缸活塞正好处于压缩终了上止点位置。

(3)拆去分电器真空式调节器的连接管路,松开分电器壳与缸体之间的定位螺钉,有辛烷值调节器的应将其调整在“0”的位置上。

(4)用手握住分电器壳,先顺分火头转动方向转动一定角度,使断电器触点闭合,然后再逆分火头转动方向转动一定角度,使断电器触点接近完全打开或完全打开(根据使用汽油的辛烷值决定,使用 90 号以上汽油应完全打开)。如果飞轮或曲轴传动带盘上打有点火正时标记,可对正该标记,在使用规定牌号汽油的情况下,断电器触点刚刚打开即可。

(5)拧紧分电器壳定位螺钉,并连接好真空式调节器的管路。

(6)插上分火头,扣上分电器盖,分火头指向的插孔即为 1 缸高压线插孔。插上 1 缸高压线,该线的另一端和 1 缸火花塞连接。然后,沿分火头转动方向按点火次序插上其他各缸高压线,并与对应的火花塞连接好。

(7)起动发动机并运转至正常热状态,进行无负荷加速试验。当突然打开节气门时,发动机应加速良好;如果加速不良,且有爆震声,则为点火过早;如果加速不良,且发闷,甚至排气管有“突、突”声,则为点火过晚。用无负荷加速试验检查点火正时,不太准确,只能起一定参考作用,准确的检查应进行路试。

（8）为检查点火正时进行汽车路试时，应选择平坦、坚硬的直线道路或专用跑道，全车运转至正常热状态后，以最高挡最低稳定车速行驶，然后突然将加速踏板踩到底，使汽车急加速行驶。此时，若能听到发动机有轻微的爆震声，且随着车速提高逐渐消失，则为点火时间正确；若听到的爆震声强烈，且车速提高后长时间不消失，则为点火时间过早；若听不到爆震声，且加速困难，甚至排气管有“突、突”声，则为点火时间过晚。

路试中发现发动机点火时间不正确时，可停车进行调整。如点火时间过早，可使分电器壳顺分火头方向转动少许；如点火时间过晚，可使分电器壳逆分火头方向转动少许，再结合路试反复调试几次就可获得满意结果。

以上检查及校正点火正时的方法是针对1缸进行的，其余各缸的点火时间是否正确，则决定于各缸间点火间隔的正确性。

3. 用闪光法检测点火正时

用闪光法检测点火正时，需采用闪光式正时检测仪进行。

1）闪光式正时检测仪基本结构与工作原理

用闪光法制成的点火正时检测仪，是利用闪光频率与1缸点火频率相同的原理，测出发动机的点火提前角。闪光式正时检测仪（以下简称“正时检测仪”）一般由正时灯（氖灯或氙灯）、传感器、中间处理环节和指示装置等组成，在汽车维修企业内应用十分广泛。

正时检测仪的正时灯是一种频率闪光灯，每闪光一次表示1缸火花塞跳火一次，因此闪光频率与1缸点火频率相同。当正时灯对准发动机飞轮壳或曲轴前端正时齿轮室盖上的上止点固定标记，并按实际跳火频率进行闪光时，可以看到运转中的发动机在闪光的照射下，其转动部分上的上止点标记还未到达上止点固定标记，即1缸活塞还未到达压缩终了上止点，两标记之间的曲轴转角就是点火提前角。此时若调整正时灯上的电位器使闪光频率逐渐降低，从视觉上看到转动部分上的上止点标记逐渐向上止点固定标记靠拢。当两标记对正时，停止调整电位器。这时，通过调整电位器使视觉上看到的两标记对正所对应的曲轴转角就是点火提前角，将其显示在正时检测仪上，便可读出被测发动机的点火提前角。

用闪光法制成的正时检测仪，既可以制成单一功能便携式，又可以和其他仪表组合成多功能综合式；其指示装置既可以是指针式，又可以是带显示屏的数码式；它既能用于传统发动机点火正时的检测，又能用于电控汽油喷射发动机点火正时的检测；带有打印功能的正时检测仪，还可以打印输出。

2）正时检测仪使用方法

（1）准备工作。

①仪器准备。

a. 将正时检测仪的两个电源夹，夹到蓄电池（12V）的正、负电极上，红正、黑负。

b. 将正时检测仪的外卡式传感器，卡在1缸高压线上。

c. 将正时检测仪的电位器退回到初始位置，打开开关，正时灯闪光，指示装置指示零位。

②发动机准备。

a. 事先擦拭飞轮或曲轴传动带盘上1缸压缩终了上止点标记，以便在闪光照耀下能看得清楚。

b. 发动机运转至正常工作温度。

(2)检测方法。

①发动机在怠速下稳定运转,打开正时灯并对准飞轮壳或曲轴前端正时齿轮室盖上的上止点固定标记,如图3-34所示。

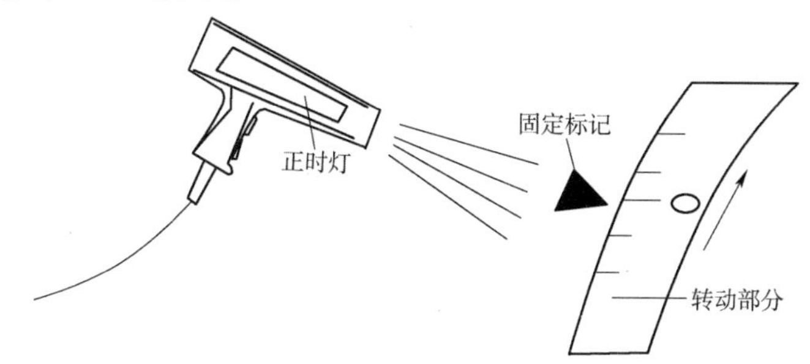

图3-34 闪光式正时检测仪检测点火正时

②调整正时检测仪上的电位器,使飞轮或曲轴传动带盘上的上止点标记逐渐与上止点固定标记对齐,此时正时检测仪指示装置上的读数即为发动机怠速运转时的点火提前角。

③用同样方法,分别测出发动机不同工况时的点火提前角。

若测出怠速运转时的点火提前角符合原厂规定,对于有触点点火系统来说,说明初始点火提前角调整正确,同时也说明离心式调节器和真空式调节器工作正常。如果需要分别测量离心点火提前角和真空点火提前角,可按下列方法进行测量:

发动机怠速运转时,由于有触点点火系统离心式和真空式调节器未起作用或起作用很小,此时测得的点火提前角实为初始点火提前角。在拆下真空管(要堵塞通往化油器的管道)的情况下,发动机在某转速下测得的点火提前角减去初始点火提前角,即可得到该转速下的离心点火提前角;反之,在连接真空管的情况下,在同样转速下测得的点火提前角减去离心点火提前角和初始点火提前角,则可得到真空点火提前角。

④如果需要检测并调试汽车实际运行中的点火提前角,需在路试或底盘测功试验台上(图3-35)进行。

⑤检测完毕,关闭正时灯,退回电位器,取下外卡式传感器和两个电源夹。

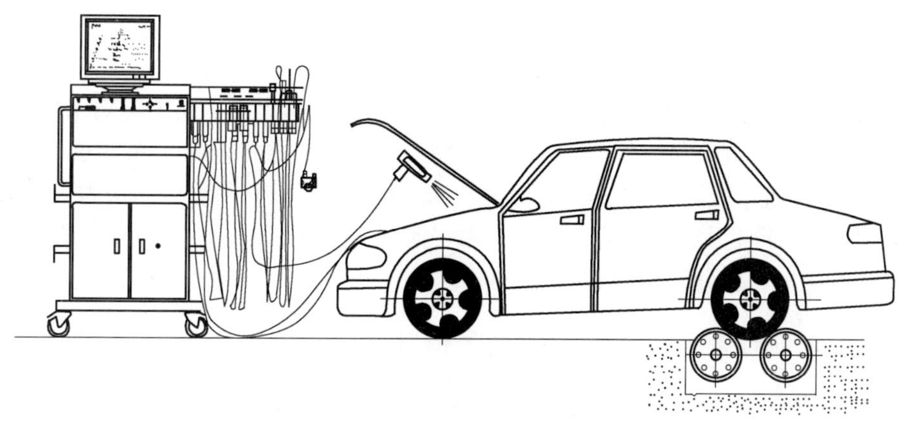

图3-35 在底盘测功试验台上检测并调试点火正时

检测点火正时时,一般仅测得一个缸(例如1缸)的结果就可以了,其他各缸的点火提前角是否符合要求,则决定于点火间隔。点火间隔可从示波器屏幕上显示的重叠波和并列波上得到（微机控制式点火示波器可直接显示点火间隔），然后根据被测缸的点火正时和各缸的点火间隔，即可算出其他各缸的点火提前角。当测得的各缸波形的重叠角很小时，可认为各缸间的点火间隔是相等的，因而其他各缸的点火提前角与被测缸的点火提前角相等，此时被测缸的点火提前角可以认为是被测发动机的点火提前角。

4. 电控燃油喷射发动机点火提前角检测

电控燃油喷射发动机采用的是由电子控制器 ECU 控制的点火系统，其点火提前角包括初始点火提前角、基本点火提前角和修正点火提前角三部分。其中，基本点火提前角是点火提前角中最主要的部分，其大小取决于发动机工况。发动机工况不同时，基本点火提前角的大小也不相同。汽车运行中，ECU 根据发动机转速、进气量（或进气管压力）等信号，从存储器中取出基本点火提前角。基本点火提前角是在设计发动机电控系统时，根据发动机性能要求并通过大量试验、优化处理而获得的，并预先存储在 ECU 内微机的只读存储器 ROM 的存储单元中，以此构成点火提前角脉谱图。汽车运行中只要传感器检测出发动机的实际工况（转速与负荷），然后由中央处理器 CPU 查询点火提前角脉谱图并调出与此工况相对应的基本点火提前角，再根据其他有关传感器信号加以修正，就可获得最佳点火提前角。

电控燃油喷射发动机的点火提前角，一般是不可调的，特别是直接点火系统（DIS）。检测点火提前角的目的，往往是为了发现点火提前角不符合要求时，以便于确定是微处理器损坏还是传感器失效。在基本检查中，对通用、福特、丰田等公司的某些车型检查点火正时时，需采用跨接线连接检查连接器有关端子的方法，使系统进入场地维修模式（Field Service Mode），以测得怠速下的点火提前角。例如，丰田雷克萨斯 LS400 汽车就是如此，其检查方法如下：

（1）暖机到发动机正常工作温度。

（2）将变速器换到“N”挡位。

（3）使发动机保持怠速运转。

（4）用 SST（跨接线）连接检查连接器的 TE1 和 E1 端子。

（5）使用正时灯检查点火正时。怠速时，点火提前角应为上止点前 8°～12°。

第四节　汽油机燃料系统诊断与检测

汽油机燃料系统，具有连续输送清洁空气和燃油，根据发动机不同工况需求配制一定数量和适当浓度的可燃混合气，送入汽缸燃烧并将废气排入大气的功能。如果燃料系统技术状况不佳，甚至出现了故障，将难以保证以上功能，不但严重影响发动机的动力性、燃油经济性和排放净化性，而且无法正常工作。燃料系统和点火系统一样，是发动机各机构、系统中故障率最高者之一，是诊断与检测的重点对象。

一、电控燃油喷射系统检测诊断程序和方法

现代汽油发动机一般都设有电控燃油喷射系统（Electronic Fuel Injection，EFI），在系统内还设有故障自诊断系统。故障自诊断系统是由电子控制器（Electronic Control Unit，ECU）控制的，能时刻监测电控系统各部件工作情况并将发现的故障以代码的形式存入微机存储器内的一种自我诊断系统，具有故障诊断和处理功能。自从 1979 年美国通用汽车公司首次

在电控燃油喷射系统中正式使用故障自诊断系统以来,美、欧、日等国家和地区相继采用,给越来越复杂的电控系统故障诊断带来了方便。故障自诊断系统在检测到故障后,一方面通过一定的显示方式通知汽车驾驶员,告知发动机电控系统出现了故障,另一方面立即启用应急备用系统,对喷油、点火等按预先编好的程序进行简单控制,以便驾驶员把车驶到(带故障运行)汽车修理厂或驻地。

(一)用故障自诊断系统检测诊断故障的程序和方法

电控燃油喷射发动机出现故障时,检修人员在进行必要的倾听用户意见和外观检查之后,只要显示诊断代码,就应首先按诊断代码的含义和指示的方法进行快速诊断。

1. 故障自诊断系统工作原理

发动机电控系统工作时,ECU 输入、输出信号的电平是在规定范围内变化的。如果某一输入、输出信号超出规定范围,ECU 就判定该路信号出现故障。

1)微机系统故障自诊断工作原理

微机系统一般不容易发生故障,但偶尔发生故障时会影响控制程序正常运行,使汽车不能正常行驶。为此,在电控系统中设有监视回路,用来监视微机的工作是否正常。在监视回路中还设有监视计时器,用在正常情况下按时对微机复位。当微机系统发生故障时,控制程序不能正常返回,这时如果监视计时器的定期清除不能按时使微机复位,表明微机系统发生故障并予以显示。在微机系统中还设有应急回路,当该回路收到监视回路发出的异常信号时,立即启用应急备用系统,使汽车保持一定运行能力。

2)传感器故障自诊断工作原理

运转中的发动机如果电控系统的传感器出了故障,其输出信号就超出了规定范围。例如,水冷发动机的冷却液温度传感器,冷却液温度范围设定在 -30 ~120℃。正常工作时,输出的信号电压为 0.3 ~4.7V。当冷却液温度传感器发生故障时,其向 ECU 输出的信号电压就会小于 0.3V(冷却液温度高于 120℃)或大于 4.7V(冷却液温度低于 -30℃)。ECU 接收到的信号电压超出规定范围时,就判定冷却液温度传感器信号电路有短路或断路故障。

ECU 判断出电控系统产生故障后,立即采取三项措施:其一,输出控制信号,使驾驶室组合仪表板上的“发动机报警灯(CHECK ENGINE)”点亮,通知驾驶员电控系统出现故障;其二,将冷却液温度传感器的故障信息以代码的形式存入微机存储器,以便检修人员调出诊断代码,快速诊断出故障,及时进行维修;其三,采用预先存储的正常冷却液温度(如 80℃)的信号电压对发动机进行控制,使发动机仍能维持运转。

有时,即使冷却液温度传感器本身没有故障,但线路开路,自诊断系统同样会显示冷却液温度传感器有故障。因此,在判断故障时,除了检查传感器本身外,还要检查线束、接插件(连接器)和传感器与 ECU 之间的电路连接是否正常。

需要指出的是,自诊断系统对于偶尔出现一次的不正常信号,并不立即判定是故障,只有不正常信号保持一定时间或次数后才被视为故障。

3)执行器故障自诊断工作原理

执行器是在 ECU 不断发出各种指令情况下工作的。如果执行器出现了问题,监视回路把故障信息传输给 ECU,ECU 会作出故障显示、故障存储,并采取应急措施,确保发动机维持运转或停止运转。例如,当点火器中的功率三极管出现故障时,点火器内的点火监视回路就不能将功率三极管正常工作(不断地导通和截止)的信号反馈到 ECU。如果 ECU 得不到这一反馈信号(IG_f)，就判定点火系统发生故障，除了采取故障显示和故障存储的措施外，还立即向喷油器发出停止喷油的指令，使喷油器停止喷油，以防可燃混合气进入三元催化转换器而将其烧毁。

同样需要说明的是，ECU 只有 6 次得不到反馈信号 IG_f，才会判定点火系统发生了故障。

2. 故障自诊断系统显示故障的方式

故障自诊断系统诊断出故障后要进行显示，由于厂牌、车型和生产厂家的不同，因而显示的方式也不相同。有用发动机报警灯显示的，有用红、绿发光二极管显示的，还有用数码管显示的。上述方式显示的诊断代码，有一位数的、两位数的、三位数的，也有四位或五位数的。

用发动机报警灯显示故障的情况如下：

大多数汽车在组合仪表板上设有发动机报警灯，用于故障报警和就车显示诊断代码。发动机起动前点火开关打开时，该灯应点亮。不亮，说明灯或灯的电路有问题。发动机起动后当转速高于 500r/min 时，该灯应熄灭，说明发动机无故障；如果该灯继续点亮或在运行中点亮，说明 ECU 检测到电控系统出现了故障，并以此方式向驾驶员发出报警信号，使驾驶员知道发动机出现了故障。另外，还能通过该灯以不同频率的闪烁，将微机存储器中存储的诊断代码调出，以便检修人员就车读取诊断代码，诊断、排除故障。故障排除后，通过消除诊断代码，该灯才不再点亮。

3. 进入故障自诊断系统的方法

由于汽车厂牌、车型和生产厂家的不同，因而进入发动机故障自诊断系统的方法也不相同，有以下几种方法：

(1)用跨接线进入。用跨接线连接检查连接器有关的插孔，通过驾驶室组合仪表板上发动机报警灯或 LED 的闪烁，就车读取诊断代码。

(2)用按压“诊断按钮开关”法进入，就车读取诊断代码。

(3)用转动微机控制装置上的“诊断开关”法进入，就车读取诊断代码。

(4)用同时按下空调控制面板上的“OFF”和“WARM”键的方法进入，就车读取诊断代码。

(5)用点火开关 ON→OFF→ON→OFF→ON 循环一次的方法进入，就车读取诊断代码。

(6)用读码器、解码器、扫描仪、电控专用检测仪或发动机综合性能分析仪等专用检测设备进入，用仪器显示诊断代码。

目前，像丰田、日产、三菱、马自达、福特、通用(凯迪拉克除外)、宝马、菲亚特、标致等品牌汽车，是通过跨接线的方法进入，由发动机报警灯显示诊断代码的；奔驰、奥迪、沃尔沃等品牌汽车也是通过跨接线的方法进入，由 LED 显示诊断代码的；凯迪拉克和林肯·大陆等品牌汽车是通过同时按下空调控制面板上的“OFF”和“WARM”键的方法进入的；而克莱斯勒公司的汽车是通过点火开关 ON→OFF→ON→OFF→ON 循环一次的方法进入的。绝大多数汽车都可以通过解码器等专用或通用的检测设备进入自诊断系统并解读诊断代码。

4. 故障自诊断系统的测试模式

采用上述方法之一进入故障自诊断系统后，诊断故障的测试模式一般有静态和动态两种。

1)静态测试模式

静态测试模式是一种在点火开关打开，发动机处于静止状态下进行检测诊断的模式，简称 KOEO(Key ON Engine OFF)模式。该模式主要用于提取存储在存储器中的间歇性故障诊断代码和在静态下发生故障的诊断代码。

2)动态测试模式

动态测试模式是在点火开关打开,发动机处于运转状态(包括汽车路试)下进行检测诊断的模式,简称 KOER(Key ON Engine Run)模式。该模式主要用于提取存储在存储器中的动态下发生故障的诊断代码或进行混合气成分的检测分析。

有些汽车,如丰田系列汽车,也将静态称为正常状态,将动态称为试验状态。

5. 用故障自诊断系统检测诊断故障的具体程序和方法

如前所述,大多数电控燃油喷射发动机在组合仪表板上设有发动机报警灯,用于故障报警和显示诊断代码。发动机起动后(转速高于500r/min)如果该灯熄灭,说明发动机无故障;如果该灯继续点亮或在运行中点亮,说明 ECU 检测到电控系统出现了故障。此种情况下,检修人员在倾听用户意见和对发动机进行外观检查后,应首先使用故障自诊断系统检测诊断故障。检修人员按照该车型规定的方法进入故障自诊断系统后,可就车读取诊断代码或通过解码器等专用检测设备显示诊断代码,然后在汽车维修手册或解码器等检测设备中查阅该诊断代码的全部含义,并按指示的程序和方法,对有关元器件和电路进行检查和测量,直至分析、判断出故障并将其排除。

用故障自诊断系统检测诊断故障的具体程序和方法,以丰田雷克萨斯 LS400 型汽车为例介绍如下。

丰田汽车诊断故障的测试模式,是将前述的静态称为正常状态,将前述的动态称为试验状态。进入自诊断系统后,只要检测到故障,两种状态都能点亮"CHECK ENGINE"报警灯,都能读取诊断代码,故障排除后发动机报警灯都能熄灭,但诊断代码都仍然存储在 ECU 的存储器中,都要通过一定的方法才能清除存储的诊断代码。

试验状态与正常状态相比,检测诊断故障的灵敏度更高一些(如对接触不良的检测),功能也更多一些。例如,它不仅能检测诊断出正常状态下的故障项目,而且还能检测诊断出一些电路、元器件中的故障:起动机信号电路、1 号和 2 号凸轮轴位置传感器、节气门位置传感器 IDL 接触信号、空调器信号和空挡起动开关信号等。

1)正常状态(静态)下检测诊断故障的程序和方法

(1)检查"CHECK ENGINE"报警灯是否正常。

①将点火开关转到 ON,发动机不起动,"CHECK ENGINE"报警灯应点亮。如果不亮,说明灯有问题,应检查组合仪表。

②起动发动机,"CHECK ENGINE"报警灯应熄灭。如果灯继续点亮,说明自诊断系统已检测出故障或灯本身不正常。

(2)调出诊断代码。

①将点火开关转到 ON。

②用专用维修工具 SST(跨接线)将故障诊断通信连接器 TDCL 或检查连接器的端子 TEl 与 E1 连接,如图 3-36 所示。

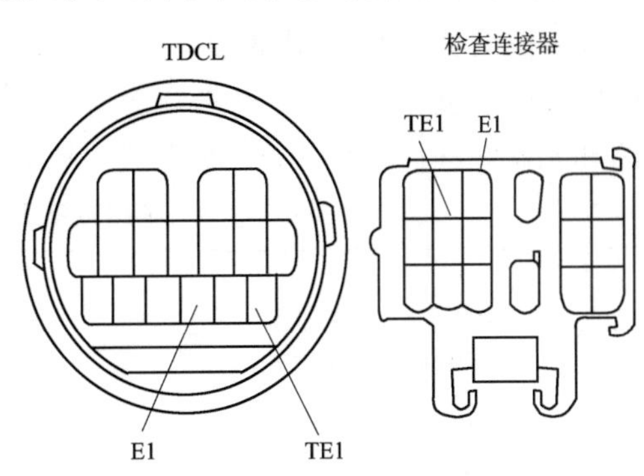

图 3-36 TDCL 与检查连接器

③从"CHECK ENGINE"报警灯的闪烁中就车读出诊断代码。正常代码、诊断代码 12 和诊断代码 31 的闪烁形式,如图 3-37 所示。当显示两个或更多的诊断代码时,从较小代码开始显

示，然后依次逐渐增大代码数。

④读取诊断代码后，按汽车维修手册的指示仔细检查电路，诊断出故障。

⑤完成检查诊断后，脱开 TEl 和 E1 端子，关闭点火开关。

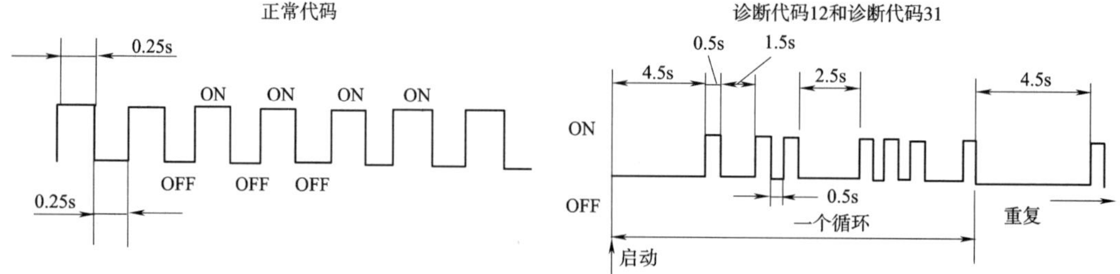

图 3-37 正常代码和故障代码举例

2）试验状态（动态）下检测诊断故障的程序和方法

（1）初始状态。

①蓄电池电压为 11V 或更高。

②节气门全关（节气门位置传感器 IDL 触点闭合）。

③变速器置空挡位置。

④空调器关闭。

（2）将点火开关转到 OFF。

（3）用 SST 连接 TDCL 或检查连接器 TE2 和 E1 端子，如图 3-38 所示，以启动试验状态。

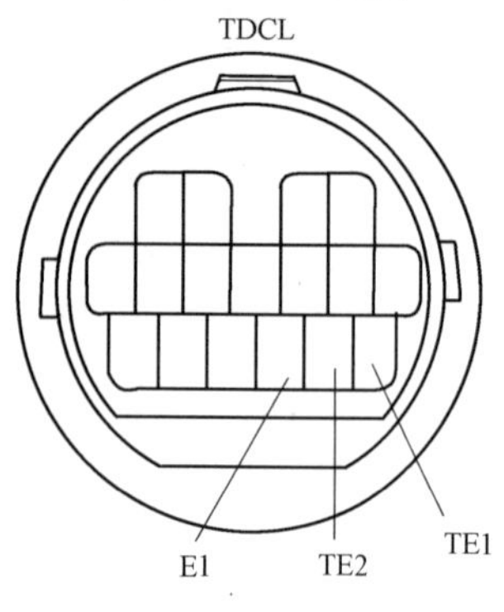

图 3-38 TDCL 的端子

（4）将点火开关转到 ON，检查"CHECK ENGINE"报警灯是否闪烁。若闪烁，可确认已进入试验状态；否则，检查 TE2 端子电路。

（5）起动发动机。

（6）在发动机运转中或汽车路试中，再现用户叙述的故障现象。

（7）再现故障的试验结束后，用 SST 连接 TDCL 或检查连接器的端子 TEl 和 E1，如图 3-36所示。

（8）从组合仪表上"CHECK ENGINE"报警灯的闪烁中就车读取诊断代码。

（9）完成检查后，脱开 TEl、TE2 和 E1 端子，关闭点火开关。

丰田雷克萨斯 LS400 型汽车发动机的诊断代码如见表 3-5。从"CHECK ENGINE"报警灯的闪烁中就车读取诊断代码或通过解码器等专用检测设备读取诊断代码后，应到诊断代码表或解码器等检测设备中查取该诊断代码的全部含义，可得到故障所在的系统和要诊断的主要内容等信息，然后按指示的诊断流程图和电路检查顺序，对电路和元器件进行检查、诊断，直至找出故障并排除。

丰田雷克萨斯发动机诊断代码表 表 3-5

代码	"CHECK ENGINE"报警灯闪烁次数	系统	"CHECK ENGINE"报警灯[①]		诊断	储存情况[②]
			正常状态	试验状态		
—	⊓⊓⊓⊓⊓⊓⊓⊓⊓⊓（脉冲图形）	正常	—	—	在未发现其他代码时出现本图形	—

续上表

代码	“CHECK ENGINE”报警灯闪烁次数	系统	“CHECK ENGINE”报警灯①		诊断	储存情况②
			正常状态	试验状态		
12		转速信号	ON	N. A.	在运转发动机后2s以内，“NE”或“G1”和“G2”信号不送至ECU	○
13		转速信号	ON	N. A.	发动机转速高于1000r/min时，NE信号不送至ECU； 当G1或G2信号与NE信号的相位偏移超过标准值时，在G1和G2信号脉冲之间的时间间隔内，12个NE信号脉冲不输入ECU	○
14		1号点火信号	ON	N. A.	“IGF1”信号连续8～11次不送至ECU	○
15		2号点火信号	ON	N. A.	“IGF2”信号连续8～11次不送至ECU	○
16		ECT控制信号	ON	N. A.	ECT控制程序出错	×
17		1号凸轮轴位置传感器信号	N. A.	OFF	G1信号不送至ECU	×
18		2号凸轮轴位置传感器信号	N. A.	OFF	G2信号不送至ECU	×
21④		主氧传感器信号(左列)	OFF	ON	在空燃比反馈修正期间，主氧传感器的输出电压在高空燃比侧和低空燃比侧，在一段时间内持续不超过设定值(OXL1) 氧传感器加热体电路(HT1)开路或短路	○
22		冷却液温度传感器信号	ON	ON	冷却液温度传感器电路(THW)开路或短路	○
24		进气温度传感器信号	OFF	ON	进气温度传感器电路(THA)开路或短路	○
25④		空燃比过高	OFF	ON	在空燃比反馈修正期间，主氧传感器的输出电压在某一设定的或更长时间内保持在高空燃比侧	○
26④		空燃比过低				
27④		副氧传感器信号(左列)	OFF	ON	副氧传感器电路(OXL2)开路或短路	○

续上表

代码	"CHECK ENGINE"报警灯闪烁次数	系统	"CHECK ENGINE"报警灯[①]		诊断	储存情况[②]
			正常状态	试验状态		
28[④]		主氧传感器信号(右列)	OFF	ON	在空燃比反馈修正期间，主氧传感器的输出电压在高空燃比侧和低空燃比侧，在一段时间内持续不超过设定值(OXR1) 氧传感器加热体电路(HT2)开路或短路	○
29[④]		副氧传感器信号(右列)	OFF	ON	副氧传感器电路(OXR2)开路或短路	○
31		空气流量计信号	ON	N. A.	当发动机转速高于预定转速时，"KS"信号不送至ECU	○
35		HAC传感器信号	ON OFF[③]	ON	HAC传感器电路开路或短路	○
41		节气门位置传感器信号	OFF	ON	节气门位置传感器信号电路(VTA1)开路或短路； IDL1触点接通，VTA1信号输出超过1.45V	○
43		起动机信号	N. A.	OFF	"STA"信号不送至ECU	×
47[⑤]		副节气门位置传感器信号	OFF	ON	副节气门位置传感器信号(VTA2)电路开路或短路； IDL2触点接通，VTA2信号输出超过1.45V	○
52		1号爆燃传感器信号	ON	N. A.	1号爆燃传感器信号电路(KNK1)开路或短路	○
53		爆燃控制信号	ON	N. A.	爆燃控制程序出错	×
55		2号爆燃传感器信号	ON	N. A.	2号爆燃传感器信号电路(KNK2)开路或短路	○
51		开关状态信号	N. A.	OFF	在诊断检查试验状态期间，"IDL1"信号、"NSW"信号、"A/C"信号均不送至ECU	×

注：①在诊断状态栏中，ON表示进行诊断并检测出故障时"CHECK ENGINE"报警灯会点亮；OFF表示即使在诊断中检测出故障，报警灯也不亮；N. A.表示不进行该项诊断。

②在储存情况栏中，标记○表示储存在ECU存储器中的故障代码是曾经出现过的故障；标记×表示即使出现故障，代码也不储存在ECU存储器中。因此，故障代码的报警灯显示只限于那些按照试验状态顺序的正常结果输出。

③仅在海湾合作委员会成员国和一般国家汽车上，在正常状态下，当出现代码为35的故障时，"CHECK ENGINE"报警灯不会点亮。

④代码21、25、26、27、28和29仅用于欧洲和澳大利亚汽车。

⑤代码47仅用于装有TRC(牵引力控制)系统的汽车，这一系统仅供欧洲用户选用。

故障排除后，应清除诊断代码。

6. 故障诊断代码清除方法

发动机电控系统的故障排除以后，必须清除诊断代码，显示装置才不再显示故障信号。就大多数汽车而言，断开通往电控系统的电源线或熔断器即可清除存储在微机存储器内的诊断代码。一般把蓄电池负极拆下或把电控系统的熔断器拔下 10～30s（视车型不同而定），即可达到目的。

诊断代码清除以后，要重新起动发动机，检查显示装置是否还显示故障信号。如果显示，说明故障并未排除，还须进一步诊断、排除故障，并再一次清除诊断代码。

需要指出的是，使用拆卸蓄电池负极清除诊断代码的方法，也会将石英钟和音响等装置的内存一起清除掉。因此，最好按汽车维修手册或解码器等检测设备指示的方法进行，不可随意拆卸蓄电池负极。

7. 用解码器等检测设备读取诊断代码简介

就车从组合仪表发动机报警灯的闪烁中读取诊断代码，进而在汽车维修手册中查取诊断代码的全部含义和诊断流程，对电路和元器件进行深入检测，然后诊断出故障的原因和部位并排除故障，这一过程对于检修人员来说费时费力，影响生产效率。近些年国内外发展起来的汽车电控系统检测仪器，包括解码器、扫描器、示波器、电控专用诊断仪、发动机综合性能分析仪等，都具有读码、解码、清码等功能。其中，解码器的使用最为普遍。

解码器是在读码器的基础上发展起来的。它除了具有读码、清码功能外，还增加了显示诊断代码内容的功能，即具有解码功能。因此，使用解码器无须再从汽车维修手册中查取诊断代码的全部含义，增加了使用的方便性。

（二）用传统方法检查诊断故障的程序和方法

从以上介绍的检测诊断方法中可以看出，电控燃油喷射发动机装备的故障自诊断系统，利用诊断代码诊断故障，具有故障部位明确、针对性强、能实现快速诊断等优点，给越来越复杂的电控系统的故障诊断带来了方便。因此，电控燃油喷射系统发现故障时，只要显示诊断代码，就应该首先按自诊断系统检测诊断故障的程序和方法进行快速诊断。但是，自诊断系统检测并存储故障的能力是有限的，不可能把所有故障都包括在内。对于那些没有包括在自诊断系统之内的故障和虽包括在自诊断系统之内但诊断代码不显示或显示正常代码而故障又确确实实存在的情况，则无法再使用自诊断系统检测诊断故障，而应采用传统的方法，即在问询汽车用户有关问题后，采用外观检查、基本检查、进入故障征兆一览表、进入疑难故障诊断表，以及采用故障征兆模拟试验、对比试验等传统方法，把故障诊断出来并排除。

1. 倾听用户意见

首先向汽车用户了解故障的现象、出现的时机和条件等情况，并问询该车在此之前是否找其他厂家检修过以及检修的具体内容等问题。总之，要注意倾听汽车用户对故障的陈述、意见和要求，以作为诊断的参考性依据之一。

2. 进行外观检查

外观检查也称为目视检查，目的在于发现并消除从发动机外部能看得见的破损、脱开、老化和泄漏等问题，特别要注意检查管、线和接插件的连接状况，必要时可驾车路试以体验汽车的运行状况。发现问题及时消除。

3. 进行基本检查

主要对蓄电池电压、曲轴转动情况、发动机起动情况、怠速运转情况、空气滤清器堵塞情况、进气管与汽缸密封性、点火正时、燃油压力、高压线跳火和火花塞技术状况等进行检查与测量，发现问题及时解决。

4. 使用故障征兆一览表

电控燃油喷射发动机的常见故障，有不能起动、起动困难、怠速运转不好、驾驶性能不良、发动机失速等故障。当发动机出现故障时，如果自诊断系统不显示诊断代码或显示正常代码，在基本检查中也未发现问题，而故障又确实存在，就应查阅该车型维修手册故障征兆一览表，针对该故障按表中给定的诊断次序(1、2、3…)诊断并排除故障。

汽车维修手册中一般都列有故障征兆一览表，表中列出了故障征兆、怀疑部位和诊断次序。丰田系列汽车发动机故障征兆一览表见表3-6，使用该表诊断故障前应首先进行基本检查。从表中第一个故障“发动机转不动”的诊断中可以看出，第1步应先检查“起动机继电器”，第2步再检查“起动机”，第3步检查“ECU电源电路”，第4步检查“空挡起动开关”，第5步检查“防盗和门锁控制ECU”。只要按其诊断次序到指定的部位去检查，故障总能诊断出并排除之，因而使用故障征兆一览表诊断常见故障是十分有效和实用的。

5. 疑难故障诊断与故障征兆模拟试验

经过以上检查、测试、分析判断后，一般情况下故障就被诊断出来了。但是，有些故障的征兆不明显，而故障又确确实实存在，这就成为故障诊断中最难以处理的情况，称之为疑难故障(有些属于偶发性故障或间歇性故障)诊断。对于疑难故障，诊断时可查阅汽车维修手册中的疑难故障诊断表，根据其上的检查要点和顺序进行。必要时可进行故障征兆模拟试验，再现故障出现的环境和条件，进行全面分析判断，总能把故障诊断出来。故障征兆模拟试验，也适用于用故障自诊断系统检测诊断故障的程序和方法(在试验状态下进行)。

进行故障征兆模拟试验以前，最好能把可能发生故障的线路、连接器、传感器、执行器或相关部件的范围缩小，以缩短试验和诊断的时间。

在汽车静止发动机运转的情况下，进行发动机故障征兆模拟试验，主要有以下4种方法。

1)振动法

模拟汽车行驶时的振动，以利于使易松动部位故障再现。

2)加热法

模拟发动机工作时某一部位的温度，以利于故障再现。

3)淋水法

模拟雨、雪、雾的高湿度环境，以利于故障再现。

4)电负荷满载法

模拟汽车使用全部用电负载时的工作情况，以利于故障在用电满负荷或超负荷情况下再现。

6. 进行对比试验

对比试验，是用性能良好的同一型号新部件，替换下被怀疑有故障的旧部件的一种试验。替换后如果故障排除，说明原旧部件有故障。

综上所述，电控燃油喷射系统检测诊断的程序和方法，如图3-39所示。

二、ECU及主要传感器执行器检测方法

电控燃油喷射系统的ECU、传感器和执行器的技术状况，多表现在断路、短路、接触不良和元器件损坏上，可以通过汽车万用表检测其电压、电阻和通过汽车专用示波器、发动机综合性能分析仪等观测其信号电压波形的方法，找出故障的原因和部位。汽车万用表和汽车

专用示波器的测针必须可靠接触测点,才能保证测量结果正确无误。当使用汽车专用示波器观测波形时,如无特殊说明,汽车专用示波器的 COM 测针应在发动机机体上搭铁或连接蓄电池负极,CH1 测针连接在被测电器的输出或输入信号线上。是否使用 CH2 测针,则应根据具体测试要求而定。

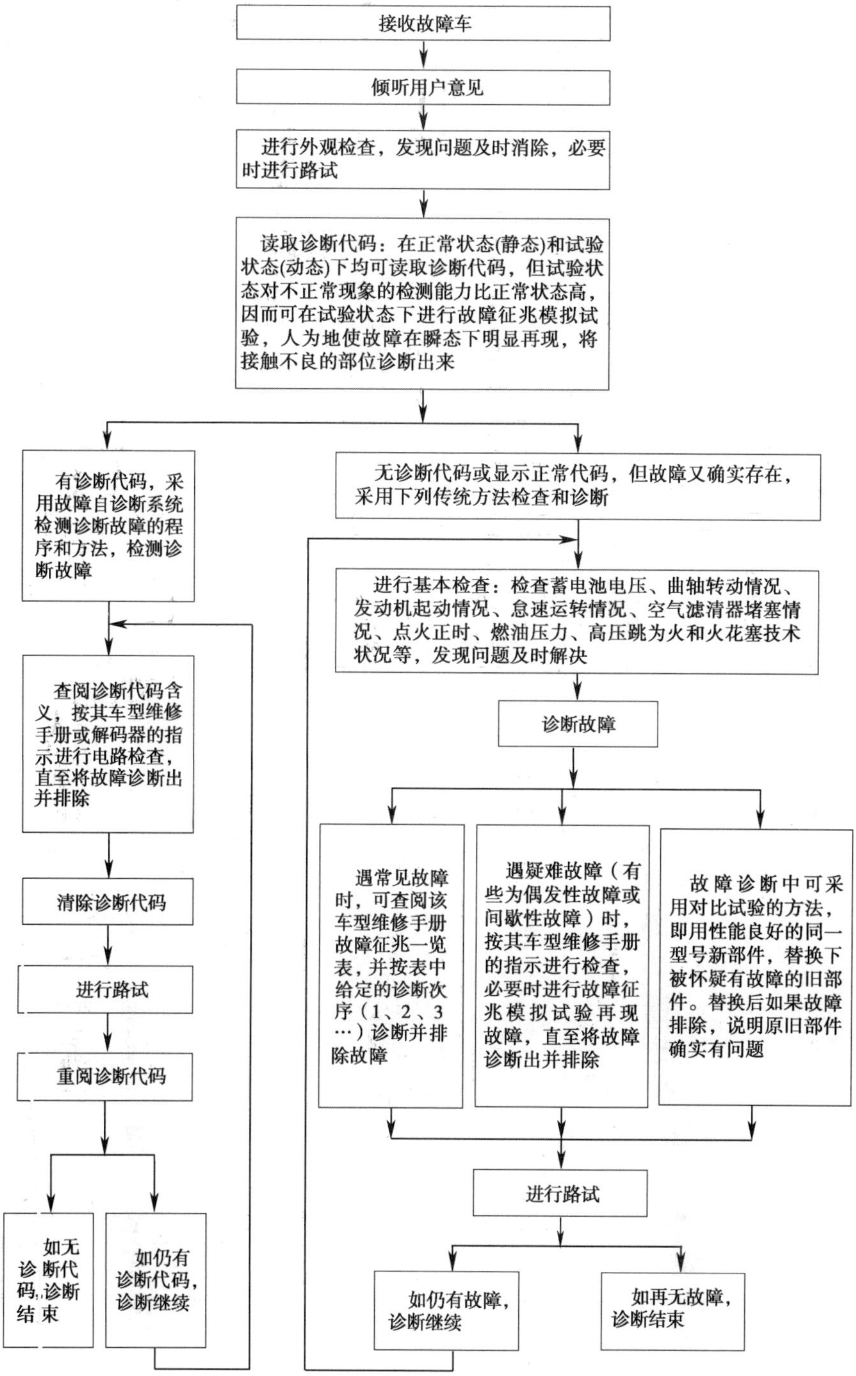

接收故障车

倾听用户意见

进行外观检查，发现问题及时消除，必要时进行路试

读取诊断代码：在正常状态(静态)和试验状态(动态)下均可读取诊断代码，但试验状态对不正常现象的检测能力比正常状态高，因而可在试验状态下进行故障征兆模拟试验，人为地使故障在瞬态下明显再现，将接触不良的部位诊断出来

有诊断代码，采用故障自诊断系统检测诊断故障的程序和方法，检测诊断故障

查阅诊断代码含义，按其车型维修手册或解码器的指示进行电路检查，直至将故障诊断出并排除

清除诊断代码

进行路试

重阅诊断代码

如无诊断代码,诊断结束

如仍有诊断代码，诊断继续

无诊断代码或显示正常代码，但故障又确实存在，采用下列传统方法检查和诊断

进行基本检查：检查蓄电池电压、曲轴转动情况、发动机起动情况、怠速运转情况、空气滤清器堵塞情况、点火正时、燃油压力、高压跳为火和火花塞技术状况等，发现问题及时解决

诊断故障

遇常见故障时，可查阅该车型维修手册故障征兆一览表，并按表中给定的诊断次序（1、2、3…）诊断并排除故障

遇疑难故障（有些为偶发性故障或间歇性故障）时，按其车型维修手册的指示进行检查，必要时进行故障征兆模拟试验再现故障，直至将故障诊断出并排除

故障诊断中可采用对比试验的方法，即用性能良好的同一型号新部件，替换下被怀疑有故障的旧部件。替换后如果故障排除，说明原旧部件确实有问题

进行路试

如仍有故障，诊断继续

如再无故障，诊断结束

图 3-39　电控燃油喷射系统检测诊断的程序和方法框图

丰田系列汽车发动

征兆 \ 怀疑部位		转速信号电路※(1号)	点火信号电路(跳火试验)	主氧传感器①空燃比过高或过低	冷却液温度传感器电路	进气温度传感器电路	副氧传感器电路①	空气流量计电路	节气门位置传感器电路	起动机信号电路	爆震传感器电路	空挡起动开关电路	ECU电源电路	备用电源电路	喷油器电路	冷起动喷油器电路	ISC阀电路	燃油系统电路
不能起动	发动机转不动												3					
	起动器转不动发动机																	
	无初始燃烧	9	2										1		6	8		3
	燃烧不完全		7		9			6							10	11	3	2
起动困难	发动机盘转缓慢																	
	常温起动困难		10		3	13									11	12	4	6
	冷态起动困难				1	8				2					10	7	5	9
	热态起动困难				1	8									10	7	4	9
怠速运转不好	一挡怠速不正确				4	5											6	
	发动机怠速转速太高				4	5			10			9	8				6	
	发动机怠速转速太低				1							3			6		2	5
	怠速运转不柔和		6	10	3			14						13	15	16	8	9
	缺火		4		7			10						12	13		8	9
驾驶性能不良	开始加速时出现减速现象/加速性差		13	11	9	10		8	7						16	17		12
	回火				4	5		7	6						9			8
	消声器“放炮”(后燃)		8		2	4		6	5						11	12	7	1
	发动机喘振		13	9	3	4			7						14	15		8
	爆燃										2				4			
发动机失速	发动机起动后不久就失速				5	6		8							9		7	3
	在踩下加速器踏板后							1	3									
	在松开加速踏板后							3									1	
	在A/C工作时																1	
	从N挡位换到D挡位时											1					2	
	旋转转向机构时																	
	起动或停机时																	
其他故障	燃油经济性差			18	6	7	19		8			17			13	15	16	12
	发动机过热																	
	发动机过冷																	
	机油消耗过高																	
	机油压力太高																	
	机油压力太低																	
	起动器运转不停																	
	蓄电池经常放电																	

注：①仅欧洲和澳大利亚规格汽车。

②仅适用于海湾合作委员会成员国和一般国家规格汽车。

③仅指带TRC汽车。

④仅指带防盗系统。

机故障征兆一览表

表 3-6

VSV电路燃油压力控制	EGR系统电路[1]	可变电阻器电阻[2]	A/C信号电路(压缩机电路)	燃油质量	漏燃油	漏冷却液	漏机油	漏真空	起动机继电器	空挡起动开关	起动机	火花塞	点火线圈/分电器	加速器踏板拉杆	冷却风扇系统	减速缓冲器	PS怠速提升装置	压缩	即使松开后制动器仍然咬死	副节气门阀故障[3]	ECT故障	防盗和门锁控制ECU[4]	发动机机械和其他故障	发动机和变速器ECU
									1	4	2											5		
											1												2	
												5	4					7					10	11
								1				5	4					8					12	13
			2								1												3	
	5			2				1				8	7					9					14	15
	6			4				3				12	11											13
5	6			3				2				12	11											13
														1		2	3							7
			7											1		2	3							11
	4																							7
	4	5		2				1				12	11					7					17	18
	3			2				1				5	6					11					14	15
	5	6		4				1				15	14	2					3	19	18		20	21
	2	3						1															10	11
		3										10	9										13	14
	5	6		2				1				11	10					13					16	17
	5			1								3											6	17
	4			2				1																10
	2																							4
	2																							4
			2																					3
																								3
																	1							
																					1			
				2	1							9	10	4	5			11	3		20		21	22
						1									2								3	
															1								2	
							1																2	
							1																1	
									1		2													
																							1	

丰田雷克萨斯LS400型汽车1UZ—FE型发动机电控燃油喷射系统的电路图，如图3-40所示，供学习中参考。

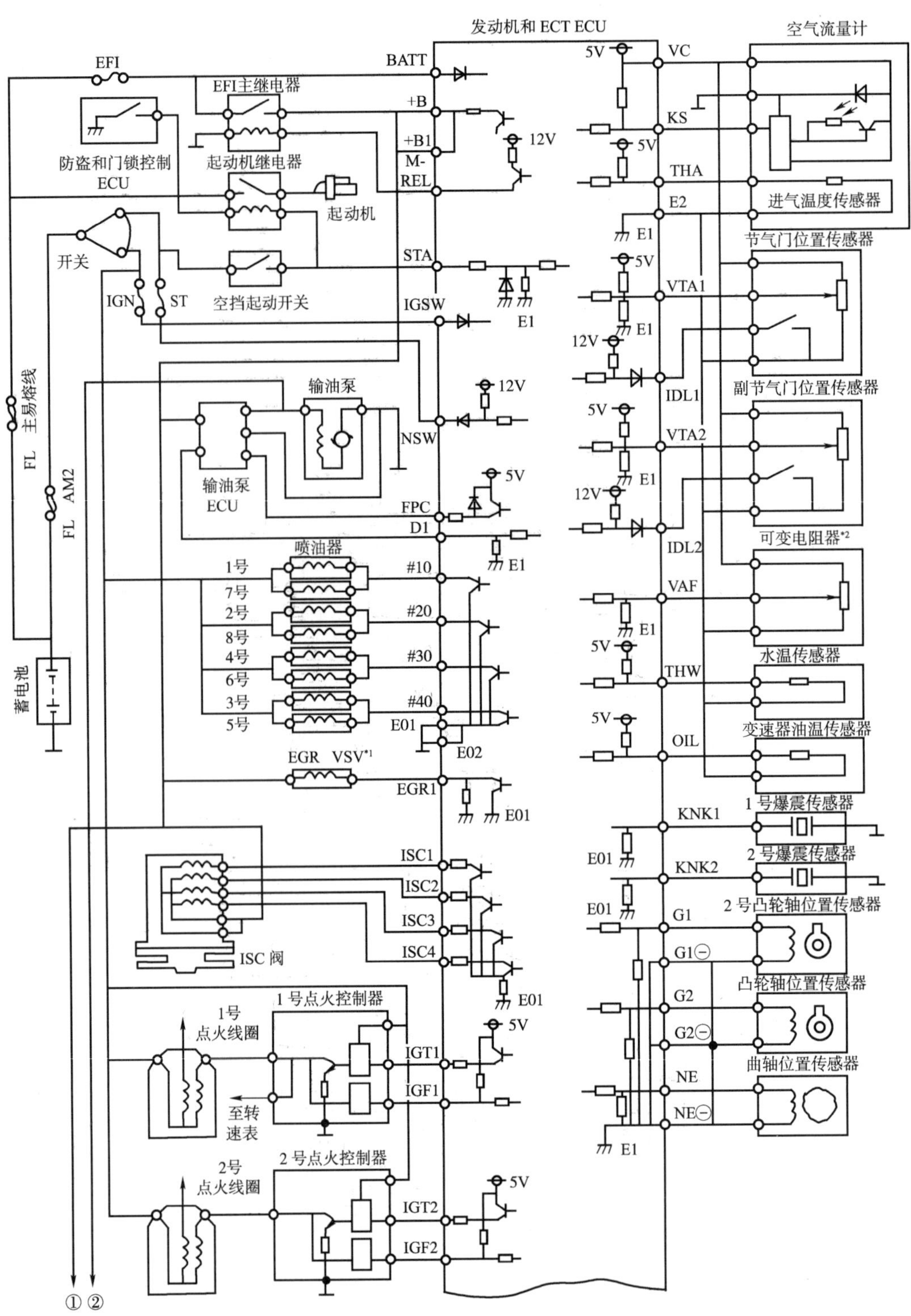

图3-40 丰田雷克萨斯LS400型汽车1UZ—FE型发动机EFI系统电路图

1. ECU 的检测方法

1)电压测量

ECU 是电控系统的核心,主要由输入回路、A/D(模/数)转换器、微机和输出回路等组成,屏蔽安装在一个铝质的方盒内,一般固定在驾驶室组合仪表板下方或发动机舱内。

点火开关置 ON,蓄电池电压不低于 11V,用汽车万用表电压挡测量 ECU 导线连接器在接插状态下每个接头的电压。1UZ—FE 型发动机 ECU 导线连接器各端子的标准电压值见表 3-7。

1UZ—FE 型发动机 ECU 导线连接器各端子的标准电压值 表 3-7

<table>
<tr><th>端　子</th><th colspan="2">测 量 条 件</th><th>标准电压(V)</th></tr>
<tr><td>BATT-E1</td><td colspan="2"></td><td rowspan="3">10～14</td></tr>
<tr><td>IGSW-E1</td><td colspan="2">点火开关置 ON</td></tr>
<tr><td>+B(+B1)-E1</td><td colspan="2"></td></tr>
<tr><td>IDL-E2</td><td rowspan="4">点火开关置 ON</td><td>节气门开</td><td>4～6</td></tr>
<tr><td>VC-E2</td><td></td><td>4～6</td></tr>
<tr><td rowspan="2">VTA-E2</td><td>节气门全关</td><td>0.1～1.0</td></tr>
<tr><td>节气门全开</td><td>3～5</td></tr>
<tr><td rowspan="2">KS-车身搭铁</td><td colspan="2">点火开关置 ON</td><td>4～6</td></tr>
<tr><td colspan="2">盘转或运转</td><td>2～4</td></tr>
<tr><td>VC-车身搭铁</td><td colspan="2">点火开关置 ON</td><td>4～6</td></tr>
<tr><td>THA-E2</td><td rowspan="2">点火开关置 ON</td><td>进气温度 20℃</td><td>1～3</td></tr>
<tr><td>THW-E2</td><td>冷却液温度 80℃</td><td>0.1～1.0</td></tr>
<tr><td>10#-E1</td><td colspan="2" rowspan="4">点火开关置 ON</td><td rowspan="4">10～14</td></tr>
<tr><td>20#-E1</td></tr>
<tr><td>30#-E2</td></tr>
<tr><td>40#-E2</td></tr>
<tr><td>STA-E1</td><td colspan="2">发动机运转</td><td>6～14</td></tr>
<tr><td>ISC1-E1</td><td colspan="2" rowspan="4">点火开关置 ON</td><td rowspan="4">9～14</td></tr>
<tr><td>ISC2-E1</td></tr>
<tr><td>ISC3-E1</td></tr>
<tr><td>ISC4-E1</td></tr>
<tr><td>IGT-E1</td><td colspan="2">怠速</td><td>0.7～1.0</td></tr>
<tr><td>W-E1</td><td colspan="2">发动机无故障(发动机故障指示灯熄灭)运转</td><td>8～14</td></tr>
<tr><td>A/C-E1</td><td colspan="2">空调开关位于 ON</td><td>0～2</td></tr>
<tr><td rowspan="2">TE1-E1</td><td rowspan="2">点火开关置 ON</td><td>检查连接器的端子 TE1 与 E1 不连接</td><td>4～6</td></tr>
<tr><td>检查连接器的端子 TE1 与 E1 连接</td><td>0～1</td></tr>
<tr><td rowspan="2">NSW-E1</td><td rowspan="2">点火开关置 ON</td><td>换至 P 挡或 N 挡</td><td>0～1</td></tr>
<tr><td>除挡 P 或 N 挡外</td><td>10～14</td></tr>
</table>

2)电阻测量

(1)汽车万用表电阻挡测针应从导线一侧插进线路端的接头,因此,应小心拆卸 ECU 线路接头。

(2)测量线路接头每个端子间的电阻值。

1UZ—FE 型发动机 ECU 导线连接器各端子的标准电阻值见表 3-8。

1UZ—FE 型发动机 ECU 的标准电阻值 表 3-8

端子	测量条件	标准电阻(Ω)
+B(+B1)-10# -20# -30# -40#		0.05~1.78
+B(+B1)-PR		30~50
+B(+B1)-EGR		30~50
+B(+B1)-HT1 +B(+B1)-HT2		5.1~6.3
+B(+B1)-ISC1 -ISC2 -ISC3 -ISC4		10~30
+B(+B1)-BK		∞
IDL1-E2	节气门开	∞
	节气门全关	0~2300
THW-E2	冷却液温度 80℃	200~400
THA-E2	进气温度 20℃	200~300
VTA1-E2	节气门全开	2800~8000
	节气门全关	200~800

2. 主要传感器检测方法

1)空气流量计

空气流量计安装在空气滤清器与节气门之间,用于测量进入汽缸的空气流量,并将空气流量变成电信号传输给电子控制器 ECU。常用的空气流量计有叶片式、热线式、热膜式和卡门旋涡式 4 种类型。当对空气流量计进行电压、电阻测量时,限于篇幅,仅以丰田子弹头 2JZ—FE 型发动机叶片式空气流量计为例介绍检测方法,其测量图如图 3-41 所示。

(1)电压测量。

使用汽车万用表电压挡测量 ECU 端 VC-E2 端子和 VS-E2 端子,其标准电压值见表 3-9。如果无电压,说明叶片式空气流量计有故障。

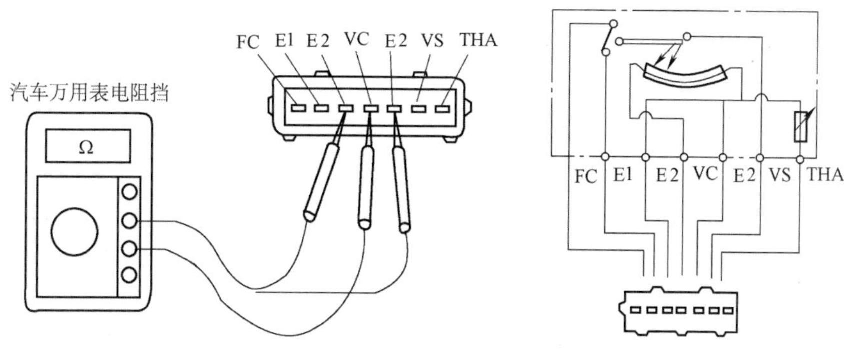

图 3-41　2JZ—FE 发动机叶片式空气流量计测量图

2JZ—FE 发动机叶片式空气流量计标准电压值　　表 3-9

端　　子	故　　障	测 量 条 件		标 准 电 压(V)
VC - E2	无电压	点火开关置 ON		4 ~ 6
VS - E2		点火开关置 ON	测量板全关	3.7 ~ 4.3
			测量板全开	0.2 ~ 0.5
		怠速		2.3 ~ 2.8
		3000r/min		0.3 ~ 1.0

(2)电阻测量。

在车上就车检测电阻时,应先脱开叶片式空气流量计的导线连接器,再用汽车万用表电阻挡检测叶片式空气流量计上各端子间的电阻值。各端子间的标准电阻值见表 3-10。

2JZ—FE 发动机叶片式空气流量计(车上检测)标准电阻值　　表 3-10

端　　子	标准电阻值	温度(℃)
VS - E2	200 ~ 600Ω	
VC - E2	200 ~ 400Ω	
THA - E2	10 ~ 20 kΩ	-20
	4 ~ 7 kΩ	0
	2 ~ 3 kΩ	20
	0.9 ~ 1.3 kΩ	40
	0.4 ~ 0.7 kΩ	60
FC - E1	无穷大	

在车下检测电阻时,应先拆下叶片式空气流量计,再用汽车万用表电阻挡根据测量板不同开度检测 FC-E1、VS-E2 端子间的电阻值。各端子间的标准电阻值见表 3-11。

2JZ—FE 发动机叶片式空气流量计(车下检测)标准电阻值　　表 3-11

端　　子	标准电阻值(Ω)	测量板位置
FC - E1	无穷大	全关闭
	0	非关闭
VS - E2	200 ~ 600	全关闭
	20 ~ 1200	从全关到全开

不管在车上还是在车下检测电阻值，只要不符合要求，就应更换叶片式空气流量计，并重新连接好导线连接器。

(3)波形观测。

利用汽车专用示波器可以观测到空气流量计输出信号电压(或频率)的变化情况。需要注意的是，叶片式空气流量计输出的信号电压有两种变化形式：一种变化形式是输出的信号电压随发动机进气量的增大而增高，多安装在欧洲、亚洲车系上；另一种形式是输出的信号电压随发动机进气量的增大而降低，多安装在丰田车系上，如上述丰田子弹头 2JZ—FE 发动机的叶片式空气流量计就是如此。

把汽车专用示波器的 COM 测针连接到空气流量计的搭铁线上，把 CH1 测针连接到空气流量计的信号输出线(通往 ECU)上，关闭发动机所有附件，起动发动机，即可观测到空气流量计输出信号电压(或频率)波形的变化情况。一般情况下，空气流量计输出信号电压的变化范围，上述第一种变化形式，在怠速下是 1.0V 左右，节气门全开时最大幅值可达 4.0～4.5V。

在节气门从全闭到全开再到全闭动作过程中，叶片式空气流量计(模拟式)输出信号电压的正常变化情况(输出的信号电压随发动机进气量的增大而增高)如图 3-42 所示，热线式空气流量计(模拟式)输出信号电压的正常变化情况如图 3-43 所示，卡门旋涡式空气流量计(数字式)输出信号频率的正常变化情况如图 3-44 所示。

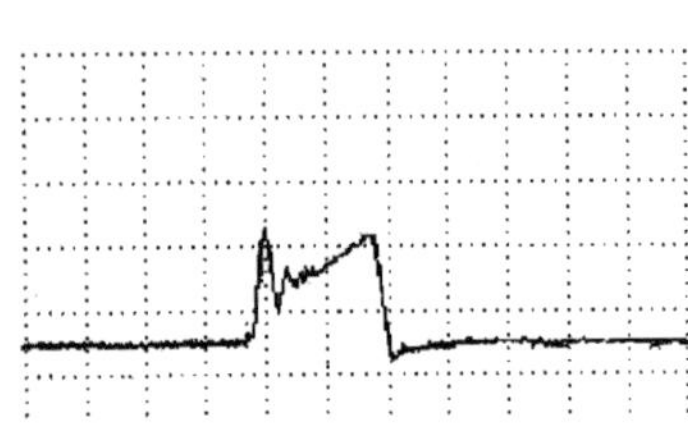
图 3-42　叶片式空气流量计输出信号电压变化波形图

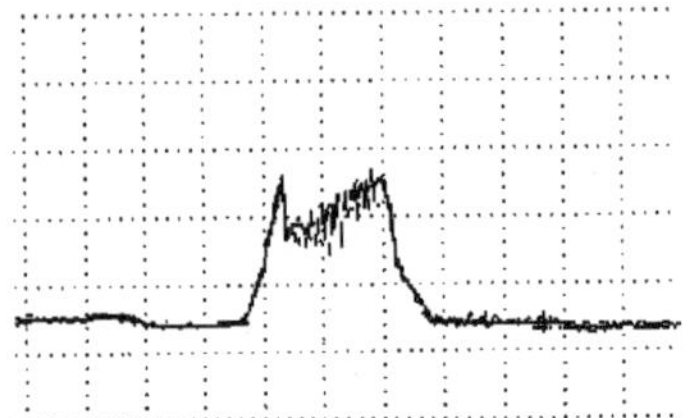
图 3-43　热线式空气流量计输出信号电压变化波形图

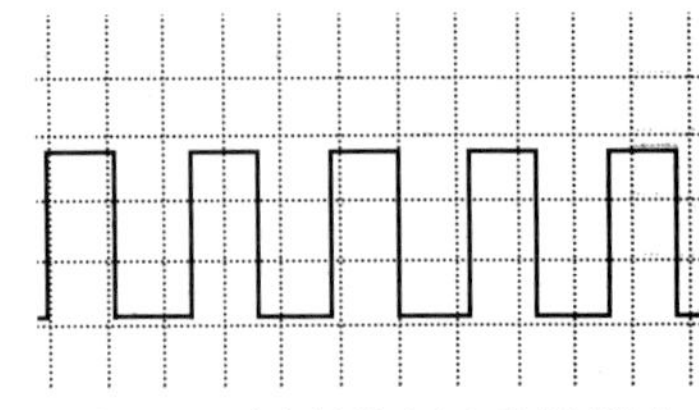
图 3-44　卡门旋涡式空气流量计输出信号频率变化波形图

可以看出，随着进气量增加，叶片式空气流量计和热线式空气流量计输出信号电压是逐渐增加的，卡门旋涡式空气流量计输出信号频率也是增加的。如果发动机在加、减速时信号电压或信号频率无变化或变化微小，说明空气流量计或其相关电路有故障。

2)进气歧管压力传感器

进气歧管压力传感器安装在进气歧管内，用于测量进入汽缸的空气压力，并将空气压力变成电信号传输给电子控制器 ECU。丰田皇冠 3.0 型汽车 2JZ—GE 型发动机半导体式进气歧管压力传感器的电路图如图3-45所示，测量图如图 3-46 所示。

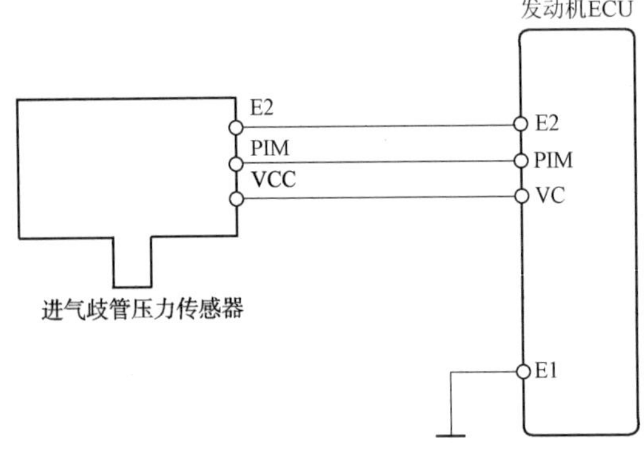

图 3-45　2JZ—GE 发动机半导体式进气歧管压力传感器电路图

(1)电源电压测量。

点火开关置 ON，用汽车万用表电压挡测量进气歧管压力传感器的电源电压，如图 3-46a) 所示，VCC 端子与 E2 端子间的标准电压应为 4.5～5.5V。

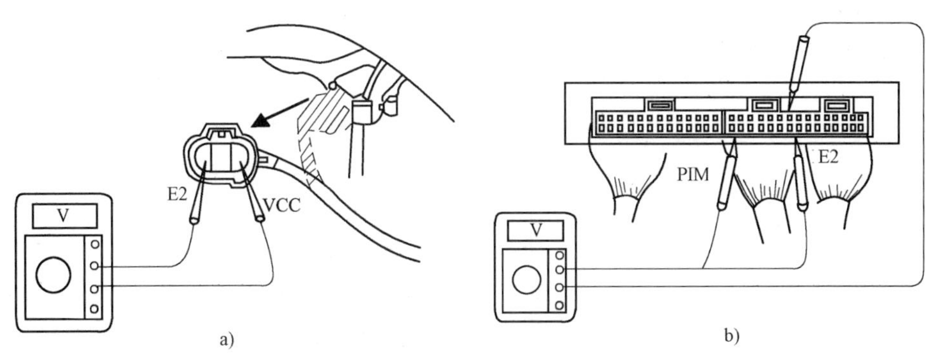

图 3-46　2JZ—GE 发动机半导体式进气歧管压力传感器测量图
a)就车检测电源电压;b)检测输出电压

(2)输出电压测量。

点火开关置 ON,拆下进气歧管处的真空软管,用汽车万用表电压挡测量进气歧管压力传感器 ECU 端连接器 PIM 与 E2 端子间在大气压力下的输出电压。然后,用真空泵对进气歧管压力传感器施加 13.3～66.7kPa 的真空度,再测 ECU 端连接器 PIM 与 E2 端子间的电压降。该电压降应符合表 3-12 中所列值,否则应更换进气歧管压力传感器。

2JZ—GE 发动机半导体式进气歧管压力传感器在不同真空度下的电压降　　表 3-12

真空度(kPa)	13.3	26.7	40.0	53.5	66.7
电压降(PIM－E2 间电压)(V)	0.3～0.5	0.7～0.9	1.1～1.3	1.5～1.7	1.9～2.1

(3)波形观测。

利用汽车专用示波器可以观测到进气歧管压力传感器输出信号电压或频率的变化情况。进气歧管压力传感器有模拟式和数字式两种形式。

一般情况下,进气歧管压力传感器输出信号电压的变化范围,在怠速下是 1.25V 左右,节气门全开时最大幅值可达 5.0V 左右。

在节气门从全闭到全开再到全闭动作过程中,模拟式进气歧管压力传感器输出信号电压的正常变化情况如图 3-47 所示,数字式进气歧管压力传感器输出信号频率的正常变化情况如图 3-48 所示。可以看出,随着进气量增加,模拟式进气歧管压力传感器输出信号电压是逐渐增大的,数字式进气歧管压力传感器输出信号频率也是增大的。如果发动机在加、减速时信号电压或信号频率无变化或变化微小,说明进气歧管压力传感器或其相关电路有故障。

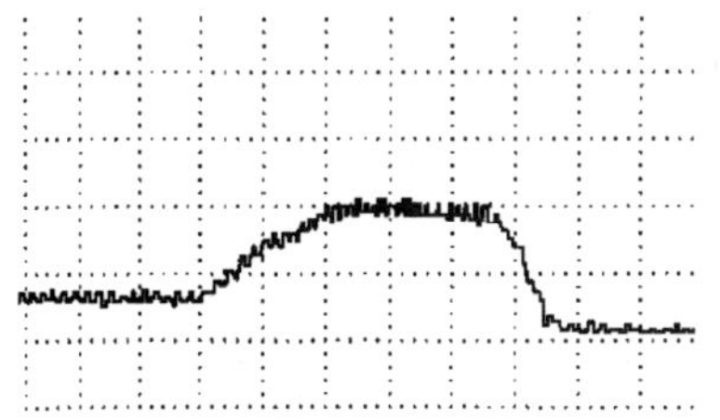

图 3-47　模拟式进气歧管压力传感器输出信号电压正常变化波形图

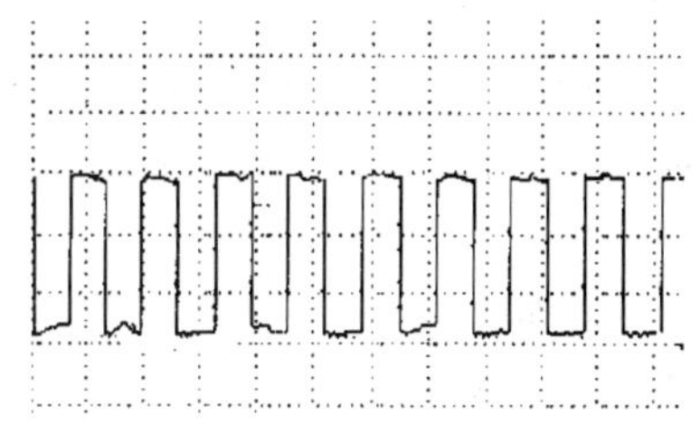

图 3-48　数字式进气歧管压力传感器输出信号频率正常变化波形图

3)进气温度传感器

进气温度传感器通常安装在空气流量计空气测量部位附近,可检测发动机的进气温度,并转变成电信号传输给电子控制器 ECU。进气温度传感器由外壳和对温度变化非常敏感的负温度系数热敏电阻构成。热敏电阻的阻值随进气温度升高而降低,随进气温度降低而升高。

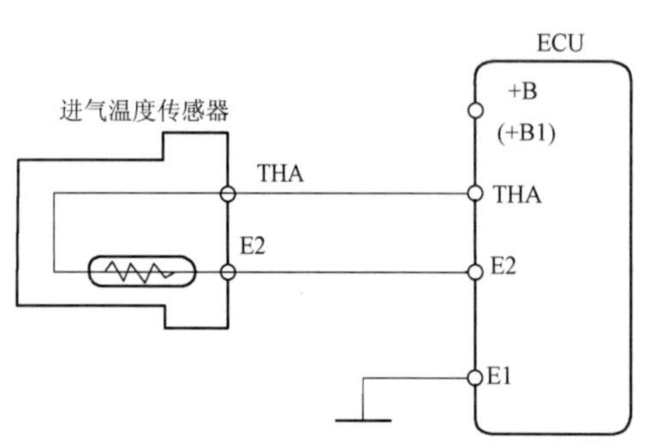

图 3-49　2JZ—GE 发动机进气温度传感器电路图

(1)电压测量。

点火开关置 ON,ECU 的 THA 端子与 E2 端子在 20℃应有 0.5 ~ 3.4V 的电压。如无电压,说明进气温度传感器有故障。丰田皇冠 3.0 型汽车 2JZ—GE 发动机进气温度传感器的电路图如图 3-49 所示。

(2)电阻测量。

脱开进气温度传感器的导线连接器,用汽车万用表电阻挡测量其接头间的电阻值,如图 3-50a) 所示。其电阻值应符合图 3-50b) 所示。如果不符合要求,应更换进气温度传感器。

a)

b)

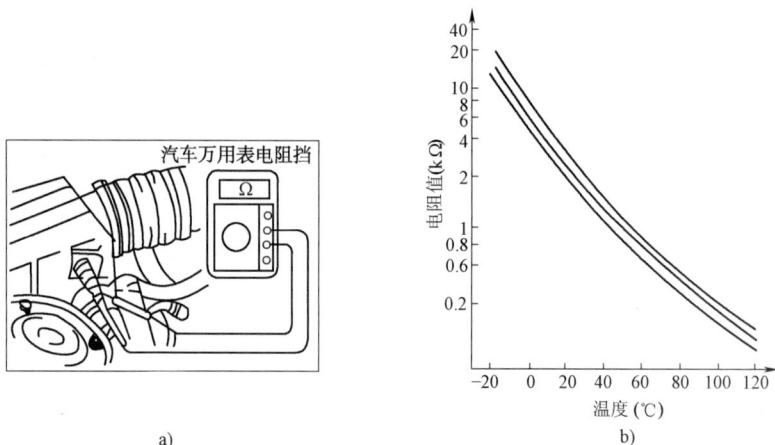

图 3-50　进气温度传感器电阻测量图

a) 电阻测量图; b) 电阻特性图

4)冷却液温度传感器

冷却液温度传感器通常安装在节温器附近,可检测发动机冷却液的温度,并转变成电信号传输给电子控制器 ECU。冷却液温度传感器由金属外壳和对温度变化非常敏感的负温度系数热敏电阻构成。热敏电阻的阻值随冷却液温度升高而降低,随冷却液温度降低而升高。可以看出,冷却液温度传感器的结构和输出特性与进气温度传感器完全相同。

(1)电压测量。

点火开关置 ON,ECU 的 THW 端子与 E2 端子在 80℃应有 0.2 ~ 1.0V 的电压。如无电压,说明冷却液温度传感器有故障。丰田皇冠 3.0 型汽车 2JZ—GE 发动机冷却液温度传感器的电路图如图 3-51 所示。

(2)电阻测量。

拆下蓄电池负极接头,放出发动机冷却液,脱开冷却液温度传感器导线连接器,从发动机上拆下冷却液温度传感器,用汽车万用表电阻挡在不同冷却液温度条件下测量其电阻值,如图3-52a)所示。测得的电阻值应在图3-52b)两条曲线之间。如果电阻值在两条曲线之外,应更换冷却液温度传感器。

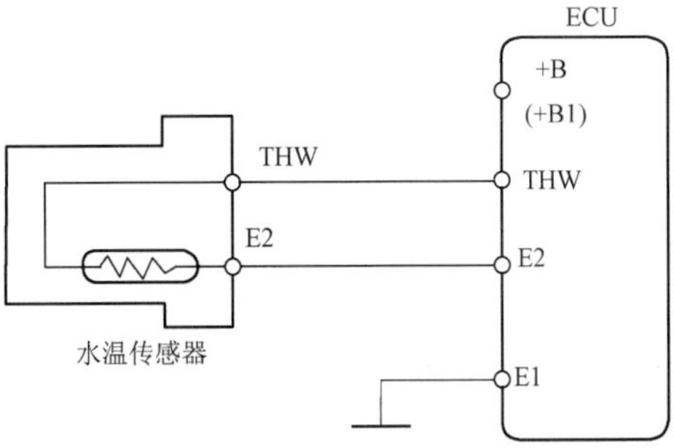

图3-51 2JZ—GE发动机冷却液温度度传感器电路图

(3)波形观测。

利用汽车专用示波器可以观测到冷却液温度传感器输出信号电压的变化情况。如果怀疑发动机出现的故障系冷却液温度传感器输出信号不准确造成,就应该从发动机未工作之前的冷态(点火开关置ON,不起动发动机)开始检测。一般情况下,冷却液温度传感器输出信号电压的变化范围,从冷态的略小于5V到正常工作的1~2V。如果冷却液温度传感器电路中出现开路,则输出信号电压将保持5V的参考电压;如果冷却液温度传感器电路中出现短路,则输出信号电压将保持0V。因此,如果冷却液温度传感器波形是一个0V或5V的直流信号,或者波形不随冷却液温度的变化而变化(信号电压幅值应与冷却液温度成反比),则应检查冷却液温度传感器及其相关电路。

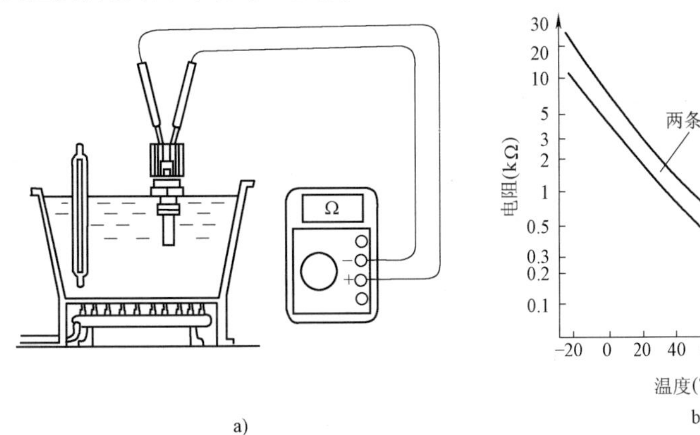

图3-52 2JZ—GE发动机冷却液温度传感器电阻测量图

a)电阻测量图;b)电阻特性图

5)节气门开度传感器

节气门开度传感器安装在节气门体上,用于检测节气门的开度,并转变成电信号传输给ECU。

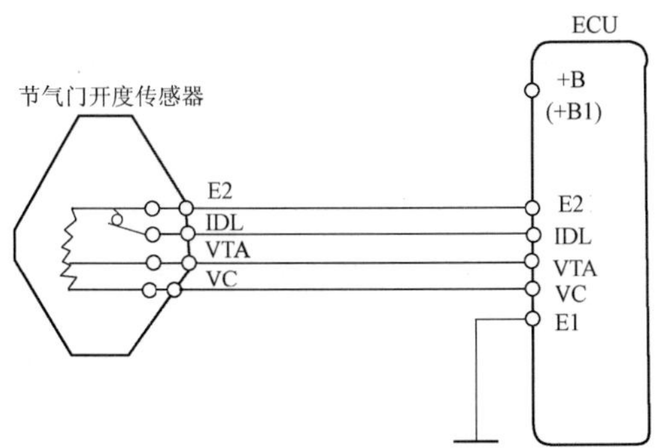

图3-53 2JZ—GE发动机节气门开度传感器电路图

(1)电压测量。

点火开关置ON,在节气门开度传感器连接器接插良好的情况下,ECU连接器上IDL、VC、VTA三个端子处应有电压。如无电压,则节气门开度传感器有故障。丰田皇冠3.0型汽车2JZ—GE发动机节气门开度传感器的电路图如图3-53所示,标准电压值见表3-13。

(2)电阻测量。

检查前先脱开节气门开度传感器导线连接器,用厚薄规检查节气门止动螺钉与止动杆间的间隙,用汽车万用表电阻挡测量节气门开度传感器导线连接器端子间的电阻值。丰田皇冠3.0型汽车2JZ—GE发动机节气门开度传感器的电阻测量图如图3-54a)所示,间隙和电阻值应符合表3-14中的给定值。

2JZ—GE发动机节气门开度传感器标准电压值 表3-13

端　子	检测条件		标准电压(V)
IDL - E2	点火开关置ON	节气门开	9~14
VC - E2			4.0~5.5
VTA - E2		节气门全开	0.3~0.8
		节气门开	3.2~4.9

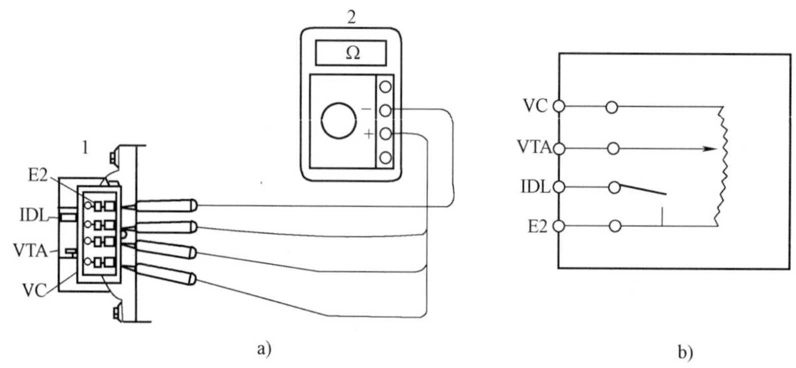

图3-54 2JZ—GE发动机节气门开度传感器电阻测量图
a)测量方法;b)内部电路
1-节气门开度传感器导线连接器;2-汽车万用表电阻挡

2JZ—GE发动机节气门开度传感器各端子间的电阻值 表3-14

止动螺钉与止动杆间的间隙(mm)	端子名称	电阻值(kΩ)
0	VTA - E2	0.34~6.3
0.45	IDL - E2	0.5或更小
0.55	IDL - E2	无限大
节气门全开	VTA - E2	2.4~11.2
	VC - E2	3.1~7.2

(3)波形观测。

利用汽车专用示波器可以观测到节气门开度传感器输出信号电压的变化情况。节气门开度传感器有模拟式、开关式和编码式三种形式。

一般情况下,节气门开度传感器输出信号电压的变化范围,在打开点火开关不起动发动机的情况下，节气门从全关到全开，信号电压幅值在1.0~5.0V之间变化；在发动机运转中，怠速下信号电压一般低于1.0V，节气门全开运转时信号电压一般低于5.0V，且波形应连续，不应有向下的尖波、大的跌落或断点。要特别注意信号电压达到2.8V左右时的波形，此处是节气门开度传感器滑动触点最易损坏或断裂之处。

模拟式节气门开度传感器在发动机怠速运转时测得的波形是一条较为稳定的直流电压波形，如图3-55所示；在节气门从全闭到全开再到全闭动作过程中，输出信号电压的正常变化情况如图3-56所示；故障波形（波形出现跌落）如图3-57所示。从图3-56中可以看出，随着节气门逐渐开大，模拟式节气门开度传感器输出信号电压是逐渐增大的。如果发动机在加、减速时信号电压无变化、变化微小或出现异常波形，说明节气门开度传感器或其相关电路有故障。

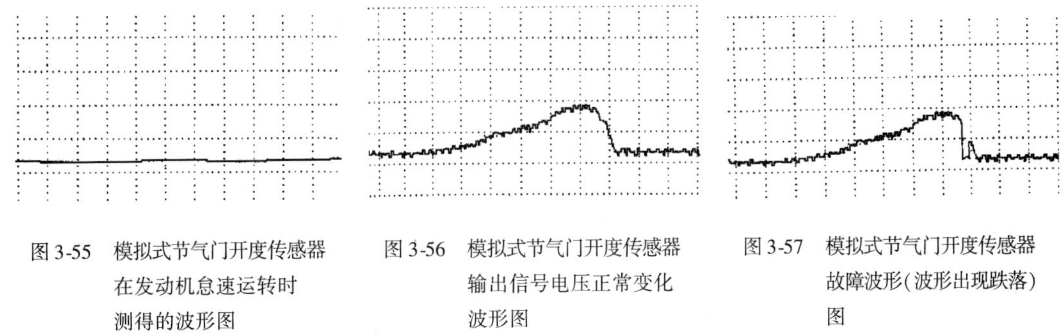

图3-55 模拟式节气门开度传感器在发动机怠速运转时测得的波形图

图3-56 模拟式节气门开度传感器输出信号电压正常变化波形图

图3-57 模拟式节气门开度传感器故障波形（波形出现跌落）图

6）曲轴位置传感器

曲轴位置传感器安装在曲轴上、凸轮轴上、分电器内或飞轮壳上，用于检测曲轴转角位置，并转变成电信号传输给ECU。该传感器是检测发动机转速、控制点火时刻和喷油时刻等不可缺少的信号源，有磁电式、光电式、霍尔效应式三种形式。

以丰田皇冠3.0型汽车2JZ—GE型发动机曲轴位置传感器为例，介绍电阻测量、间隙检查和波形观测方法，其电路图如图3-58所示。

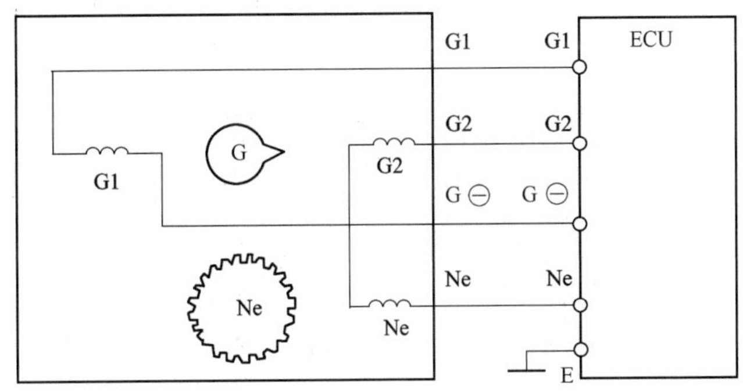

图3-58 2JZ—GE发动机曲轴位置传感器电路图

（1）电阻测量。

脱开曲轴位置传感器的导线连接器，用汽车万用表电阻挡测量曲轴位置传感器端子间的电阻值。电阻值应符合表3-15中给定值。如果不符合要求，应更换曲轴位置传感器。

曲轴位置传感器端子间的电阻值　表3-15

端　子	条　件	电阻值(Ω)
G1 - G⊖	冷态	125 ~ 200
	热态	160 ~ 235
G2 - G⊖	冷态	125 ~ 200
	热态	160 ~ 235
Ne - G⊖	冷态	155 ~ 250
	热态	190 ~ 290

(2)间隙检查。

用厚薄规检查传感线圈凸出部分与信号转子之间的空气间隙,如图3-59所示。其间隙应为0.2 ~ 0.4mm。如果不符合要求,应更换分电器壳体。

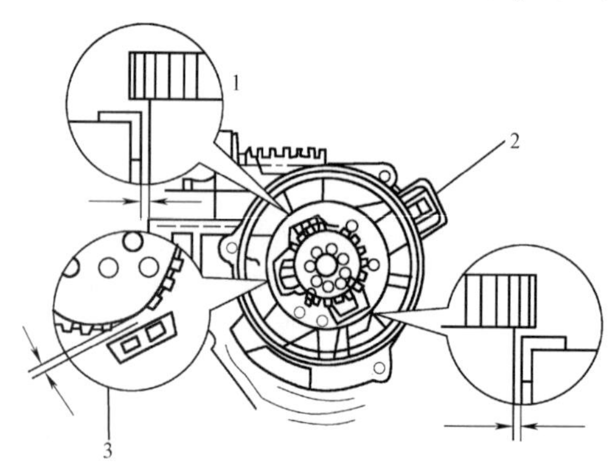

图3-59　检查传感线圈凸出部分与信号转子之间的空气间隙

1-G1传感线圈;2-G2传感线圈;3-Ne传感线圈

(3)波形观测。

磁电式曲轴位置传感器,利用永久磁铁、传感线圈和磁阻圆盘(带有缺口和舌片)的磁电感应,输出的是模拟交流电压信号,从示波器上看到的是一个正弦波波形,波形幅值和波形频率均随转速的升高而升高,随转速的降低而降低,正常波形如图3-60所示。

光电式曲轴位置传感器利用发光二极管、光敏二极管和转盘(带有缺口或孔眼)的光电作用,霍尔效应式曲轴位置传感器利用霍尔半导体元件、永久磁铁和叶轮(带有缺口并且周缘向下弯曲)的霍尔效应,二者均输出方波电压脉冲,其正常波形如图3-61所示。光电式和霍尔效应式曲轴位置传感器,输出波形幅值不变,一般为供电电压值,波形频率随转速的变化而变化。

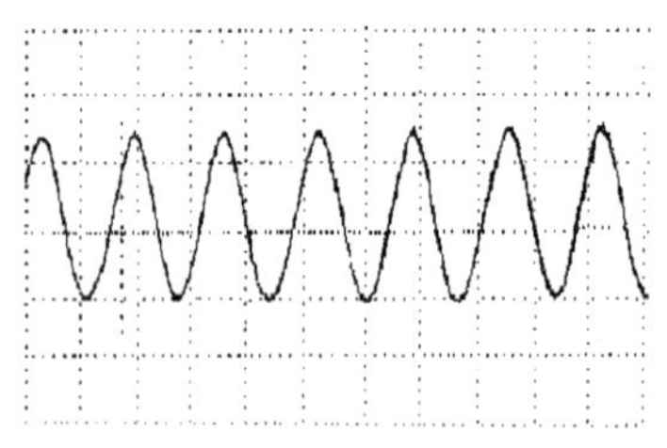

图3-60　磁电式曲轴位置传感器正常波形图

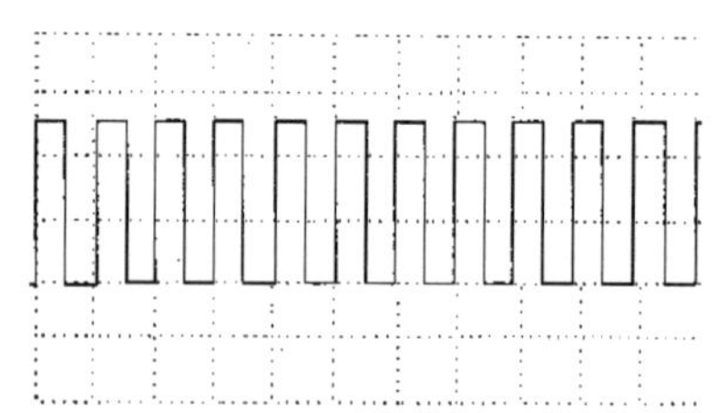

图3-61　光电式和霍尔效应式曲轴位置传感器正常波形图

在波形观测中,波形的连续、稳定和脉冲信号的均匀一致是非常重要的。不论是磁电式、光电式还是霍尔效应式曲轴位置传感器,如果输出的波形为一条直线,波形频率(磁电式曲轴位置传感器还应包括波形幅值)不随转速的变化而变化,则曲轴位置传感器或其电路有故障。如果波形不正常,应首先检查有关线路是否由于老化、接触不良或连接器损坏等原因造成。检查中可一边晃动、轻拍有关线束或连接器,一边观察示波器显示的波形,将有利于找出故障。如果波形变得非常不均匀,可能系单缸工作不良造成;如果波形有断开现象,可能系单缸“失火”造成。

7)凸轮轴位置传感器和发动机转速传感器

凸轮轴位置传感器用于检测凸轮轴转角位置,发动机转速传感器用于检测发动机转速,并分别转变成电信号传输给 ECU。它们的结构、工作原理和类型均同曲轴位置传感器。

以丰田雷克萨斯 LS400 型汽车 1UZ—FE 型发动机凸轮轴位置传感器和发动机转速传感器为例,介绍电阻测量和波形观测方法,其电路图如图 3-62 所示。

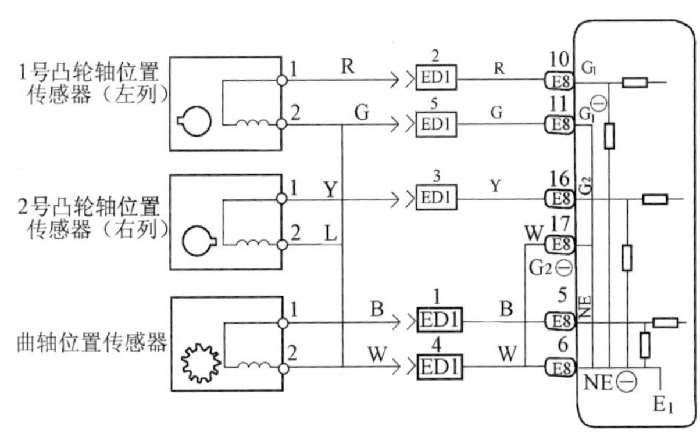

图 3-62 1UZ—FE 发动机凸轮轴位置传感器和发动机转速传感器电路图

(1)电阻测量。

脱开各传感器导线连接器,用汽车万用表电阻挡测量 1 号凸轮轴位置传感器、2 号凸轮轴位置传感器和曲轴位置传感器的电阻值,其结果如下。

冷态(-10 ~ 50℃)时:均为 835 ~ 1400 Ω;

热态(50 ~ 100℃)时:均为 1060 ~ 1645 Ω。

对于同一机型不同时期生产的发动机,上述数据可能略有差异,使用时应查阅该车型维修手册。

(2)波形观测。

凸轮轴位置传感器和发动机转速传感器的波形观测方法,同于曲轴位置传感器,不再赘述。

8)爆震传感器

爆震传感器安装在汽缸体或汽缸盖上,能检测到发动机爆震界限,并转变成电信号传输给 ECU,以实现发动机爆震控制。爆震传感器有磁致伸缩式和压电式两种类型。

丰田系列发动机爆震传感器的电路图,如图 3-63 所示。

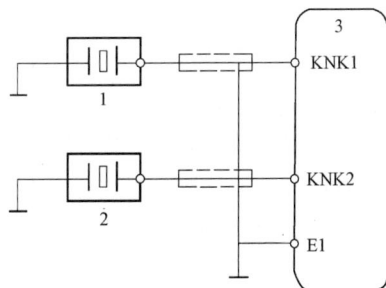

图 3-63 爆震传感器电路图

1-1 号爆震传感器;2-2 号爆震传感器;3-发动机 ECU

(1)电阻测量。

脱开爆震传感器导线连接器,用汽车万用表电阻挡测量接线端子与外壳间的电阻值。如果电阻为 0 Ω,即已经导通,应更换爆震传感器。

(2)波形观测。

点火开关置ON，不起动发动机，用扳手敲击发动机缸体或缸盖，从汽车专用示波器上可以看到爆震传感器输出的类似正弦波的交流电压信号。敲击越重，波形振幅和频率越大。汽车路试中当发动机产生爆震时，随着发动机转速、负荷的增加，汽车专用示波器显示波形的振幅和频率也增加。当爆震传感器检测到一个短暂的爆震信号时，汽车专用示波器显示的波形如图3-64所示；当检测到连续不断的爆震信号时，显示的波形如图3-65所示。如果观测中不显示波形，或波形振幅和波形频率不随爆震加大而增加，应检查爆震传感器及相关电路。

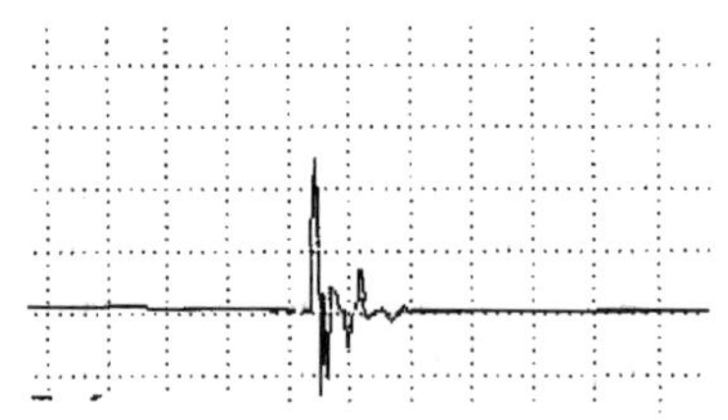

图3-64　爆震传感器检测到一个短暂的爆震信号时的波形

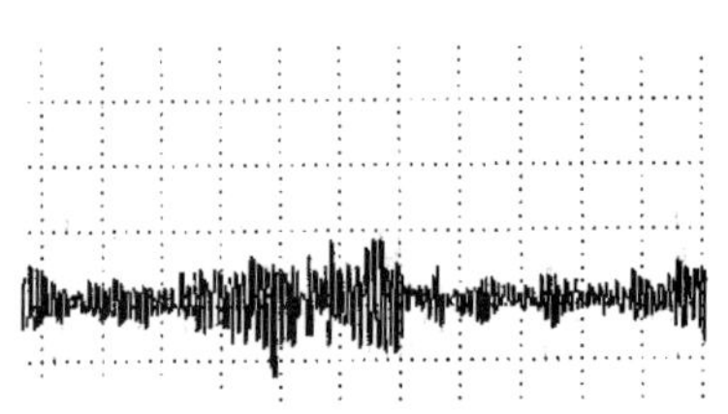

图3-65　爆震传感器检测到连续不断的爆震信号时的波形

9)氧传感器

氧传感器安装在发动机排气管内，能检测出排气中的氧气含量，并转变成电信号传输给电子控制器ECU，以便把混合气的空燃比控制在理论空燃比(14.7∶1)附近很窄范围内，使三元催化转换器达到最佳净化效果，形成电控燃油喷射系统EFI闭环控制。氧传感器有氧化锆式和二氧化钛式两种类型，根据它们是否需要加热又有加热型和非加热型之分。

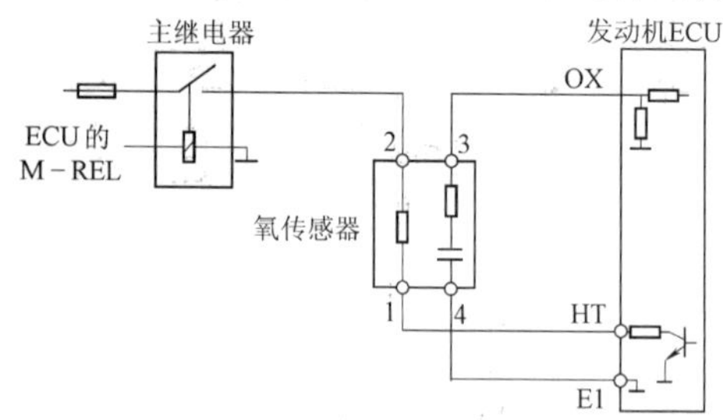

图3-66　氧传感器电路图

氧传感器的电路图，如图3-66所示。

(1)外观检查。

从排气管上拆下氧传感器，观察端部的颜色可以判断其技术状况的变化及变化的原因，方法如下：

①当端部为淡灰色时，氧传感器技术状况正常。

②当端部为黑色时，系由积炭造成，在清除积炭并排除汽缸上机油和混合气过浓等原因后，可继续使用。

③当端部为棕色时，系由铅污染(铅“中毒”)造成，应更换氧传感器并应避免使用含铅汽油。

④当端部为白色时，系由硅(维修中使用硅密封胶或燃油、润滑油中的硅化合物燃烧后生成的二氧化硅)污染造成，应更换氧传感器并应避免使用硅密封胶。

处在排气气流中的氧传感器，如果在使用中被积炭、铅、硅等污染而无法与氧气接触，将逐渐失效。

(2)电阻测量。

脱开氧传感器的导线连接器，用汽车万用表电阻挡测量氧传感器的端子1与2之间

(图3-66)的电阻值。该电阻值一般在暖机后约为300kΩ,在常温下应为无穷大,具体数据应查阅被检车型维修手册。如果电阻值不符合要求,应更换氧传感器。

(3)电压测量。

氧传感器的输出电压测量按下列方法进行:

①装回氧传感器的导线连接器。

②起动发动机在2500r/min下运转2～3min,使氧传感器达到工作温度。氧传感器端部温度只有达到300℃以上时才能输出电压信号,在800℃左右时对混合气的变化反应最快。

③保持发动机在2500r/min下稳定运转,用汽车万用表电压挡测量氧传感器端子3与4(图3-66)的输出电压,电压值应为0.45V左右。如果在改变节气门开度过程中输出电压无变化(氧传感器输出电压的变化范围为0.1～0.9V),表明氧传感器工作不良。氧传感器输出电压随可燃混合气混合比变化的关系,如图3-67所示,用汽车专用示波器可观测到这一波形。

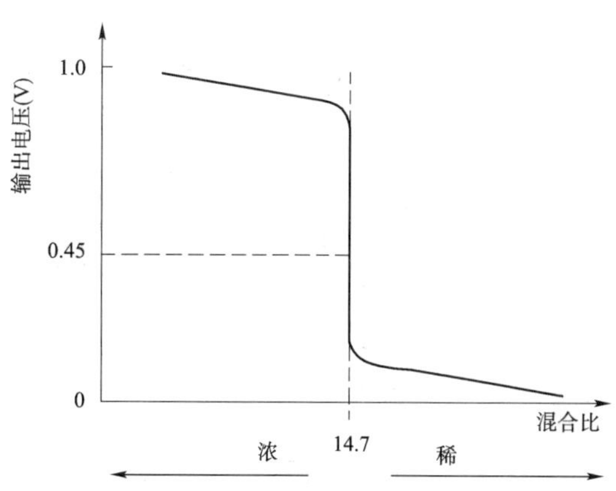

图3-67　氧传感器输出信号电压随可燃混合气混合比变化的波形图

④试验中如果拔掉一根发动机真空管使混合气变稀,氧传感器输出电压应降低至0.3～0.1V;如果堵住空气滤清器的进气口使混合气变浓,氧传感器输出电压应增大至0.8～0.9V。若输出电压不能随之快速变化或输出电压变化在10s内小于8次(汽车万用表电压挡指针在10s内的波动次数)时,表明氧传感器有故障,必须更换。

⑤如果汽车万用表电压挡读数持续偏高,可能是混合气浓或氧传感器被积炭、铅或硅污染造成;如果汽车万用表电压挡读数持续偏低,可能是混合气稀、氧传感器故障或氧传感器与ECU之间导线电阻过大等原因造成的;如果电压表读数持续为一个中间值,可能系ECU回路不通或氧传感器损坏造成。

(4)波形观测。

利用汽车专用示波器可以观测到氧传感器输出信号电压的变化情况。如上所述,在发动机正常工作温度下,氧传感器输出信号电压随可燃混合气混合比变化的范围为0.1～0.9V。当输出信号电压大于0.45V时表示混合气变浓,小于0.45V时表示混合气变稀。ECU根据氧传感器输出信号电压的变化,及时加浓或稀释混合气,所以总能把混合气的空燃比控制在理论空燃比(14.7:1)附近很窄范围内。因此,氧传感器输出信号电压必须快速地反映混合气混合比的变化,才能满足燃油闭环控制系统的要求。由于氧传感器工作在排气气流这种十分恶劣的环境中,因而使用寿命逐渐衰减,对混合气混合比的反应时间逐渐变长,输出的信号电压逐渐变低。氧传感器在临近失效时,输出的信号电压将不再变化或根本不输出信号电压,此时故障诊断系统产生一个诊断代码。

在发动机高转速下,热氧传感器的输出信号电压波形如图3-68所示。如果氧传感器输出信号电压不能快速地反映混合气混合比的变化,说明已经失效,必须更换。

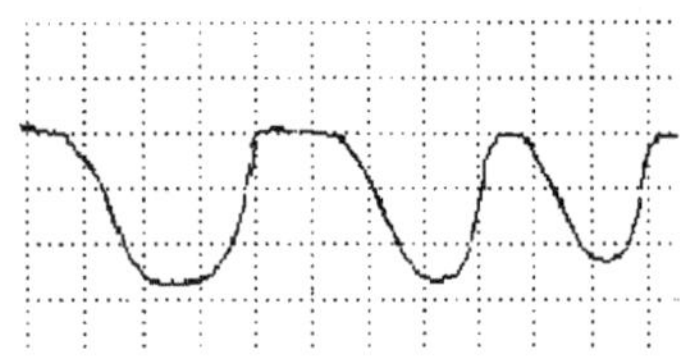
图 3-68　热氧传感器输出信号电压波形图

从 20 世纪 80 年代开始，有些车型分别在三元催化转换器前、后各装一个氧传感器。ECU 根据前氧传感器输出的信号电压控制混合气混合比，根据后氧传感器输出的信号电压监控三元催化转换器的工作状态，并进一步提高对空燃比的控制精度。

技术状况良好的氧传感器输出的信号电压，通过 ECU 的控制作用，可使混合气的混合比总是符合要求，因而三元催化转换器也总是处于效率最佳的排气净化状态。所以，氧传感器的检测结果已成为一项重要的综合性评价参数。

3. 主要执行器检测方法

1）怠速控制阀

怠速控制阀（ISCV）安装在节气门体上，在 ECU 作用下，能自动控制怠速运转时进入发动机的空气量，实现对怠速转速的控制，保证怠速时稳定运转。ECU 通过发动机转速传感器监测怠速转速，并根据自动变速器空挡开关、空调压缩机电磁离合器开关、蓄电池充电指示灯、动力转向压力开关等传输来的信号，不断将实际怠速与预置的目标怠速进行对比，根据对比出的转速差值，指令怠速控制阀调节旁空气通道的空气通过量进行怠速补偿，使怠速转速保持在目标怠速上。

怠速控制阀大致分为两种：一种为控制节气门全关闭位置的节气门直动式，另一种为控制节气门旁空气通道空气通过量的旁通空气式。旁通空气式应用普遍。旁通空气式怠速控制阀可分为步进电动机式、旋转滑阀式、占空比控制式和开关控制式多种形式，其共同特点是控制旁空气通道的空气通过量。

限于篇幅，仅以皇冠 3.0 型汽车 2JZ—GE 型发动机步进电动机式怠速控制阀为例，介绍怠速控制阀的电阻测量、开闭情况检查和电源电压测量，其电路图如图 3-69 所示，测量图如图 3-70 所示。

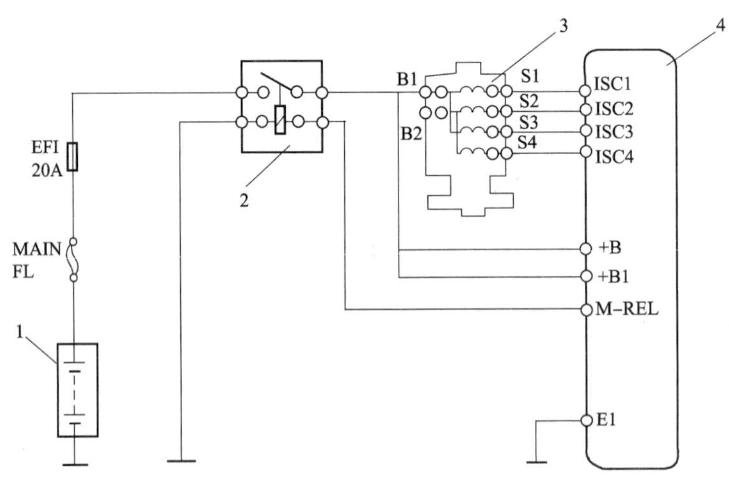

图 3-69　2JZ—GE 发动机步进电动机式怠速控制阀电路图
1- 蓄电池；2-EFI 主继电器；3-ISCV 阀；4-发动机 ECU

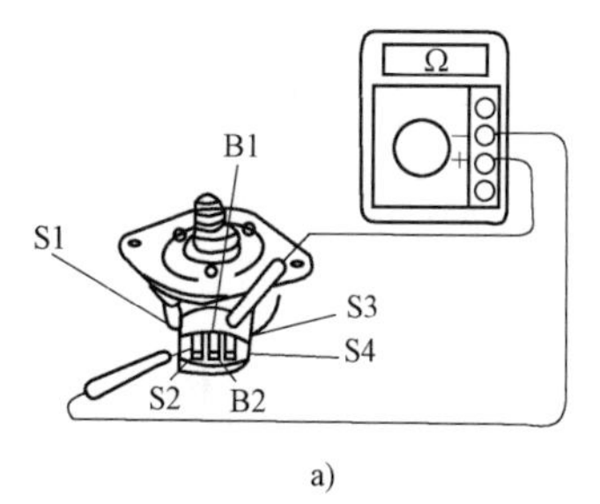

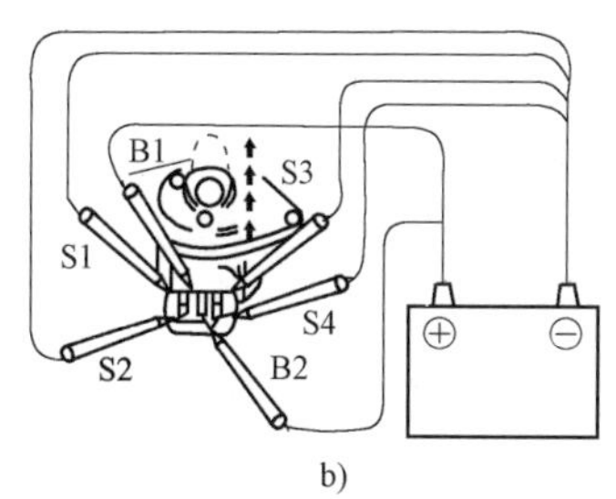

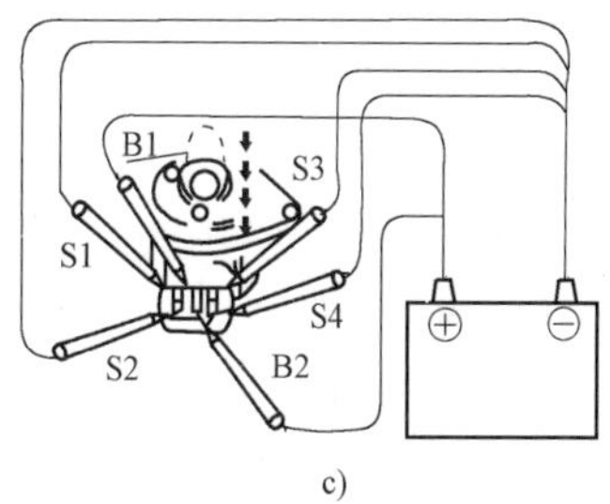

图 3-70 2JZ—GE 发动机步进电动机式怠速控制阀测量图

a)电阻测量;b)关闭情况检查;c)开启情况检查

(1)电阻测量。

用汽车万用表电阻挡测量 ISCV 阀上各端子间的电阻值如图 3-70a)所示。其 B1-S1、B1-S3,B2-S2、B2-S4 端子间的标准电阻值,均应为 10 ~ 30Ω。

(2)开闭情况检查。

在把 B1、B2 端子与蓄电池正极连接的情况下,如果把 S1、S2、S3、S4 端子按顺序与蓄电池负极连接(搭铁),ISCV 阀应逐渐关闭如图 3-70b)所示;如果把 S4、S3、S2、S1 端子按顺序与蓄电池负极连接(搭铁),ISCV 阀应逐渐开启如图 3-70c)所示。

(3)电源电压测量。

如果在确认 ISCV 阀单体是正常的情况下怠速控制仍有故障,需检查使 ISCV 阀动作的电源电压。具体方法是:

①点火开关置 ON,测量 ISCV 阀的接线端 B1、B2 与搭铁间的电压,电压值应为 12V。

②如果电源电压正常,再在发动机停机的几秒钟内检查 ECU 对 ISCV 阀的控制信号。可用数字式汽车万用表脉冲信号(Hz)挡检查 ECU 的 ISC1 ~ ISC4 与机壳搭铁间是否有脉冲信号输出。也可采用汽车专用示波器观测 ECU 的 ISCV 信号输出是否正常。若无信号输出或输出信号不正常,则检查有关传感器及其连线。如果有关传感器及其连线也无问题,则故障在 ECU 内部。

(4)波形观测。

利用汽车专用示波器可以观测 ECU 输出到怠速控制阀的控制信号是否正常。起动发动机怠速运转,连续打开并关闭发动机各用电附属装置,如果装备有自动变速器,还可以在 P 挡和 N 挡之间来回切换,以改变怠速时发动机的负荷。当发动机负荷发生变化时,ECU 应当发出怠速控制指令,怠速控制阀亦应调节节气门旁空气通道的空气通过量,使怠速转速相应变化。如果从汽车专用示波器上看到了控制信号波形,即 ECU 发出了控制信号,而发动机怠速不变化,则怠速控制阀有故障。步进电动机式怠速控制阀的控制信号波形如图 3-71 所示。

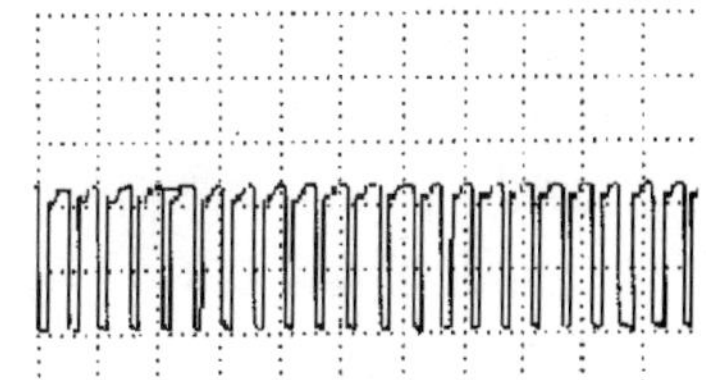

图 3-71 步进电动机式怠速控制阀的控制信号波形图

步进电动机式怠速控制阀,由于是通过控制步进电动机的正反旋转方向和旋转量来带动阀杆和阀芯的往复运动,使旁空气通道的流通截面积发生变化,即怠速进气量发生变化,来达到控制怠速转速目的的,因此除了应注意检查步进电动机式怠速控制阀的电器部分(定子、转子及其电路)外,其机械部分的技术状况也不容忽视。要注意检查阀芯与阀座的密封性,进给丝杠轴向移动的灵活性,有无脏污、堵塞、发卡现象等。

当发动机出现怠速不稳定时,可能系怠速控制阀技术状况不良造成,但也可能系发动机转速传感器、节气门位置传感器或喷油器、点火系统、汽缸密封性等技术状况不良造成的,因此,应注意综合检测、分析和判断。

2)电动燃油泵

电动燃油泵安装在燃油箱内或燃油箱外,能把燃油从燃油箱中吸出并加压后输往喷油器。电动燃油泵按结构不同可分为滚柱式、旋涡式和次摆线式三种形式。一般常用的电动燃油泵,在外加电压12V,输出油压250kPa情况下,输出流量为100L/h,消耗电流5A以下,且输出流量随电压的变化而变化。

以丰田雷克萨斯LS400型汽车1UZ—FE型发动机和皇冠3.0型汽车2JZ—GE型发动机的电动燃油泵为例,介绍以下检查。该两种发动机的共同特点是,除了装备发动机ECU外,还专门设置了电动燃油泵ECU。这种电动燃油泵ECU对泵油量的控制,是通过控制电动燃油泵不同的电源电压,进而控制电动燃油泵的转速来达到的。

皇冠3.0型汽车2JZ—GE型发动机电动燃油泵电路图如图3-72所示。

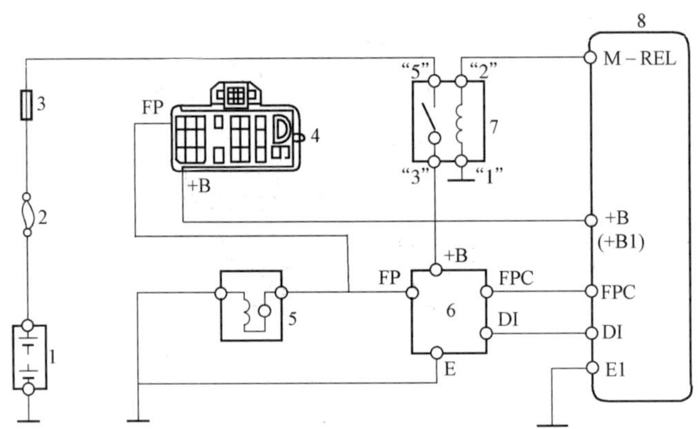

图3-72　2JZ—GE发动机电动燃油泵电路图

1-蓄电池;2-易熔丝;3-EFI熔断器;4-检查连接器;5-电动燃油泵;6-电动燃油泵ECU;7-EFI主继电器;8-发动机ECU

(1)工作情况检查。

①用跨接线连接检查连接器的+B和FP端子。

②点火开关置ON,但不起动发动机。

③用手捏住电动燃油泵进油软管,应该能感到有压力脉动,并且听到汽油的流动声。

④点火开关置OFF。

⑤取下跨接线。

经检查,如果软管无油压,再检查EFI主继电器、易熔丝、EFI熔断器、EFI主继电器、电动燃油泵ECU、电动燃油泵、发动机ECU和各线束连接器等有无问题。

(2)燃油压力检查。

①蓄电池电压应不低于12V。

②拆下蓄电池负极接头。

③拆下汽油输油管与汽油总输油管的连接螺栓,安装燃油压力表,螺栓拧紧力矩为42N·m。

④用跨接线连接检查连接器的 +B 和 FP 端子。

⑤安装蓄电池的负极接头。

⑥点火开关置 ON。

⑦读取燃油压力值,其标准油压应为 265 ~304 kPa。如果油压过高,应更换汽油压力调节器;如果油压过低,可检查各部件、软管及接头有无渗漏现象及检查电动燃油泵、燃油滤清器、燃油压力调节器等有无问题。

⑧点火开关置 OFF,拆下跨接线。

⑨起动发动机运转,读取燃油压力值。怠速时标准燃油压力应为 196 ~235kPa。拆下燃油压力调节器上的真空软管,塞住管口。此种情况下,怠速时标准燃油压力应为 265 ~304kPa。若压力不符合要求,则应检查真空软管和燃油压力调节器。

发动机熄火,检查燃油压力表的剩余压力,5 min 内应不低于 147 kPa。否则,应检查电动燃油泵、燃油压力调节器和喷油器。

⑩点火开关置 OFF,拆下蓄电池负极接头,再拆下燃油压力表,用两个新密封垫圈和接头螺栓,把汽油输油管安装在汽油总输油管上。

⑪安装蓄电池负极接头。

(3)电动燃油泵 ECU 检查。

①拆下蓄电池负极接头,脱开电动燃油泵 ECU 的导线连接器。

②用汽车万用表电阻挡检测电动燃油泵 ECU 导线连接器上 E 和 D1 端子的搭铁电阻,如图 3-73 所示。检查搭铁电阻应该导通,如果不导通应检查导线线路。

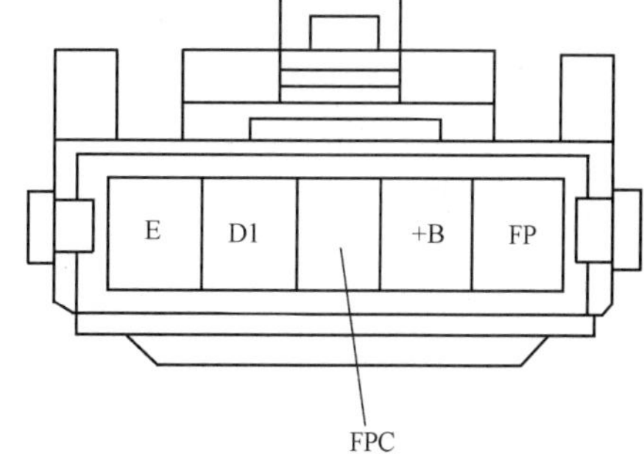

图 3-73 电动燃油泵 ECU 导线连接器

③安装蓄电池负极接头,连接电动燃油泵 ECU 导线连接器,用汽车万用表电压挡测量各种测量条件下电动燃油泵 ECU 导线连接器上 +B、FP、FPC 各端子的搭铁电压。搭铁电压值应符合表 3-16 中的给定值。如果不符合要求,应检查导线线路或更换电动燃油泵 ECU。

电动燃油泵 ECU 各端子的搭铁电压值 表 3-16

检查项目	连接端子	测量条件	标准电压(V)
是否导通	E-搭铁		导通
是否导通	D1-搭铁		导通
电压	FP-搭铁	突然加速	12~14
		怠速	8~10
电压	+B-搭铁	点火开关置 ON	9~14
电压	FPC-搭铁	突然加速到 6000r/min 或更高	4~6
		怠速	2.5

(4)电动燃油泵车下检查。

①脱开电动燃油泵导线连接器,把电动燃油泵从车上拆下。

②用汽车万用表电阻挡测量电动燃油泵两个接线端子之间的电阻（即泵内电机线圈的电阻）。其电阻值在20℃时应为0.2～0.3Ω。如果不符合要求，应更换电动燃油泵。

③将电动燃油泵与蓄电池连接（注意极性），并远离蓄电池。为防止烧坏电机线圈，每次接通时间不超过10s。若泵内电机不转动，则应更换有关组件。

（5）电动燃油泵密封性检查。

电动燃油泵经过维护、修理之后，应进行密封性检查，方法如下：

①用跨接线把检查连接器的FP与+B端子连接起来。

②点火开关置ON，但不起动发动机。

③用钳子夹住回油软管，汽油管内的汽油达到最大压力，检查电动燃油泵各部是否有漏油之处。

3）喷油器

电控燃油喷射系统使用的喷油器是电磁式的，通过绝缘垫圈安装在进气管、进气歧管或汽缸盖上，与进气道（或汽缸）相通，与汽油输油管道相连，能根据ECU的喷射控制信号喷射汽油。喷油器喷射的汽油应具有良好的雾化性和一定的喷雾形状，以保证发动机具有良好的动力性、燃油经济性和排放净化性。

喷油器的分类方法比较多，不同的分类方法可以分出不同的类型。最常见的分类方法是把喷油器分为饱和开关型、峰值保持型和PNP型三种类型。

喷油器和检查连接器的电路图如图3-74所示。

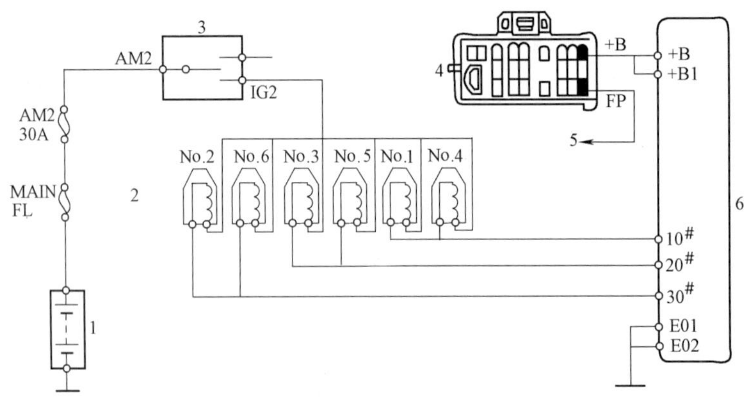

图3-74　喷油器和检查连接器的电路图

1-蓄电池；2-喷油器；3-点火开关；4-检查连接器；5-接电动燃油泵；6-发动机ECU

（1）工作情况检查。

①在发动机起动或正常运转时，把听诊器按在喷油器上，逐缸听诊喷油器是否有喷油声及喷油声频率与发动机转速频率是否相一致。

②也可用手捏住喷油器，通过感觉到的振动来判断其是否工作。如果听诊不到声音或感觉不到喷油器在工作，则应检查导线连接及接头情况、喷油器电磁线圈的电阻和ECU发来的喷油信号等项目。

（2）电阻测量。

①脱开喷油器导线接头，用汽车万用表电阻挡测量接头之间的电阻。在20℃时电阻值应为13.4～14.2Ω。如果电阻值不符合要求，应更换喷油器。

②测量之后连接好喷油器导线接头。

(3)喷油量测量。

用带流量测定功能的专用喷油器清洗器进行。在规定转速下喷油器标准喷油量为(45～55cm³)/15s,各喷油器喷油量之差不大于5cm³,且喷油器不得有滴漏现象。

(4)观测喷油波形。

用汽车专用示波器可以观测到喷油器的喷油波形(电压随时间变化的波形),其标准波形如图3-75所示。图3-75a)为饱和开关型喷油器标准喷油波形,该种喷油器多适用于多点燃油喷射系统;图3-75b)为峰值保持型喷油器标准喷油波形,这种喷油器多适用于单点燃油喷射系统。

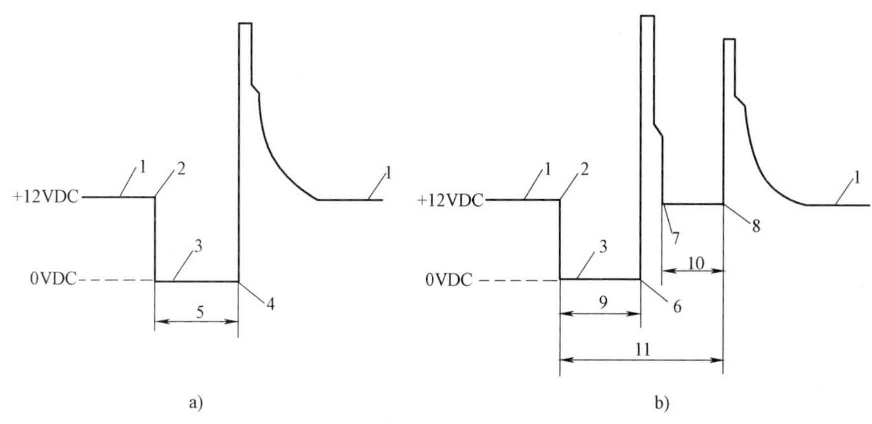

图3-75　喷油器标准喷油波形

a)饱和开关型喷油器标准喷油波形;b)峰值保持型喷油器标准喷油波形

①标准喷油波形上各段的含义。

1——喷油器未喷油时的波形,电压为直流12V 。

2——ECU的喷油信号到达,喷油器控制回路搭铁,喷油器开始喷油。

3——喷油器喷油。由于喷油器控制回路搭铁(电压降至0V),喷油器线圈流入4A电流产生最大磁力使喷油器针阀全开向外喷油。该段波为喷油波形上的喷油区,对应的时间为喷油时间,如图3-75a)所示。图3-75b)中该段为基本喷油量,对应的时间为基本喷油时间,大约为0.8～1.1ms。

4——ECU停止喷油信号到达,喷油器控制回路电流切断,喷油结束,喷油器线圈因内部电场消失而产生自感脉冲,幅值约为35V。

5——喷油时间。当燃油控制系统能正确控制混合气浓度时,喷油时间将根据发动机的工况和氧传感器的输出电压发生变化。通常情况下,怠速下的喷油时间一般为1～6ms;起动时或大负荷时的喷油时间一般为6～35ms。

6——峰值保持型喷油器基本喷油量结束,喷油器控制回路的电流由4A立即转换到一个带限流电阻的电路,使电流减小到1A但仍维持喷油器针阀在开启中,以便转入加浓补偿量喷油。由于电流的减小,引起喷油器内线圈电场的减小,故产生自感脉冲,幅值约为35V。

7——峰值保持型喷油器在加速、大负荷和大气修正等工况时开始加浓补偿量喷油。

8——ECU停止喷油信号到达,加浓补偿量喷油结束,喷油器线圈产生自感脉冲,幅值约为30V。从开始加浓补偿量喷油到加浓补偿量喷油结束，对应的时间为加浓补偿量喷油时间，约为1.2～2.5 ms。

9——基本喷油时间。

10——加浓补偿量喷油时间。

11——总喷油时间。峰值保持型喷油器的总喷油时间应从图3-75b）中的2开始算起，至8结束，包括其中间产生的自感脉冲对应的时间段。中间产生的自感脉冲并不影响喷油器的针阀处于开启中，且自感脉冲对应的时间正是电脑运算增加或减少喷油时间的时间段。峰值保持型喷油器总喷油时间在怠速、起动或大负荷时的长度，同于饱和开关型喷油器的喷油时间长度。

②示波器与发动机联机。

汽车专用示波器COM测针在发动机上搭铁或连接蓄电池负极，CH1测针连接在喷油器插座控制信号线上。

③观测并分析喷油波形。

a.起动发动机，在2500r/min下运转2～3min，直至发动机达到正常工作温度，并使燃油控制系统进入闭环状态。检查氧传感器，技术状况应良好。

b.关闭空调系统和其他用电设备，变速杆挂P挡或N挡，操作节气门缓慢改变发动机转速，如果燃油控制系统工作正常，被测波形上喷油时间应该有相应的变化。当发动机转速增加时，喷油时间增加；反之，喷油时间减小。

c.当把丙烷喷入进气管或适当遮盖空气滤清器使混合气变浓时，如果燃油控制系统工作正常，被测波形上喷油时间应缩短，以试图使变浓的混合气变稀。

d.当拔下某一真空软管使混合气变稀时，如果燃油控制系统工作正常，被测波形上喷油时间应延长，以试图使变稀的混合气变浓。

e.发动机在2500r/min下稳定运转，可以看到各缸被测波形上喷油时间在稍宽与稍窄之间来回变换，变换时间在0.25～0.5ms之间，说明燃油控制系统能使混合气在正常浓、稀之间转换。

可以看出，观测并分析喷油波形，不仅可以观测出喷油器的技术状况，而且可以分析、判断出燃油控制系统的工作是否正常。

实测多点燃油喷射系统正常喷油波形如图3-76所示，实测单点燃油喷射系统正常喷油波形如图3-77所示。饱和开关型和峰值保持型喷油器工作时，ECU提供的喷油信号是向已供电的喷油器提供搭铁，而PNP型喷油器工作时ECU提供的喷油信号是向已搭铁的喷油器供电。因而，PNP型喷油器喷油波形是倒置的，且很像一个倒置的饱和开关型喷油器喷油波形。

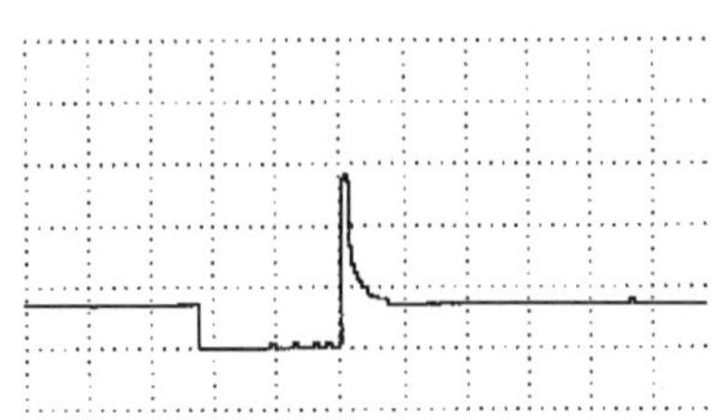

图3-76 实测多点燃油喷射系统正常喷油波形图

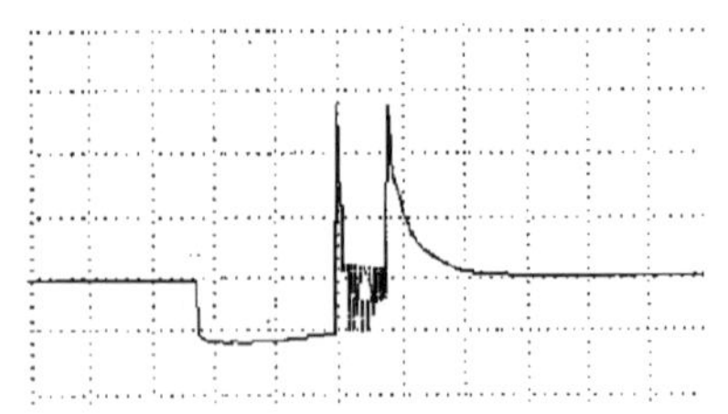

图3-77 实测单点燃油喷射系统正常喷油波形图

4)冷起动喷油器

冷起动喷油器也是一种电磁式喷油器,安装在进气管上节气门的后部,进行辅助喷油以改善发动机的低温起动性能和加快暖机过程。它与一般喷油器的主要区别,一是仅用于冷起动时,因而要求工作电压较低;二是要求喷雾颗粒化,喷雾锥角较大。

以丰田雷克萨斯 LS400 型汽车 1UZ—FE 型发动机冷起动喷油器为例,其电路图如图 3-78 所示。

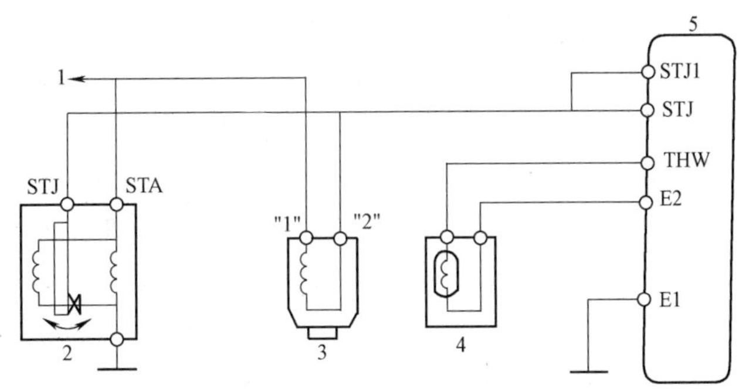

图 3-78 1UZ—FE 型发动机冷起动喷油器电路图

1-起动机继电器;2-温度时间开关;3-冷起动喷油器;4-冷却液温度传感器;5-发动机 ECU

(1)冷起动喷油器电阻测量。

脱开冷起动喷油器的导线连接器,用汽车万用表电阻挡测量冷起动喷油器“1”与“2”端子间的电阻值。该标准电阻值在 20℃时应为 2 ~ 4Ω。如果不符合要求,应更换冷起动喷油器。更换后连接好导线连接器。

(2)温度时间开关电阻测量。

拆下温度时间开关,用汽车万用表电阻挡测量温度时间开关各端子间的电阻值,其电阻值应符合表 3-17 或表 3-18 的给定值。如果不符合要求,应更换温度时间开关。更换后应装回温度时间开关。

温度时间开关各端子间的电阻值(欧洲和澳大利亚)　　表 3-17

端　　子	标准电阻值(Ω)	冷却液温度(℃)
STA-STJ	25 ~ 45	15 以下
	65 ~ 85	30 以上
STA-搭铁	25 ~ 85	—

温度时间开关各端子间的电阻值(其他国家)　　表 3-18

端　　子	标准电阻值(Ω)	冷却液温度(℃)
STA-STJ	20 ~ 40	30 以下
	40 ~ 60	40 以上
STA-搭铁	20 ~ 80	—

三、随车诊断系统(OBD—Ⅱ)

为了限制汽车排放,提高燃料的燃烧性能,减少大气污染、光化学烟雾和燃料消耗量,世界上许多国家相继制定了一些法律和法规,采取了越来越严厉的限制,汽车厂商也纷纷研制新的措施和方法。1979 年美国通用汽车公司首次在电控燃油喷射系统中使用了随车诊断系统,1985 年美国加利福尼亚州空气资源协会(CARB)开始对汽车提出了应能监测排放系统性能及指示器件失灵的要求,即对汽车增设随车诊断系统提出了要求。

当时要求汽车增设随车诊断系统的目的是:在车辆的排放系统有故障时提示车主注意,并使维修技术人员快速地找到故障来源,以减少汽车废气对大气的污染。可以看出,当时增设随车诊断系统的主要目的是监测排放系统,减少废气对大气的污染,并希望为故障诊断带来方便。

1993 年以前的随车诊断系统为第一代随车诊断系统,各厂家采用不同的诊断座、不同的诊断代码和不同的诊断功能,因而在检测诊断中还是感到不方便。OBD—Ⅱ是随车诊断系统第二代(ON BORAD DIAGNOSTICS—Ⅱ)的缩写。它是由美国汽车工程师学会(SAE)制定的,经由美国联邦环保局(EPA)及美国加利福尼亚州空气资源协会(CARB)登记的一套汽车标准。美国加利福尼亚州要求销售到该地区的车辆,不论来自哪国,均必须符合该标准。1990 年的美国联邦大气污染防治法要求,最迟到 1996 年度车型,在美国出售的所有汽车都要符合 OBD—Ⅱ的要求。该标准要求各汽车厂家提供统一的诊断模式,统一的诊断座,统一的诊断代码,只要一台诊断仪器就可检测诊断所有车种。

在 OBD—Ⅱ标准公布后,世界各汽车生产厂家纷纷采用,逐渐形成了国际标准。1994 年约有 10% 的汽车生产厂家采用了这一标准,1995 年约有 50%,而 1996 年几乎全部厂家都在考虑采用这一标准。OBD—Ⅱ标准要求对汽车排放和电器元件提供更为精确的监控,覆盖范围要更广,因而对汽车设计、制造、检测、维修产生了巨大变化。为此,了解、掌握和使用 OBD—Ⅱ国际标准,将大大简化汽车检测诊断、维护修理工作。

1. OBD—Ⅱ随车诊断系统的目标

OBD—Ⅱ随车诊断系统要求达到:

(1)统一诊断插座。OBD—Ⅱ诊断插座如图 3-79 所示。

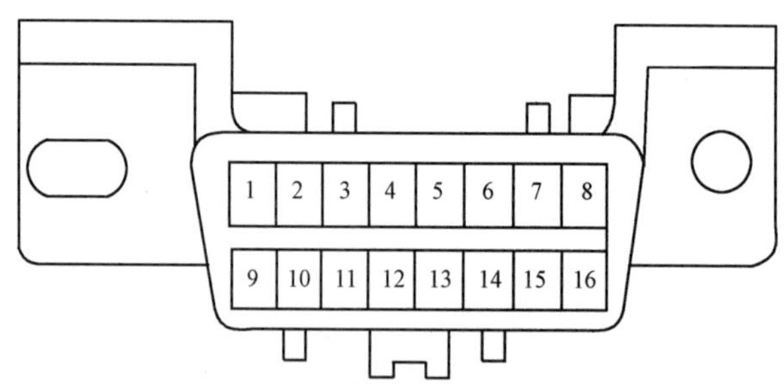

图 3-79 OBD—Ⅱ诊断插座

(2)统一诊断插座位置。

(3)解码器和车辆之间采用标准通信规则。

(4)统一诊断代码含义。

(5)具有行车记录器功能。

(6)监控排放控制系统。

(7)解码器具有读码、记录数值和清码等功能。

(8)标准的技术缩写术语,定义系统的工作元件。

美国汽车工程师学会(SAE)还制定了一条类似国际标准 ISO 1941 的通信标准 J1850,建立了用于车辆传送信息到解码器的标准。除此之外,SAE 还制定了解码器软件标准 J1979。

从图 3-79 中可以看出,OBD—Ⅱ诊断插座统一为 16 针(pin)。各针的功能如表 3-19 所列。从表中可以看出,在 OBD—Ⅱ诊断插座 16 针中,其中 7 针是 OBD—Ⅱ标准定义的,其余 9 针待用,可由汽车生产厂家自行设定。

OBD—Ⅱ诊断插座各针作用表 表 3-19

针的序号	针的功能	针的序号	针的功能
1	汽车生产厂家自行设定	9	汽车生产厂家自行设定
2	BUS + 线,SAE J1850	10	BUS - 线,SAR J1850
3	汽车生产厂家自行设定	11	汽车生产厂家自行设定
4	底盘搭铁	12	汽车生产厂家自行设定
5	信号搭铁	13	汽车生产厂家自行设定
6	汽车生产厂家自行设定	14	汽车生产厂家自行设定
7	K 线,ISO 1941	15	L 线,ISO 1941
8	汽车生产厂家自行设定	16	蓄电池正极

2. OBD—Ⅱ随车诊断系统诊断代码的组成与结构

OBD—Ⅱ随车诊断系统诊断代码由 1 位字母和 4 位数字组成,结构如下。

(1)第 1 位为英文字母,表示诊断代码的系统划分(System Designation),分配的字母有 4 个,划分如下:

B——车身系统;

C——底盘系统;

P——动力系统;

U——未定义。

(2)第 2 位为数字,表示诊断代码类型(Code Type),共计 4 个数字,类型如下:

0——美国汽车工程师学会(SAE)定义的(通用)诊断代码。

1——汽车生产厂家定义的(扩展)诊断代码。

2、3——随系统划分 B、C、P、U 的不同而不同。在 P 系统中,2 或 3 由 SAE 留作将来使用;在 B 或 C 系统中, 2 为汽车生产厂家保留,3 由 SAE 保留。

(3)第 3 位为数字,表示故障的系统识别(System Identification),共计 10 个数字,识别如下:

1——燃油或进气系统故障;

2——燃油或进气系统故障;

3——点火系统故障;

4——排放控制系统故障;

5——速度控制系统故障;

6——电脑或输出电路故障;

7——变速器控制系统故障;

8——变速器控制系统故障;

9——SAE 未定义;

10——SAE 未定义。

(4)第4、5位为数字,两位数字组合在一起使用,表示对具体故障的代码界定。SAE 把不同传感器、执行器和电路分配了不同区段的两位数代码,以便使诊断代码表示的故障更为具体些。在区段内,两位数中最小数字表示通用故障,即通用故障码;较大数字表示扩展故障,即扩展故障码。扩展故障码较通用故障码提供了更为具体的故障信息,如电压高或低、信号超出范围、响应快慢等,使诊断代码提供的故障信息更为具体些,诊断的针对性更强些。例如,美国通用(GM)汽车 OBD—Ⅱ诊断代码"P0116 发动机冷却液传感器电压信号不良""P0117 发动机冷却液传感器电压信号太高"与"P0118 发动机冷却液传感器电压信号太低"就说明了这一问题:P0116 是通用故障码,只表明冷却液传感器电压信号不良;P0117 与 P0118 是扩展故障码,P0117 进一步表明冷却液传感器电压信号太高,P0118 进一步表明冷却液传感器电压信号太低。所以,扩展故障码比通用故障码更具体些,针对性更强些。

OBD—Ⅱ随车诊断系统规定的诊断代码的组成与结构,对于任何厂牌、车型都是适用的,其中部分诊断代码如表3-20所列。

OBD—Ⅱ随车诊断系统部分诊断代码表 表3-20

诊断代码	诊断代码含义	诊断代码	诊断代码含义
P0100	空气流量计线路故障	P0500	车速信号始终收不到
P0101	怠速时空气流量计电压不良	P0505	怠速(步进电动机)控制不良
P0102	空气流量计信号太低	P0750	换挡电磁阀 A 不良
P0201	第一缸喷油器线路不良	P0751	换挡电磁阀 A 卡在全开位置
P0202	第二缸喷油器线路不良	P0753	换挡电磁阀 A 短路或断路
P0301	第一缸有间歇性不点火	P0755	换挡电磁阀 B 不良
P0325	前爆震传感器信号不良	P0756	换挡电磁阀 B 卡在全开位置
P0400	EGR 阀控制系统不良	P0758	换挡电磁阀 B 短路或断路
P0421	三元催化转换器不良	P0770	变矩器离合器电磁阀不良

3. OBD—Ⅱ随车诊断系统诊断代码的显示方法

OBD—Ⅱ随车诊断系统诊断代码的显示(读取)方法,既可以使用解码器等专用检测设备显示,也可采用如下方法就车显示。

1)通用(GM)车系

跨接 OBD—Ⅱ诊断插座第5、6孔,由仪表板"发动机报警灯"显示诊断代码。

2)福特(FORD)车系

跨接 OBD—Ⅱ诊断插座第5、13孔,由仪表板"发动机报警灯"显示诊断代码。

3)克莱斯勒(CHRYSLER)车系

将点火开关置 ON,等待5~10 s后,由仪表板"发动机报警灯"显示诊断代码。

4)沃尔沃(VOLVO)车系

按图3-80所示跨接 LED 灯,将 A 搭铁1s后脱开,LED 灯即可显示1个诊断代码,搭铁5s后可清除该诊断代码。

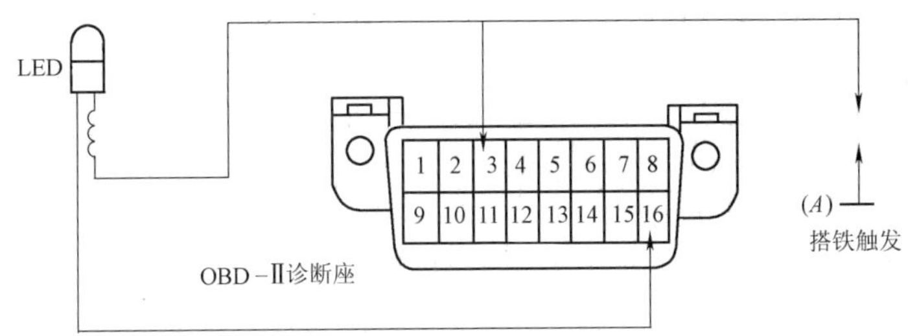

图3-80　沃尔沃车系诊断代码显示方法

5）丰田（TOYOTA）车系

跨接OBD—Ⅱ诊断插座第5、6孔，由仪表板“发动机报警灯”显示诊断代码。

6）三菱（MITSUBISHI）车系

可显示以下系统的诊断代码：

跨接OBD—Ⅱ诊断插座第5、1孔，由仪表板“发动机报警灯”显示发动机电控系统诊断代码。用LED灯跨接OBD—Ⅱ诊断插座第4、6孔，由LED灯显示变速器电控系统诊断代码，用LED灯跨接OBD—Ⅱ诊断插座第8、4孔，由LED灯显示ABS电控系统诊断代码。

第五节　柴油机燃料系统诊断与检测

由于柴油机具有热效率高、经济性好、可靠性强和排气污染少等优点，因而在汽车上的应用非常广泛。柴油机与汽油机相比，最大的不同点除了没有点火系统以外，就是燃料和燃料系统不同，其他机构、系统大同小异。由于燃料和燃料系统不同，柴油机燃料系统诊断与检测的内容、方法和汽油机相比有许多不同之处。

一、常见故障及经验诊断法

柴油机燃料系统的常见故障有起动困难、动力不足、工作不稳定和排气烟色不正常等。以下以柱塞式喷油泵组成的柴油机燃料系统为例，介绍常见故障的现象、原因和经验诊断方法如下。

1.起动困难

1）现象

柴油机起动时无着车征兆，或虽有着车征兆但多次起动仍发动不起来；起动时排气管冒烟极少或不冒烟；起动时排气管冒白烟。

2）原因

（1）柴油箱无油或柴油箱开关未打开。

（2）柴油箱加油口盖空气阀不能自动打开。

（3）柴油管堵塞、破裂或管接头漏油。

（4）油路中有空气或水，或汽缸中有水。

（5）柴油滤清器堵塞或不密封。

（6）低压油路限压溢流阀不密封、弹簧太软、弹簧折断或失调，造成油压太低。

（7）输油泵工作不良或进油滤网堵塞。

(8)柴油号数不对或柴油质量不佳。

(9)喷油泵柱塞因其复位弹簧折断而不复位或柱塞偶件磨损过度。

(10)供油拉杆上的调节拨叉或柱塞套筒上的可调扇齿松动。

(11)出油阀偶件关闭不严或其弹簧折断。

(12)高压油管破裂或接头松动。

(13)供油时间过早、过晚或联轴器可调部分的固定螺钉松动。

(14)喷油器由于针阀偶件磨损过度、针阀下端锥体与其底座不密封、喷油器弹簧折断或调整不当等原因造成喷射压力太低。

(15)喷油器针阀卡住,造成不能关闭或开启。

(16)喷油器喷孔堵塞或喷雾不良。

(17)汽缸压缩压力不足或空气滤清器严重阻塞。

(18)起动转速太低或起动预热程度不够。

(19)喷油泵供油拉杆在停车位置上卡住或起动供油量调整不足。

3)诊断方法

柴油机顺利起动的必要条件是:足够高的起动转速,较高的汽缸压缩压力,充足的空气和燃料,燃烧室内的良好预热,以及在冬季对冷却系统、润滑系统、燃料供给系统进行必要的预热和保温等。在环境温度高于5℃时,柴油机一般应能在5s内顺利起动。有时需反复几次才能起动,也属正常。若经过多次反复起动仍不能着火时,应视为起动困难。此时应先检查起动的必要条件是否都能满足,未满足的要给予满足(汽缸压缩压力除外),并注意观察起动时排气管的排烟情况。

(1)若起动时排气管不冒烟,说明喷油泵不供油。按诊断流程图所示方法诊断,如图3-81所示。

诊断中若从放气螺钉处先有空气排出,随后油流正常,说明低压油路内有空气阻碍了燃油的流动。低压油路有空气应随即排除。排除空气时,首先应将柴油箱加满油,在油路密封性良好的情况下,先操纵输油泵的手油泵供油,再拧松柴油滤清器上的放气螺钉排除空气,直至从放气螺钉孔处流出的燃油不含气泡为止,然后在燃油溢流的情况下旋紧放气螺钉。按上述同样的方法,旋松喷油泵上部的两个放气螺钉,将喷油泵低压油腔的空气排净后旋紧。

当天气过冷时,若柴油中有水则会结冰,或由于柴油选号不当,致使黏度过大而不流动,均会造成喷油泵不供油。此种情况,应设法加热整个燃料供给系统,然后拧下柴油箱和柴油滤清器排污塞,将积水和污物放净,并像排除空气一样,将低压油路中的水排掉,直到从喷油泵放气螺钉中流出的燃油无水珠为止。

所用柴油牌号不符合规定的应更换柴油。我国轻柴油的规格是根据其凝点而命名的,有+10号、0号、-10号、-20号和-35号五个牌号,其号数的大小表示柴油凝点温度的高低。如-20号柴油,表示其凝点温度为-20℃。选用柴油时应根据不同季节和当地气温条件进行,一般是选用柴油的凝点低于当地季节最低温度3~5℃。如果选用柴油的凝点高于当地季节最低温度,将不仅使柴油的流动性变差,影响正常供油,而且柴油的雾化性能不良,造成柴油机起动困难和起动后工作粗暴。

(2)若起动时排气管冒白烟或灰白烟,但仍不易着火,按诊断流程图所示方法诊断,如图3-82所示。

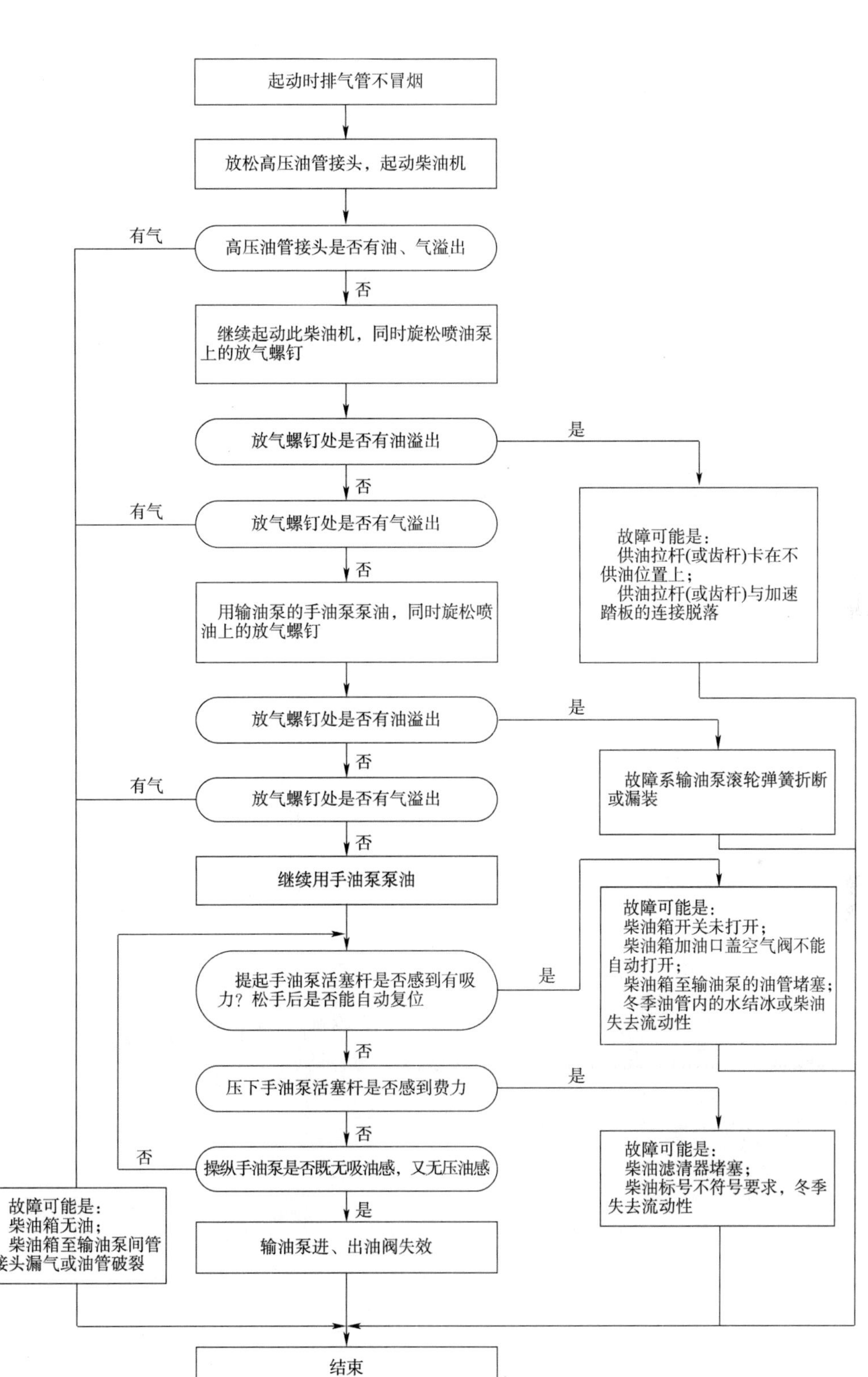
起动时排气管不冒烟
放松高压油管接头，起动柴油机
高压油管接头是否有油、气溢出
有气
否
继续起动此柴油机，同时旋松喷油泵上的放气螺钉
放气螺钉处是否有油溢出
是
故障可能是：
供油拉杆(或齿杆)卡在不供油位置上；
供油拉杆(或齿杆)与加速踏板的连接脱落
否
放气螺钉处是否有气溢出
有气
否
用输油泵的手油泵泵油，同时旋松喷油上的放气螺钉
放气螺钉处是否有油溢出
是
故障系输油泵滚轮弹簧折断或漏装
否
放气螺钉处是否有气溢出
有气
否
继续用手油泵泵油
提起手油泵活塞杆是否感到有吸力？松手后是否能自动复位
是
故障可能是：
柴油箱开关未打开；
柴油箱加油口盖空气阀不能自动打开；
柴油箱至输油泵的油管堵塞；
冬季油管内的水结冰或柴油失去流动性
否
压下手油泵活塞杆是否感到费力
是
故障可能是：
柴油滤清器堵塞；
柴油标号不符号要求，冬季失去流动性
否
操纵手油泵是否既无吸油感，又无压油感
否
是
输油泵进、出油阀失效
故障可能是：
柴油箱无油；
柴油箱至输油泵间管接头漏气或油管破裂
结束

图 3-81　起动困难诊断流程图之一

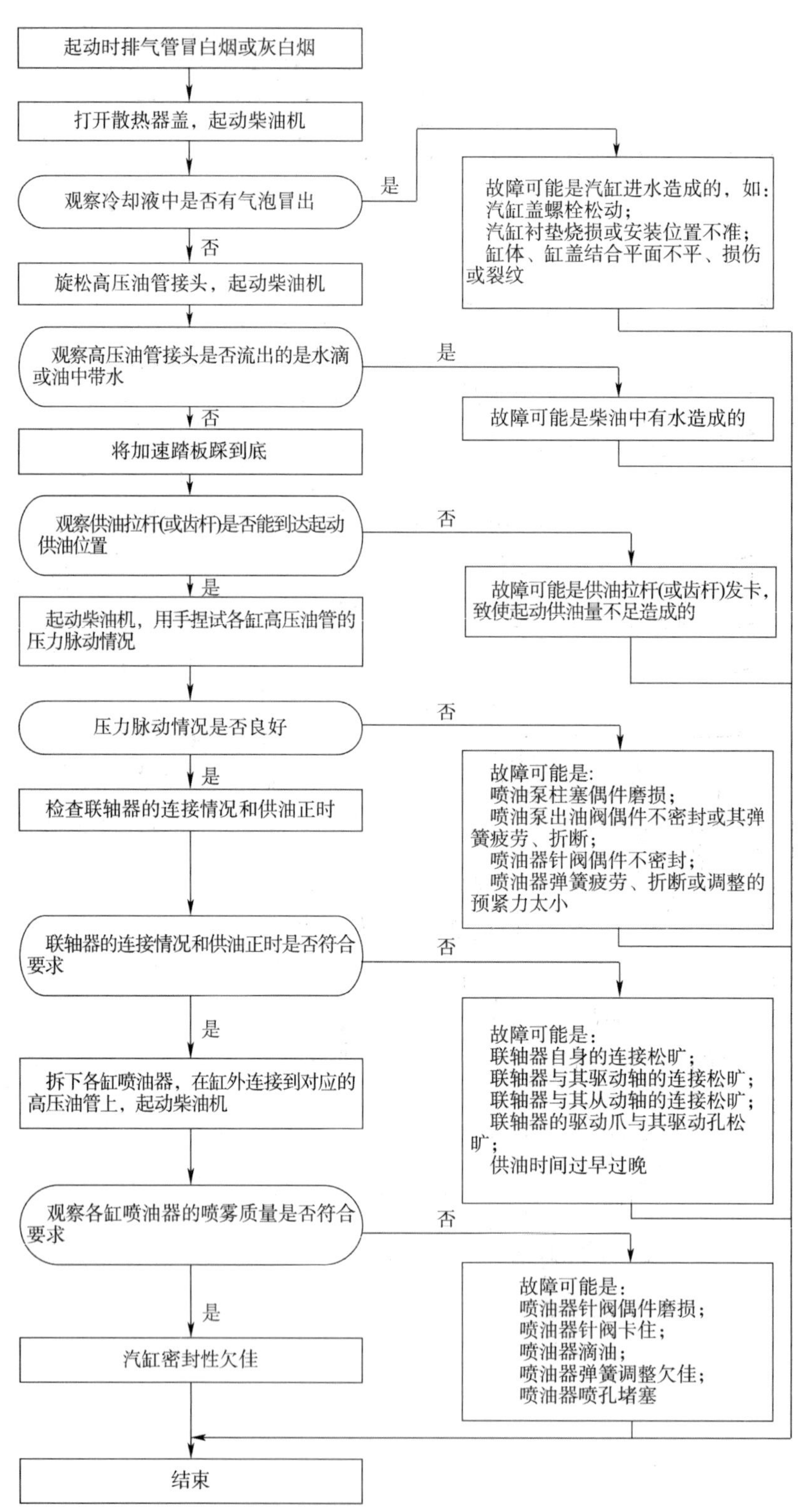
起动时排气管冒白烟或灰白烟
打开散热器盖，起动柴油机
观察冷却液中是否有气泡冒出
是
故障可能是汽缸进水造成的，如：汽缸盖螺栓松动；汽缸衬垫烧损或安装位置不准；缸体、缸盖结合平面不平、损伤或裂纹
否
旋松高压油管接头，起动柴油机
观察高压油管接头是否流出的是水滴或油中带水
是
故障可能是柴油中有水造成的
否
将加速踏板踩到底
观察供油拉杆(或齿杆)是否能到达起动供油位置
否
故障可能是供油拉杆(或齿杆)发卡，致使起动供油量不足造成的
是
起动柴油机，用手捏试各缸高压油管的压力脉动情况
压力脉动情况是否良好
否
故障可能是：喷油泵柱塞偶件磨损；喷油泵出油阀偶件不密封或其弹簧疲劳、折断；喷油器针阀偶件不密封；喷油器弹簧疲劳、折断或调整的预紧力太小
是
检查联轴器的连接情况和供油正时
联轴器的连接情况和供油正时是否符合要求
否
故障可能是：联轴器自身的连接松旷；联轴器与其驱动轴的连接松旷；联轴器与其从动轴的连接松旷；联轴器的驱动爪与其驱动孔松旷；供油时间过早过晚
是
拆下各缸喷油器，在缸外连接到对应的高压油管上，起动柴油机
观察各缸喷油器的喷雾质量是否符合要求
否
故障可能是：喷油器针阀偶件磨损；喷油器针阀卡住；喷油器滴油；喷油器弹簧调整欠佳；喷油器喷孔堵塞
是
汽缸密封性欠佳
结束

图 3-82　起动困难诊断流程图之二

当柴油中有水时，低压油路中检查并排除水的方法同前所述；检查并排除高压油路中的水时，可拆下喷油泵侧盖，旋松高压油管与喷油器之间的管接头，并使供油拉杆处于最大供油位置，在用输油泵的手油泵泵油的同时，用特制工具或一字旋具上下撬动喷油泵分泵柱塞。如果从旋松的管接头处流出水或在燃油中夹杂水珠，说明高压油路中确实有水，应继续撬动，直至流出的是纯净的燃油为止，并在燃油溢流的情况下旋紧管接头。依次将所有高压油管中的水排完。高压油路中空气的排除方法与此方法相同。

柴油机的起动供油量往往等于或大于额定供油量。就车检查起动供油量时，应将加速踏板踩到底，使喷油泵的操纵臂靠在高速限制螺钉上，然后观察或测量供油拉杆是否能处在供油方向上的最前端位置。否则，应进行调整。但起动供油量调整得太大，也会造成柴油机起动困难。

就车检查喷油器的喷雾质量时，依次拆下各缸的喷油器，并重新连接在对应的高压油管上。置供油拉杆在额定供油位置，用特制工具或一字旋具撬动对应的喷油泵分泵柱塞，观察喷雾情况。良好的油雾束，必须十分均匀和细微，没有明显的油滴和油流，没有浓淡不均的现象，并且断油清脆，油雾锥角和喷射方向正确，经多次喷油的喷孔及周边干燥或少有湿润。如喷油器喷雾质量达不到上述要求，且相差甚远或个别喷油器喷孔堵塞时，则发动机难以起动。

2. 动力不足

1）现象

汽车加速不良，行驶无力；加速踏板踩到底时转速不能提高到应有范围。

2）原因

（1）上述“起动困难”中的 2 ~ 17 条原因造成。

（2）汽车冬季保温措施不足，致使发动机工作温度太低。

（3）配气正时不准确。

（4）供油拉杆或调速器运动件发卡、调速弹簧折断，造成供油拉杆不能到达额定供油位置。调速器调整不当，造成高速时起作用太早，使发动机达不动额定转速。

（5）额定供油量调得太低或太高。

（6）个别缸不工作或工作不良。

（7）汽缸上机油或机油池内加机油太多。

3）诊断方法

按诊断流程图所示方法诊断，如图 3-83 所示。

当发动机工作不稳定时会影响汽车的动力性，此时可用单缸断油法找出不工作或工作不良的汽缸来。置发动机在怠速下运转，用扳手分别旋松各缸高压油管接头，使柴油外泄（用容器接住）。如单缸断油后发动机运转无明显变化，说明该缸不工作；如运转变化很小，说明该缸工作不良。

对于不工作或工作不良的汽缸应进行深入诊断，直至找出故障原因。

3. 工作不稳定

1）现象

发动机怠速或低速时运转不良，机体伴随抖振。

2）原因

（1）怠速调得太低。

（2）高压油管漏油。

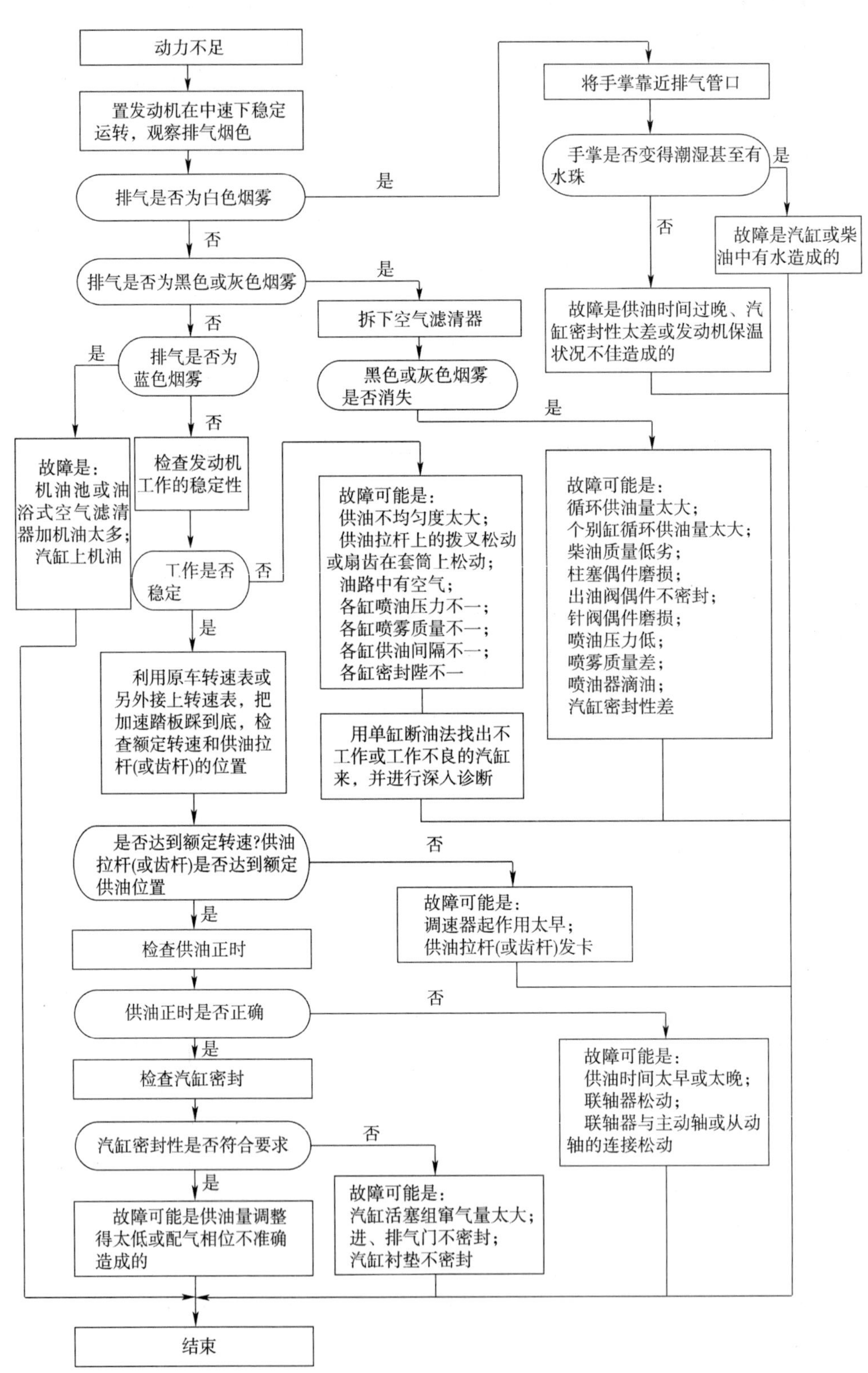
动力不足
置发动机在中速下稳定运转，观察排气烟色
排气是否为白色烟雾
是
将手掌靠近排气管口
手掌是否变得潮湿甚至有水珠
是
故障是汽缸或柴油中有水造成的
否
故障是供油时间过晚、汽缸密封性太差或发动机保温状况不佳造成的
否
排气是否为黑色或灰色烟雾
是
拆下空气滤清器
黑色或灰色烟雾是否消失
是
故障可能是：循环供油量太大；个别缸循环供油量太大；柴油质量低劣；柱塞偶件磨损；出油阀偶件不密封；针阀偶件磨损；喷油压力低；喷雾质量差；喷油器滴油；汽缸密封性差
否
排气是否为蓝色烟雾
是
故障是：机油池或油浴式空气滤清器加机油太多；汽缸上机油
否
检查发动机工作的稳定性
工作是否稳定
否
故障可能是：供油不均匀度太大；供油拉杆上的拨叉松动或扇齿在套筒上松动；油路中有空气；各缸喷油压力不一；各缸喷雾质量不一；各缸供油间隔不一；各缸密封陛不一
用单缸断油法找出不工作或工作不良的汽缸来，并进行深入诊断
是
利用原车转速表或另外接上转速表，把加速踏板踩到底，检查额定转速和供油拉杆(或齿杆)的位置
是否达到额定转速?供油拉杆(或齿杆)是否达到额定供油位置
否
故障可能是：调速器起作用太早；供油拉杆(或齿杆)发卡
是
检查供油正时
供油正时是否正确
否
故障可能是：供油时间太早或太晚；联轴器松动；联轴器与主动轴或从动轴的连接松动
是
检查汽缸密封
汽缸密封性是否符合要求
否
故障可能是：汽缸活塞组窜气量太大；进、排气门不密封；汽缸衬垫不密封
是
故障可能是供油量调整得太低或配气相位不准确造成的
结束

图 3-83　动力不足诊断流程图

(3)油路中有空气或水。

(4)个别缸不工作或工作不良。

(5)喷油泵供油时间太早。

(6)各缸供油间隔不均。

(7)各缸供油量不等。

(8)各缸喷油压力、喷油质量不一。

(9)各缸密封性不一。

(10)调速器飞球组件不灵活或间隙太大,造成运转稳定性差。

(11)各缸柱塞偶件、出油阀偶件和针阀偶件技术状况不一。

(12)供油拉杆上的拨叉或柱塞套筒上的扇齿松动。

(13)喷油器堵塞或滴油。

(14)空气滤清器脏污严重。

(15)选用柴油标号不当或柴油质量欠佳,使汽缸内着火落后期延长,造成柴油机工作粗暴。

3)诊断方法

按诊断流程图所示方法诊断,如图 3-84 所示。

4. 排气烟色不正常

技术状况良好的柴油机,在常用工况下排气管排出的废气,是无色透明或接近无色透明的气体。如果在常用工况下排气具有某种颜色,是故障的反映。不正常的烟色一般分为三种,即黑烟、白烟和蓝烟。

1)排黑烟

(1)现象:柴油车排气呈黑色烟雾,尤其是加速行驶、爬越坡度或柴油机起动时,排黑色烟雾更为严重。

(2)原因:燃油的主要化学元素是碳和氢,如果汽缸内在缺氧的条件下燃烧,会造成燃烧不完全,使一部分未燃烧的碳元素形成游离碳,随废气一起排出成为黑色烟雾。

柴油机排黑烟的主要原因如下:

①空气滤清器严重堵塞,造成进气量不足。

②喷油泵循环供油量调整过大或各缸供油不均匀度太大。

③喷油器喷雾质量不佳或喷油器滴油。

④供油时间过晚。

⑤汽缸工作温度太低或压缩压力不足。

⑥柴油质量低劣。

⑦经常在超负荷下运行。

⑧机油进入燃烧室过多。

⑨校正加浓供油量调整太大。

(3)诊断方法:按诊断流程图所示方法诊断,如图 3-85 所示。

当柴油机循环供油量太大时,如果是怠速时排黑烟,说明怠速循环供油量太大;如果是额定转速时排黑烟,说明额定循环供油量太大;如果是超负荷运转时排黑烟,说明校正加浓供油量太大。循环供油量的检测与调试,必须拆下喷油泵(附调速器)总成在喷油泵试验台上按原厂规定进行。柴油机短时间超负荷运转,其排气烟色为灰黑色属于正常现象。

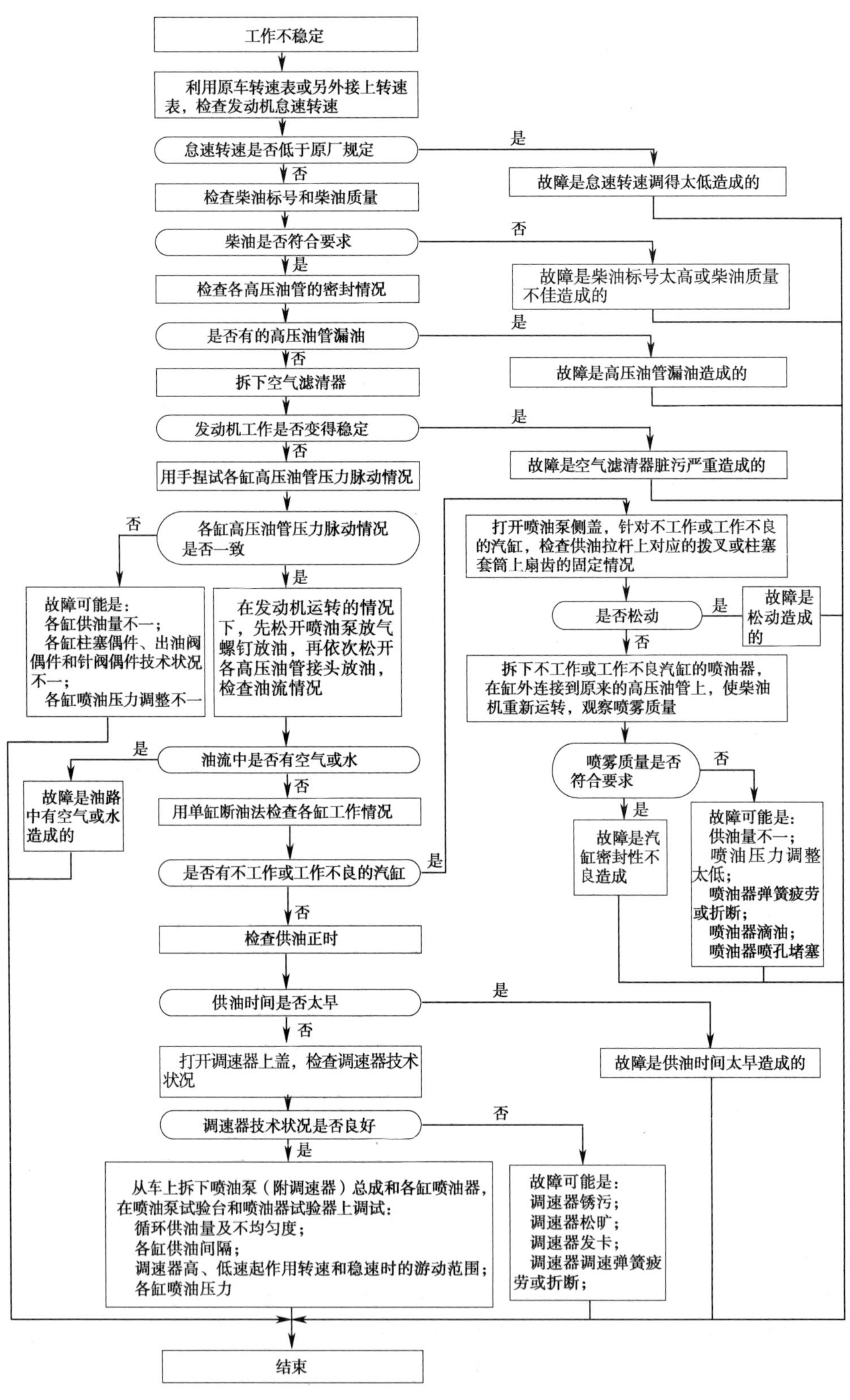
工作不稳定
利用原车转速表或另外接上转速表，检查发动机怠速转速
怠速转速是否低于原厂规定
是
故障是怠速转速调得太低造成的
否
检查柴油标号和柴油质量
柴油是否符合要求
否
故障是柴油标号太高或柴油质量不佳造成的
是
检查各高压油管的密封情况
是否有的高压油管漏油
是
故障是高压油管漏油造成的
否
拆下空气滤清器
发动机工作是否变得稳定
是
故障是空气滤清器脏污严重造成的
否
用手捏试各缸高压油管压力脉动情况
各缸高压油管压力脉动情况是否一致
否
故障可能是：各缸供油量不一；各缸柱塞偶件、出油阀偶件和针阀偶件技术状况不一；各缸喷油压力调整不一
是
在发动机运转的情况下，先松开喷油泵放气螺钉放油，再依次松开各高压油管接头放油，检查油流情况
油流中是否有空气或水
是
故障是油路中有空气或水造成的
否
用单缸断油法检查各缸工作情况
是否有不工作或工作不良的汽缸
是
打开喷油泵侧盖，针对不工作或工作不良的汽缸，检查供油拉杆上对应的拨叉或柱塞套筒上扇齿的固定情况
是否松动
是
故障是松动造成的
否
拆下不工作或工作不良汽缸的喷油器，在缸外连接到原来的高压油管上，使柴油机重新运转，观察喷雾质量
喷雾质量是否符合要求
是
故障是汽缸密封性不良造成
否
故障可能是：供油量不一；喷油压力调整太低；喷油器弹簧疲劳或折断；喷油器滴油；喷油器喷孔堵塞
否
检查供油正时
供油时间是否太早
是
故障是供油时间太早造成的
否
打开调速器上盖，检查调速器技术状况
调速器技术状况是否良好
否
故障可能是：调速器锈污；调速器松旷；调速器发卡；调速器调速弹簧疲劳或折断；
是
从车上拆下喷油泵（附调速器）总成和各缸喷油器，在喷油泵试验台和喷油器试验器上调试：循环供油量及不均匀度；各缸供油间隔；调速器高、低速起作用转速和稳速时的游动范围；各缸喷油压力
结束

图 3-84　工作不稳定诊断流程图

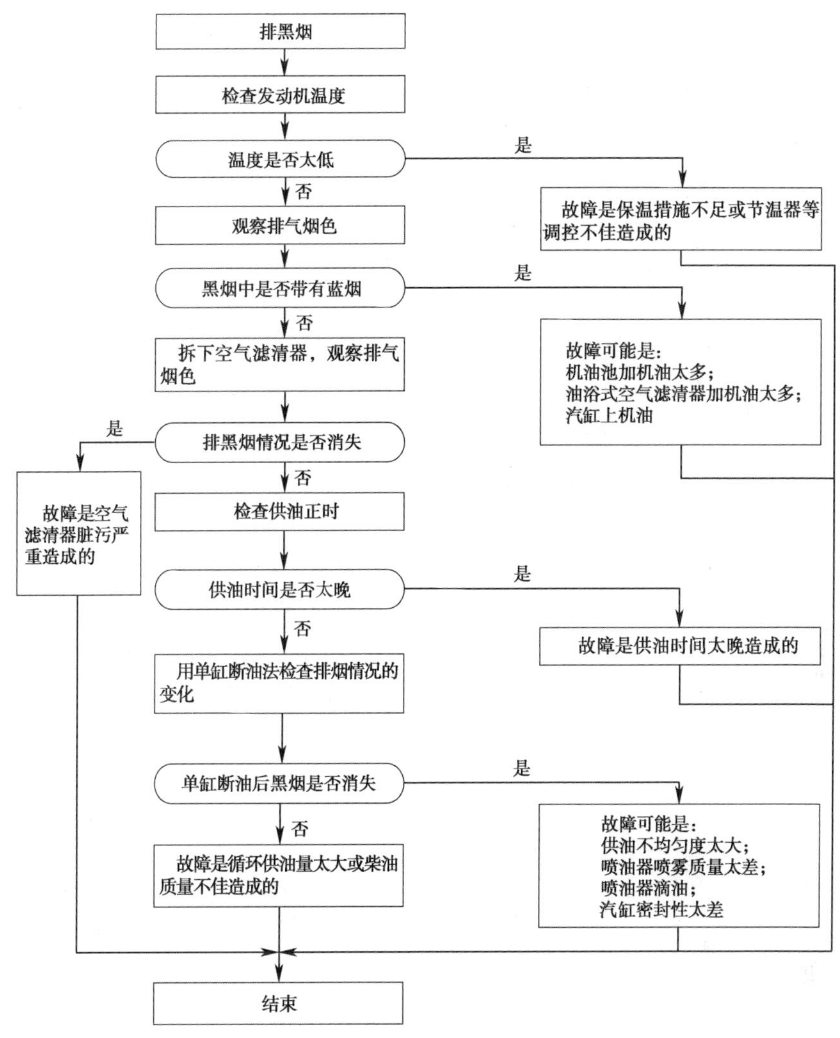

图3-85　排黑烟诊断流程图

汽缸密封性不良时,不仅使压缩终了的汽缸温度、汽缸压力和涡流强度降低,而且漏掉的空气量增多,燃烧时氧气量不足,造成燃烧不完全,致使排气冒黑烟。

质量低劣的柴油,雾化性能差,着火性能差,造成燃烧不完全,致使排气冒黑烟。机油过多地进入燃烧室,其油雾不易燃烧完全,因而加剧了排黑烟倾向。

2)排白烟

(1)现象:柴油车排气呈白色烟雾。

(2)原因:柴油车排白烟,是柴油机汽缸内柴油蒸气未着火燃烧或柴油中有水造成的。当汽缸内的柴油经过雾化、蒸发与空气形成可燃混合气而未能着火燃烧时,可燃混合呈白色烟雾状;水在汽缸内形成的水蒸气也呈白色烟雾状。柴油机排白烟的主要原因如下:

①柴油中有水,或因汽缸衬垫烧蚀、缸盖或湿式缸套裂纹漏水等原因造成汽缸进水。

②汽缸工作温度太低或汽缸压缩压力不足。

③喷油器喷雾质量不佳。

④喷油泵供油时间太晚。

⑤柴油质量低劣或选用牌号不符合要求。

(3)诊断方法:按诊断流程图所示方法诊断,如图3-86所示。

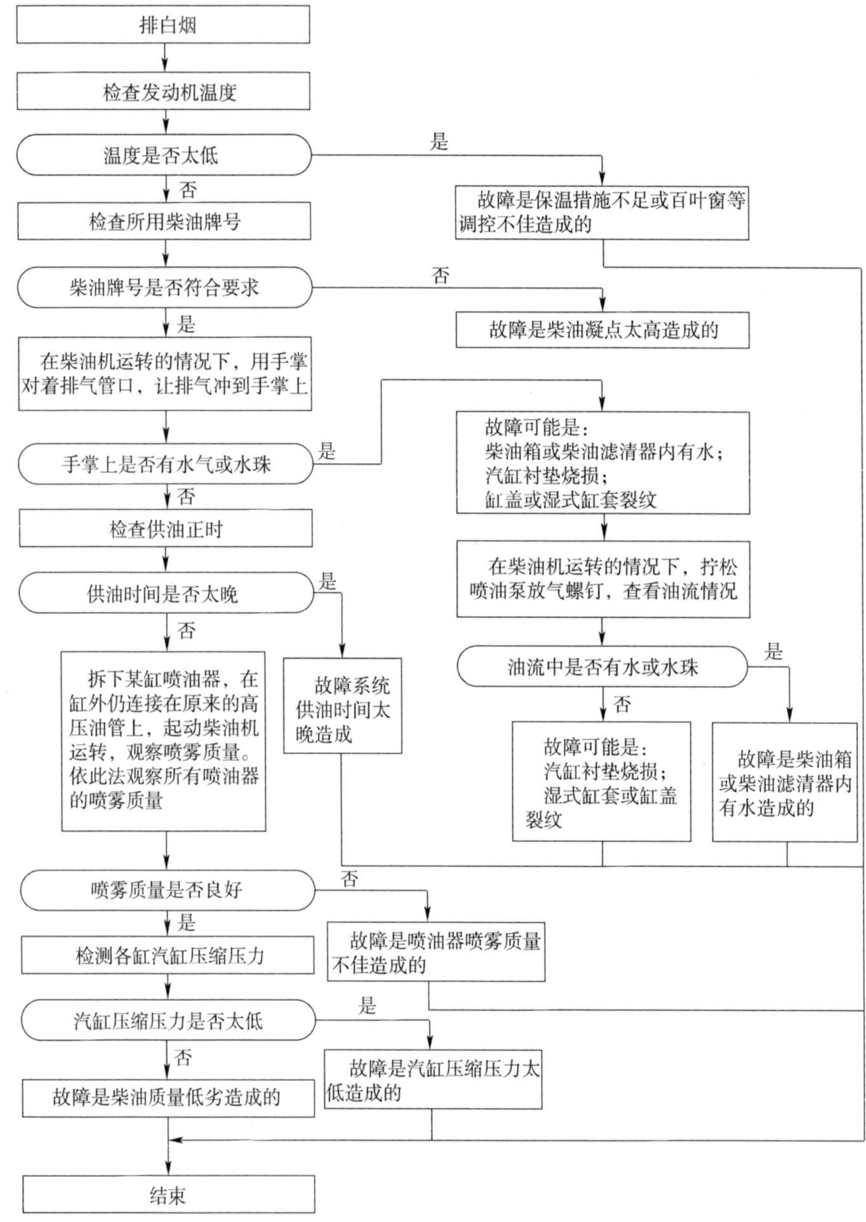

图3-86　排白烟诊断流程图

冬季的早晨,柴油机冷起动后往往冒白烟,但当发动机热起后白烟能自行消失,这是正常现象,不属于故障。

3)排蓝烟

(1)现象:柴油车排气呈蓝色烟雾。

(2)原因:柴油车排蓝烟,是柴油机机油进入燃烧室形成蓝色油雾所致。排蓝烟的主要原因如下：

①柴油机机油池内机油油面太高。

②油浴式空气滤清器内机油油面太高。

③由于汽缸间隙太大、汽缸漏光度太大、活塞环磨损过甚、活塞环弹力太小、活塞环对口或活塞环装反等原因造成汽缸上机油严重。

④进气门与其导管松旷。

⑤机油黏度太小。

(3)诊断方法：按诊断流程图所示方法诊断，如图3-87所示。

机油池和油浴式空气滤清器油面太高时，仅会造成一度排蓝烟，机油油面降低后排蓝烟现象消失。进气门与其导管松旷后排蓝烟，较为轻微。汽缸上机油是排蓝烟的主要原因，可用来评价汽缸活塞组的密封性，进而判断发动机的技术状况。

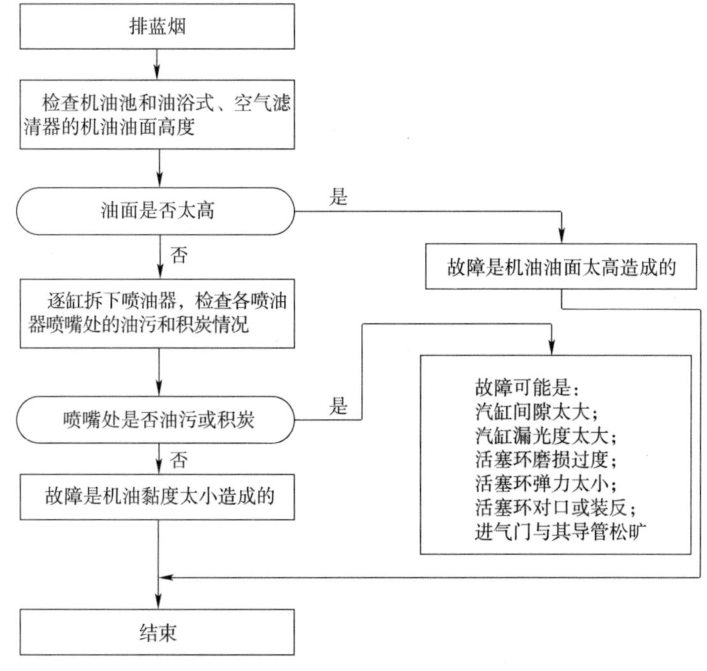

图3-87 排蓝烟诊断流程图

5.转速失控

1)现象

使用柱塞式喷油泵的柴油机，在汽车运行或自身空转中，尤其是全负荷或超负荷运转中突然卸荷后，转速会自动升高以至超过额定转速而失去控制，驾驶员抬起加速踏板后对转速的控制不起作用。

2)原因

(1)供油拉杆(或齿杆)在其承孔内因缺油、锈蚀、油腻等原因造成发卡，使其在额定供油位置或校正加浓供油位置上回不来。

(2)调速器因飞球组件发卡、锈污、松旷或解体等原因失去效能或效能不佳。

(3)供油拉杆(或齿杆)与飞球组件脱开。

(4)调速器内加机油过多或机油太黏稠，使飞球甩不开。

(5)汽缸上机油严重或机油池加机油太多,使汽缸额外进入燃料。

3)诊断方法

柴油机转速失控后,应采取紧急措施使发动机熄火。此时,若汽车在运行中,千万不要脱挡或踩下离合器,应紧急制动直至发动机熄火。若汽车静止发动机空转时发生转速失控,可采用关闭柴油箱开关、卸下柴油滤清器至喷油泵的管接头、用衣服或坐垫等物堵死进气管口、操纵减压手柄使汽缸处于减压状态等方法,使柴油机尽快停车。

转速失控故障的诊断应在柴油机熄火以后按诊断流程图所示方法进行,如图3-88所示。转速失控故障未排除前决不允许再起动柴油机。

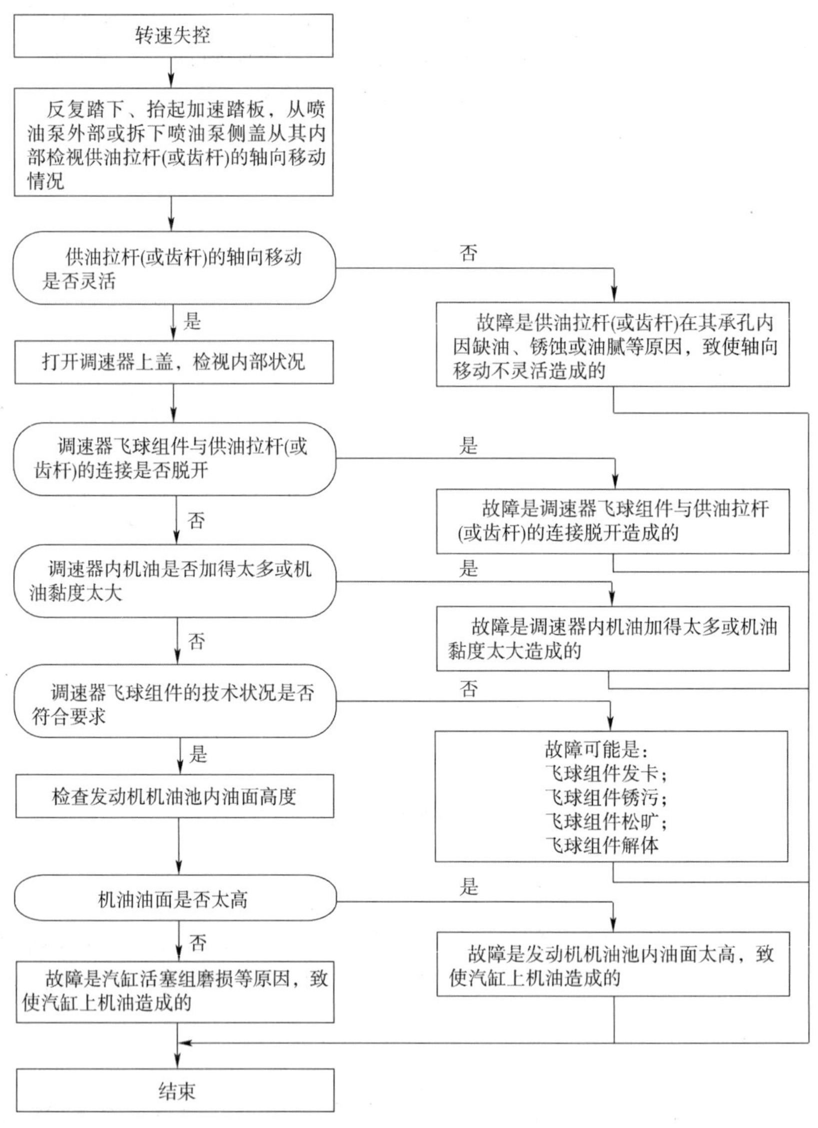

图3-88 转速失控诊断流程图

二、压力波形及针阀升程波形的观测与分析

柴油机燃料系统工作性能的好坏,在很大程度上取决于喷油泵及喷油器的工作质量。

喷油泵和喷油器的工作质量,可通过它们二者之间的高压油管中压力变化情况及喷油器针阀升程情况反映出来。因此,用汽车专用示波器观测高压油管中压力与喷油泵凸轮轴转角之间的对应关系,观测喷油器针阀升程与喷油泵凸轮轴转角之间的对应关系,可以判断柴油机燃料系统技术状况是否良好。除了汽车专用示波器,多数柴油机综合性能分析仪、汽柴油机综合性能分析仪中的示波器部分,均能在柴油机不解体情况下,以多种形式观测各缸高压油管中的压力波形和喷油器的针阀升程波形。为了叙述方便,以上汽车专用示波器和综合性能分析仪中的示波器部分,通称为柴油机示波器。

1. 柴油机示波器的检测项目

柴油机示波器,对柴油机燃料系统的主要检测项目如下。

(1)观测压力波形:可观测到各缸高压油管中的压力波形。这些波形能以多缸平列波、多缸并列波、多缸重叠波、单缸选缸波和全周期单缸波的形式出现。

(2)观测针阀升程波形:可观测到喷油器针阀升程与喷油泵凸轮轴转角对应关系的波形和针阀升程与高压油管中压力变化对应关系的波形。

(3)检测瞬态压力:可测出高压油管内的最高压力、残余压力、针阀开启压力和针阀关闭压力。

(4)供油均匀性判断:通过比较各缸高压油管中压力波形的面积,可观测到各缸供油量的一致性,并能找出供油量过大或过小的缸。

(5)观测异常喷射:根据针阀升程波形和压力波形,可观测到停喷、间隔喷射、二次喷射、喷前滴漏、针阀开启卡死和喷油泵出油阀关闭不严等故障。

(6)检测供油间隔:通过观测屏幕上各缸并列波对应的喷油泵凸轮轴角度,可检测到各缸之间供油间隔的大小。

2. 压力波形和针阀升程波形

图 3-89 是在柴油机有负荷情况下,用柴油机示波器实测的某缸高压油管内压力 p 和针阀升程 S 随喷油泵凸轮轴转角 θ 的变化曲线。图中还可以看出针阀升程 S 与压力 p 之间的对应关系。图中,p_r、p_0、p_b 和 p_{max} 均为高压油管内的压力。其中:p_r 为残余压力,P_0 为针阀开启压力,p_b 为针阀关闭压力,p_{max} 为最大压力。在横坐标上,整个曲线可划分为三个阶段。其中,Ⅰ 为喷油延迟阶段。若高压油管渗漏,出油阀偶件或喷油器针阀偶件不密封造成残余压力 p_r 下降,调高针阀开启压力 p_0,随意增加高压油管的长度或增加高压油系统的总容积(如漏装减容体)等,都会使这个阶段延长。Ⅱ 为主喷油阶段。该阶段的长短主要与柴油机负荷有关,对于柱塞式喷油泵而言就是与柱塞的供油行程长短有关。供油行程越大,该阶段越长。Ⅲ 为自由膨胀阶段。若高压油管内最大压力 p_{max} 不足,可使该阶段缩短,反之使该阶段 延长。

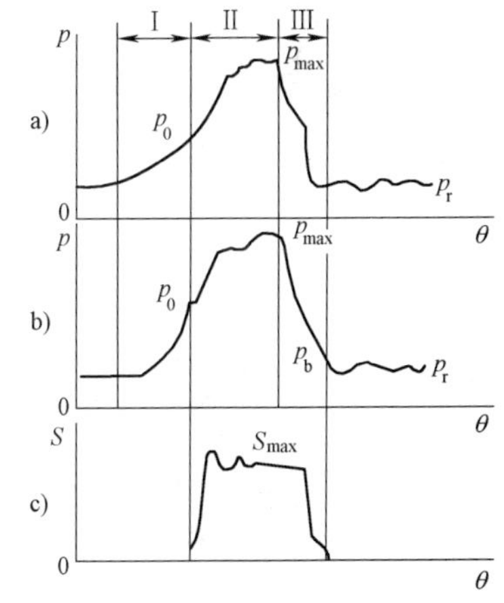

图 3-89 高压油管内压力波形和喷油器针阀升程波形

a)喷油泵端压力波形;b)喷油器端压力波形;c)针阀升程波形

从图 3-89 中可以看出,Ⅰ、Ⅱ阶段为喷油泵的实际供油阶段,Ⅱ、Ⅲ阶段为喷油器的实际喷油阶段。在循环供油量一定的情况下,若Ⅰ阶段延长和Ⅲ阶段缩短,则喷油器针阀升程所占凸轮轴转角减小,使喷油量减少。反之,若Ⅰ阶段缩短和Ⅲ阶段延长,则使喷油量增大。因此,波形上三个阶段的长短，对该缸工作性能是有影响的。所以，实测时必须将各缸的压力波同时调取出来，以多种形式进行对比观测，才能判断柴油机供油系统的技术状况。

柴油机示波器显示的高压油管内的压力波形，可用全周期单缸波、多缸平列波、多缸并列波和多缸重叠波 4 种排列形式进行观测。

（1）全周期单缸波：即单独将某一缸高压油管中的压力随喷油泵凸轮轴转过360°时的变化情况显示出来的波形，如图 3-90 所示。波形上有一个通过人工调节移动的亮点，柴油机示波器可以随时指示出亮点所在位置的瞬态压力。因此，移动亮点到波形上的相关位置即可测出任意缸高压油管中的残余压力 p_r、针阀开启压力 p_0、针阀关闭压力 p_b 和最大压力 p_{max}。

（2）多缸平列波：即以各缸高压油管内的 p_r 为基线，将各缸波形按着火顺序从左至右首尾相连的一种排列形式，如图 3-91 所示。利用该波形可观测到各缸 p_0、p_b 和 p_{max}点在高度上是否一致，因而可用于比较各缸 p_0、p_b 和 p_{max}值的一致性。

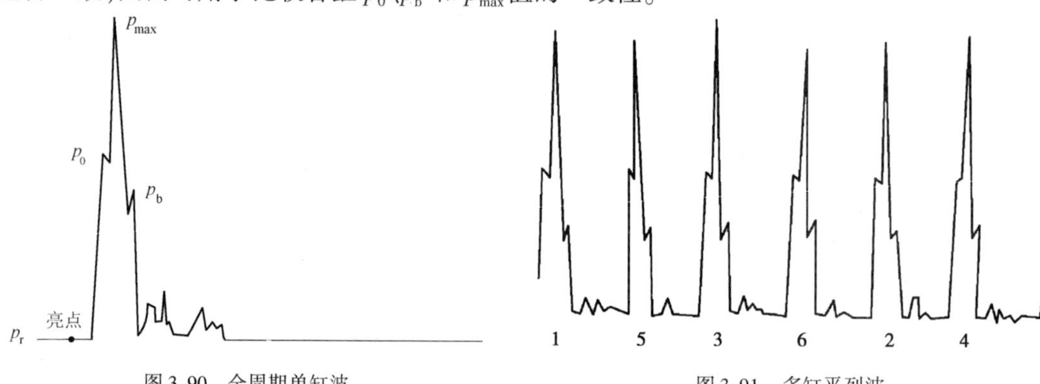

图 3-90　全周期单缸波　　图 3-91　多缸平列波

（3）多缸并列波：即将各缸波形按着火顺序自下而上单独放置并将其首部对齐的一种排列方式，如图 3-92 所示。必要时可将某缸波形单独选出观测，即为单缸选缸波。通过观测各缸波形三阶段面积的大小，可用于比较各缸供油量、喷油量的一致性。

（4）多缸重叠波：即将各缸波形之首对齐并重叠在一起的一种排列形式，如图 3-93 所示。利用该波形可观测到各缸波形在高度、长度和面积上的一致程度，可用于比较 p_r、p_0、p_b、p_{max}、供油量和喷油量的一致性。

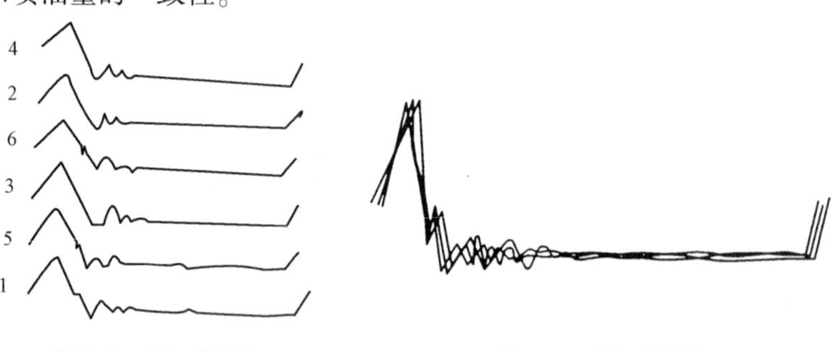

图 3-92　多缸并列波　　图 3-93　多缸重叠波

除了压力波形的观测外，还可进行喷油器针阀升程波形的观测。针阀升程是判断实际喷油情况的重要参数。通过对针阀升程波形的观测，可发现喷油器有无二次喷射、间断喷射和停喷等故障。针阀升程与凸轮轴转角及高压油管中压力的对应关系可参见图 3-89。

3. 波形观测与分析方法

用柴油机示波器实测柴油机燃料系统技术状况时，首先应按柴油机示波器使用说明书的要求,将示波器预热、自校和调试,并把串接式油压传感器按要求安装在各缸高压油管与喷油器之间或将外卡式油压传感器按要求卡在各缸高压油管上。设被测柴油机为6缸发动机,工作顺序为1-5-3-6-2-4,并预热至正常工作温度。

柴油机示波器与柴油机连接好后,起动柴油机处于运转状态,通过操作柴油机示波器的菜单或按键,即可在示波器屏幕上获取被测柴油机的多缸平列波、多缸并列波、多缸重叠波或全周期单缸波。

1)检测高压油管内的瞬态压力

使柴油机在800~1000r/min下稳定运转,通过柴油机示波器菜单或按键选择,使示波器屏幕上出现稳定的多缸平列波。再通过菜单或选缸键,从多缸平列波上选出被测缸的全周期单缸波。此时,示波器屏幕上仅存在被测缸的全周期单缸波,调节示波器上的电位器,使亮点沿全周期单缸波形移动(图3-90),亮点所在位置的瞬态压力由示波器指示出来。由此可分别测出高压油管内喷油器针阀开启压力 p_0、关闭压力 p_b、最大压力 p_{max} 和残余压力 p_r。当发动机空转且循环供油量很小时,有时 $p_0 = p_{max}$,即针阀开启压力等于油管内最大压力,如图3-94所示。

用上述方法测出各缸高压油管内的瞬态压力,同一台发动机各缸的 p_r、p_0、p_b 和 p_{max} 应该分别相等,并应符合原厂要求。

2)观测各缸供油量的一致性

经过上一项观测,在各缸 p_r、p_0、p_b 和 p_{max} 一致的情况下,可进一步比较各缸供油量的一致性。先将发动机调到需要的转速,一般是中速,然后通过示波器菜单或按键调出该机多缸重叠波,观测波形Ⅰ、Ⅱ、Ⅲ阶段的重叠情况。若波形三个阶段重叠较好,说明各缸供油量比较一致;若波形三个阶段重叠不好,说明各缸供油量不一致。其中,波形三个阶段窄的缸供油量小,波形三个阶段宽的缸供油量大。通过菜单或选缸键,可以找出是哪一缸的供油量不正常。

也可以调出多缸并列波比较各缸供油量的一致性。

应当指出,当各缸供油间隔不一致时,应先按下面步骤4)检测并调整好供油间隔后,再进行各缸供油量一致性的观测。

3)观测喷油器针阀升程

将被测缸喷油器顶部的回油管拆下,把柴油机示波器针阀传感器旋紧在喷油器顶部并锁紧。置发动机在中速下运转,通过菜单或按键使示波器屏幕上出现6条平行线,被测缸的针阀升程波形出现在对应的平行线上,如图3-95所示。

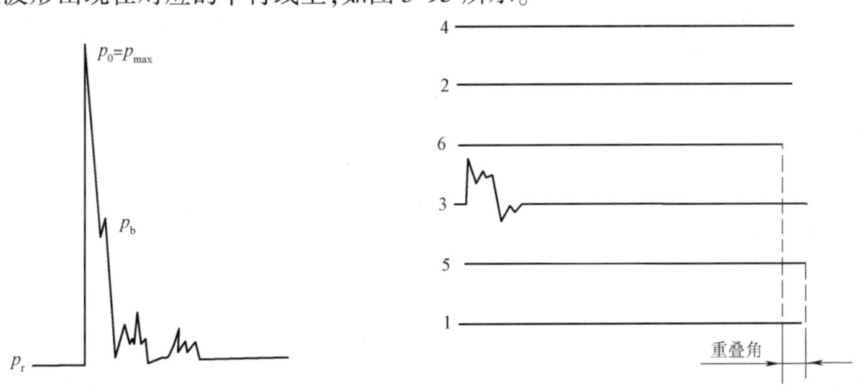

图3-94 循环供油量很小时的全周期单缸波　　图3-95 针阀传感器安装在3缸喷油器上的针阀升程波形

喷油器针阀升程波形，对于观测喷油器针阀的开启、关闭和有无异常喷射等方面很有用处。异常喷射是指喷油器间隔喷射、二次喷射、停喷和针阀抖动、跳动等不正常喷射现象。这些现象很容易通过针阀升程波形观测到。其中，间隔喷射和停喷等现象常在喷油量很小的怠速或低速情况下出现，此时的针阀升程波形变的时有时无或升程时大时小。

4）检测各缸供油间隔

检测1缸供油提前角的具体方法将在本节后续内容中介绍。1缸供油提前角检测出来后，如果按工作顺序各缸供油间隔相等，则各缸的供油提前角均等于1缸供油提前角。所以，必须检测各缸间的供油间隔，以确是各缸的供油提前角是否符合要求。利用柴油机示波器检测各缸供油间隔时，应在观测针阀升程波形之后接着进行。观测时应使屏幕上的并列线首端与屏幕左边的横标尺零线对齐，而尾端处于屏幕右边横标尺的60°（喷油泵凸轮轴转角）处。读取各线所占屏幕横标尺度数，即为各缸间（按工作顺序）的实际供油间隔。各并列线的长度可能是不相等的，其中最短并列线与最长并列线之间的重叠区所占喷油泵凸轮轴转角，称为喷油泵重叠角，如图3-95所示。

喷油泵重叠角以接近零为好，亦即各缸供油间隔的误差越小越好。

柴油机按工作顺序的各缸供油间隔（喷油泵凸轮轴转角）可用下式计算

$$\text{供油间隔} = \frac{360°}{i} \tag{3-2}$$

式中：i——发动机缸数。

可以看出，6缸柴油机的各缸供油间隔为60°喷油泵凸轮轴转角，而4缸、8缸柴油机的各缸供油间隔分别为90°和45°喷油泵凸轮轴转角。各缸供油间隔也可以用曲轴转角表示。

根据规定，实际供油间隔与标准供油间隔相比，其误差应在±0.5°曲轴转角的范围内。

如果各缸供油间隔不符合要求，可通过调整喷油泵柱塞与滚轮之间的调整螺钉高度或更换不同厚度的调整垫块加以解决，直至符合要求。

5）观测压力波形

用柴油机示波器观测高压油管内的供油压力波形，可判断柴油机燃料系统的技术状况。实测单缸供油压力波形如图3-96所示。常见的几种故障波形如下，供实测时参考。

（1）喷油泵供油压力不足或喷油器针阀在开启位置“咬死”时的故障波形，如图3-97所示。

（2）喷油器针阀在关闭位置不能开启时的故障波形，如图3-98所示。

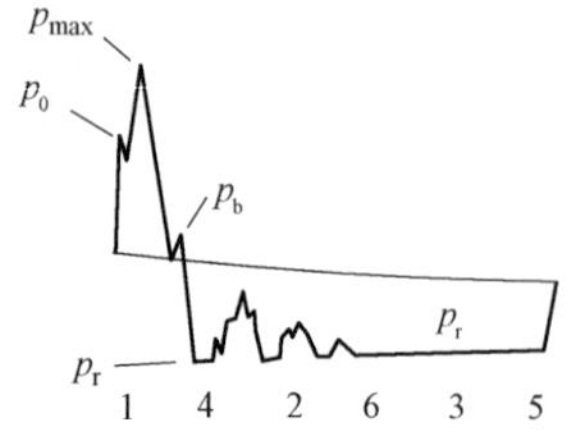

图3-96　实测单缸供油压力波形

图3-97　喷油泵供油压力不足或针阀在开启位置“咬死”时的故障波形

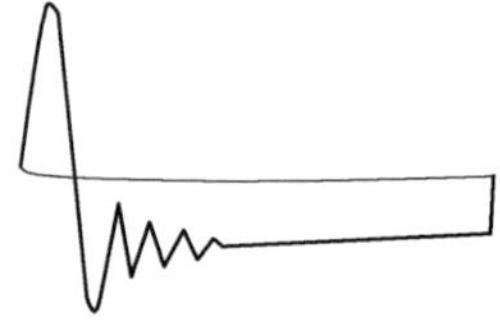

图3-98　针阀在关闭位置不能开启时的故障波形

(3)喷油器喷前滴漏时的故障波形,如图3-99所示。

(4)高压油路密封不严时的故障波形,如图3-100所示。

(5)残余压力 p_r 上下抖动时的故障波形,如图3-101所示。残余压力 p_r 上下抖动,说明喷油器有间隔喷射现象。这是因为当喷油器不能喷油时 p_r 升高,而喷油时 p_r 降低的缘故。

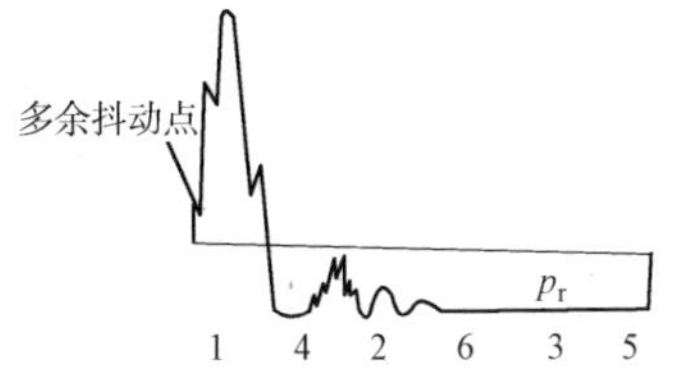

图3-99 喷油器喷前滴漏时的故障波形

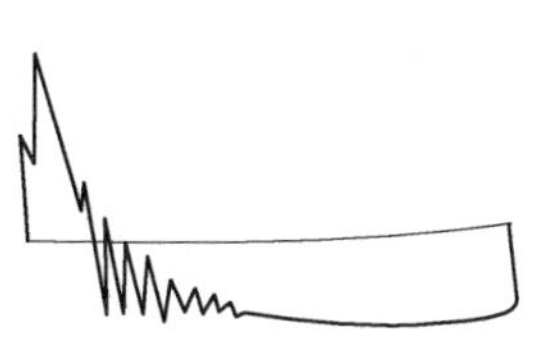

图3-100 高压油路密封不严时的故障波形

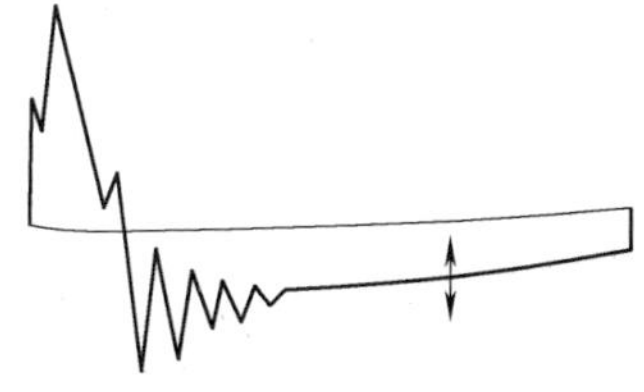

图3-101 残余压力 p_r 上下抖动时的故障波形

柴油机示波器除能显示压力波形外,尚能打印输出。按下打印键即可打印出转速值、压力值和压力波形等。

三、供油正时的检测

供油正时,是指柴油机喷油泵正确的供油时间,一般用供油提前角表示。供油提前角,是指喷油泵1缸柱塞(或最末缸柱塞)开始供油时,该缸活塞距压缩终了上止点前的曲轴转角或凸轮轴转角。

1. 概述

柴油在汽缸中燃烧存在着火落后期,要想使活塞在压缩终了上止点以后附近获得最大爆发压力,喷油器必须在该上止点以前提前喷油。喷油泵向喷油器供油时,由于高压油管的弹性变形和压力升高及传递都需要一定时间,因而开始供油时间比开始喷油时间还要提前。

供油提前角的大小对柴油机的工作过程影响很大。当供油提前角过大时,汽缸内的速燃期在压缩终了上止点以前发生,即汽缸内爆发压力的峰值在活塞到达压缩终了上止点以前发生,将出现功率下降、工作粗暴、油耗增加、着火敲击声严重、怠速不稳、加速不良及起动困难等现象。

当供油提前角过小时,汽缸内的速燃期在压缩终了上止点以后较远处发生,使爆发压力的峰值降低,同样出现功率下降、油耗增加、加速不良等现象,且会引起柴油机过热和排气管冒白烟。因此,柴油机具有一个最佳供油提前角是非常重要的。所谓最佳供油提前角,是指转速和供油量一定的情况下,能获得最大功率、最小耗油率和符合排烟度要求的供油提前角。运行中的柴油车,其发动机的最佳供油提前角应随着转速和供油量的变化而变化。当转速越高、供油量越大时,最佳供油提前角也应越大。为此,有些柴油机的喷油泵上装有供油提前角自动调节器,能在初始供油提前角的基础上,随转速的变化自动调节。也有些柴油机仅能根据常用工况(转速和供油量)确定一个固定的最佳供油提前角,使用中不再发生变化。

2. 用经验法检查并校正供油正时

(1)用手摇把摇转柴油机曲轴,使1缸活塞(或最末缸活塞)处于压缩行程中,当飞轮或曲轴传动带轮上的供油提前角标记或规定角度对准固定标记时,停止摇转。

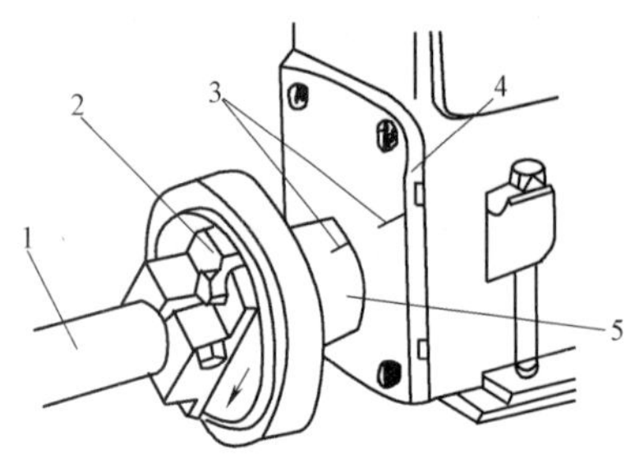

图 3-102　喷油泵 1 缸柱塞开始供油的标记
1-驱动轴;2-联轴器主动盘;3-1 缸开始供油标记;4-泵壳上的轴承盖;5-联轴器从动盘

(2)检查喷油泵联轴器从动盘上刻线标记是否与泵壳前端面上的刻线标记对正,如图 3-102 所示。若两刻线标记对正,说明喷油泵 1 缸柱塞开始供油时间是准确的;若联轴器从动盘刻线标记还未到达泵壳前端面上的刻线标记,说明 1 缸柱塞开始供油时间晚;反之,若联轴器从动盘上的刻线标记已越过泵壳前端面上的刻线标记,说明 1 缸柱塞开始供油时间早。若喷油泵 1 缸柱塞开始供油时间早或晚,应松开联轴器固定螺钉,在上述一对刻线标记对正的情况下紧固。

若联轴器从动盘和泵壳前端面上没有标记,应拆下喷油泵 1 缸高压油管,用手摇把摇转曲轴。当 1 缸柱塞快要供油时,缓慢摇转曲轴并注视 1 缸压紧螺母出油口液面。当液面刚刚向上一动时,停止摇转,此时即为 1 缸开始供油位置。为了以后检查方便,应在联轴器从动盘上和泵壳前端面上补做一对标记。

(3)进行路试:为检验柴油机的供油正时而进行路试时,应选择平坦、坚硬的直线道路或专用跑道,汽车运行至正常工作温度后以最高挡最低稳定车速行驶,然后将加速踏板快速踩到底,使汽车急加速运行。此时,若能听到柴油机有轻微的着火敲击声,且随着车速提高短时间后消失,则为供油时间正确;如果听到的着火敲击声强烈,且车速提高后长时间不消失,则为供油时间早;如果听不到着火敲击声,且加速不良、动力不足、排气管冒白烟,则为供油时间晚。当供油时间早或晚时,只要停车松开喷油泵联轴器紧固螺钉,使喷油泵凸轮轴顺转动方向或逆转动方向转动少许,反复调试几次就可使供油时间变得准确。

以上是喷油泵 1 缸柱塞供油提前角的检查和校正,其他各缸开始供油的时间是否正确,则决定于各缸间供油间隔是否符合要求。如果各缸间供油间隔符合要求,其他各缸开始供油的时间也是正确的,且同于喷油泵 1 缸柱塞开始供油的时间。

3. 用闪光法检测供油正时

用闪光法制成的柴油机供油正时检测仪,其组成、结构、工作原理和使用方法,与检测汽油机点火正时的闪光式正时检测仪基本相同。

常见的闪光式柴油机供油正时检测仪,其油压传感器一般串接在柴油机 1 缸(或最末缸)高压油管与喷油器之间或外卡在该缸高压油管上,可使油压信号转变为电信号,并触发频率闪光灯——正时灯。闪光式正时灯每闪光 1 次表示 1 缸供油 1 次,因此闪光频率与 1 缸供油频率相同。当用闪光式正时灯对准柴油机飞轮壳或曲轴前端正时齿轮室盖上的上止点固定标记并按实际供油频率闪光时,可以看到运转中的柴油机在闪光的照射下,其运转部分(飞轮或曲轴传动带盘)上的供油提前标记还未到达上止点固定标记,即 1 缸活塞还未到达压缩终了上止点,两标记之间的曲轴转角就是供油提前角。此时若调整正时灯上的电位器,将闪光频率逐渐降低,从视觉上我们看到转动部分(飞轮或曲轴传动带盘)上的供油提前标记逐渐向上止点固定标记靠拢。当两标记对正时,停止调整电位器。这时,通过调整电位器使视觉上看到的两标记对正所对应的曲轴转角就是供油提前角,显示到闪光式正时仪的指示装置上便可读出要测的供油提前角。

柴油机供油提前角应符合原厂规定。

闪光式柴油机供油正时检测仪,如图3-103所示,使用车用蓄电池作为电源。

图3-103 闪光式柴油机供油正时检测仪

第六节 机油品质检测与分析

发动机润滑系统的技术状况,直接影响整机的工作性能和使用寿命。检测并分析润滑系统机油品质的变化,不仅能表征润滑系统的技术状况,而且可直接或间接表征曲柄连杆机构和配气机构中有关摩擦副的技术状况。

机油品质在发动机使用过程中会逐渐变化,表现在颜色变黑,黏度变化,添加剂性能丧失等。机油品质变化的主要原因,是机械杂质对其污染和机油自身理化性能指标降低造成的。

污染机油的机械杂质,主要指通过汽缸进入机油池的道路尘埃,未完全燃烧的重质燃料、胶质和积炭,运动机件表面因摩擦、磨损剥落下来的金属微粒等。这些杂质在机油中或处于悬浮状态,或沉积到油泥中去。除上述固体杂质外,从汽缸漏入机油池内的未燃燃油蒸气和水蒸气也会影响机油品质。其中,未燃燃油蒸气会稀释机油,使机油黏度降低,而微小的水滴则与机油构成乳浊液。

发动机工作过程中,在高温和氧化作用下,机油能生成氧化产物和氧化聚合物。氧化产物和氧化聚合物逐渐增多使机油品质发生变化,通常称为机油老化。

综上所述,机油品质变化会对发动机润滑导致严重后果,因而加强对在用机油的定期检测与分析,实行按质换油,具有极为重要的意义。这样做不仅可以节约机油,保证发动机良好润滑,而且可以掌握润滑系统甚至整台发动机技术状况的变化。

对在用机油的检测与分析,有理化性能指标检测法、滤纸斑点分析法、清净性分析法、介电常数分析法、光谱分析法、铁谱分析法和磁性探测器分析法等。

一、理化性能指标检测法

定期对在用机油抽样化验,检测其理化性能指标相对同牌号新机油的变化,能定量评价机油品质的变化程度。例如:检测黏度的变化能反映机油被污染、氧化或燃油稀释的程度;检测酸值的变化能反映机油被氧化的程度;检测闪点的变化能反映机油被燃油稀释的程度;检测石油醚不溶物、正戊烷不溶物和苯不溶物等的含量,能反映机油被燃料炭、高度裂化物、金属微粒、腐蚀产物和外界杂质等污染的程度；检测水的含量能反映机油被乳浊的程度；检测金属微粒的含量，其中特别是铁含量，既能反映机油被污染的程度，又能反映发动机有关机件的磨损速度和磨损程度。

我国汽、柴油车发动机机油的换油指标，就是以检测理化性能指标的变化程度为依据的。

1. 换油指标

按照国家标准《汽油机油换油指标》（GB/T 8028—2010）的要求，汽油机油换油指标执行表3-21的规定，达到表中一项指标即应换油。按照国家标准《柴油机油换油指标》（GB/T 7607—2010）的要求，柴油机油换油指标执行表3-22的规定，达到表中一项指标即应换油。上述两表中运动黏度100℃变化率 X 按下式计算：

$$X = \frac{V_1 - V_2}{V_1} \times 100\% \tag{3-3}$$

式中：V_1——新机油黏度实测值，mm^2/s；

V_2——在用机油黏度实测值，mm^2/s。

汽油机油换油指标 表3-21

项　目	换油指标	试验方法
运动黏度（100℃）变化率	超过±25%	GB 265或SY 2409
水分	>0.2%	GB 260
开口闪点	<180℃	GB 267
酸值增加值	>2.0 mgKOH/g	SY 2454
铁含量	>0.025%	SY 2662
正戊烷不溶物	>2.0%	

柴油机油换油指标 表3-22

项　目		换油指标	试验方法
运动黏度（100℃）变化率		超过+25% −15%	GB 265
酸值		>2.0 mgKOH/g	GB 264
不溶物	石油醚不溶物	>2.5%	SY 2667
	苯不溶物	>1.5%	
铁含量		>0.04%	SY 2662

2. 油样采样方法

油样应在发动机处于热状态怠速运转时，从润滑系统主油道取样。无法在主油道取样的，可在发动机熄火后5min内从机油池放油孔处取样。采样前不得向机油池补加新油。每次采样数量以够用为准。采样容器要清洁，无水和杂质。铁含量测定允许用原子吸收光谱和直读式发射光谱测定。

各项理化性能指标的检测方法，按以上两个表中所列的国家标准进行，本书不再赘述。

二、滤纸斑点分析法

把一滴在用机油按规定条件滴在专用滤纸上，油滴逐渐向四周浸润扩散。由于机油中所含杂质数量和粒度不同，剩余清净分散能力不同，所以扩散程度亦不同，于是在滤纸上形成颜色深浅不同的多圈环形斑点。把滴定的斑点图与标准斑点图谱对比分析，就成为现场分析机油品质的一种简单、快速的方法。该种方法能表征在用机油的剩余清净分散性和老化变质程度，在无全套理化性能指标检测手段时，可作为更换新油的依据。

1. 滤纸斑点图形态

滴定的在用机油斑点图上，一般能扩散成 3 个环形斑点。它们被分别称之为沉积环、扩散环和油环，如图 3-104 所示。

(1)沉积环：在斑点图中心，是机油内粗颗粒杂质沉积区，从其颜色的深浅可粗略判断机油被污染的程度。

(2)扩散环：在沉积环外围的环带，是悬浮在机油内的细颗粒杂质向外扩散时留下的痕迹。杂质颗粒越细扩散越远，且颜色越浅。扩散环的宽窄和颜色的均匀程度，表示机油中污染杂质的分散程度，即机油的清净分散能力或清净分散剂的消耗程度。

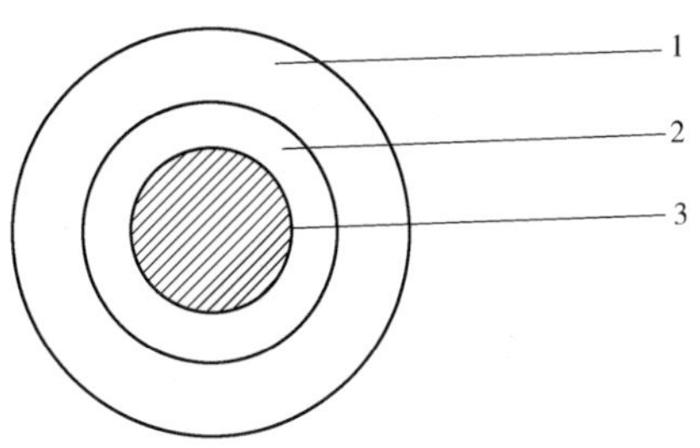

图 3-104　滤纸斑点图形态示意图

1-油环；2-扩散环；3-沉积环

(3)油环：在扩散环外围的环带，颜色由浅黄到棕红，表示机油的氧化程度。

2. 滤纸斑点图滴定方法

按国家标准 GB/T 7607—2010 的要求进行。

(1)滤纸：使用杭州新华造纸厂直径 7cm 或直径 9cm 定性快速滤纸。

(2)滴油棒：使用直径为 2mm、长 150mm 的金属棒。棒的尖端需磨光滑。

(3)框架：用长 × 宽为 12cm × 7cm 的有机玻璃（或硬纸板、塑料板、木板）制成一式两片框架，中间挖成 5cm 的圆孔，一边用胶布黏结。框架可使滤纸背面不接触台面，以免影响油斑的扩散。

(4)滴油温度：在室内常温下进行，最低温度控制在 20℃，要求油温与室温基本一致。

(5)滴油量：用直径 2mm 滴油棒平均滴油量约为 0.02g。

(6)油样：必须在补加新油前发动机运转 5min 后采取。

(7)滴定方法：把滤纸放在框架上压平，将油样充分搅拌或摇动，立即将滴油棒浸入油样 3 ~ 5mm深处，垂直提起，等滴油棒上的机油间断滴落时，取第 3 或第 4 滴油滴，滴在滤纸的中心。将滴过油的滤纸连同框架平放在无风尘之处，静置 2 ~ 4h。

把滴定好的滤纸斑点图与标准滤纸斑点图谱对比分析，即可对在用机油品质作出判断。

3. 滤纸斑点图谱及对比分析

按国家标准 GB/T 7607—2010 的规定，标准滤纸斑点图谱分 6 级。每级斑点图特征和分析、判断方法如下。

(1)1 级:滤纸斑点图的核心区和扩散环,光亮无色或颜色很浅,无明显沉积环。

在用机油滤纸斑点图如属此类,说明是新机油或使用时间很短的机油,尚无污染,继续使用。

(2)2 级:滤纸斑点图的沉积环与扩散环界限分明,扩散环很宽,油环明亮。

在用机油滤纸斑点图如属此类,说明机油使用时间不长,污染程度很轻,清净分散性良好,继续使用。

(3)3 级:滤纸斑点图沉积环暗黑,扩散环较宽,油环明亮。

在用机油滤纸斑点图如属此类,说明机油使用时间较久,污染程度较重,但清净分散性尚好,继续使用。

(4)4 级:滤纸斑点图沉积环深黑,扩散环开始缩小,油环浅黄。

在用机油滤纸斑点图如属此类,说明机油使用时间很长,污染严重,沉积物增多,清净分散性下降,尚可继续使用。

(5)5 级:滤纸斑点图沉积环深黑,甚至呈油泥状,不易干,扩散环狭窄,油环扩大且呈黄色。

在用机油滤纸斑点图如属此类,说明机油的污染已很严重,清净分散性已很差,清净分散剂消耗将尽,不能继续使用,必须换用新油。

(6)6 级:滤纸斑点图只剩极黑的沉积环与棕黄色油环,扩散环已完全消失。

在用机油滤纸斑点图如属此类,说明机油的污染已十分严重,污染杂质完全凝聚在沉积环内,清净分散剂耗尽,清净分散性消失,早就超过了换油期。

滤纸斑点分析法比较简单、快速,适合现场作业,并能给人以直观印象。但是,它只能概略地分析机油品质,无法实现定量分析。

三、清净性分析法

机油老化后形成的氧化生成物,能与机件磨损产生的金属微粒等机械杂质混在一起,并在机油中生成油泥沉积物。这种油泥沉积物,数量少时在油中悬浮,数量多时会从油中析出,造成油道和机油滤清器堵塞,影响机油供给,甚至在活塞环槽处积炭,降低了活塞环的活动性。为此,应在机油中添加油溶性的多效清净分散剂,使机油具有清净分散性。具有清净分散性的机油,有从发动机内零件表面分散、疏松、移走其积炭和污物等有害物质,使它们不致沉积,从而保持零件表面清洁、光亮的能力。

机油的清净性,可定期通过监测机油的污染状况和清净分散剂的消耗程度获得,以判断机油品质的变化程度,从而及时更换机油,减少发动机磨损。机油清净性的分析可采用机油清净性分析仪进行。

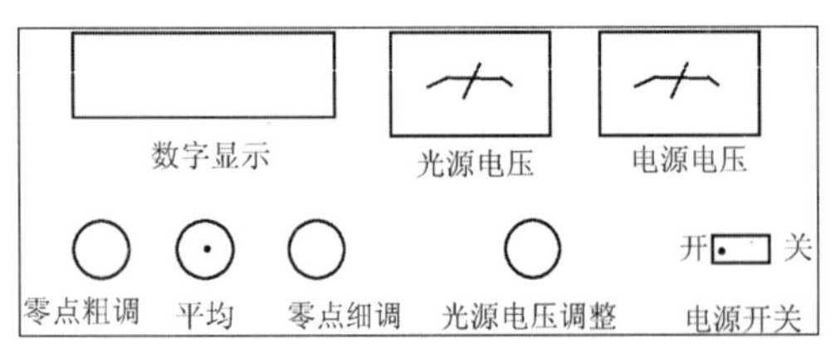

图 3-105 主机面板示意图

国产 JY 型机油清净性分析仪,由主机、光电传感器、光源箱和滴定台 4 部分组成。主机面板如图 3-105 所示。光电传感器的作用是将照射油斑图后的光信号转变为电信号,并送入主机的比较电路中去。光源箱的作用是产生一定照度光线,照射油斑图。滴定台的作用是将机油定量地、准确地滴在专用滤纸的固定位置上,以获得油斑图。滴定台如图 3-106 所示。

JY 型机油清净性分析仪,对在用机油清净分散性进行分析时,先在滴定台上用规定尺寸和形状的滴棒,滴一定量的机油到专用滤纸上,成为油斑图。把油斑图置于另备的烘干箱中保温以加速油滴扩散,然后拿到清净性分析仪上,通过光源箱中的光线分别照射油斑图的沉积环和扩散环,再由光电传感器分别把透过沉积环和扩散环的光信号变成电信号送入主机,于是测得(由主机显示器指示)油斑图沉积环阻光度 a 和扩散环阻光度 b,按下式计算出清净性系数 K:

$$K = 1 - \frac{a-b}{a+b} = \frac{2b}{a+b} \tag{3-4}$$

式中:a——被检油斑图沉积环阻光度;

b——被检油斑图扩散环(检测面积与沉积环相同)阻光度。

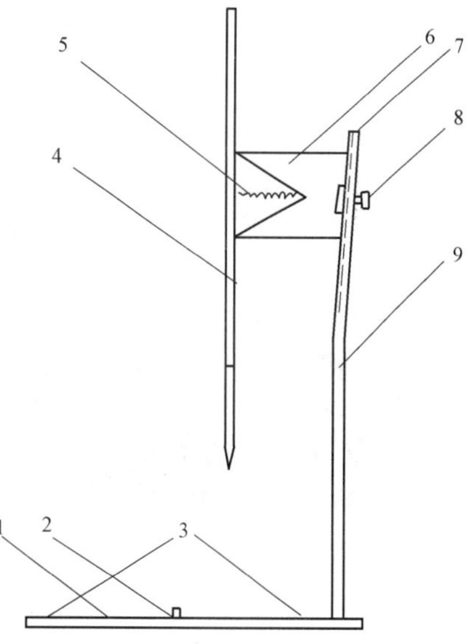

图 3-106　滴定台示意图

1-底座;2-轴销;3-标记;4-滴棒;5-弹簧;6-支架;7-凹槽;8-螺钉;9-支柱

可以看出,当油斑图沉积环阻光度 a 远大于同面积扩散环阻光度 b 时,K 值很小,说明机油污染、老化严重,清净分散性已变得很差,机油中的杂质大部分集中在沉积环内。当 $b = 0$ 时,$K = 0$,说明机油已无清净分散性,油斑图仅存沉积环,已无扩散环。如果 $a = b$,则 $K = 1$,说明机油清净分散性极好,油滴能从滤纸中心扩散到较远处,且沉积环与扩散环阻光度相等。

从以上分析不难看出,机油清净分散性系数 K 的变化范围为 0 ~ 1。不同的 K 值表示机油具有不同的清净分散性或污染度。当 $K = 0$ 时,机油的清净分散性等于零;当 $K = 1$ 时,机油的清净分散性最好。

四、介电常数分析法

物质的介电常数(亦称电容率),是同一电容器中用某一物质作为电介质时的电容和其中为真空时电容的比值。介电常数通常随温度和介质中传播的电磁波的频率而变,机油的介电常数也具有这一性质。在同一温度下,在用机油介电常数相对同一牌号新机油的变化,主要是机油内添加剂逐渐减少,污染、老化程度逐渐增加造成的。测得介电常数这一变化量,即可分析出机油品质的变化程度。当被测机油中有金属微粒和导电性强的化合物存在时,对测量值有极大影响。

用上述原理制成的仪器有美国产 NI—2B 型润滑油质量检测仪和国产 RZJ—2A 型润滑油质量微机检测仪等。

RZJ—2A 型润滑油质量微机检测仪(以下简称“油质仪”)的外形如图 3-107 所示。油质仪采用了对污染物有较大灵敏度的平面电容器作为传感器。这种平面电容器由两条螺旋形金属引线组成,从外缘绕向中心。被测机油充当电容器介质。从传感器获得的电信号,通过专用数字电路变成数字信号,送入微电脑处理并与参考信号比较。当数字显示屏显示为零时,表明所测数字信号与参考信号相等;当数字显示屏显示不为零时,表明所测数字信号大于或小于参考信号的值,表示机油介电常数的变化量。该变化量越大,说明机油污染、老化

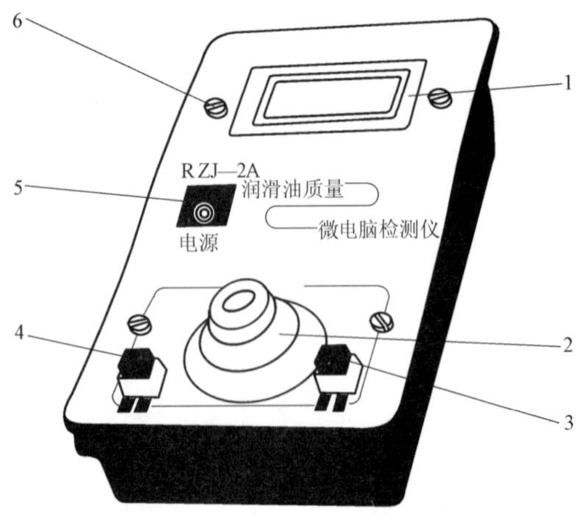

图3-107　RZJ—2A 型油质仪外形图

1-数字显示屏;2-机油传感器;3-清零按键;4-测量按键;5-电源开关;6-固定螺钉

变质程度越严重。

油质仪携带方便,操作简单,可实现快速检测。使用时应先用脱脂棉彻底清洁油质仪传感器油槽,然后用3～5滴与被测机油同牌号的新机油置于传感器油槽中,使机油与油槽边沿齐平。2～5s后机油在油槽内已扩散完毕,轻轻按一下"清零按键",约2s后清零,显示"±00.0"。再一次彻底清洁传感器油槽,用3～5滴被测机油油样置于传感器油槽中,要求同于上述新机油。轻轻按一下"测量按键",数字显示屏立即显示出被测油样相对新机油介电常数改变值。

被测在用机油是否需要更换新油,可参考表3-23中所列标准。油质仪测定介电常数改变值达到表列范围内时,发动机应更换新机油。被测机油的油样,应从运转停止后5min内工作温度正常的(新机油油样亦应加热到这一温度)发动机油池内提取。

在用机油换油标准　　表3-23

发动机类型	仪器测定值	发动机类型	仪器测定值
汽油机	4.2～4.7	柴油机	5.0～5.5

从数字显示屏获得读数后应继续观察显示屏内数字的变化,以便找出机油品质变化的原因。显示屏内数字的变化有下述三类情况:

(1)数字为"+"稳定不动,表明机油为一般常见污染、老化变质,即机油中含有氧化物、油泥、污物、积炭和酸性物质等。

(2)数字向"+"方向漂移激烈,表明机油中有较多的水、防冻液和大颗粒金属微粒。

(3)数字向"-"方向漂移,说明机油被汽油稀释。但机油被柴油稀释时,数字不向"-"漂移。

可以看出,介电常数分析法不仅能监测机油品质的变化程度,确定机油换油时机,而且可以分析出机油品质变化的原因。

五、光谱分析法

发动机工作时,由于润滑系统的机油具有一定的清洗作用,因而将各摩擦表面的磨损微粒带至机油池内,并悬浮在机油中。这些磨损微粒主要是铁、铬、铜、锡、铅、铝、硅等元素,其在机油中的含量往往是机件磨损的函数。因此,检测机油中金属微粒的含量,不仅能表明机油被机械杂质污染的程度,而且可用来确定机件磨损的程度。同时,机油中金属微粒含量的变化速度亦可反映机件的磨损速度。因而定期进行这一检测工作,可以表征发动机的技术状况。

复色光通过三棱镜或光栅后,分解成的单色光所排成的光带叫光谱。各种元素都有它自己独特的光谱。用光谱分析法分析在用机油,可以确知机油中金属微粒的成分和含量,并能实现对发动机不解体诊断。根据资料介绍,光谱分析法对于机油分析应用较早。美国在 1942 年首先运用,英国于 1959 年开始运用,苏联在 1971 年开始运用,我国于 1976 年开始运用。

光谱分析法可分为分光光度分析法、原子发射光谱分析法和原子吸收光谱分析法三种。

1. 分光光度分析法

分光光度分析法,是利用在用机油中金属微粒对光的吸收作用而建立的分析方法。其基本方法是,采用分光光度计测定经过配制的含有某种金属微粒溶液的吸光度,再与事先已制成的这种金属元素各种不同含量的标准谱或标准吸光度曲线进行比较,即可确定此溶液的金属微粒含量。例如分析机油中的铁含量时,应先把含铁油样放在坩埚中燃烧到只剩下铁微粒,加酸溶解制成含铁溶液,然后按上法即可分析出机油中的含铁量。

这种分析方法随分光光度计使用光源的不同,又可分为可见光源、红外线光源和紫外线光源三种类型分光光度分析法。

分光光度分析法具有灵敏度高,准确度和稳定性较好,对微量元素分析效果好等优点,但也有分析速度慢、程序烦琐等不足。

2. 原子发射光谱分析法

原子发射光谱分析法,是利用机油中金属微粒受电能或热能激发后发射出特性光谱的性质而建立的分析方法。它能激发机油中诸金属元素,并根据这些金属元素发射出不同的光谱线强度对各元素进行定量分析。

该分析方法所使用的一种发射光谱测定分析仪原理图如图 3-108 所示,其工作过程如下。

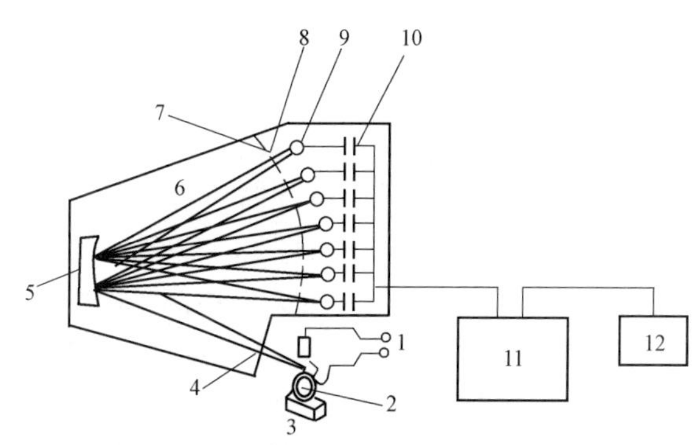

图 3-108 发射光谱测定分析仪原理图

1- 高压激发源;2-回转石墨盘;3-油样槽;4-入口缝隙;5-光栅;6-特性光谱;7-焦点曲线;8-出口缝隙;9-光电探测器;10-信号积分仪;11-信号处理仪;12-打印机

高压(15000V)激发源,是用电火花直接激发由回转石墨盘从油样槽中带出油样中的金属微粒。发射光谱由入口缝隙进入分析仪照射光栅,经光栅反射的特性光谱聚焦于焦点曲线,再经出口缝隙进入光电探测器转变成电信号并传输给信号积分仪和信号处理仪,最后由打印机输出检测结果。

该分析方法具有分析速度快、精度高、灵敏度好和操作简单等优点,但也具有价格昂贵和只能测定分析直径小于 10μm 的金属微粒等不足。

3. 原子吸收光谱分析法

原子吸收光谱分析法,是利用原子蒸气吸光度与原子浓度成正比的原理建立的分析方法。它能将机油中金属微粒热解原子化,并根据原子蒸气对各种不同波长的单色光光源发出的特征光谱线吸收作用的不同,来确定各种金属元素含量的。该分析方法所使用的一种原子吸收光谱分析仪的原理图如图 3-109 所示,其工作过程如下。

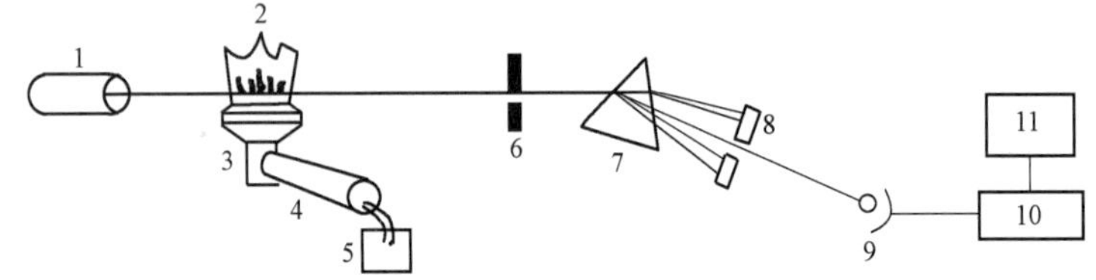

图 3-109　原子吸收光谱分析仪原理图

1-空心阴极放电灯;2-火焰;3-喷灯;4-喷雾器;5-油样;6、8-缝隙;7-棱镜;9-光电倍增管;10-放大器电路;11-指示装置

空心阴极放电灯是仪器的光源,能发射被测金属元素的特征光谱线。油样经喷雾器以雾状喷入喷灯的火焰中燃烧,使金属元素还原成原子态。光源发射的光谱线通过火焰时被所测金属元素的原子吸收,吸收的程度由棱镜、透镜、缝隙等组成的波长选择器(是一个单色光镜,可选择被测光的相应波长)测得,并传输给光电倍增管、放大器电路和指示装置,在传输的过程中由光信号转变为电信号,然后经放大、处理后输出。从指示装置上读取的数值是吸光度,根据吸光度可在标准谱中查出金属元素的浓度。

该分析方法具有精确度、灵敏度高的优点,但每测一种金属元素都要更换一种单色光源,十分麻烦,不适合快速分析。

上述三种光谱分析方法都有一个共同的缺点,就是仅能给出油样中金属元素的成分和含量,不能反映金属微粒产生的原因、部位和有关摩擦面的磨损程度等,因此还须进一步分析才能实现对发动机不解体诊断。

试验表明,发动机汽缸与活塞环摩擦副的磨损产物,约占机油中全部金属微粒的 85% 左右。所以,当机油中含铁量过高时,可诊断为汽缸与活塞环磨损严重。其次,当曲轴各道轴颈、凸轮轴各道轴颈、各挺杆与其凸轮等摩擦副磨损时,也使机油中铁含量增加。如果缸套镀铬或活塞环镀铬,当机油中铬含量增加时也表明汽缸与活塞环的磨损情况,但铬含量远比铁含量小得多。有些国外进口汽车,在冷却液中加入含铬离子的防腐蚀剂,若冷却剂渗漏到机油池,则机油内的含铬量也会增加。因此要注意辨别,以免误诊。活塞磨损,使机油中铝含量增多。

使用含铅的汽油,当汽缸漏窜气体增多或机械式汽油泵膜片渗漏时,机油不仅受到稀释,而且铅含量增加。

发动机曲轴和凸轮轴使用的滑动轴承多为锡基、铅基、铜基或铝基减磨合金,当机油中锡、铅、铜、铝和锑等金属元素增多时,只要预先知道被检发动机轴承的材料配方,即可对滑动轴承的磨损情况作出诊断。

机油内某金属元素含量突然增加时,说明发动机内有关摩擦副异常磨损,应视为紧急情况进行处理,待排除故障后,发动机才能继续投入使用。

机油内硅含量增多时,表明发动机空气滤清器和曲轴箱强制通风滤清器工作性能欠佳。

定期用机油内金属微粒含量多少,评价发动机磨损速度和磨损程度是有效的。因而,国外一些大型运输企业把该法作为监测发动机技术状况的常规分析方法之一。但是,该法对磨损程度的评价,只能表明摩擦面磨损量的总值,而无法确知磨损量在具体部位的分布情况和具体部位尺寸、形状及强度等方面的变化情况。

六、铁谱分析法

铁谱分析法是20世纪发展起来的分析技术，始于20世纪70年代初期的美国和英国，发展速度很快，应用领域广泛。我国到20世纪70年代末期开始应用和研制，到80年代初期研制出铁谱分析仪。

铁谱分析法用于机油分析的基本方法是：用高强度磁场力把铁磁性金属微粒从机油中分离出来，按微粒尺寸大小顺次沉积在铁谱片（玻璃片）上，用铁谱显微镜或电子显微镜、光密度计、X射线能谱仪或X射线波谱仪等，对金属微粒进行观察、测定和分析，以获得金属微粒的大小、外形、成分和含量，进而分析出金属微粒产生的原因、部位和相关机件磨损程度。因此，铁谱分析法不仅可测得机油被金属微粒污染的程度，而且也是发动机不解体诊断的重要方法之一。

铁谱分析法使用的仪器有分析式铁谱仪、直读式铁谱仪和旋转式铁谱仪等。限于篇幅，本教材不再详细介绍。

七、磁性探测器分析法

发动机机油流经各摩擦部位，冲刷并带走各种金属微粒。如果在润滑系统内安装上磁性探测器（例如磁性塞），就可利用磁力捕获机油中悬浮的铁磁性金属微粒，再进行观察和测量，就可得知金属微粒的形状、尺寸和含量。根据含量可分析出金属微粒对机油的污染程度；根据形状、尺寸和含量可分析出金属微粒的来源和成因，并进而分析出摩擦面的磨损速度和磨损程度。

磁性探测器一般由壳体和磁性探头组成。壳体可长久安装在润滑系统中最容易获得金属微粒的部位，而固装在其内探头的磁铁部分则必须暴露在循环着的机油中。磁性探测器的壳体应能保证磁性探头可方便地取出和装入，并保证当磁性探头取出时内部的单向阀自动关闭出油口，防止机油外漏。

以上介绍了多种油样分析方法，它们对金属微粒粒度的灵敏度范围如表3-24所列。可以看出，光谱分析法主要适用对较小微粒的分析，而旋转式铁谱仪分析法使用范围广泛，对各种尺寸的金属微粒都有较高的检测效率。

各种油样分析法对粒度的灵敏度范围 表3-24

油样分析方法	对粒度的灵敏度范围(μm)	油样分析方法	对粒度的灵敏度范围(μm)
光谱分析	小于0.1~9.0	旋转式铁谱仪分析	0.1~1000以上
一般铁谱分析	0.1~70	磁性探测器分析	9.0~1000以上

第七节 发动机异响诊断

技术状况良好的发动机，运转中仅能听到均匀的排气声和轻微的机械运转声，这是正常响声。如果发动机在运转中出现异常响声，即异响，表明有关部位出现了故障。对于有异响的发动机,应根据故障现象,分析产生原因,找出异响部位,准确地将异响诊断出来。

一、概述

发动机异响,主要有机械异响、燃烧异响、空气动力异响和电磁异响等。

1. 异响原因

(1)机械异响。

机械异响主要是运动副配合间隙太大或配合面有损伤,运动中引起冲击和振动造成的。因磨损、松动、烧蚀或调整不当造成运动副配合间隙太大时,运转中引起冲击和振动,产生声波,并通过机体和空气传给人耳,于是人们听到了响声。如曲轴主轴承响、连杆轴承响、凸轮轴轴承响、活塞敲缸响、活塞销响、气门响、定时齿轮响等,多是因配合间隙太大造成的。但有些异响也可能是配合面(如正时齿轮齿面)损伤(如轮齿断裂、硬度层脱落等)、加工精度太低、热处理变形或使用中变形(如连杆发生弯曲、扭转变形)等原因造成的。

(2)燃烧异响。

燃烧异响主要是发动机不正常燃烧造成的。如汽油发动机产生爆燃或表面点火时,柴油发动机工作粗暴时,汽缸内均会产生极高的压力波。这些压力波相互撞击并撞击燃烧室壁和活塞顶,发出了强烈的类似敲击金属的声响,是典型的燃烧异响。当进气管发出回火声,排气管发出放炮声或“突、突”声时,也属于燃烧异响。

(3)空气动力异响。

空气动力异响主要是在发动机进气口、排气口和运转中的风扇等处,因气流振动造成的。

(4)电磁异响。

电磁异响主要是发电机、电动机和某些电磁器件内,由于磁场的交替变化,引起机械中某些部件或某一部分空间产生振动而造成的。

2. 异响的影响因素和诊断条件

发动机异响的主要影响因素是转速、温度、负荷和润滑条件,应在最有利于响声出现且明显的条件下诊断异响。

(1)转速。

一般情况下,转速越高时机械异响(活塞敲缸响例外)、燃烧异响、空气动力异响和电磁异响越强烈。既然如此,诊断异响时是不是一定要在高速下进行呢?由于高速时各种响声混杂在一起,听诊某些异响反而不易辨清。所以,诊断异响的转速不一定是高速,要针对具体异响具体对待。如听诊气门响和活塞敲缸响时,在怠速下或低速下就能听得非常清楚,应该在怠速或低速下进行诊断。特别要注意活塞敲缸响,转速升高后响声反而减弱或消失。当主轴承响、连杆轴承响和活塞销响较为严重时,在怠速和低速下也能听到。总之,诊断异响应在响声出现且明显的转速下进行,并尽量在低转速下进行,以便于听诊并减小不必要的噪声和损耗。

(2)温度。

有些异响与发动机温度有关,而有些异响与发动机温度无关或关系不大。在机械异响诊断中,对于热膨胀系数较大的配合副要特别注意发动机的热状况,最典型的例子是铝质活塞敲缸响。在发动机冷起动后汽缸温度还低时,该异响出现并且非常明显,然而一旦温度升起,响声即减弱或消失。所以,该异响诊断应在发动机低温下进行。热膨胀系数小的配合副所产生的异响,如曲轴主轴承响、连杆轴承响、气门响等,发动机温度的变化对异响有影响,但影响不大,因而对诊断温度无特别要求,在发动机低温下诊断或正常温度下诊断均可。

发动机温度也是燃烧异响的影响因素之一。汽油发动机过热时,往往产生点火敲击声(爆燃或表面点火);柴油发动机温度过低时,往往产生着火敲击声(工作粗暴)。

所以,要注意区别异响与温度的关系,对于那些与温度有关的异响,只有在异响出现的温度下诊断,才能确诊出不同的异响。

(3)负荷。

许多异响与发动机的负荷有关。如曲轴主轴承响、连杆轴承响、活塞销响、活塞敲缸响、汽缸漏气响、汽油机点火敲击响等,均随负荷增大而增强,随负荷减小而减弱;柴油机着火敲击声随负荷增大而减小。但是,也有些异响与负荷无关,如气门响、凸轮轴轴承响和正时齿轮响等,负荷变化时异响并不变化。

诊断与发动机负荷有关的异响时,可采用微抖节气门的方法模拟增加负荷。当连续操纵节气门微量提起(增加负荷)时,若响声出现且明显,应继续微抖节气门在此负荷下进行诊断。

(4)润滑条件。

不论什么机械异响,当润滑条件不良时,异响一般都显得比较强烈。当向异响部位加注机油时,若响声减弱或消失,说明确系润滑条件不良造成。

发动机异响, 是发动机内声源发生振动产生声波而传播的。在发动机内,不同的机件、不同的部位和不同工况下,声源所产生的振动是不相同的,因而发出的异响在音调、音高、音频、音强,出现的位置和次数等方面也是不相同的。我们利用异响的这些特点和规律,在一定的诊断条件下,即可将发动机异响诊断出来。

二、常见异响及经验诊断法

发动机常见异响,主要有曲轴主轴承响、连杆轴承响、活塞销响、活塞敲缸响、气门响、汽油机点火敲击响和柴油机着火敲击响等,其现象、原因和经验诊断方法介绍如下。

1.曲轴主轴承响

1)现象

汽车加速行驶或发动机空转加速时,发动机发出沉重而有力的“铛、铛、铛”或“刚、刚、刚”的金属敲击声,严重时机体发生振动;响声随发动机转速的提高而增大,随负荷的增加而增强;产生响声的部位在曲轴箱上与曲轴轴线齐平处;单缸断火时响声无明显变化,相邻两缸同时断火时,响声明显减弱或消失;温度变化时响声变化不明显;响声严重时,机油压力明显降低。

2)原因

(1)曲轴主轴承盖固定螺钉松动。

(2)曲轴主轴承减磨合金烧毁或脱落。

(3)曲轴主轴承和轴颈磨损过度、轴向止推装置磨损过度,造成径向和轴向间隙过大。

(4)曲轴弯曲未得到校正,发动机装合时不得不将某些主轴承与轴颈的配合间隙放大。

(5)机油压力太低、黏度太小或机油变质。

3)诊断方法

按诊断流程图所示方法诊断,如图3-110所示。

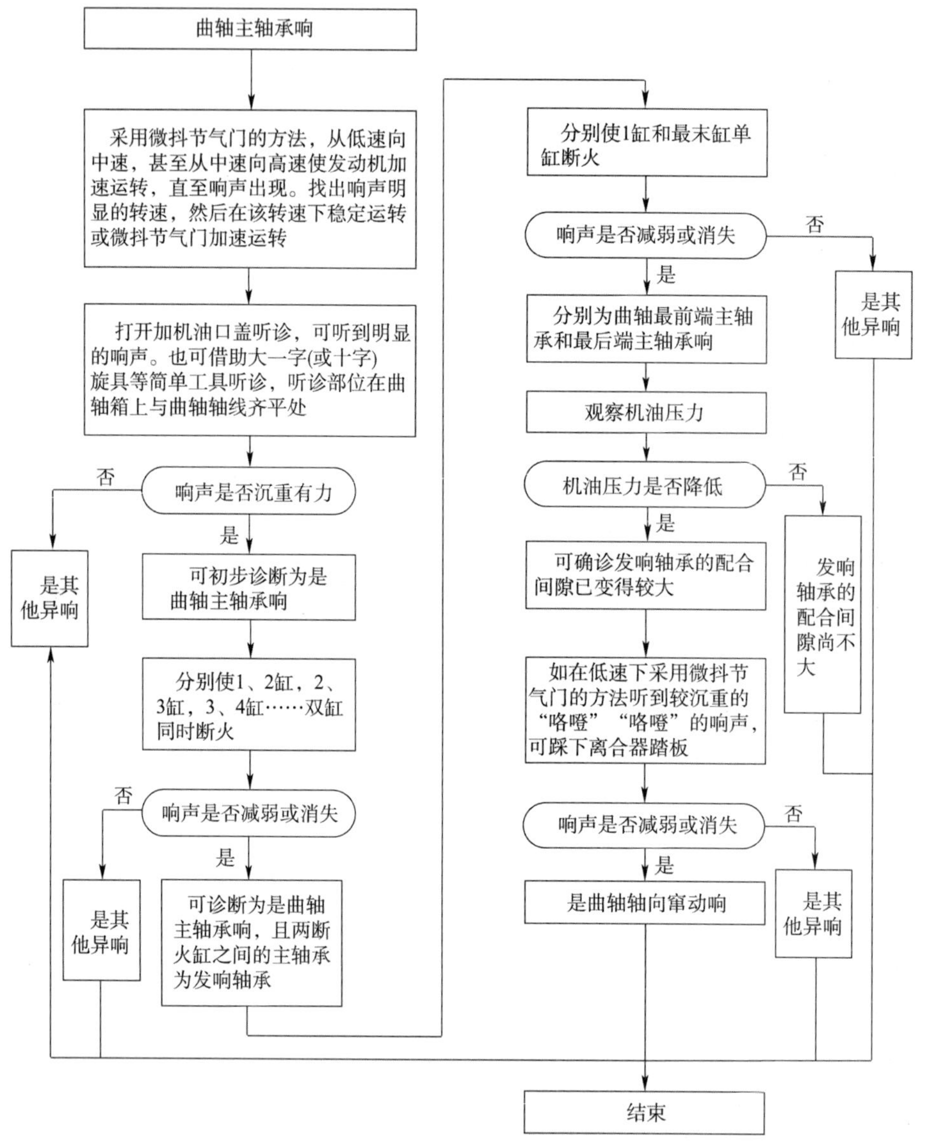

图3-110　曲轴主轴承响诊断流程图

2. 曲轴连杆轴承响

1)现象

汽车加速行驶和发动机空转加速时,发动机发出“铛、铛、铛”连续明显、轻而短促的金属敲击声(这是连杆轴承响的主要特征);连杆轴承严重松旷时,怠速运转也能听到明显的响声,且机油压力降低;发动机温度变化时,响声变化不明显;响声随发动机转速的提高而增大,随负荷的增加而增强;产生响声的部位在曲轴箱上部;单缸断火,响声明显减弱或消失,但复火时又重新出现，即具有所谓响声"上缸"现象。

2）原因

（1）曲轴连杆轴承盖的固定螺栓松动。

（2）曲轴连杆轴承减磨合金烧毁或脱落。

（3）曲轴连杆轴承和轴颈磨损过甚，造成径向间隙太大。

（4）曲轴内通连杆轴颈的油道堵塞。

（5）机油压力太低、黏度太小或机油变质。

3）诊断方法

按诊断流程图所示方法诊断，如图3-111所示。

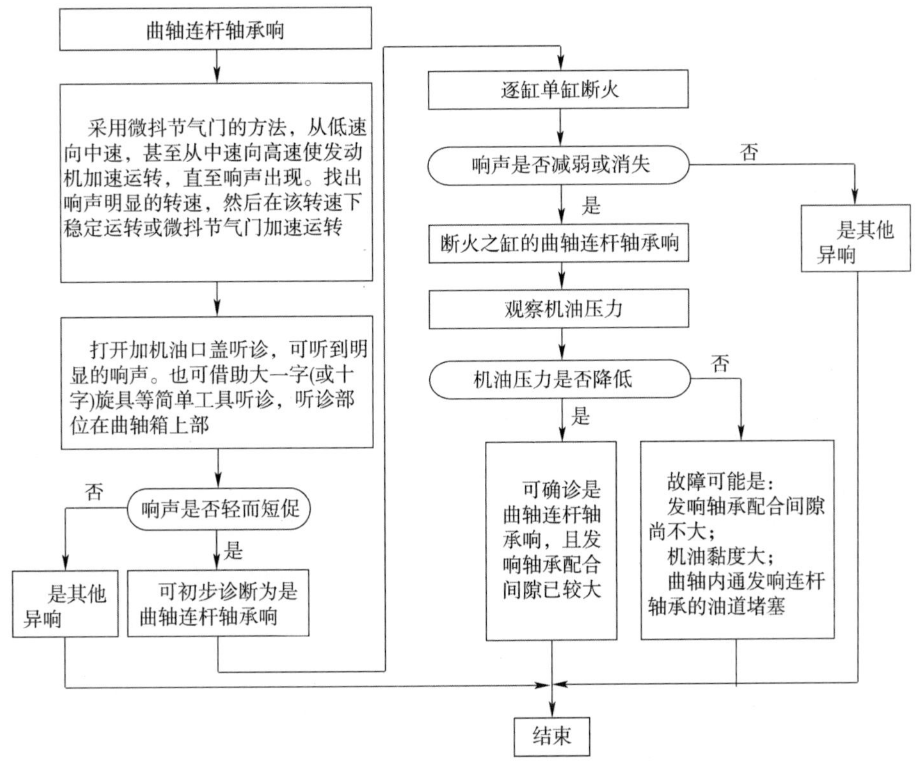

图3-111 曲轴连杆轴承响诊断流程图

3. 活塞销响

1）现象

发动机在怠速、低速和从怠速、低速向中速微抖节气门时，可听到清脆而连贯的"嗒、嗒、嗒"的金属敲击声；响声随转速的升高而增大，随负荷的增大而加强；发动机温度变化时，对响声稍有影响；响声严重时，机油压力不降低；单缸断火时响声明显减弱或消失，复火瞬间响声又立即出现，甚至连续出现两次响声。

2）原因

（1）活塞销与连杆小头衬套配合松旷。

（2）衬套与连杆小头承孔配合松旷。

（3）活塞销与活塞销座孔配合松旷。

3)诊断方法

按诊断流程图所示方法诊断,如图 3-112 所示。

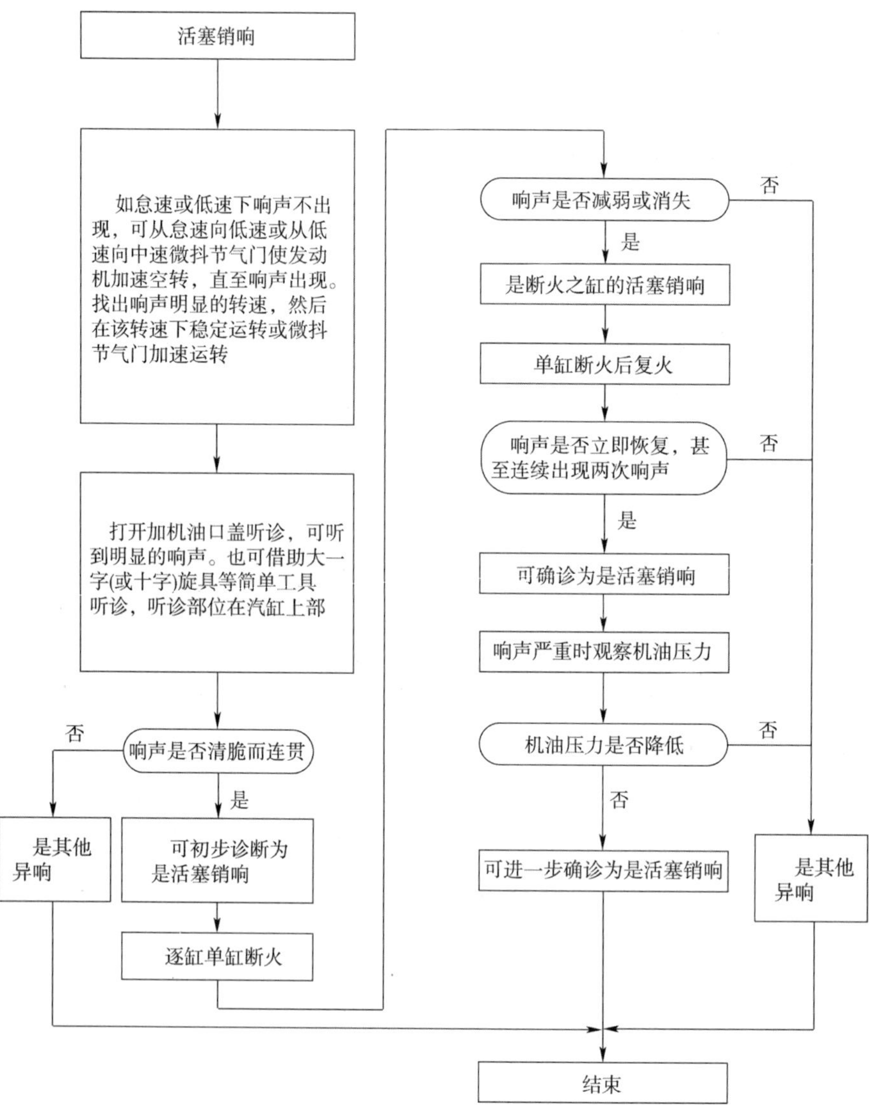

图 3-112　活塞销响诊断流程图

4. 活塞敲缸响

1)现象

发动机在怠速或低速运转时,在汽缸的上部发出清晰而明显的“嗒、嗒、嗒”的金属敲击声,而中速以上运转时响声减弱或消失;发动机温度变化时响声亦变化,多数情况下冷车时响声明显,热车时响声减弱或消失;负荷越大时响声也越大;响声严重时,机油压力不降低;单缸断火,响声减弱或消失。

2)原因

(1)活塞与汽缸壁配合间隙太大。

(2)活塞与汽缸壁润滑状况太差。

(3)活塞销与活塞销座孔装配过紧。

(4)活塞销与连杆小头衬套装配过紧。

(5)连杆轴承装配过紧。

3)诊断方法

按诊断流程图所示方法诊断,如图3-113所示。

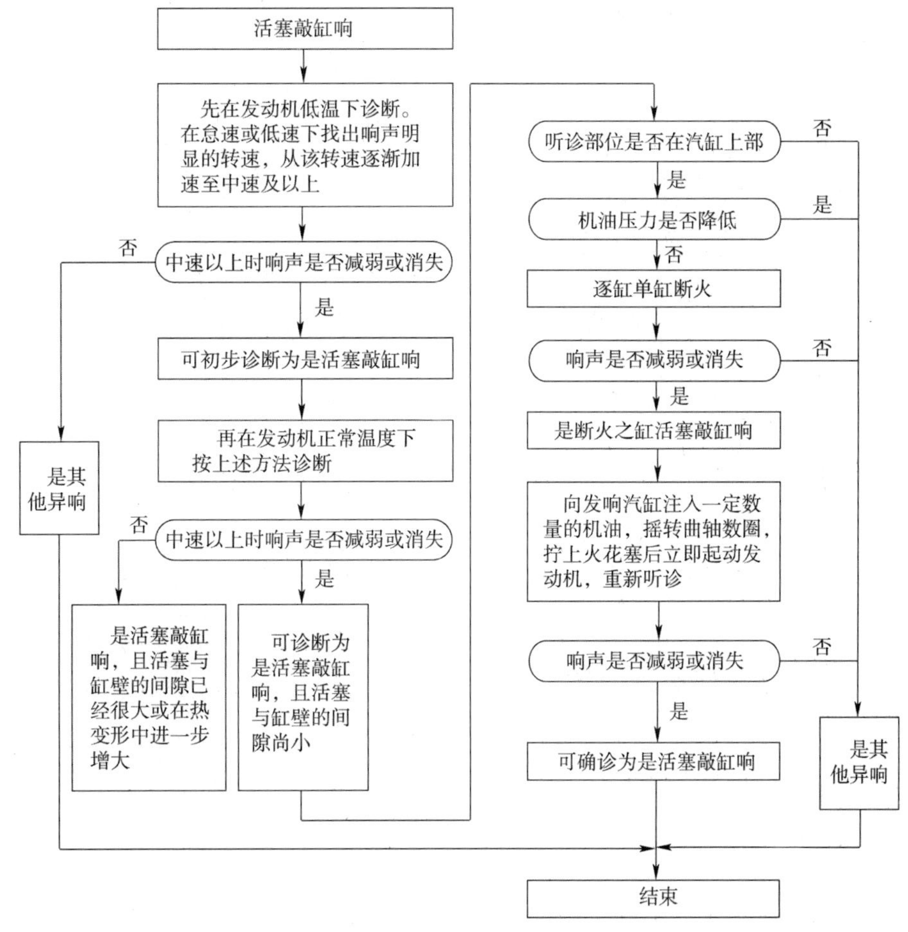

图3-113 活塞敲缸响诊断流程图

5. 气门响

1)现象

发动机怠速或低速运转时发出连续不断的、有节奏的"嗒、嗒、嗒"(在气门脚处)或"啪、啪、啪"(在气门落座处)的金属敲击声;转速增高时响声亦随之增高;负荷变化时响声不变化;温度变化时响声不变化;单缸断火时响声不减弱;若有数只气门响,则声音显得杂乱。

气门脚响和气门落座响统称为气门响。

2)原因

(1)气门脚响。

①气门脚间隙太大。

②气门脚间隙调整螺钉松动或气门脚间隙处两接触面磨损异常。

③配气凸轮轴上凸轮的外形加工不准或磨损过甚,造成缓冲段效能下降,加重了挺杆对气门脚的冲击。

④气门脚处润滑不良。

(2)气门落座响。

①气门杆与其导管配合间隙太大。

②气门头部与其座圈的工作面接触不良。

③气门座圈松动。

④气门脚间隙太大。

3)诊断方法

按诊断流程图所示方法诊断,如图3-114所示。

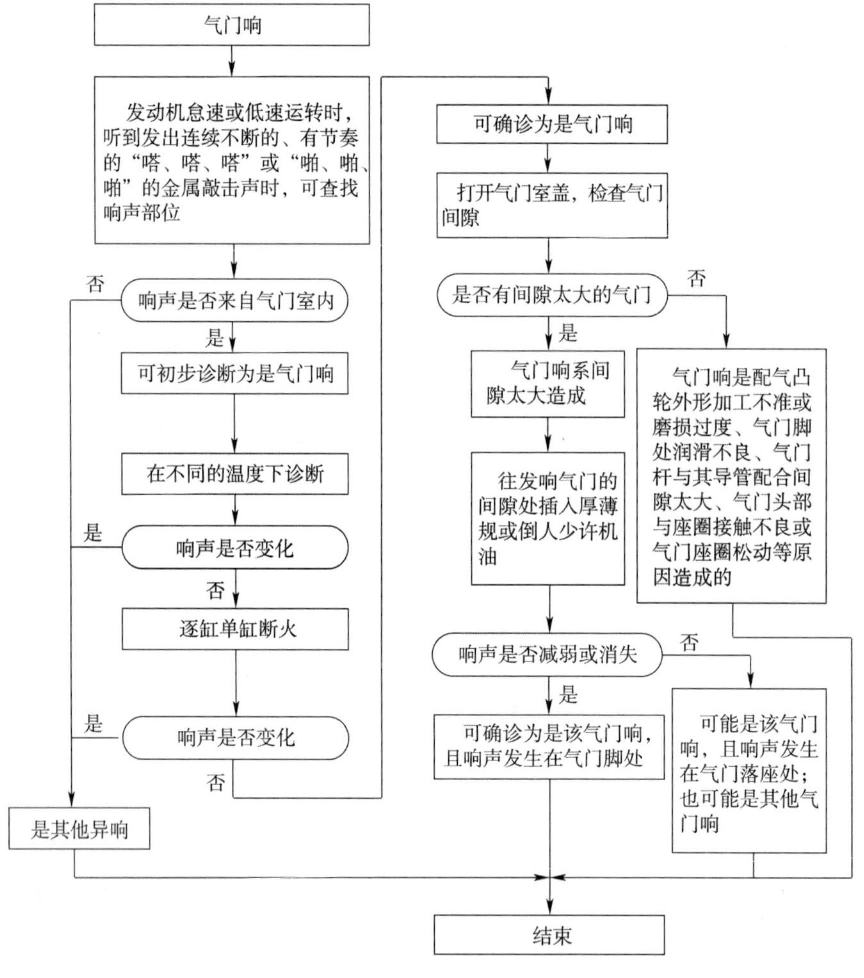

图3-114 气门响诊断流程图

6.汽油机点火敲击响

1)现象

汽车运行中,当在常用挡由较低车速急加速运行时,可听到汽油发动机发出类似金属敲击的“嘎、嘎、嘎”的响声。此时,如果稍抬加速踏板响声便减弱或消失,再踩加速踏板响声又重新出现;发动机温度越高、负荷越大时,响声越强烈。

2)原因

造成点火敲击响的主要原因是发动机爆燃,其次也可能是早燃。爆燃与早燃虽然发生的时间不同(前者发生在火花塞点火以后,后者发生在火花塞点火以前),但二者有许多共同特点,并且是相互助长的。爆燃可引起早燃,早燃又进一步促进爆燃,因此很难进行区别。产生爆燃与早燃的原因主要有下列一些:

(1)汽油的品质差,特别是辛烷值含量太低。

(2)在发动机使用、维修和改机中造成压缩比升高。

(3)发动机过热或负荷太大。

(4)燃烧室积炭。

(5)点火时间太早或断电器触点间隙太大。

(6)混合气太稀。

(7)发动机在燃烧室形状、火花塞位置等结构设计上存在问题,造成火焰传播距离太长。

3)诊断方法

按诊断流程图所示方法诊断,如图 3-115 所示。

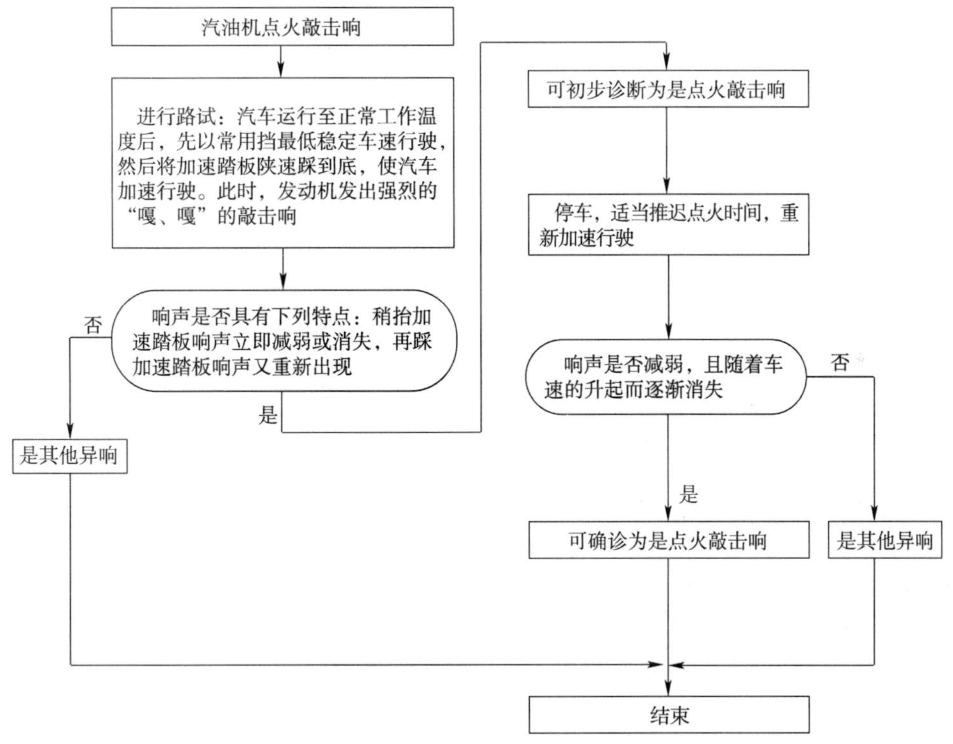
汽油机点火敲击响
进行路试：汽车运行至正常工作温度后，先以常用挡最低稳定车速行驶，然后将加速踏板陕速踩到底，使汽车加速行驶。此时，发动机发出强烈的“嘎、嘎”的敲击响
响声是否具有下列特点：稍抬加速踏板响声立即减弱或消失，再踩加速踏板响声又重新出现
否
是
是其他异响
可初步诊断为是点火敲击响
停车，适当推迟点火时间，重新加速行驶
响声是否减弱，且随着车速的升起而逐渐消失
否
是
可确诊为是点火敲击响
是其他异响
结束

图 3-115 汽油机点火敲击响诊断流程图

诊断中要注意与气门响的区别,不要把点火敲击响误诊为气门响。气门响可发生在任何转速下(包括怠速),而点火敲击响发生在汽车加速行驶、爬越坡度和超越车辆等工况下。

发动机产生点火敲击响后,只要适当推迟点火时间,汽车即可继续运行。如推迟点火时间后响声仍不消除,则应进一步找出原因,加以排除,决不能勉强使用。

7. 柴油机着火敲击响

1）现象

柴油发动机在怠速和低速无负荷运转时，有时可听到尖锐、清脆和连续的“嘎啦、嘎啦”或“哐啷、哐啷”的敲击响，冷起动后响声尤其明显；发动机温度升起、转速升高和负荷增大时，响声减弱或消失，但发动机过热和超负荷运转时响声又增大；微抖供油拉杆时，抖得越急响声越大。

2）原因

柴油机着火敲击响分“均匀而粗暴的敲击响”和“非均匀而粗暴的敲击响”两种。柴油机着火敲击响的主要原因是柴油机工作粗暴，而造成工作粗暴的原因又是着火落后期太长，具体原因如下：

（1）均匀而粗暴的敲击响。

①柴油品质差，其中特别是自燃性不好。

②喷油泵供油时间太早。

③发动机超负荷运转。

④发动机过冷或过热。

⑤在燃烧室形式、汽缸内涡流运动、压缩终了的温度和压力、供油规律和喷射质量等方面，设计上存在问题。

⑥空气滤清器严重阻塞，使进气量不足。

（2）非均匀而粗暴的敲击响。

①个别缸供油时间太早，亦即供油间隔不均匀。

②个别缸供油量大，亦即供油不均匀度超过标准。

③个别缸喷油质量不佳。

④个别缸密封性不佳，压缩终了的温度和压力太低。

3）诊断方法

如果柴油机冷起动后响声较大，而温度升起后响声消失，这是温度太低造成的，可继续运行。如温度升起后响声仍存在，可按诊断流程图所示方法诊断，如图 3-116 所示。

三、异响波形观测简介

利用汽车专用示波器的异响示波器，能观测到发动机、底盘等各部机件产生的异响波形，以实现快速诊断。

当利用异响示波器诊断发动机异响时，可观测到发动机异响的波形特征、波形幅度和异响产生的缸位等。通过分析、判断异响波形，可实现对发动机异响的快速诊断。

用示波器诊断发动机异响，是利用该仪器附带的加速度传感器（拾振器），把异响对应的振动信号拾取出来变为电信号，经过选频、放大后送到示波器屏幕上显示出振动波形，并对异响进行频率鉴别和幅度鉴别，再辅之以单缸断火（或柴油机单缸断油）、转速变化、听诊等传统手段，就能快速地判断出异响的种类、部位和严重程度。

除了汽车专用异响示波器外，多数国产和进口的汽、柴油发动机综合性能分析仪（均带有示波器部分）也能观测发动机异响波形。观测前，要将仪器附带的加速度传感器接触到发动机异响的相关部位。限于篇幅，具体方法不再介绍。

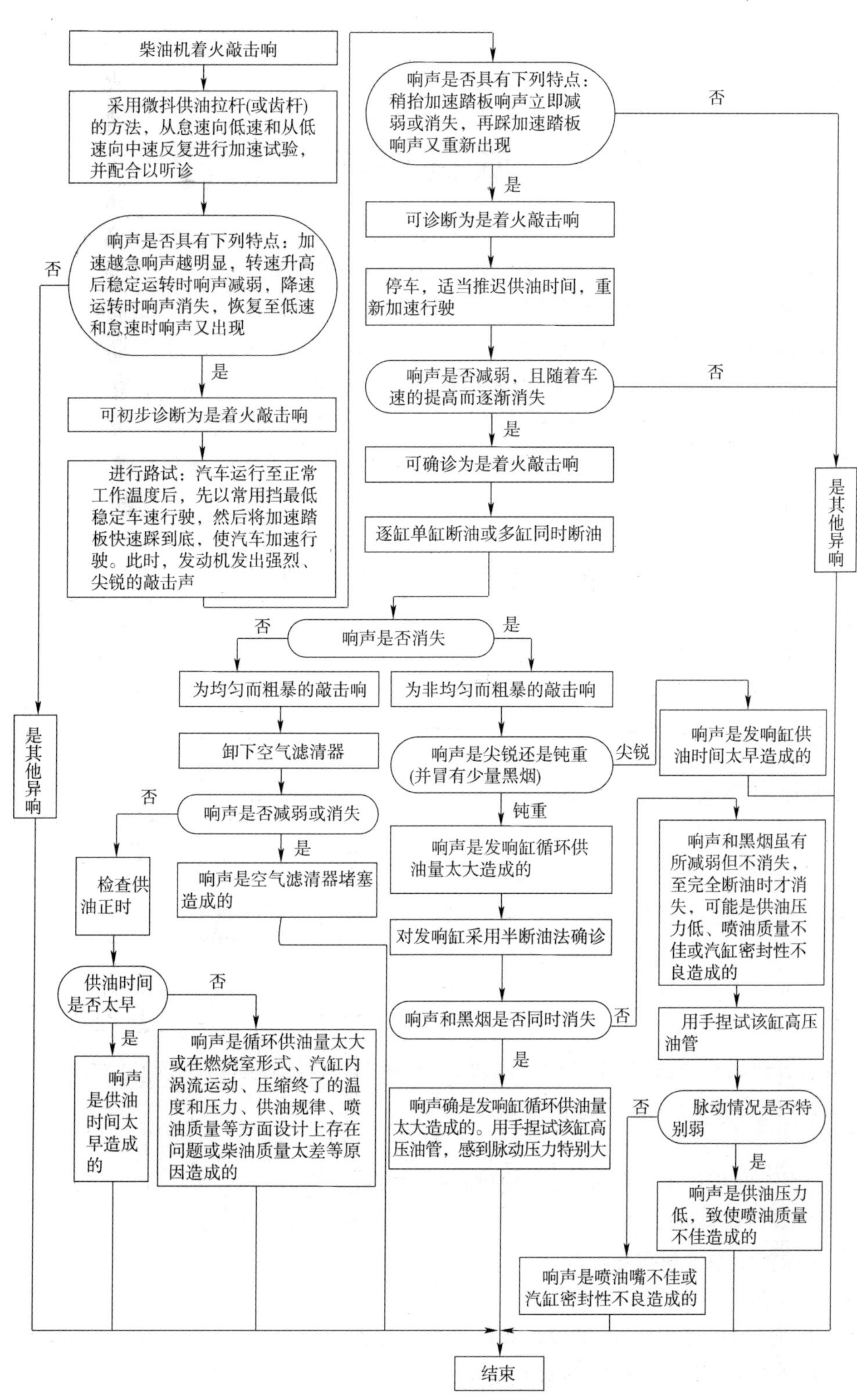
柴油机着火敲击响
采用微抖供油拉杆(或齿杆)的方法，从怠速向低速和从低速向中速反复进行加速试验，并配合以听诊
响声是否具有下列特点：加速越急响声越明显，转速升高后稳定运转时响声减弱，降速运转时响声消失，恢复至低速和怠速时响声又出现
否
是
是其他异响
可初步诊断为是着火敲击响
进行路试：汽车运行至正常工作温度后，先以常用挡最低稳定车速行驶，然后将加速踏板快速踩到底，使汽车加速行驶。此时，发动机发出强烈、尖锐的敲击声
响声是否具有下列特点：稍抬加速踏板响声立即减弱或消失，再踩加速踏板响声又重新出现
否
是
可诊断为是着火敲击响
停车，适当推迟供油时间，重新加速行驶
响声是否减弱，且随着车速的提高而逐渐消失
否
是
是其他异响
可确诊为是着火敲击响
逐缸单缸断油或多缸同时断油
响声是否消失
否
是
为均匀而粗暴的敲击响
为非均匀而粗暴的敲击响
卸下空气滤清器
响声是否减弱或消失
否
是
响声是空气滤清器堵塞造成的
检查供油正时
供油时间是否太早
否
是
响声是供油时间太早造成的
响声是循环供油量太大或在燃烧室形式、汽缸内涡流运动、压缩终了的温度和压力、供油规律、喷油质量等方面设计上存在问题或柴油质量太差等原因造成的
响声是尖锐还是钝重(并冒有少量黑烟)
尖锐
响声是发响缸供油时间太早造成的
钝重
响声是发响缸循环供油量太大造成的
对发响缸采用半断油法确诊
响声和黑烟是否同时消失
否
是
响声和黑烟虽有所减弱但不消失，至完全断油时才消失，可能是供油压力低、喷油质量不佳或汽缸密封性不良造成的
用手捏试该缸高压油管
脉动情况是否特别弱
否
是
响声确是发响缸循环供油量太大造成的。用手捏试该缸高压油管，感到脉动压力特别大
响声是供油压力低，致使喷油质量不佳造成的
响声是喷油嘴不佳或汽缸密封性不良造成的
结束

图 3-116 柴油机着火敲击响诊断流程图

第四章　底盘诊断与检测

汽车底盘包括传动系统、行驶系统、转向系统和制动系统。汽车底盘的技术状况，直接关系到整车行驶的操纵稳定性和安全性，同时还影响发动机动力的传递和燃油的消耗。因此，汽车底盘是汽车诊断与检测的重点之一。汽车底盘技术状况的变化同汽车发动机一样，主要表现是故障增多、性能降低和损耗增加。底盘技术状况的诊断参数见表 1-1。在诸多诊断参数中，要特别选出那些与汽车动力性、燃油经济性、操纵稳定性、安全性和乘坐舒适性等有关的参数进行检测、分析和判断，以便从汽车主要性能方面确定底盘的技术状况。

第一节　传动系统诊断与检测

汽车传动系统一般由离合器、变速器、万向传动装置、主传动器、差速器和半轴等组成，越野车、工程车和特殊用途车等还包括分动器。汽车传动系统技术状况的变化，对汽车动力性、燃油经济性等性能有直接影响。

一、常见故障及经验诊断法

(一)离合器

干摩擦式离合器(以下简称“离合器”)的常见故障有分离不彻底、起步发抖、传力打滑和异响等。

1. 离合器分离不彻底

1)现象

发动机怠速运转，完全踩下离合器踏板，原地换挡有齿轮撞击声，且难以换入；情况严重时，强制换入挡位后发动机熄火。

2)原因

(1)离合器踏板自由行程太大，造成踏板工作行程变小。

(2)分离杠杆内端高度太低或内端不在平行于飞轮的同一个平面上。

(3)新摩擦片厚度超出规定尺寸。

(4)从动盘正反装错。

(5)从动盘钢片翘曲变形、铆钉松动或摩擦片破裂。

(6)从动盘在花键轴上轴向移动不灵活。

(7)液压传动离合器液压传动系统漏油、油液不足或有空气。

(8)双片离合器中间压盘调整不当、中间压盘个别支撑弹簧疲劳或折断、中间压盘在驱动销上或在离合器盖的驱动窗孔内轴向移动不灵活。

3)诊断方法

按诊断流程图所示方法诊断,如图4-1所示。

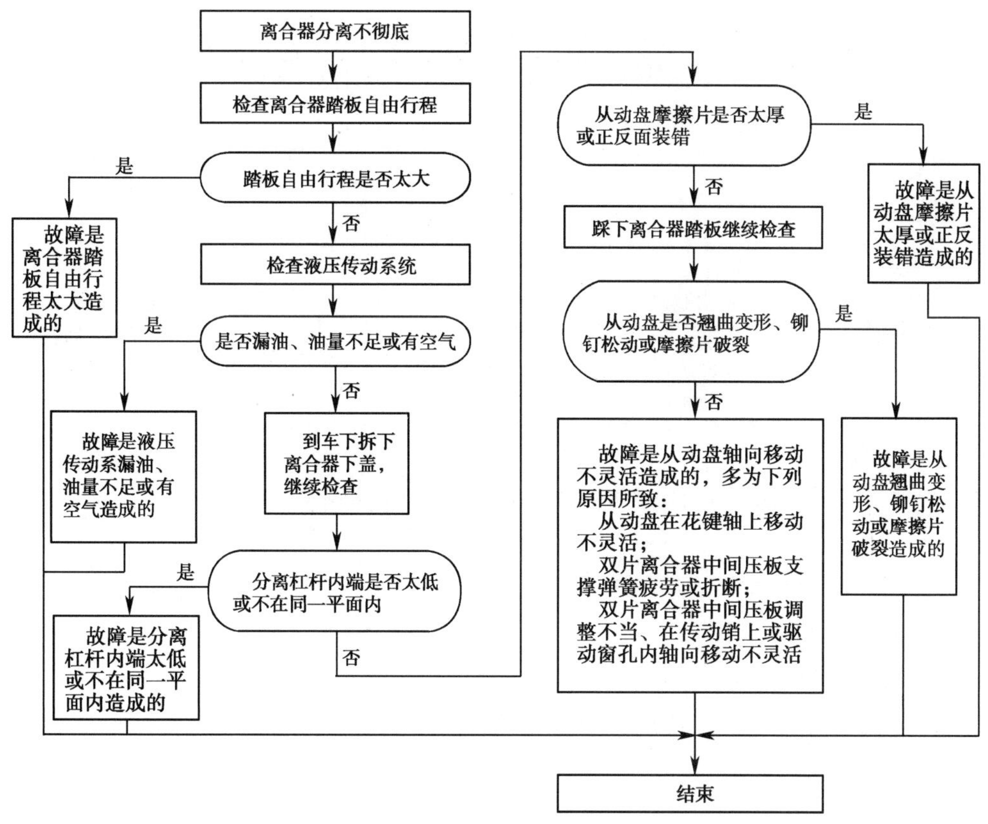

图4-1 离合器分离不彻底诊断流程图

2. 离合器起步发抖

1)现象

汽车用低速挡起步时,按操作规程逐渐放松离合器踏板并缓慢踩下加速踏板,离合器不能平稳接合且产生抖振,影响了动力传递,严重时甚至使整车抖振。

2)原因

(1)从动盘钢片或压板翘曲变形。

(2)从动盘上的缓冲片破裂、减振弹簧疲劳或折断。

(3)从动盘的摩擦片油污、烧焦、表面硬化、表面不平、铆钉头露出、铆钉松动或切断。

(4)飞轮后端面的端面圆摆差太大。

(5)分离杠杆内端高度不在平行于飞轮的同一平面内。

(6)个别压力弹簧折断或膜片压力弹簧开裂。

(7)飞轮、离合器壳或变速器固定螺栓松动。

(8)分离轴承套筒与其导管之间油污、尘腻严重,使分离轴承不能复位。

3)诊断方法

按诊断流程图所示方法诊断,如图4-2所示。

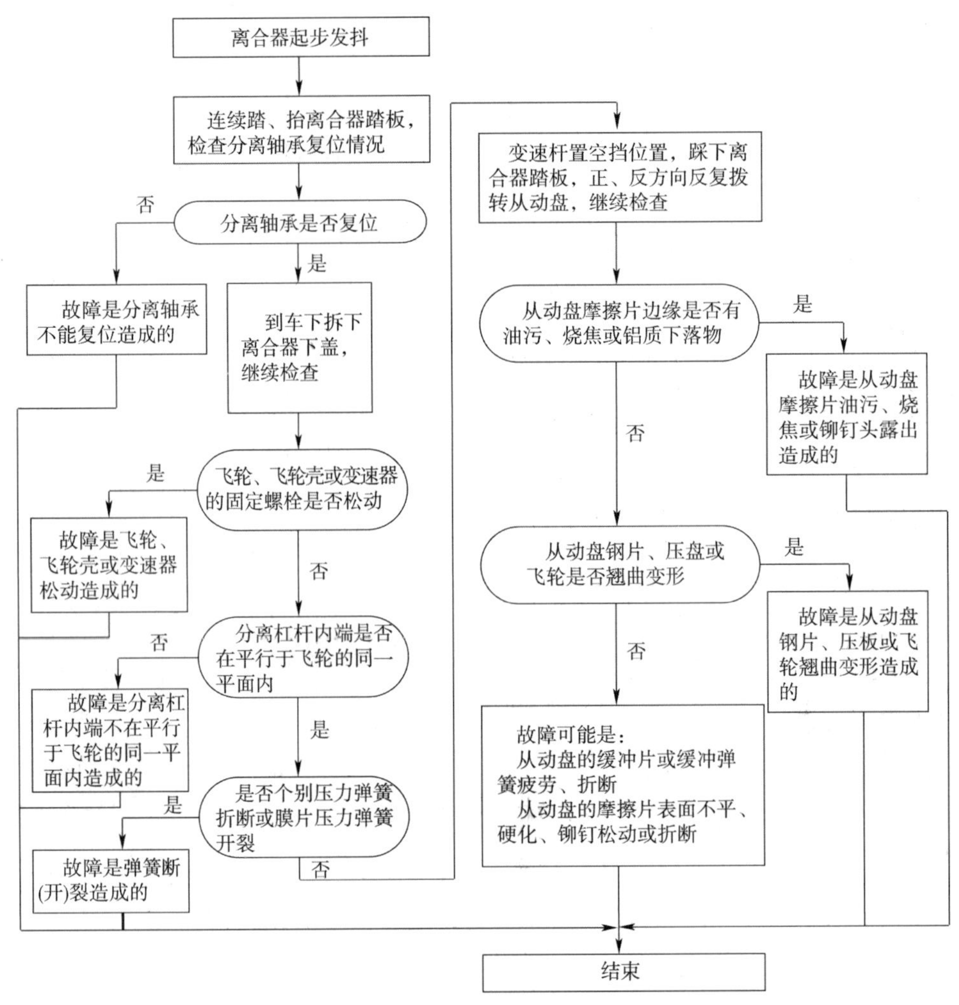

图 4-2　离合器起步发抖诊断流程图

3. 离合器传力打滑

1）现象

汽车以低速挡起步时，离合器踏板抬很高仍不起步或起步很不灵敏；汽车加速行驶时，行驶速度不能随发动机转速的提高而提高，且伴随有离合器发热、煳味和冒烟等现象；拉紧驻车制动器操纵杆汽车以低速挡起步时，发动机不熄火。

2）原因

（1）离合器踏板没有自由行程，使分离轴承压在分离杠杆上。

（2）从动盘的摩擦片油污、烧焦、表面硬化、表面不平或铆钉头露出。

（3）从动盘的摩擦片、压盘和飞轮的工作面磨损严重，厚度减薄。

（4）离合器的压力弹簧（包括膜片压力弹簧）退火、疲劳或断裂。

（5）离合器盖与飞轮之间加有调整垫片或二者的固定螺钉松动。

（6）分离轴承套筒与其导管之间油污、尘腻严重，使分离轴承不能复位而仍压在分离杠杆上。

3)诊断方法

按诊断流程图所示方法诊断,如图4-3所示。

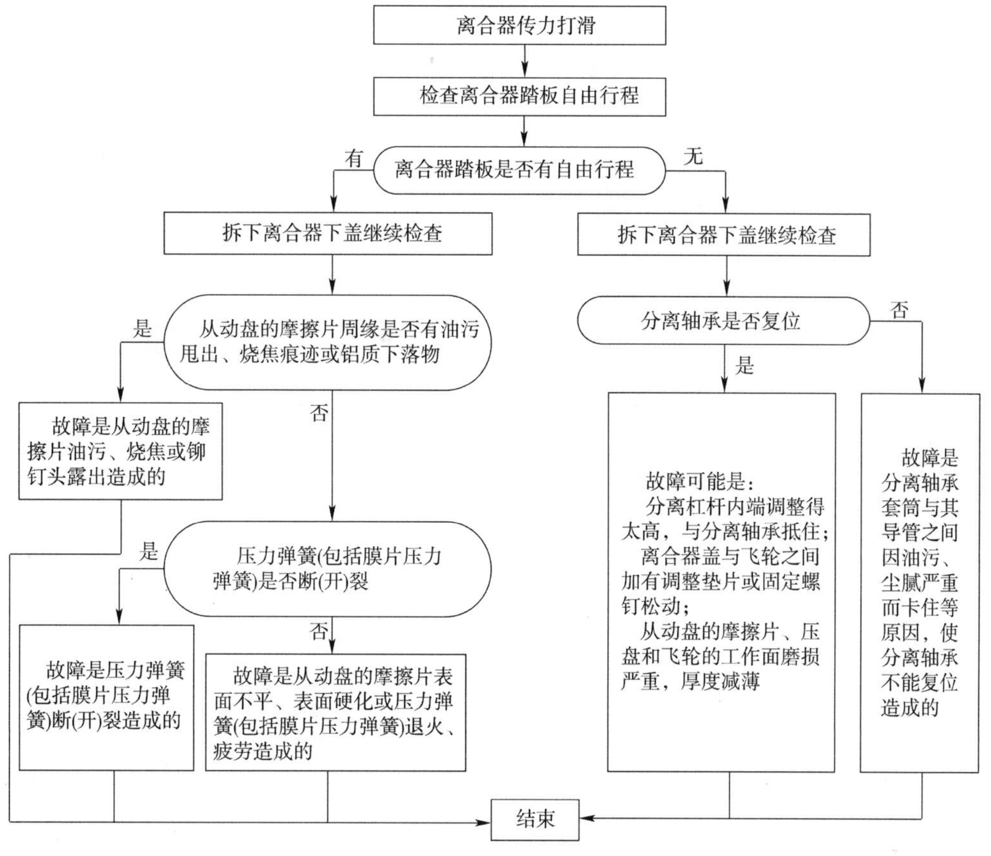

图4-3 离合器传力打滑诊断流程图

4. 离合器异响

1)现象

离合器分离或接合时发出不正常响声。

2)原因

(1)分离轴承损坏或缺少润滑剂。

(2)分离轴承与分离杠杆内端间隙太小,运转中二者时有碰擦现象。

(3)分离轴承套筒与其导管之间油污、尘腻严重或分离轴承复位弹簧、离合器踏板复位弹簧脱落、疲劳、折断,造成分离轴承复位不佳,与分离杠杆内端有碰擦现象。

(4)分离杠杆与离合器盖的连接松旷或分离杠杆支撑弹簧疲劳、折断、脱落。

(5)固定在飞轮上的传力销与压盘上的传力孔或离合器盖上的驱动窗孔与压板上的驱动凸块,配合间隙太大。

(6)从动盘花键孔与变速器第一轴的花键配合松旷。

(7)从动盘减振弹簧退火、疲劳或折断。

(8)从动盘的摩擦片铆钉松动或铆钉头露出。

(9)离合器分离不彻底。

3)诊断方法

按诊断流程图所示方法诊断,如图4-4所示。

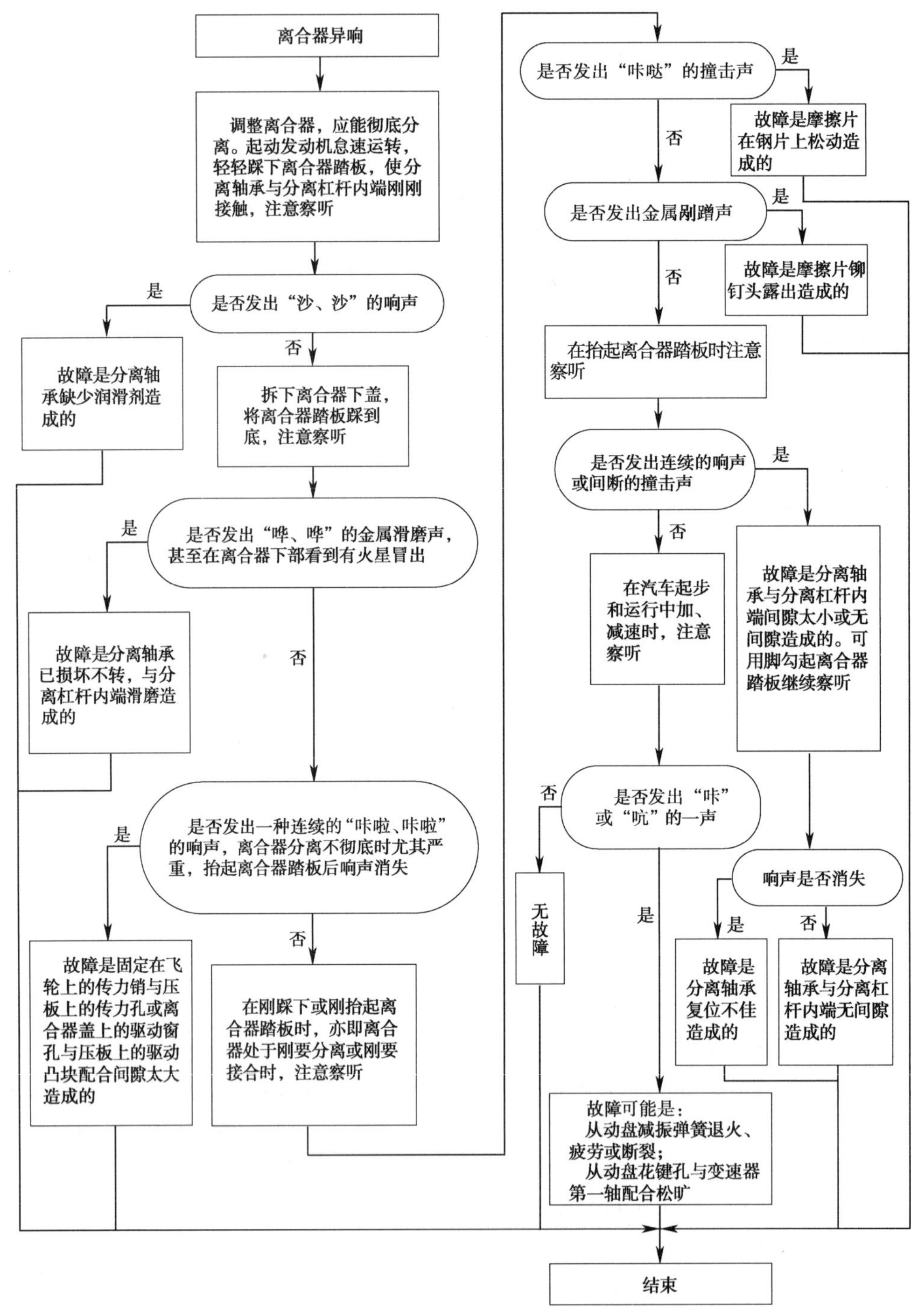

图4-4 离合器异响诊断流程图

(二)变速器

机械齿轮式变速器(以下简称“变速器”)的常见故障有异响、跳挡和乱挡等。

1. 变速器异响

1)现象

变速器齿轮的啮合声、轴承的运转声等噪声太大;变速器发出干磨、撞击等响声。

2)原因

(1)第一轴前导轴承缺油。

(2)轴承的滚珠不圆,滚道有麻点、脱层、伤痕,内、外滚道在轴上或壳体内转动。

(3)滚动轴承的轴向间隙、径向间隙太大。

(4)齿轮加工精度差或热处理工艺不当,造成齿轮径向圆、端面圆跳动太大或齿形发生变化。

(5)齿轮啮合间隙太大或与花键配合间隙太大。

(6)修复过的齿面没有对毛刺、凸起等进行修整。

(7)齿面剥落、脱层、缺损或磨损过度。

(8)个别轮齿断裂。

(9)换件修复中未成对更换齿轮。

(10)第一轴、第二轴、中间轴或倒挡轴弯曲变形。

(11)第二轴后端紧固螺母松动。

(12)各轴轴向定位或各齿轮的轴向定位偏差太大。

(13)壳体前后端轴承孔镗孔镶套修复后中心发生位移,造成与相关孔的中心距发生变化或造成相关轴的轴线不平行。

(14)自锁装置凹槽、钢球磨损过度或自锁弹簧疲劳、折断,造成换挡时越位。

(15)齿轮油不足、变质、规格不符合要求或油中有杂物。

3)诊断方法

按诊断流程图所示方法诊断,如图4-5所示。

2. 变速器跳挡

1)现象

汽车满载加速行驶和爬越坡度时,有时变速杆从某挡位自动跳回到空挡位置。

2)原因

(1)相啮合的一对套合器式齿轮的啮合部位磨损成锥形。

(2)相啮合的一对齿轮的啮合部位未达到齿的全长或自锁钢球未进入凹槽内。

(3)各轴轴向间隙、径向间隙太大。

(4)各啮合齿轮在其轴上的轴向间隙、径向间隙太大。

(5)自锁装置的凹槽、钢球磨损严重或自锁弹簧疲劳、折断。

(6)由于使用、修理中离合器壳后孔中心位置变动、离合器壳与变速器壳接合平面相对曲轴轴线的垂直度变动或第一轴轴承、第二轴轴承磨损松旷等原因,造成曲轴、第一轴、第二轴不同轴。

3）诊断方法

按诊断流程图所示方法诊断，如图 4-6 所示。

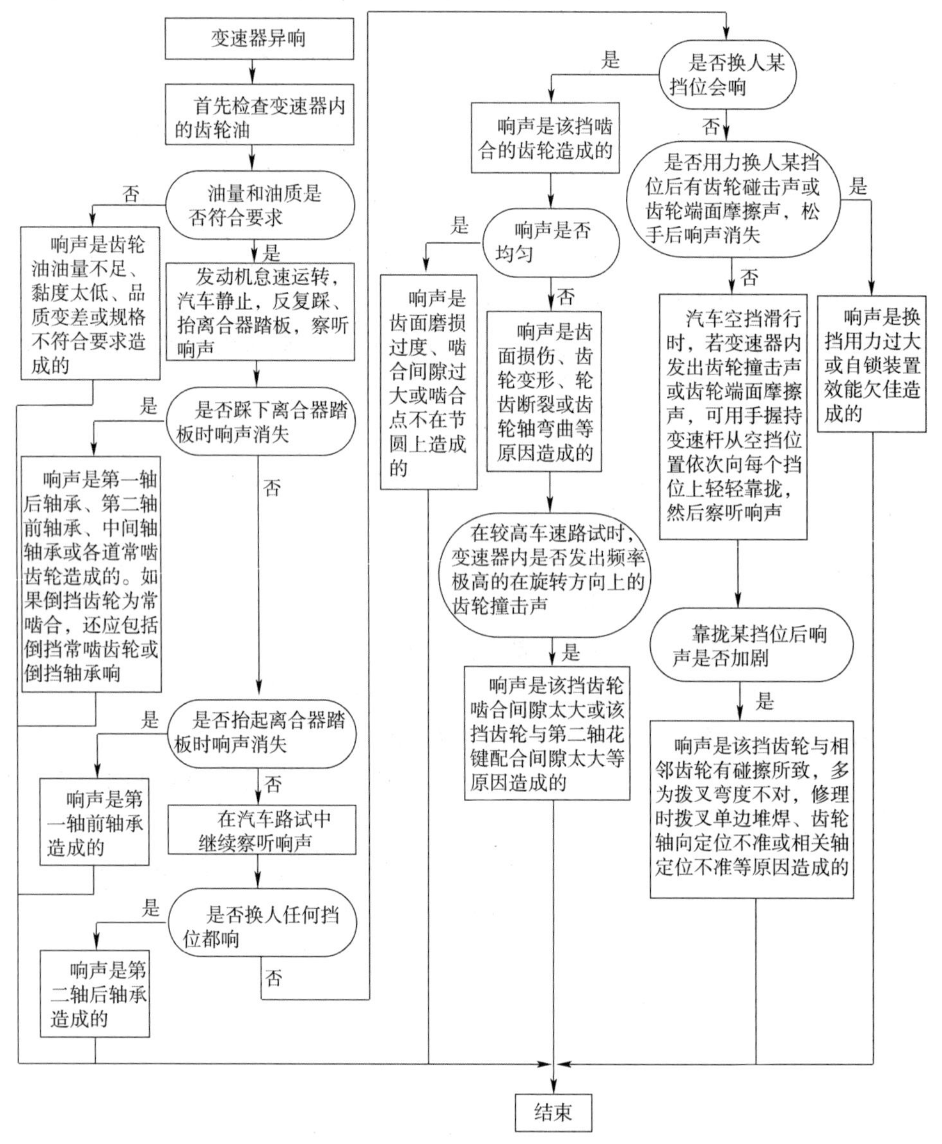
变速器异响
首先检查变速器内的齿轮油
油量和油质是否符合要求
否
响声是齿轮油油量不足、黏度太低、品质变差或规格不符合要求造成的
是
发动机怠速运转，汽车静止，反复踩、抬离合器踏板，察听响声
是否踩下离合器踏板时响声消失
是
响声是第一轴后轴承、第二轴前轴承、中间轴轴承或各道常啮齿轮造成的。如果倒挡齿轮为常啮合，还应包括倒挡常啮齿轮或倒挡轴承响
否
是否抬起离合器踏板时响声消失
是
响声是第一轴前轴承造成的
否
在汽车路试中继续察听响声
是否换入任何挡位都响
是
响声是第二轴后轴承造成的
否
是否换入某挡位会响
是
响声是该挡啮合的齿轮造成的
响声是否均匀
是
响声是齿面磨损过度、啮合间隙过大或啮合点不在节圆上造成的
否
响声是齿面损伤、齿轮变形、轮齿断裂或齿轮轴弯曲等原因造成的
在较高车速路试时，变速器内是否发出频率极高的在旋转方向上的齿轮撞击声
是
响声是该挡齿轮啮合间隙太大或该挡齿轮与第二轴花键配合间隙太大等原因造成的
否
是否用力换入某挡位后有齿轮碰击声或齿轮端面摩擦声，松手后响声消失
是
响声是换挡用力过大或自锁装置效能欠佳造成的
否
汽车空挡滑行时，若变速器内发出齿轮撞击声或齿轮端面摩擦声，可用手握持变速杆从空挡位置依次向每个挡位上轻轻靠拢，然后察听响声
靠拢某挡位后响声是否加剧
是
响声是该挡齿轮与相邻齿轮有碰擦所致，多为拨叉弯度不对，修理时拨叉单边堆焊、齿轮轴向定位不准或相关轴定位不准等原因造成的
结束

图 4-5　变速器异响诊断流程图

3. 变速器乱挡

1）现象

在离合器分离彻底的情况下，要换挡换不上或不能切入空挡；有时要换某挡，结果换在别的挡位上。

2）原因

（1）互锁装置损坏。

（2）变速杆下端长度（变速杆下部球头至下端的长度）不足、下端工作面（变速杆下端与变速叉导槽接触的面）磨损过度或变速叉导槽磨损过度。

(3)变速杆下部球头定位销松旷、切断或球头、球孔磨损过度。

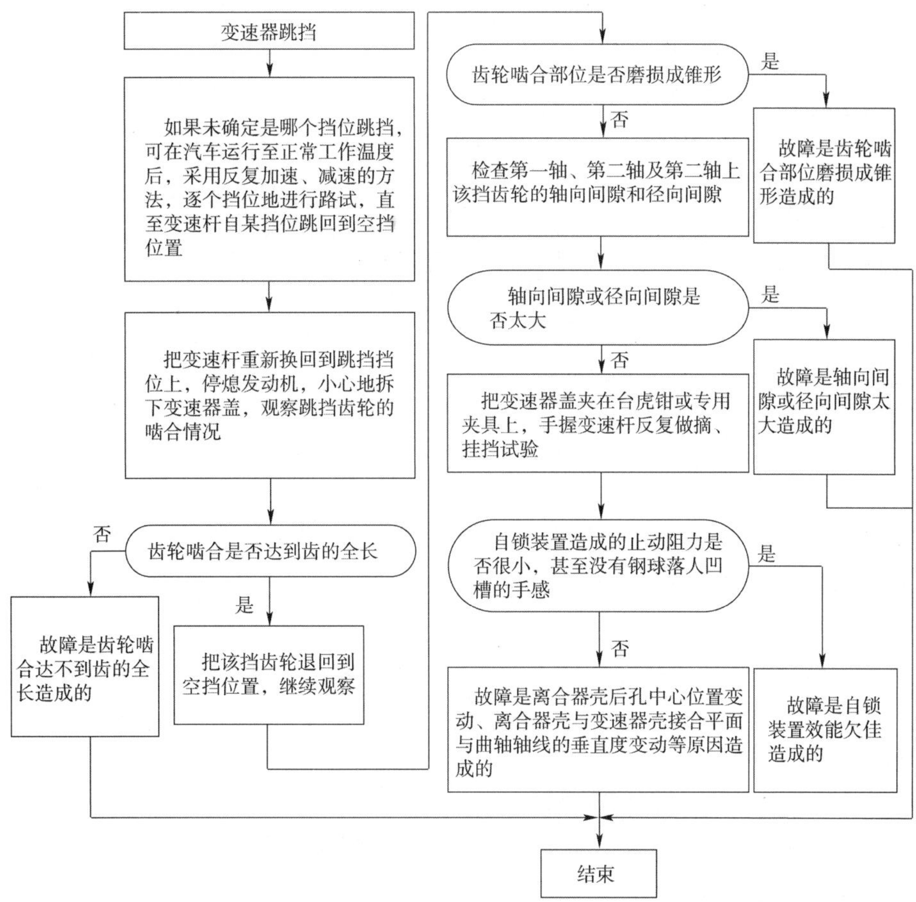
变速器跳挡
如果未确定是哪个挡位跳挡，可在汽车运行至正常工作温度后，采用反复加速、减速的方法，逐个挡位地进行路试，直至变速杆自某挡位跳回到空挡位置
把变速杆重新换回到跳挡挡位上，停熄发动机，小心地拆下变速器盖，观察跳挡齿轮的啮合情况
齿轮啮合是否达到齿的全长
否
是
故障是齿轮啮合达不到齿的全长造成的
把该挡齿轮退回到空挡位置，继续观察
齿轮啮合部位是否磨损成锥形
是
否
故障是齿轮啮合部位磨损成锥形造成的
检查第一轴、第二轴及第二轴上该挡齿轮的轴向间隙和径向间隙
轴向间隙或径向间隙是否太大
是
否
故障是轴向间隙或径向间隙太大造成的
把变速器盖夹在台虎钳或专用夹具上，手握变速杆反复做摘、挂挡试验
自锁装置造成的止动阻力是否很小，甚至没有钢球落入凹槽的手感
是
否
故障是离合器壳后孔中心位置变动、离合器壳与变速器壳接合平面与曲轴轴线的垂直度变动等原因造成的
故障是自锁装置效能欠佳造成的
结束

图4-6 变速器跳挡诊断流程图

3)诊断方法

按诊断流程图所示方法诊断，如图4-7所示。

(三)万向传动装置

万向传动装置常见故障是异响。

1. 万向节和伸缩节响

1)现象

在汽车起步和车速突然改变(加速或减速)时，传动系统发出“吭”的一声；当汽车缓车(不换入低一挡位的情况下，在原挡位上缓慢地将车加速起来)行驶时，传动系统发出“呱啦、呱啦”的响声。

2)原因

(1)万向节凸缘盘连接螺栓松旷。

(2)万向节轴承因磨损和冲击造成松旷，致使旋转方向上的游动角度增大。

(3)伸缩节花键配合因磨损和冲击造成松旷，致使旋转方向上的游动角度增大。

3)诊断方法

按诊断流程图所示方法诊断，如图4-8所示。

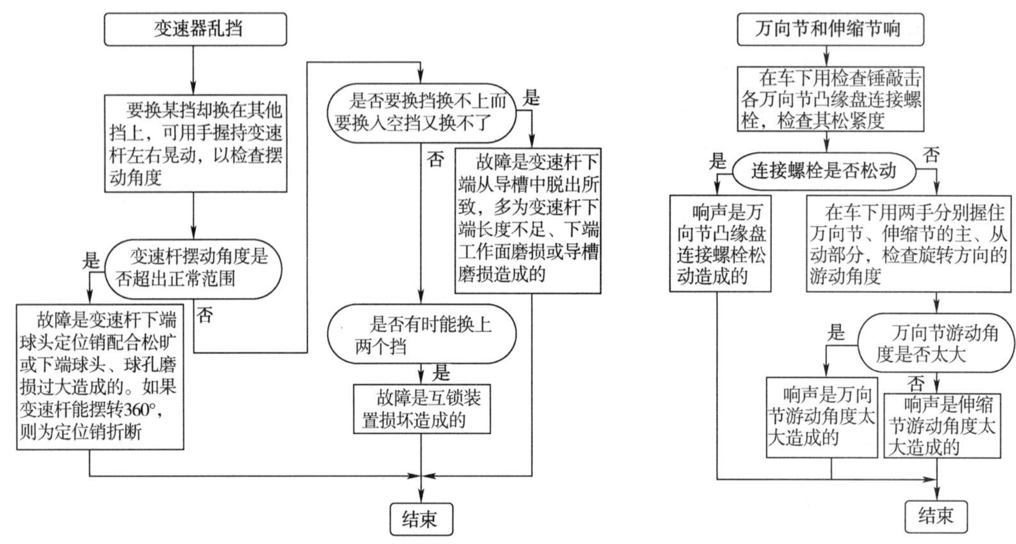

图4-7　变速器乱挡诊断流程图　　　　图4-8　万向节和伸缩节响诊断流程图

2. 传动轴响

1）现象

在万向节和伸缩节技术状况良好的情况下，汽车行驶中传动系统发出周期性的“嗡、嗡”的响声，车速越快时响声越大，严重时车身发生抖振，甚至握转向盘的手有麻木感。

2）原因

（1）传动轴弯曲或传动轴轴管凹陷。

（2）传动轴轴管更新万向节叉和伸缩节花键轴时，焊接前未找正同轴度或虽找正同轴度但焊接后未做动平衡试验。

（3）传动轴上原有的平衡片失落。

（4）伸缩节未按标记安装，使传动轴失去平衡，并有可能造成传动轴两端的叉不在同一平面内。

（5）中间支承吊架固定螺栓或万向节凸缘盘连接螺栓松动。

（6）普通滚珠轴承橡胶夹紧式中间支承的油封盖紧固螺栓，应在传动轴装到车上并运转几十圈之后再上紧到拧紧力矩数。若安装与上紧方法不妥，会增加传动轴运转中的附加应力。

3）诊断方法

按诊断流程图所示方法诊断，如图4-9所示。

（四）驱动桥

驱动桥的常见故障是漏油和过热。

1. 漏油

1）现象

驱动桥加油口螺塞、放油口螺塞、各油封处和各接合面处有漏油痕迹。

2）原因

（1）加油口螺塞或放油口螺塞松动。

(2)油封与轴颈不同轴、油封装反、油封磨损、硬化或老化。

(3)油封轴颈磨损成沟槽。

(4)桥壳接合平面加工粗糙或变形。

(5)桥壳接合平面处密封衬垫太薄、硬化或损坏。

(6)接合平面的紧固螺栓松动或拧紧方法不妥。

(7)通气孔堵塞。

(8)桥壳有铸造缺陷或裂纹。

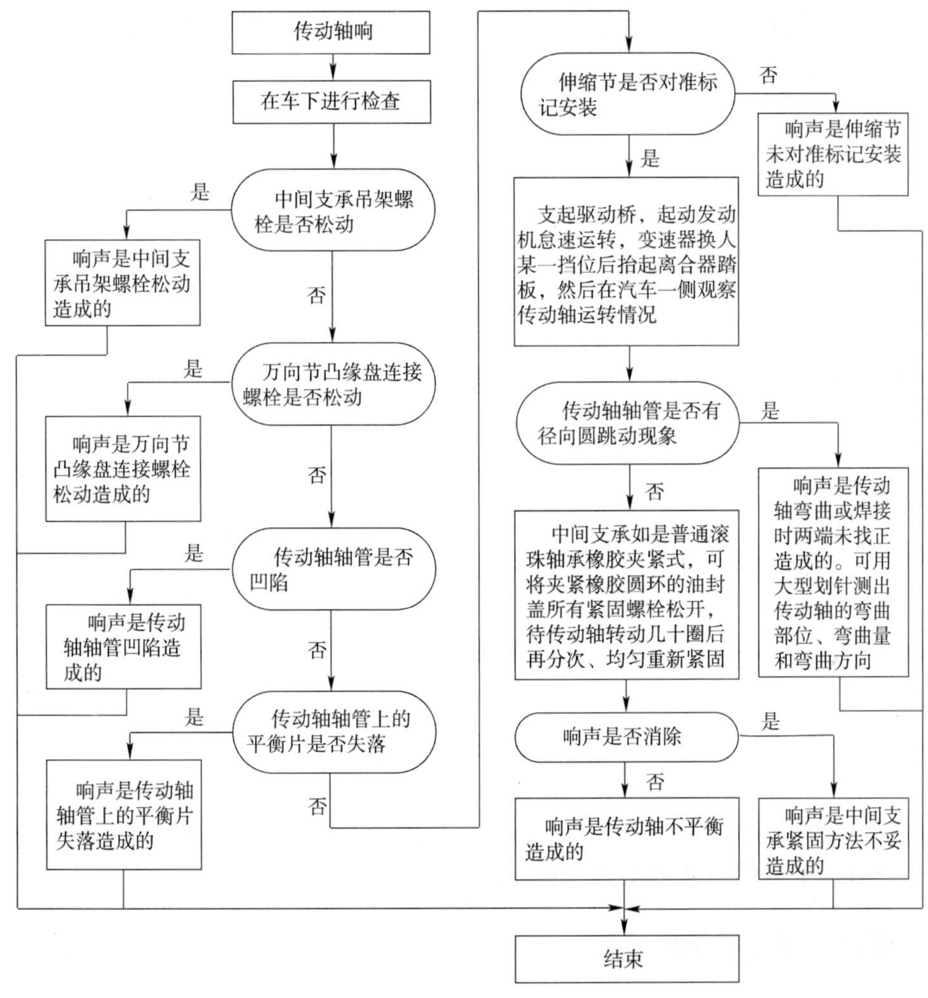

图 4-9 传动轴响诊断流程图

3)诊断方法

按诊断流程图所示方法诊断,如图 4-10 所示。

2. 过热

1)现象

汽车行驶一定里程后,用手触试驱动桥中部,有无法忍受的烫手感觉。

2)原因

(1)齿轮油不足、变质或黏度太大。

(2)锥形滚动轴承预紧度调整太大。

(3)主传动器锥形齿轮啮合间隙调整太小。

(4)差速器行星齿轮与半轴齿轮啮合间隙调整太小。

(5)油封过紧。

(6)桥壳上的止推垫片与主传动器从动齿轮背面间隙调整太小。

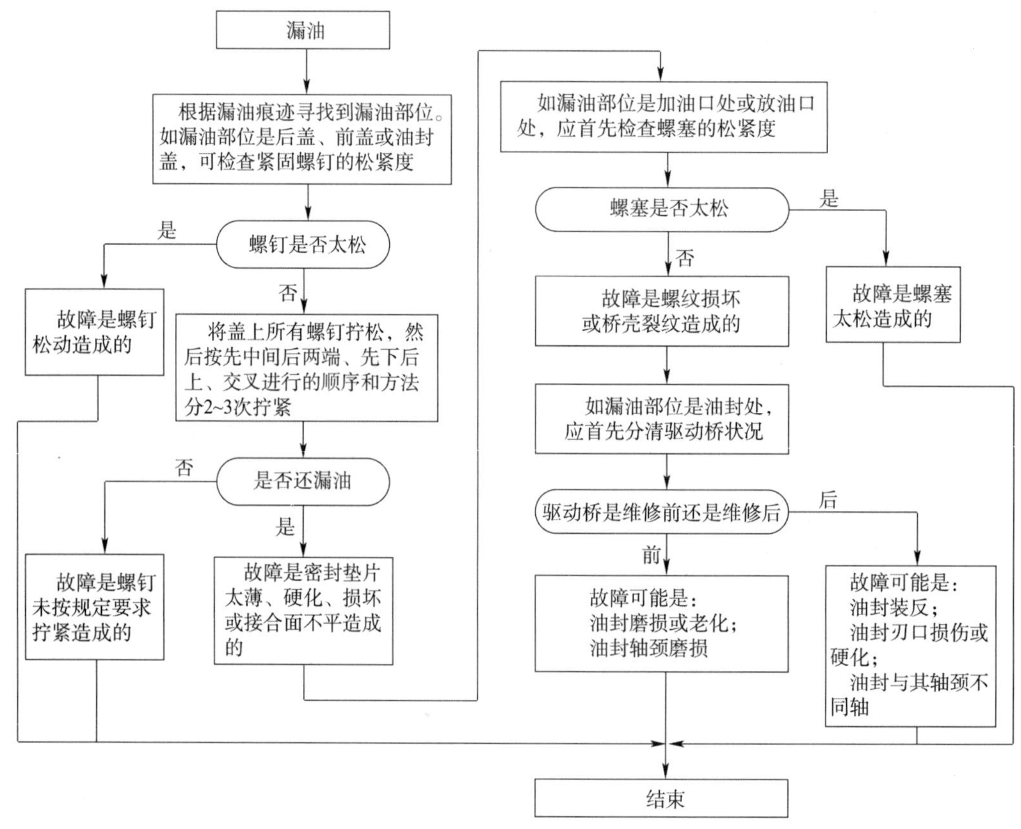

图 4-10　驱动桥漏油诊断流程图

3)诊断方法

按诊断流程图所示方法诊断,如图 4-11 所示。

二、传动系统游动角度检测

传动系统游动角度,是离合器、变速器、万向传动装置、驱动桥的游动角度之和,因此也称为传动系统总游动角度。传动系统游动角度,在汽车使用中随行驶里程增加将逐渐增大。因此,检测传动系统游动角度能表征整个传动系统的调整和磨损状况。

1)现象

在汽车起步和车速突然改变时,传动系统发出"吭"的一声;当汽车缓车行驶时,传动系统发出"呱啦、呱啦"的响声;汽车静止,驱动车轮前后用三角木塞住,变速器挂在起步挡上,抬起离合器踏板,松开驻车制动器操纵杆,在车下用手左右转动传动轴时,感到旋转方向的旷量很大。

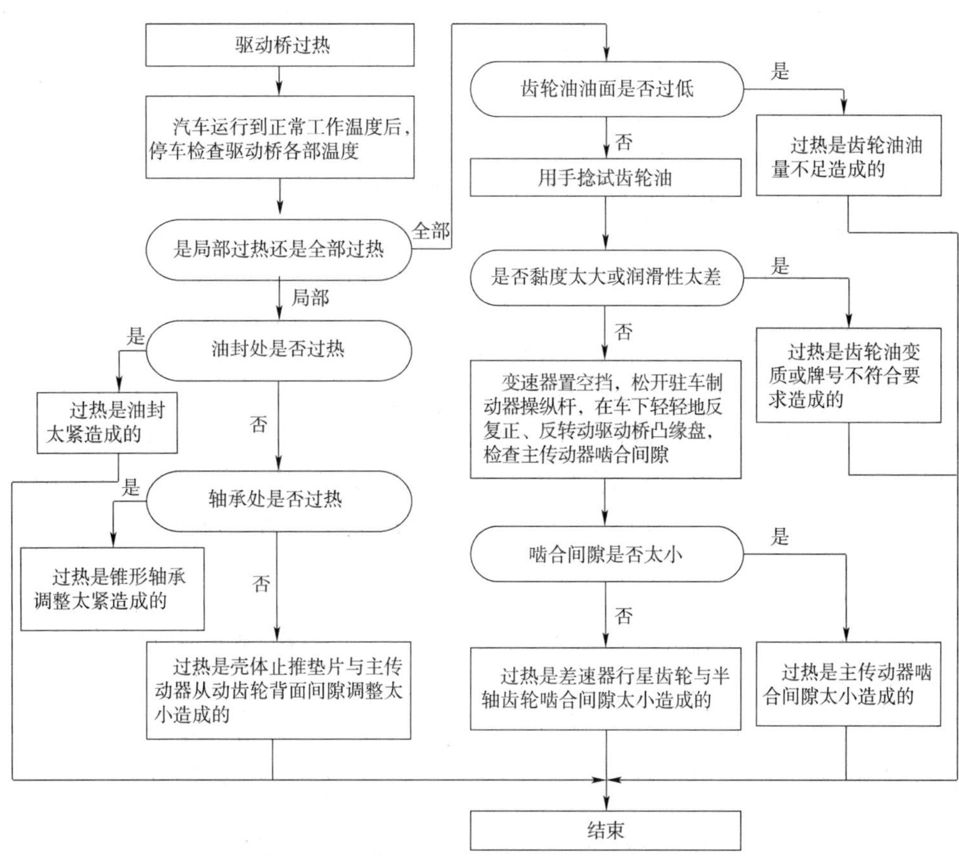
驱动桥过热
汽车运行到正常工作温度后，停车检查驱动桥各部温度
是局部过热还是全部过热
全部
局部
油封处是否过热
是
过热是油封太紧造成的
否
轴承处是否过热
是
过热是锥形轴承调整太紧造成的
否
过热是壳体止推垫片与主传动器从动齿轮背面间隙调整太小造成的
齿轮油油面是否过低
是
过热是齿轮油油量不足造成的
否
用手捻试齿轮油
是否黏度太大或润滑性太差
是
过热是齿轮油变质或牌号不符合要求造成的
否
变速器置空挡，松开驻车制动器操纵杆，在车下轻轻地反复正、反转动驱动桥凸缘盘，检查主传动器啮合间隙
啮合间隙是否太小
是
过热是主传动器啮合间隙太小造成的
否
过热是差速器行星齿轮与半轴齿轮啮合间隙太小造成的
结束

图 4-11　驱动桥过热诊断流程图

2)原因

(1)离合器从动盘与变速器第一轴的花键配合松旷。

(2)变速器各挡传动齿轮啮合间隙太大或滑动齿轮与花键轴配合松旷。

(3)万向传动装置的伸缩节和各万向节等处松旷。

(4)驱动桥内主传动器一对锥形齿轮、差速器行星齿轮与半轴齿轮、半轴齿轮与半轴花键配合等处的啮合间隙太大。

3)检测方法

检测传动系统游动角度应在热车熄火的情况下进行。检测方法以发动机前置、后桥驱动、驻车制动器安装在变速器后端的汽车为例介绍如下。

(1)经验检查法。

用经验检查法检查传动系统游动角度时可分段进行,然后将各段游动角度求和即可获得传动系统总游动角度。游动角度值只能凭经验估算。

①离合器与变速器游动角度检查:离合器处于接合状态,变速器换在要检查的挡后上,驱动车轮前后用三角木塞住,松开驻车制动器操纵杆,然后在车下用手将变速器输出轴上的凸缘盘或驻车制动盘(鼓)从一个极端位置转到另一个极端位置,两极端位置之间的转角即为在该挡下从离合器至变速器输出端的游动角度。依次换入每一挡,可获得各挡下的这一游动角度。

②万向传动装置游动角度检查：支起驱动桥，拉紧驻车制动器操纵杆，然后在车下用手将驱动桥凸缘盘从一个极端位置转到另一个极端位置，两极端位置之间的转角即为万向传动装置的游动角度。

③驱动桥游动角度检查：前轮前后用三角木塞住，松开驻车制动器操纵杆，变速器置空挡位置，驱动桥着地或处于制动状态，然后在车下用手将驱动桥凸缘盘从一个极端位置转到另一个极端位置，两极端位置之间的转角即为驱动桥游动角度。

上述三段之和即为传动系统游动角度。

(2)仪器检测法。

通常可采用游动角度检测仪检测。游动角度检测仪有指针式和数字式两种。

①指针式游动角度检测仪（以下简称“检测仪”）及使用方法：检测仪由指针、刻度盘、测量扳手等组成。在测量过程中，指针固定在驱动桥主动轴上，刻度盘固定在主减速器壳上，如图4-12a)所示。测量扳手一端带有U形卡嘴，以便卡在十字万向节上。为了适应多种车型，卡嘴上带有可更换的钳口。测量扳手另一端有指针和刻度盘，可指示转动扳手的转矩值，如图4-12b)所示。

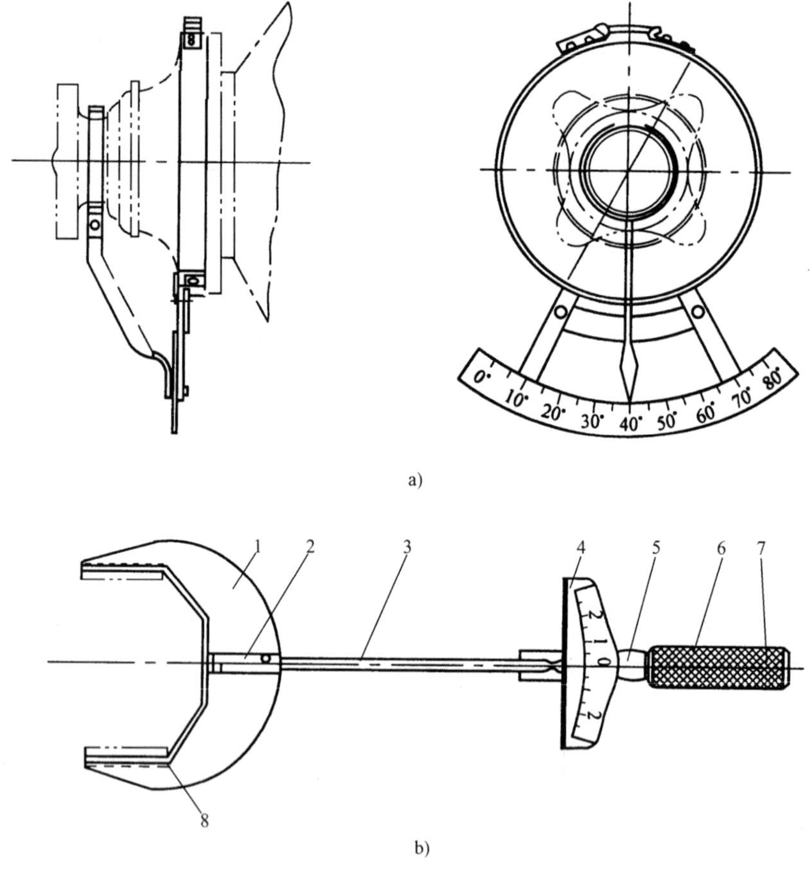

图4-12　指针式游动角度检测仪

a)指针与刻度盘的安装；b)测量扳手

1-卡嘴；2-指针座；3-指针；4-刻度盘；5-手柄；6-手柄套筒；7-定位销；8-可换钳口

检测传动系统游动角度时，将测量扳手卡在万向节上，用不小于30N·m的转矩转动，使之从一个极限位置转动到另一个极限位置,刻度盘上指针转过的角度即为所测游动角度值,具体使用方法如下。

a. 检测驱动桥游动角度:变速器置于空挡位置,驻车制动解除,驱动车轮制动,将测量扳手卡在驱动桥主动轴万向节的从动叉上,即可测得驱动桥的游动角度。

b. 检测万向传动装置游动角度:与检测驱动桥游动角度的方法基本相同,只是将测量扳手卡在变速器后端万向节的主动叉上。此时获得的游动角度减去驱动桥的游动角度,即为万向传动装置的游动角度。

c. 检测离合器和变速器游动角度:放松车轮制动,离合器处于接合状态,支起驱动桥,测量扳手仍卡在变速器后端万向节的主动叉上,依次换入各挡即可获得不同挡位下从离合器到变速器的游动角度。

对上述三段游动角度求和,即可获得传动系统游动角度。

②数字式游动角度检测仪(以下简称“数字式检测仪”)及使用方法:该检测仪由倾角传感器和测量仪两部分组成,二者以电缆相连,检测范围为 0°~30°,电源为直流 12V。

倾角传感器的作用是将传感器外壳随传动轴游动的倾斜角转换为相应频率的电振荡。倾角传感器外壳是一个长方形的壳体,其上部开有 V 形缺口,并配有带卡扣的尼龙带,因而可方便地固定在传动轴上。传感器外壳内的装置如图 4-13 所示。图中弧形线圈固定在外壳中的夹板上,弧形铁氧体磁棒通过摆杆和心轴支承在夹板的两轴承上,因此可绕心轴轴线摆动。在重力作用下,摆杆与重力方向始终保持某一夹角 α_0。当传感器外壳倾斜角度不同时,弧形线圈内弧形铁氧体磁棒的长度亦随之不同,产生的电感量亦不同,因而也就改变了电路的振荡频率。可见,传感器实际上是一个倾角——频率转换器。为使传感器可动部分摆动后能迅速处于平衡状态,传感器外壳内装有变压器油。

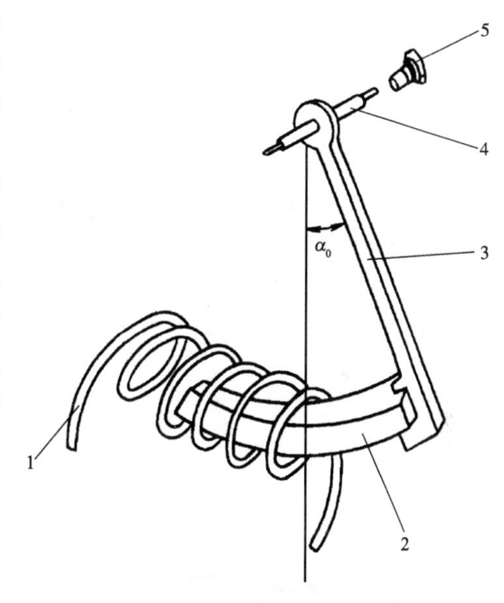

图 4-13 倾角传感器结构示意图

1-弧形线圈;2-弧形铁氧体磁棒;3-摆杆;4-心轴;5-轴承

数字式检测仪实际上是一台专用的数字式频率计,由于采用了与传感器特性相应的门时和初始置数的措施,因而能直接显示传感器的倾角。测量仪采用 PMOS 数字集成电路。由倾角传感器送来的振荡信号经计数门进入主计数器,在置成的补数基础上累计脉冲数。计数结束后,在锁存器接收脉冲作用下,将主计数器的结果送入寄存器,并由荧光数码管将结果显示出来。使用中,将游动范围内两个极端位置的倾角读出,其差值即为游动角度。

数字式检测仪使用方法如下。

将测量仪接好电源,用电缆把测量仪和倾角传感器连接好,先按本仪器使用说明书的要求对仪器进行自校,再将转换开关转到“测量”位置,就可进行实测了。在汽车传动系统中,最便于固定倾角传感器的部位是传动轴。因此,在整个检测过程中,该倾角传感器一直固定在传动轴上。

a. 万向传动装置游动角度检测：把传动轴置于驱动桥游动范围的中间位置或将驱动桥支起，拉紧驻车制动器操纵杆。左、右旋转传动轴至极端位置，数字式检测仪便直接显示出固定在传动轴上的倾角传感器的倾斜角度。将两个极端位置的倾斜角度记下，其差值即为万向传动装置的游动角度。此角度不包括传动轴与驱动桥之间万向节的游动角度。

b. 离合器与变速器各挡游动角度检测：放松驻车制动器操纵杆，变速器换入选定挡位，离合器处于接合状态，传动轴置于驱动桥游动范围中间位置或将驱动桥支起。左、右旋转传动轴至极端位置，数字式检测仪便显示出倾角传感器的倾斜角度。求出两极端位置倾斜角度的差值，便可得到这一游动角度值。该游动角度减去已测得的万向传动装置的游动角度，即为离合器与变速器在该挡位下的游动角度。按同样方法，依次换入各挡位，便可测得离合器与变速器各挡位下的游动角度。

c. 驱动桥游动角度检测：变速器置于空挡位置，松开驻车制动器操纵杆，踩下制动踏板将驱动轮制动。左、右旋转传动轴至极限位置，即可测得驱动桥的游动角度。该角度包括传动轴与驱动桥之间万向节的游动角度。

对于多桥驱动的汽车，当需要检测每一段的游动角度时，倾角传感器应分别固定在变速器与分动器之间的传动轴、前桥传动轴、中桥传动轴和后桥传动轴上。

在测量仪上读取数值时应注意，其显示的角度值在0°～30°内有效。出现大于30°的情况，可将固定在传动轴上的传感器适当转过一定角度。若其中一极限位置为0°，另一极限位置超过30°，说明该段游动角度已大于30°，超出了仪器的测量范围。

4）诊断参数标准

目前，我国尚无游动角度的诊断参数标准，根据国外资料介绍，中型载货汽车传动系统游动角度及各分段游动角度应不大于表4-1所列数据，仅供诊断时参考。

游动角度参考数据 表4-1

部　　位	游动角度	部　　位	游动角度
离合器与变速器	≤15°	驱动桥	≤65°
万向传动装置	≤6°	传动系统	≤86°

三、电控自动变速器检测诊断程序和方法

采用自动变速器，实现自动换挡，是提高车辆使用效率和降低驾驶员劳动强度的有效措施。进入20世纪70年代后期，以微机为控制核心的电控自动变速器（ECT）得到迅速发展。电控自动变速器一般由液力变矩器、行星齿轮变速器、液压机构、电控系统、冷却系统、工作液、壳体和手动操纵机构等组成。

电控自动变速器结构比较复杂，包括机械部分、液压部分和电控部分，而且各国厂商的产品也千差万别，一旦出现故障检修难度很大。但是，它们的基本工作原理都是一样的，因此检测诊断的程序和方法也是有规律可循的。电控自动变速器检测诊断的程序和方法，以丰田系列汽车自动变速器ECT为例，介绍如下。

（一）倾听用户意见

首先向汽车用户了解电控自动变速器（以下简称“自动变速器”）故障的现象、出现的时

机和条件等情况，并问询该车在此之前是否找其他厂家检修过以及检修的具体内容等问题。总之，要注意倾听汽车用户对故障的陈述、意见和要求，以作为诊断的参考性依据之一。

（二）进行外观检查

根据自动变速器的故障现象进行外观检查，目的在于发现并消除从自动变速器外部能看得见的故障和存在的问题。主要是检查自动变速器是否存在漏油现象、发动机怠速情况、电控系统接插件是否松动或脱开、节气门拉索和变速器操纵杆等的联动装置是否松动或脱开等现象。必要时可驾车路试，以体验汽车的运行状况。

（三）读取诊断代码

自动变速器的电控系统内设有故障自诊断系统。如果电控系统发生故障，自动变速器电子控制器 ECU（有些车型的自动变速器与发动机共用一个 ECU）将故障以诊断代码形式存储在存储器中，超速挡关断（O/D-OFF）指示灯（在转向盘前的组合仪表板上）闪烁，以警告驾驶员自动变速器出现故障。就车读取诊断代码的程序和方法如下。

1）O/D-OFF 指示灯检查

（1）将点火开关转到 ON。

（2）检查当超速挡（O/D）开关键处于关闭时，O/D-OFF 指示灯是否亮（应只亮不闪）；当 O/D 开关键处于打开时，O/D-OFF 指示灯是否熄灭（应熄灭）。超速挡开关键如图 4-14 所示。

2）读取诊断代码

（1）将点火开关转到 ON 发动机不起动。

（2）将 O/D 开关键置于 ON。如果仅此时 O/D-OFF 指示灯闪烁，说明 ECU 存储器中存储有诊断代码。

（3）用专用维修工具 SST（跨接线）连接故障诊断通信连接器 TDCL 或检查连接器的端子 TE1 和 E1，如图 4-15 所示。

（4）由 O/D-OFF 指示灯不同的闪烁方式（时间、次数），来显示 ECT 电控系统的技术状况。如果电控系统工作正常，指示灯每秒钟闪 2 次；如果电控系统有故障，则显示诊断代码。正常代码和诊断代码 42 的闪烁如图 4-16 所示。当存储器中存储两个以上诊断代码时，首先显示较低数码的诊断代码。

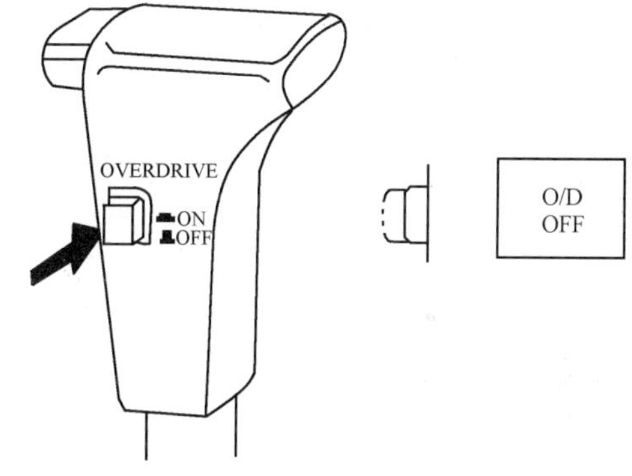

图 4-14　超速挡开关键

3）清除诊断代码

经过故障诊断并将故障排除以后，在点火开关关断的情况下，拆下电控汽油喷射系统（EFI）的熔断丝 10s 以上，将 ECU 存储器中的诊断代码清除掉。接通熔丝后还要再检查一下，应能输出正常代码。

（四）根据诊断代码按自诊断程序和方法进行检测诊断

通过 O/D-OFF 指示灯的闪烁读取诊断代码后，要根据被检车型的维修手册，查出诊断代码代表的故障、故障部位和检查方法，然后进行故障诊断，主要是对电路进行检查。也可以通过解码器或其他专用检测设备读取自动变速器的诊断代码，并获得检修的指示内容。丰田系列汽车 ECT 电控系统诊断代码见表 4-2。检查中，要严格按维修手册中的方法、步骤进行,举例如下。

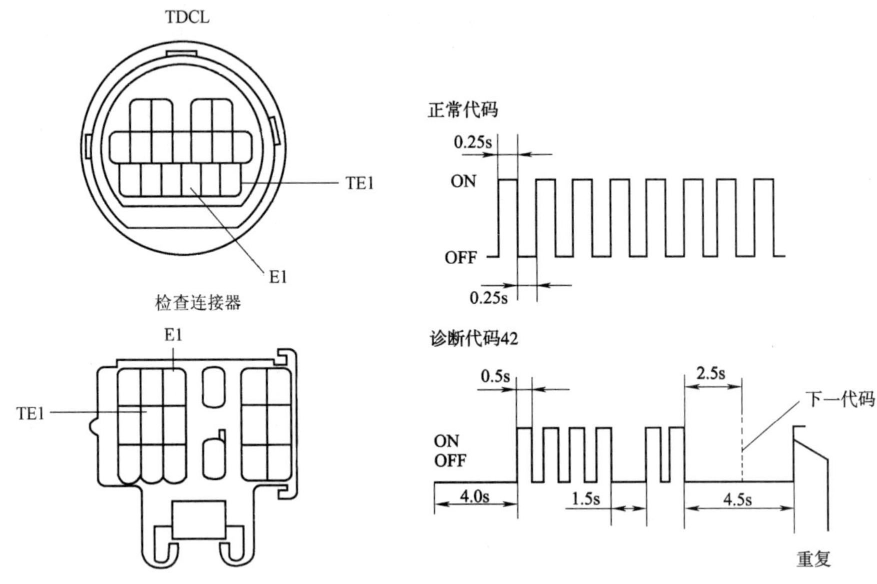

图 4-15　TDCL 和检查连接器端子　　　图 4-16　正常代码与诊断代码 42 的闪烁

丰田系列汽车 ECT 电控系统诊断代码表　　　表 4-2

诊断代码	诊断内容	故障部位
42	1 号车速传感器故障	1 号车速传感器 1 号车速传感器配线或连接器 ECU
46	4 号电磁阀开路或短路	4 号电磁阀 4 号电磁阀配线或连接器 ECU
61	2 号车速传感器信号故障	2 号车速传感器 2 号车速传感器配线或连接器 ECU
62	1 号电磁阀开路或短路	1 号或 2 号电磁阀 1 号或 2 号电磁阀配线或连接器 ECU
63	2 号电磁阀开路或短路	
64	3 号电磁阀开路或短路	3 号电磁阀 3 号电磁阀配线或连接器 ECU
67	O/D 直接挡转速传感器信号故障	O/D 直接挡离合器转速传感器 O/D 直接挡转速传感器配线或连接器 O/D 配线或连接器 ECU
68	自动跳合开关短路	自动跳合开关 自动跳合开关配线或连接器 ECU

对于丰田系列汽车，如果读取的诊断代码为42，通过查其车型维修手册知(表4-2)，故障为1号车速传感器故障，需要检查1号车速传感器电路。故障部位为：

①1号车速传感器；

②1号车速传感器配线或连接器；

③ECU。

(五)按传统方法进行检查、试验和诊断

如果超速挡关断(O/D-OFF)指示灯不闪烁，读取诊断代码时显示正常代码，但自动变速器的故障又确实存在，可采用以下传统方法进行检查、试验和诊断。

1.基本检查

1)发动机怠速检查

变速器操纵杆置于N挡，关闭空调，检查发动机怠速值是否符合原厂规定。发动机怠速一般为750r/min左右。如怠速过低，当从N挡或P挡换至R、D、2、L挡时，会引起车身振动或发动机熄火；如怠速过高，则会产生换挡冲击。并且，当换至行驶挡起步时，除非踩住制动踏板，否则不踩加速踏板车辆也会自己“爬行”。

2)节气门全开检查

将加速踏板踩到底，检查节气门能否全开。若节气门不能全开，则会产生发动机加速不良、全负荷时输出功率不足和不能达到最高车速等故障。

3)节气门阀拉索检查

该拉索过松过紧均不行，必须符合原厂规定。如丰田系列汽车规定，当节气门全开时，拉索标记距拉索罩套口的距离为0~1mm，如图4-17所示。若拉索调整过紧，则使加速踏板控制液压过高，引起换挡点升高而造成换挡冲击；若拉索调整过松，则使加速踏板控制液压过低，引起换挡点降低而造成功率消耗。

4)变速器操纵杆检查

将变速器操纵杆换至P、R、N、D、2、L各挡位，检查挡位是否正确和挡位开关指示灯的指示是否正确。否则，应对其传动机构进行仔细调整。

5)液位检查

该项检查必须在自动变速器升温后和发动机怠速运转的情况下进行。先将变速器操纵杆从P挡换至R、N、D、2、L各挡，再从L挡换至2、D、N、R、P各挡，在每个挡位下都应停留数秒钟，以使各挡位充分排气充油。然后拔出变速器油标尺并擦拭干净，将油标尺重新全部插入套管，再拔出油标尺检查液位。如果液位在油标尺“HOT”上下标记范围之内(图4-18)，则符合要求；如果液位低于“HOT”下限，则须加油。

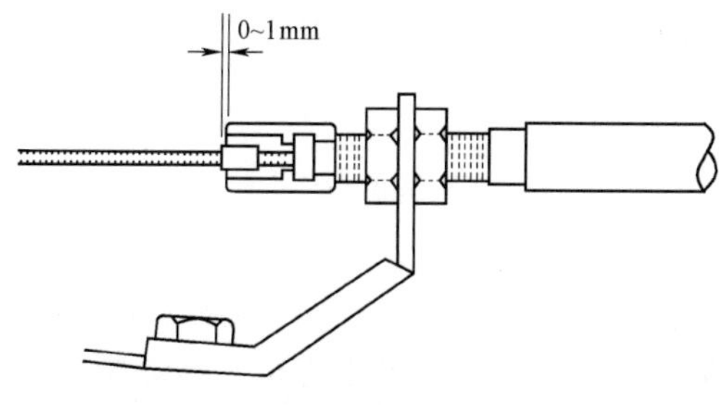

图4-17　拉索标记距拉索罩套口的距离

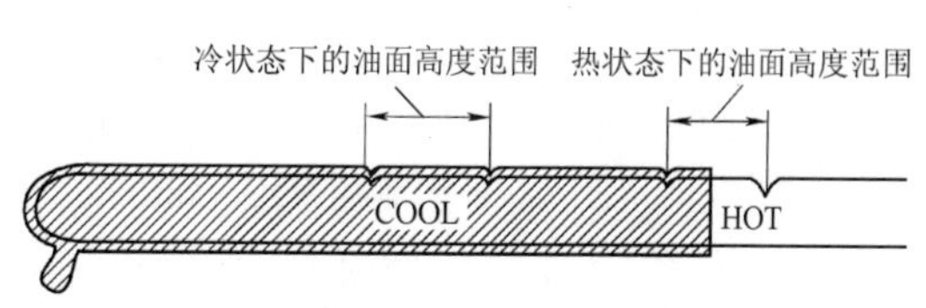

图4-18　液位检查

自动变速器液位对自动变速器的工作性能影响很大。如果液位低于规定范围，就会引起自动变速器的离合器和制动器打滑，汽车加速性能变差，换挡时冲击过度，行星齿轮和其他旋转零件润滑不足等问题。如果液位高于规定范围，就会引起油液从加油管或通风管溢出，控制阀阀体内的排泄孔堵塞，阻碍自动变速器的离合器和制动器平顺脱开，并引起换挡不平稳等问题。

6）油质检查

自动变速器油液品质发生变化，如颜色变黑、有焦烟味、黏度变大或变小等，则应更换，否则会影响自动变速器的正常工作。检查时，拔出自动变速器油尺，观察油的颜色，闻闻油的气味，用手指捻试一下油的黏度，凭经验作出判断。油液品质变化与可能形成原因，见表4-3。

油液品质变化与可能形成原因　表4-3

油 液 品 质	可能形成原因
油液清洁且呈红色	品质正常
油液呈深红色或褐色	未及时更换油液长期重载行驶、某部件打滑或损坏等原因造成油液温度太高
油液中有金属颗粒	离合器片、制动器片或单向离合器磨损严重
油尺上黏附有胶质油膏	油温过高
油液有焦烟味	油面过低、油温过高、油液冷却器或管路堵塞

7）空挡起动开关检查

检查发动机是否仅能在变速器操纵杆处于N挡或P挡时才能起动，而在其他挡位时不能起动。如果在其他挡位能起动，则发动机一起动汽车就开始行驶，因此是不允许的。

8）超速挡控制开关检查

将自动变速器运转至正常工作温度，发动机熄火，打开点火开关，连续接通并断开超速挡开关，检查变速器内的电磁阀是否有操作声。有操作声说明D挡和超速挡之间能够进行相互变换。汽车路试中，当车速达到超速挡起作用车速以后，接通超速挡开关，在同一发动机转速下车速应有明显升高。

2. 失速试验

自动变速器失速，是指变矩器涡轮在负荷太大而停止转动时泵轮的转速。该试验通过换挡和制动使涡轮不转，测试泵轮（即发动机）转速，以便分析故障原因。

1）试验目的

在试验条件下通过测试在D挡和R挡时的发动机最大转速，检查发动机与自动变速器的综合性能。主要是测试发动机输出功率是否正常，液力变矩器导轮单向离合器是否良好，行星齿轮系统的离合器和制动器是否打滑等项目。

2）试验方法

（1）在行车制动器和驻车制动器性能良好、自动变速器液位正常的情况下，将自动变速器油液温度升至正常工作温度（50～80℃，下同）。

（2）汽车停于平坦的场地上，用三角木抵住前后车轮，拉紧驻车制动器操纵杆，发动机在怠速下运转，左脚用力踩住制动踏板，将变速器操纵杆置于D挡，右脚迅速把加速踏板踩到底，使节气门全开，时间不超过5s，然后迅速抬起加速踏板。

(3)当发动机转速上升至稳定值时,读取此时的发动机转速值。该转速称为“失速转速”,一般应为2000r/min左右(因车型而异,具体数值需查维修手册)。

(4)按以上方法,将变速器操纵杆置于R挡,进行同样的试验。

3)试验结果分析

(1)如果D挡和R挡失速相同,且都低于规定值,可能系发动机功率不足或变矩器导轮单向离合器工作不正常造成的。如果失速低于规定转速值600r/min以上,则变矩器可能损坏。

(2)如果D挡失速转速高于规定值,可能系线路油压太低,前进离合器打滑,2号单向离合器工作不良或O/D单向离合器工作不良造成。

(3)如果R挡失速转速高于规定值,可能系线路油压太低,直接离合器打滑,第一挡及倒挡离合器打滑或O/D单向离合器工作不良造成。

3. 液压试验

1)试验目的

测试自动变速器液压控制系统中的油液压力,用以判断泵、阀的技术状况、密封性能和节气门阀拉索的调整状况。

2)试验准备

为了液压试验的方便,一般在自动变速器壳体的有关位置设有数个测量不同油路液压的测压孔,用于安装液压表,平时用方头螺塞堵住,其具体位置可从该车型维修手册中查到。液压试验前应查到这些测压孔,如果查不到,可采用以下方法找到。

用举升器将汽车升起,发动机怠速运转,分别将各个侧压孔螺塞旋松,观察当变速器操纵杆处于不同挡位时是否有压力油液流出,依此判断各油路具体位置。

(1)变速器操纵杆位于R、D、2、L各挡位时都有压力油流出,为主油路侧压孔。

(2)变速器操纵杆位于D、2、L各挡位时都有压力油流出,为前进挡油路侧压孔。

(3)变速器操纵杆位于R挡位时有压力油流出,为倒挡油路侧压孔。

(4)变速器操纵杆位于D、2、L各挡位时,并且在驱动轮转动后才有压力油流出,为调速器油路侧压孔。

3)试验方法

(1)主油路液压试验。

①自动变速器预热至正常工作温度,找到自动变速器壳体上的主油路侧压孔,连接液压表。当进行前进挡(D、2、L挡)主油路液压试验时,也可以将液压表连接在前进挡油路测压孔上;当进行倒挡(R挡)主油路液压试验时,将液压表连接在倒挡油路测压孔上。

②拉紧驻车制动器操纵杆,塞住四轮,左脚用力踩下制动踏板,变速器操纵杆推入D挡,测量发动机怠速工况下前进挡的主油路油液压力。

③在上述状态下,右脚将加速踏板踩到底,在发动机达到失速转速时读取油液最大压力值,该油液压力值即为失速工况下的前进挡主油路油液压力。注意读取油液压力值后要立即抬起加速踏板。

将变速器操纵杆分别换入2、L挡,重复上述试验,可测得各个前进挡在怠速工况下和失速工况下的主油路油液压力。

④在R挡重复上述试验,可测得倒挡在怠速工况下和失速工况下的主油路油液压力。

⑤测出的主油路液压值应与规定值对照。如果未达到规定值,应检查节气门阀拉索的调整状况,视需要重新调整并重复做主油路液压试验。

不同车型自动变速器的主油路液压规定值,不完全相同,应查阅维修手册。几种常见车型自动变速器主油路液压规定值,见表4-4。

常见车型自动变速器主油路液压规定值 表4-4

车型	自动变速器型号	发动机型号	变速器操纵杆位置	主油路液压(kPa)	
				怠速工况	失速工况
丰田 HIACE	A45DL	1RZ、2RZ	D	353~402	1030~1196
			R	500~569	1422~1785
		2L、3L	D	343~431	1098~1294
			R	451~657	1471~1863
		2RZ—E	D	441~500	990~1167
			R	667~745	1471~1863
丰田 PREVIA	A46DE	2JZ—FE	D	363~402	1040~1304
			R	500~559	1402~1863
丰田 CROWN	A340E	2JZ—GE	D	363~422	902~1147
			R	500~598	1236~1589
	A42DL	1G—FE	D	353~402	1030~1196
			R	500~569	1422~1785
丰田 COROLLA	A240E	4A—FE	D	373~422	903~1050
			R	550~707	1412~1648
	A241E	3S—FE	D	373~422	903~1050
			R	638~795	1560~1893
	A241L	2C	D	373~422	824~971
			R	647~794	1422~1755
丰田 CAMRY	A540E	3VZ—FE	D	353~412	992~1040
			R	657~745	1608~1873
雷克萨斯 LS400	A341E、A342E	1UZ—FE	D	382~441	1206~1363
			R	579~657	1638~1863
日产	L4N71B	VG30E、VG30S	D	314~373	1157~1275
			R	549~686	2187~2373
		LD28	D	382~481	1020~1196
			R	726~824	1922~2079
宝马	ZF4HP22/EH	325e、524td、528e系列	D	588~735	
			R	1078~1274	
		535i、635csi、735i系列	D	588~735	
			R	1470~1666	

⑥结果分析：

a. 在任何范围油液压力均高于规定值，可能是节气门拉索调整不当、节气门阀失效或调压阀失效等造成。

b. 在任何范围油液压力均低于规定值，可能是节气门拉索调整不当、节气门阀失效、调压阀失效、液压泵效能不佳或 O/D 直接离合器损坏等造成。

c. 只在 D 挡位置油液压力低，可能是 D 挡油路泄漏或前进离合器故障等造成。

d. 只在 R 挡位置油液压力低，可能是 R 挡油路泄漏、直接离合器故障或一倒挡制动器故障等造成。

(2) 调速器液压试验。

①用举升器将汽车升起。

②在自动变速器壳体调速器测压孔上接上液压表。

③起动发动机，变速器操纵杆置前进挡位置，松开驻车制动器操纵杆，缓慢踩下加速踏板，使驱动轮转动。

④读取不同车速下的调速器油液压力。

⑤将测试结果与规定值比较进行试验结果分析，如果调速器油液压力太低，可能是主油路压力太低、调速器油路漏油或调速器工作不正常等原因造成。

4. 时滞试验

1) 试验目的

当发动机怠速运转，将变速器操纵杆从 N 挡换入前进挡或倒挡时，在感觉到换入挡位前会有一定时间的迟滞或延时，称为自动变速器换挡时滞时间。进行时滞试验的目的，在于测出时滞时间，用时滞时间的长短，来检查主油路液压和 O/D 单向离合器、前进离合器、直接离合器和一倒挡制动器的工作情况是否正常。

2) 试验方法

(1) 变速器预热到正常工作温度，发动机怠速运转，变速器操纵杆置 N 挡位置，拉紧驻车制动器操纵杆。

(2) 变速器操纵杆从 N 挡换入 D 挡，用秒表测量从移动变速器操纵杆起到有振动感时止的时间。试验进行 3 次，时滞时间取 3 次试验的平均值。

(3) 按上述同样方法，在间隔 1min 后测量从 N 挡换入 R 挡的时滞时间。

(4) 结果分析：自动变速器从 N 挡换入 D 挡的时滞时间，一般应小于 1.0 ~ 1.2s，如丰田系列汽车该时滞时间要求小于 1.2s；从 N 挡换入 R 挡的时滞时间，一般应小于 1.2 ~ 1.5s，如丰田系列汽车该时滞时间要小于 1.5s。

①如果 N 挡至 D 挡时滞时间大于规定值，可能是主油路油液压力太低、前进离合器摩擦片磨损或 O/D 单向离合器工作不良造成的。

②如果 N 挡至 R 挡时滞时间大于规定值，可能是倒挡主油路油液压力太低、倒挡离合器或制动器磨损严重造成的。

5. 道路试验

自动变速器的道路试验不仅在其维修前进行，而且在其维修后也应进行，以检查是否恢复了工作性能。

1)试验目的

用于检查换挡点(升挡和降挡的转速)、换挡冲击和换挡执行元件是否有打滑、振动和噪声等现象。

2)试验方法

自动变速器应预热至正常工作温度。

(1)D挡试验:将变速器操纵杆置D挡位置,打开O/D开关,踩下加速踏板,使节气门全开,进行以下试验。

①升挡试验:在汽车加速过程中,自动变速器应能自动按L挡至2挡、2挡至D挡、D挡至O/D挡的规律升挡,升挡点应与该车型自动换挡表(因车型而异,需查维修手册)相吻合。路试中,当自动变速器升挡时,发动机会有短时的转速下降,车身也会有轻微的振动,因而试车员应能感觉到汽车是否顺利地从L挡升至2挡、2挡升至D挡、D挡升至O/D挡。当试车员感觉到汽车升挡时,及时记下升挡车速。

自动变速器如果有模式选择开关,应在NORMAL(标准)模式和PWR(动力)模式下各进行一次升挡试验。需要注意的是,当发动机冷却液温度低于60℃时,不会出现O/D升挡及锁定动作。

其分析方法如下:

a.如无L挡至2挡升挡,可能是2号电磁阀卡住或L挡至2挡换挡阀卡住。

b.如无2挡至D挡升挡,可能是1号电磁阀卡住或2挡至D挡换挡阀卡住。

c.如无D挡至O/D升挡,可能是D挡至O/D挡换挡阀卡住。

d.如换挡点不正常,可能是节气门阀、L挡至2挡换挡阀、2挡至D挡换挡阀或D挡至O/D挡换挡阀等发生故障。

e.如锁定不正常,可能是锁定电磁阀卡住或锁定继动器阀卡住。

②检查振动及打滑情况:用与上述同样的试验方法检查L挡至2挡、2挡至D挡和D挡至O/D挡升挡时的振动及打滑情况。如振动太大,可能是主油路油液压力太高、蓄压器故障或止回阀故障造成的。

③检查不正常噪声和振动:在D挡位置以O/D挡或锁定状态下行车,以检查不正常噪声和振动。检查中要非常仔细,因为传动轴、差速器和变矩器不平衡也会引起振动和噪声,要注意区别。

④降挡试验:在D挡位置以O/D挡、D挡、2挡行车,检查降挡车速是否与自动换挡表所示O/D挡至D挡、D挡至2挡、2挡至L挡降挡点一致。如降挡车速有异常,可能系节气门阀拉索调整不当或相关挡换挡阀有故障。

检查降挡时有无反常振动及打滑现象。

⑤检查锁定机构:在D挡位置以O/D挡稳定行驶,车速在75km/h左右,使变矩器锁止离合器啮合,踩下加速踏板,发动机转速应无突然改变,而是与车速同步上升。如果发动机转速猛增,说明锁止离合器未锁定,可能是锁止离合器的控制系统有故障。

(2)2挡试验:变速器操纵杆置2挡位置,将加速踏板稳定在节气门全开位置,在路试中检查下列内容。

①能否自动地从L挡升至2挡,升挡点是否与自动换挡表相符合。试验中注意,2挡位置无O/D升挡及锁定动作。

②在2挡位置以2挡行车,松开加速踏板检查发动机制动效果。如果无制动效果,可能是2挡制动器有故障。

③检查有无不正常振动和噪声。

(3)L挡试验:变速器操纵杆置L挡位置,路试中不应出现L挡至2挡升挡现象。松开加速踏板应有良好的发动机制动效果,否则为一倒挡制动器失效。加、减速行驶时,应无不正常振动和噪声。

(4)R挡试验:变速器操纵杆置于R挡位置,节气门全开行驶,应能迅速倒车,不应有倒车打滑现象。

(5)P挡试验:将车停于一斜坡(大于5°)上,变速器操纵杆置于P挡位置,放松驻车制动器操纵杆,检查停车锁爪是否可以将车停在原处。

(6)强制低挡试验:使汽车在D挡位下中速行驶,迅速踩下加速踏板,此时自动变速器应自动降低一个挡位,并有明显的增矩效果,抬起加速踏板后又能自动回到原来的高挡位,说明自动变速器强制低挡功能正常。

①如果迅速踩下加速踏板后未自动降低一个挡位,说明自动变速器强制低挡功能失效。

②如果迅速踩下加速踏板后能自动降低一个挡位,但发动机转速异常升高,抬起加速踏板升挡时,出现换挡冲击,说明换挡执行元件磨损严重(打滑)。

6. 手动换挡试验

1)试验目的

确定变速器是电路故障还是机械部分或液压部分的故障。

2)试验方法

(1)首先脱开自动变速器上所有换挡电磁阀的线束连接器,使ECU控制换挡的作用消失。

(2)将变速器操纵杆按顺序置入L挡、2挡、D挡和O/D挡,进行道路试验。

(3)观察发动机转速与汽车车速之间的对应关系。厂牌、车型不相同时,发动机转速与汽车车速之间的对应关系也不相同,具体情况应查维修手册。当发动机转速为2000r/min时,各挡位对应的车速可参考表4-5。

发动机转速与汽车车速之间的对应关系 表4-5

手动变速杆挡位	发动机转速(r/min)	汽车车速(km/h)
L挡	2000	18~22
2挡	2000	34~38
D挡	2000	50~55
超速挡	2000	70~75

(4)如果各挡位均符合发动机转速与车速的对应关系,说明自动变速器机械部分和液压部分正常;否则,说明自动变速器机械部分或液压部分有故障。

(5)试验结束后,连接电磁阀线束连接器,清除诊断代码。

7. 故障诊断

自动变速器故障诊断,以丰田汽车为例,可按表4-6和表4-7进行。诊断故障过程中,应按表中给出的故障诊断顺序(1、2、3、4……),采取逐项排除的方法进行,直至将故障诊断出并被排除。

丰田系列自动变速器电控系统故障诊断表 表4-6

征兆		故障部位																
		1号、2号电磁线圈电路	3号电磁线圈电路	4号电磁线圈电路	1号车速传感器电路	2号车速传感器电路	O/D直接挡离合器电路	主节气门位置传感器电路	空挡起动开关电路	自动跳合开关电路	停车灯开关电路	模式选择开关电路	O/D开关O/D OFF指示灯电路	O/D解除信号电路	冷却液温度传感器电路	发动机和ECT的ECU	见就车诊断表	见分解诊断表
车辆不能在任何前进挡或倒挡行驶																	1	2
车辆不能在特定的一个挡位或几个挡位行驶																	1	2
无上行换挡	L挡→2挡	1			3	3		2								6	4	5
	2挡→D挡	1			3	3		2							6	7	4	5
	D挡→O/D挡	2			4	4		3	5				1	6	7	10	8	9
无下行换挡	O/D挡→D挡	3			4	4		3		5			1			7	6	
	D挡→2挡	2			3	3		1		4						6	5	
	2挡→L挡	2			3	3		1		4						7	5	6
无锁定			1		4	4		2	5		3				6	9	7	8
无锁定解除			2		4	4		1			3					7	5	6
换挡位置太高或太低					4	4		1	2			3				5		
在L挡位上行至2挡；在L挡位上行至D挡									1							2		
O/D开关在OFF位置，但由D挡上行至O/D挡													1			2		
发动机未暖机，但由D挡上行至O/D挡														1	2	5	3	4
接合不柔和	N挡→D挡			2				1	3							6	4	5
	锁定		2			3		1								6	4	5
	任何挡位			2		3	4	1								7	5	6
滑移或打颤	前进挡和倒挡																1	2
	特定挡位																1	2
无发动机制动																	1	2
加速不良		1														3		2
无自动跳合		3						2		1						5	4	
无模式选择												1				2		
起动后或停车时振动大或发动机失速			2								1					4		3

丰田系列自动变速器就车故障诊断表 表4-7

征兆		故障部位																								
		节气门拉索	变速器控制杆	滤油器	驻车锁定爪	手动阀	倒挡控制阀	L—2挡换挡阀	2—D挡换挡阀	D—O/D挡换挡阀	锁定控制阀	锁定继动阀	蓄能器控制阀	电磁调节阀	G_1蓄能器	量孔控制阀	电磁继动阀	G_2蓄能器	低跟踪惯性调节阀	B_2蓄能器	第2挡跟踪惯性调节阀	B_0蓄能器	C_0蓄能器	滤油器	卸压阀	车外修理一览表
车辆不能在任何前进挡或倒挡行驶		1	2		4	3																				5
车辆不能在R挡行驶							1																			2
车辆不能在特定的一个挡位或几个挡位行驶(除R挡位外)																										1
无上行换挡	L挡→2挡							1																		2
	2挡→D挡								1																	2
	D挡→O/D挡									1																2
无下行换挡	O/D挡→D挡									1																
	D挡→2挡								1																	
	2挡→L挡							1																		
无锁定或锁定解除											1	2														2
接合不柔和	N挡→D挡												1	2	3	4										3
	锁定										1	2					3									5
	N挡→R挡												1	3				2								4
	N挡→L挡																		1							4
	L挡→2挡												1	2						3						
	L挡→2挡												1	2							3					
	L挡→2挡→D挡→O/D挡												1	2												
	2挡→D挡												1	2				3								
	D挡→O/D挡												1	2												4
	O/D挡→D挡												1	2								3				4
滑移或打颤	前进挡和倒挡	1	2	3																			3			4
	任何挡位	1	2																					4	5	6
无发动机制动	L挡																		1							3
	2挡																				1					2
无自动跳合								1	2																	2

第二节　转向轴和转向系统诊断与检测

转向轴和转向系统是汽车底盘的重要组成之一,其技术状况的变化对汽车操纵稳定性和行驶安全性等性能有直接影响。

一、常见故障及经验诊断法

大多数汽车的转向轴是前轴。前轴与转向系统的常见故障有前轮轮胎磨损不正常、转向盘自由行程过大、转向沉重、自动跑偏和前轮摆头等。

1. 前轮轮胎磨损不正常

1)现象

轮胎磨损速度加快,胎面形状出现异常。

2)原因

(1)轮胎气压不符合要求。

(2)轮胎长期未换位。

(3)轮胎质量不佳。

(4)轮胎螺栓松动。

(5)前轮定位不正确,尤其是前轮前束与前轮外倾配合不正确。

(6)轮毂轴承松旷或转向节与主销松旷。

(7)纵、横拉杆球头连接处松旷。

(8)转向器在车架(或车身)上的连接松动或转向器内部的轴承处、主从动部分的啮合处松旷。

(9)钢板弹簧与车桥连接的U形螺栓松旷。

(10)钢板弹簧与其销的配合松旷。

(11)前轮径向圆跳动或端面圆跳动太大。

(12)前轮旋转质量不平衡。

(13)前轮摆头。

(14)前轴与车架(或车身)纵向中心垂面不垂直或车架(或车身)左右两边的轴距不相等。

(15)前轴或车架(或车身)弯、扭变形。

(16)前轴刚度不足。

(17)转向横拉杆(尤其是弓形转向横拉杆)或转向横拉杆臂刚度不足。

(18)前轮放松制动后回位慢或制动拖滞。

(19)转向梯形不能保证两前轮纯滚动,出现过多转向或不足转向。

(20)经常超载、偏载、起步过急、高速转弯或制动过猛。

(21)经常行驶在拱度较大的路面上。

3)诊断方法

前轮轮胎磨损示意图如图4-19所示,其诊断流程图如图4-20所示。

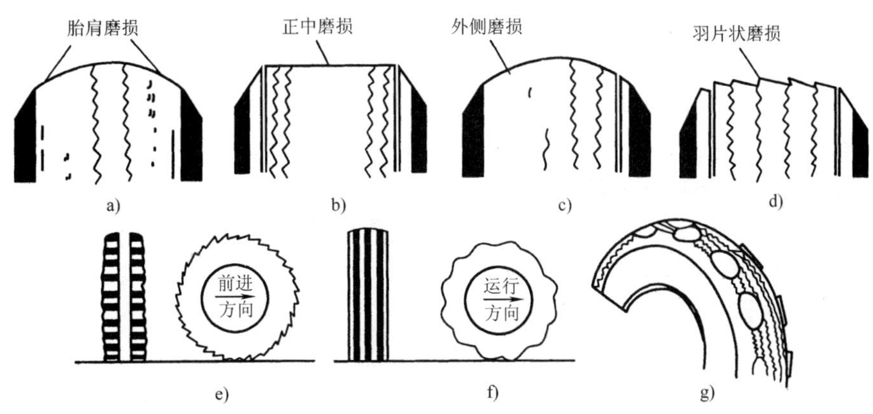

图 4-19　前轮轮胎磨损示意图

a)胎肩磨损；b)正中磨损；c)外侧磨损；d)羽片状磨损；e)锯齿状磨损；f)波浪状磨损；g)胎肩碟片状磨损

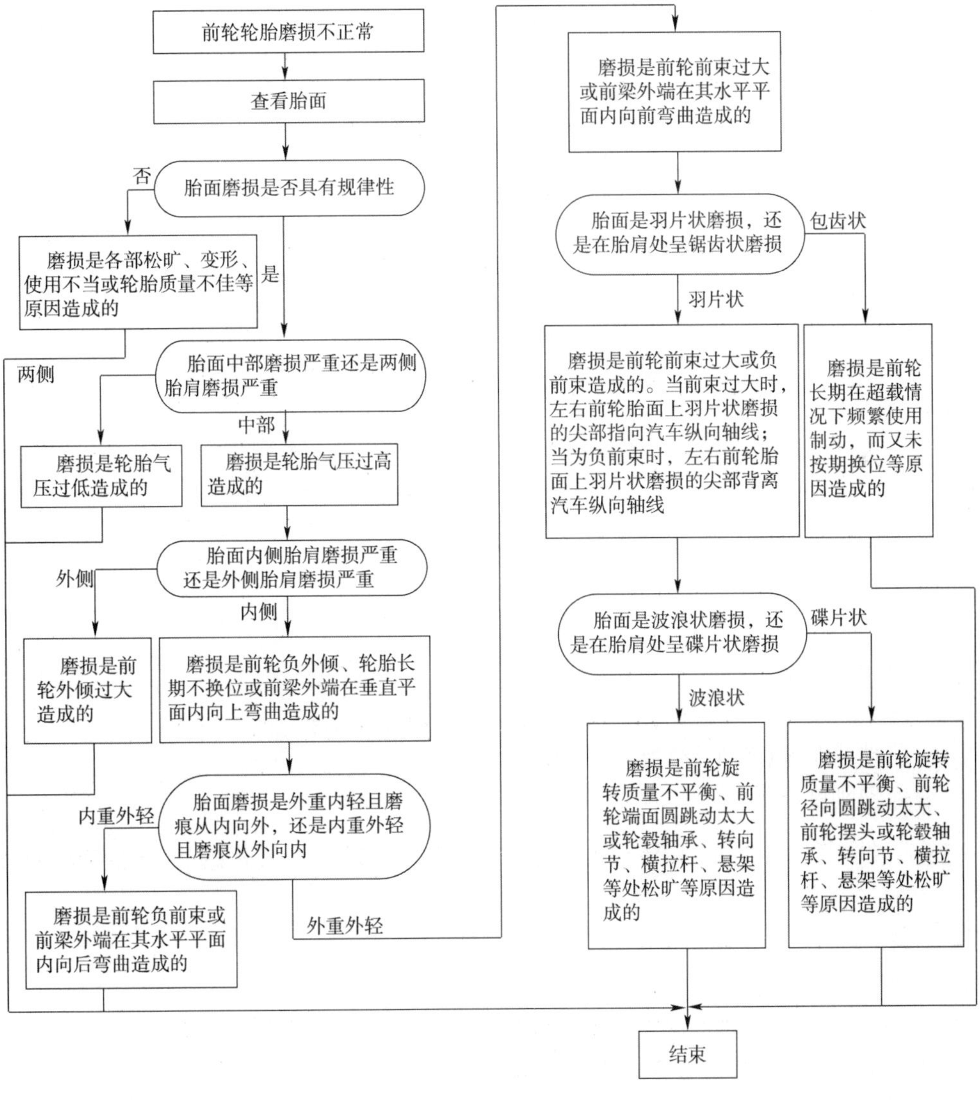

前轮轮胎磨损不正常

查看胎面

胎面磨损是否具有规律性

否

磨损是各部松旷、变形、使用不当或轮胎质量不佳等原因造成的

是

胎面中部磨损严重还是两侧胎肩磨损严重

两侧

磨损是轮胎气压过低造成的

中部

磨损是轮胎气压过高造成的

胎面内侧胎肩磨损严重还是外侧胎肩磨损严重

外侧

磨损是前轮外倾过大造成的

内侧

磨损是前轮负外倾、轮胎长期不换位或前梁外端在垂直平面内向上弯曲造成的

胎面磨损是外重内轻且磨痕从内向外，还是内重外轻且磨痕从外向内

内重外轻

磨损是前轮负前束或前梁外端在其水平平面内向后弯曲造成的

外重外轻

磨损是前轮前束过大或前梁外端在其水平平面内向前弯曲造成的

胎面是羽片状磨损，还是在胎肩处呈锯齿状磨损

包齿状

磨损是前轮长期在超载情况下频繁使用制动，而又未按期换位等原因造成的

羽片状

磨损是前轮前束过大或负前束造成的。当前束过大时，左右前轮胎面上羽片状磨损的尖部指向汽车纵向轴线；当为负前束时，左右前轮胎面上羽片状磨损的尖部背离汽车纵向轴线

胎面是波浪状磨损，还是在胎肩处呈碟片状磨损

碟片状

磨损是前轮旋转质量不平衡、前轮径向圆跳动太大、前轮摆头或轮毂轴承、转向节、横拉杆、悬架等处松旷等原因造成的

波浪状

磨损是前轮旋转质量不平衡、前轮端面圆跳动太大或轮毂轴承、转向节、横拉杆、悬架等处松旷等原因造成的

结束

图 4-20　前轮轮胎磨损不正常诊断流程图

2. 转向盘自由行程过大

1)现象

汽车静止,两前轮保持直线行驶位置,轻轻来回转动转向盘,感到游动角度很大。

2)原因

(1)转向盘与转向轴的连接处松旷。

(2)转向器内主、从动部分啮合部位松旷或主、从动部分的轴承处松旷。

(3)转向器垂臂轴与垂臂的连接处松旷。

(4)纵、横转向拉杆的球头连接处松旷。

(5)纵、横转向拉杆臂与转向节的连接处松旷。

(6)转向节与主销配合处松旷。

(7)轮毂轴承处松旷。

3)诊断方法

按诊断流程图所示方法诊断,如图4-21所示。

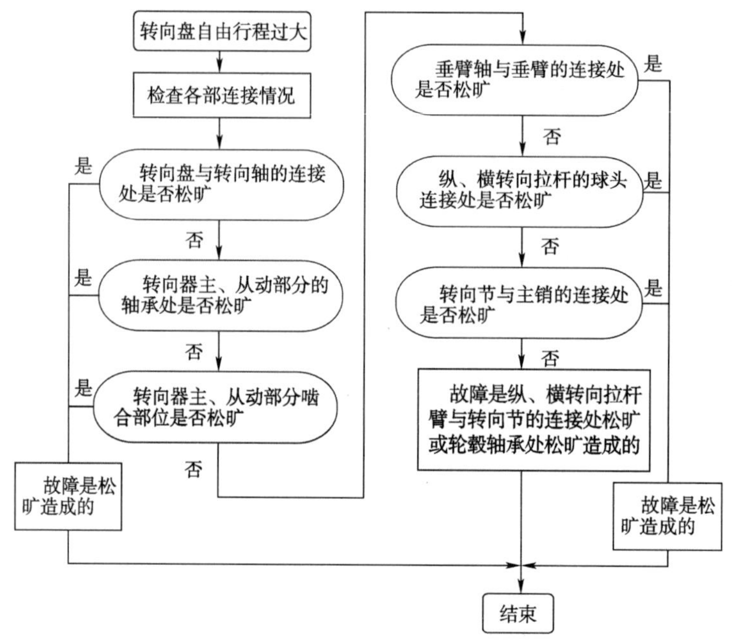

图4-21 转向盘自由行程过大诊断流程图

3. 转向沉重

1)现象

汽车行驶中驾驶员向左、右转动转向盘时,感到沉重费力,无回正感;汽车低速转弯或掉头时,转动转向盘十分费力。

2)原因

(1)轮胎气压不足。

(2)转向器主动部分轴承预紧力太大或从动部分(垂臂轴)与衬套配合太紧。

(3)转向器主、从动部分啮合处调整太紧。

(4)转向器无油或缺油。

(5)转向节与主销配合太紧或缺油。

(6)转向节止推轴承缺油或损坏。

(7)纵、横转向拉杆的球头连接处调整太紧或缺油。

(8)与转向盘连接的转向轴弯曲或其套管凹瘪,造成刮碰。

(9)主销后倾过大、内倾过大。

(10)前梁、车架变形,造成前轮定位失准。

3)诊断方法

按诊断流程图所示方法诊断,如图4-22所示。

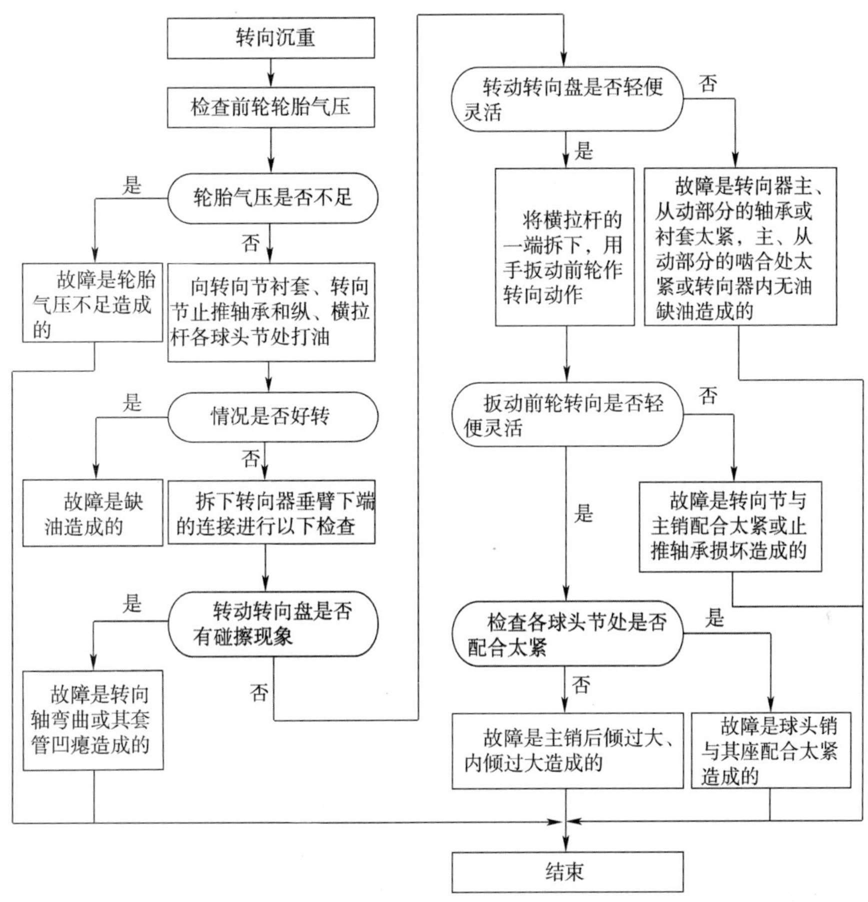

图4-22 转向沉重诊断流程图

4.自动跑偏

1)现象

汽车行驶中自动跑向一边,必须用力握住转向盘才能保持直线行驶。

2)原因

(1)两前轮轮胎气压不等、直径不一或车厢装载不均。

(2)两前轮轮毂轴承或轮毂油封的松紧度不一。

(3)两前轮外倾角、主销后倾角、主销内倾角不等或前轮前束在两前轮上分配不均。

(4)左、右钢板弹簧挠度不等或弹力不一。

(5)前梁、后桥轴管或车架发生水平平面的弯曲。

(6)车架(或车身)两边的轴距不等。

(7)前、后桥两端的车轮有单边制动或单边制动拖滞现象。

(8)前轮前束太小或负前束。

(9)路面拱度太大或侧向风太大。

3)诊断方法

按诊断流程图所示方法诊断,如图4-23所示。

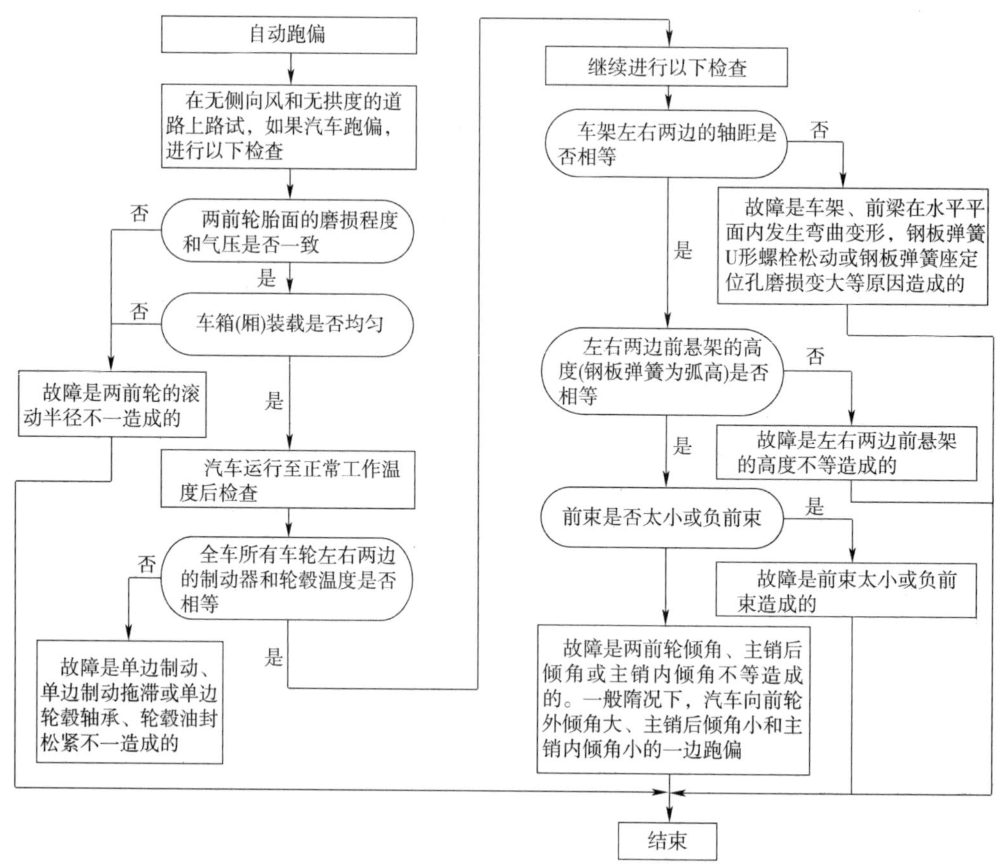

图4-23 自动跑偏诊断流程图

5.前轮摆头

1)现象

汽车在某低速范围内或某高速范围内行驶时,有时出现两前轮围绕各自主销左、右摆动的现象;高速行驶两前轮左右摆振严重时,在驾驶室内可以看到整个车头左右晃动。

2)原因

(1)前轮旋转质量(包括轮胎、轮辋、轮毂、制动鼓或制动盘等)不平衡。

(2)前轮径向圆跳动或端面圆跳动太大。

(3)前轮使用翻新轮胎。

(4)前轮外倾角太小、前束太大或太小、主销后倾角太大或太小、主销内倾角太大。

(5)前轮前束在两前轮上分配不均。

(6)前轮外倾、主销后倾或主销内倾在两前轮上数值不等。

(7)前轮轮毂轴承松旷。

(8)前梁、车架(或车身)弯、扭变形。

(9)转向器的安装位置造成转向系统与前悬架(钢板弹簧)的运动相互干涉。

(10)转向系统(如横拉杆、横拉杆臂、纵拉杆臂和垂臂等)刚度太低。

(11)转向器主、从动部分啮合间隙或轴承间隙太大。

(12)转向器垂臂与其轴配合松旷。

(13)纵、横转向拉杆球头连接处松旷。

(14)转向节与主销配合松旷或转向节与前梁拳形部沿主销轴线方向配合松旷。

(15)转向器在车架(或车身)上的固定松动。

(16)前悬架减振器失效或两边减振器效能不一。

(17)左、右两边的前悬架在高度或刚度(对于钢板弹簧,包括厚度、长度、片数、弧高或新旧程度等)等方面不一。

(18)前钢板弹簧的U形螺栓松动或钢板销与其衬套松旷。

(19)当道路不平度大,路面对车轮的冲击频率与前梁角振动的固有频率一致时,在陀螺仪效应影响下引起前轮摆头。

3)诊断方法

按诊断流程图所示方法诊断,如图4-24所示。

二、车轮定位检测

车轮定位的检测,包括转向轮(通常为前轮)定位的检测和非转向轮(通常为后轮)定位的检测。转向轮和非转向轮定位的检测,也即前轮和后轮定位的检测,统称为四轮定位的检测。汽车前轮定位,包括前轮外倾、前轮前束、主销后倾和主销内倾,是评价汽车前轮保持直线行驶稳定性、前轴和转向系统技术状况的重要诊断参数。后轮定位主要有后轮外倾和后轮前束,可用于评价后轮保持直线行驶稳定性和后轴的技术状况。因此,车轮定位值的检测不仅对于在用车十分必要,而且对于新车定型和质量抽查也是必不可少的。

(一)检测方法分类

汽车车轮定位的检测方法,有静态检测法和动态检测法两种类型。

1.静态检测法

车轮定位的静态检测法,是在汽车静止的状态下,根据车轮旋转平面与各车轮定位间存在的直接或间接的几何关系,用专用检测设备对车轮定位进行几何角度的测量。

静态检测法使用的检测设备,一般有气泡水准式、光学式、激光式、电子式和微机式等前轮定位仪和四轮定位仪(统称为车轮定位仪)。

气泡水准车轮定位仪,一般由转盘、支架、水准仪等组成。由于其结构简单、价格低廉、便于携带等优点,在国内汽车维修行业获得了广泛应用。但是,它也存在安装、测试费时费力和只能检测前轮定位不能检测后轮定位等不足。

光学式车轮定位仪,一般由转盘、支架、车轮镜和投光装置等组成。投光装置(由投光器和投影屏组成)也像水准仪一样安装在支架上,而支架固定在轮辋上。该定位仪利用光学投影原理，将车轮纵向旋转平面与车轮定位的关系投影到带有指示刻度的投影屏上，从而测得车轮定位值。

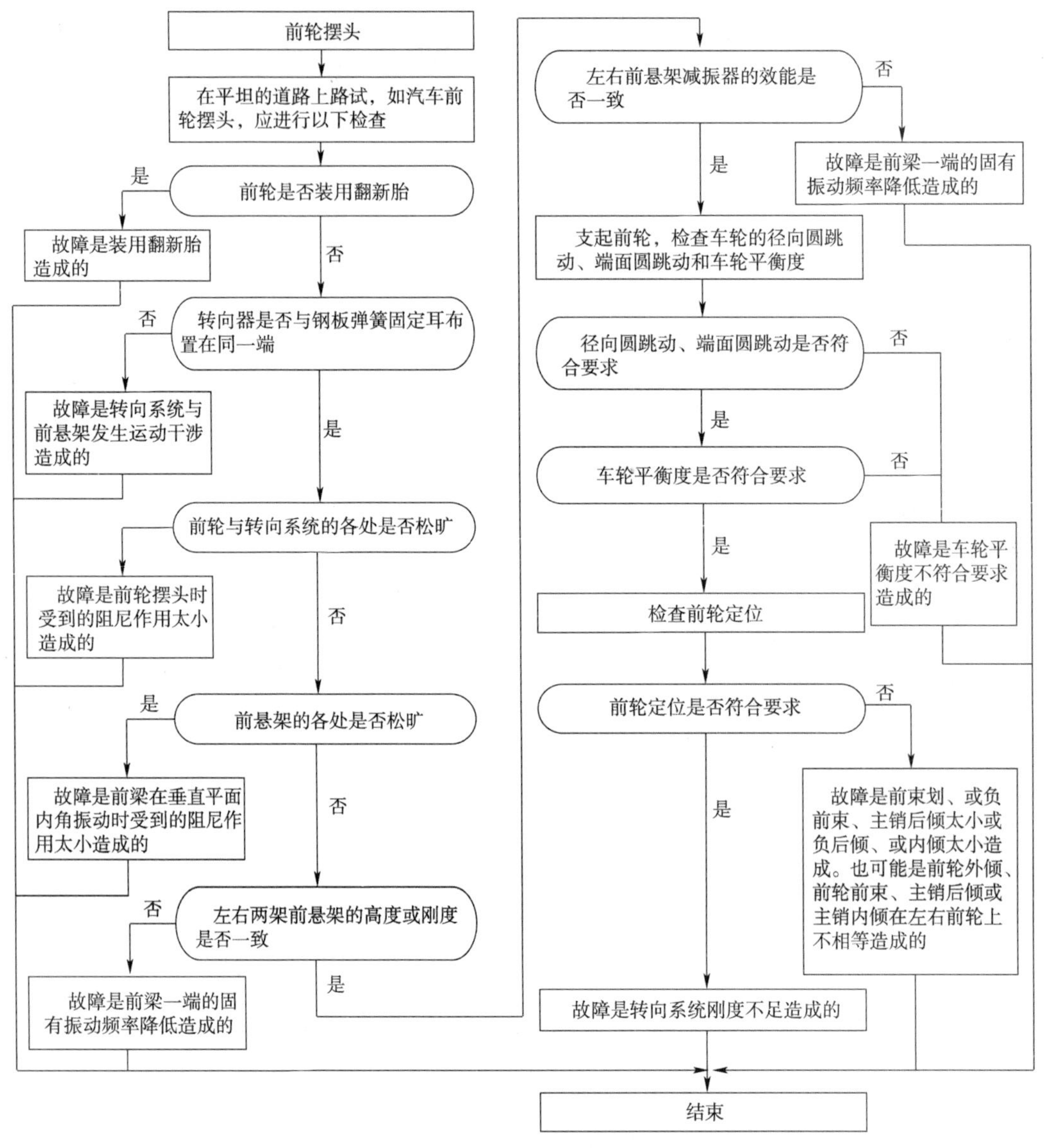

图 4-24　前轮摆头诊断流程图

激光式车轮定位仪，检测原理与光学式基本相同，只不过采用的是激光投影系统，因而在强烈的阳光下也能清楚地从投影屏读出测量数据。

电子式车轮定位仪，是在光学式和激光式的基础上，由投影屏刻度显示转变为显示屏数字显示。

微机式车轮定位仪，比以上几种车轮定位仪先进，目前国内外生产的四轮定位仪多以这种类型为主，可同时检测前、后轮的车轮定位参数。微机式车轮定位仪由于采用微电脑技术和精密传感测量技术，并备有完整齐全的配套附件，所以具有测量全面、准确和操作简便等优点。它一般由微机主机、彩色显示器、操作键盘、传感器、转盘、自动对中式支架、打印机和遥控器等组成，往往制成可移动台式，如图4-25所示。它由安装在车轮上的传感器把车轮定位角的几何关系转变成电信号，送入微机处理、分析和判断，然后由显示器显示和打印机打印输出检测结果。测试过程中，可通过操作全功能红外线遥控器，在汽车的任何位置实现远距离测试控制。

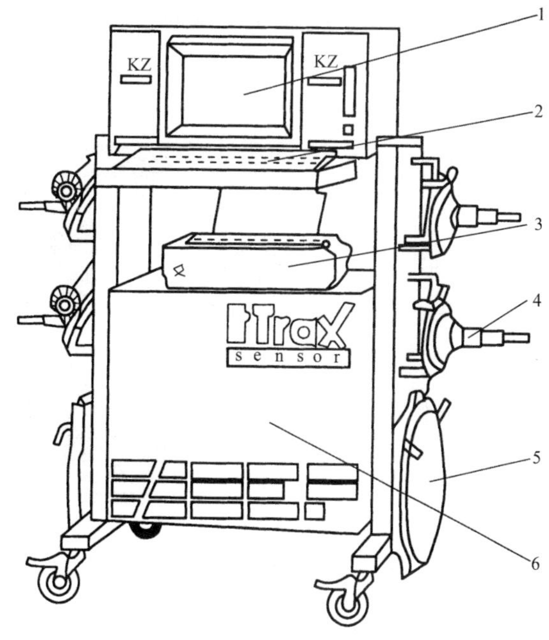

图4-25 微机式四轮定位仪外形图

1-彩色显示器；2-键盘；3-打印机；4-自定心卡盘；5-转盘；6-主机柜

2. 动态检测法

车轮定位的动态检测法，是在汽车以一定车速行驶的状态下，用检测设备检测车轮定位产生的侧向力或由此引起的车轮侧滑量。

为了知道前轮前束和前轮外倾配合是否恰当，可使用动态检测法检测前轮的侧滑量。动态检测法使用的检测设备，有滑动板式侧滑试验台和滚筒式车轮定位试验台两种。目前，国内几乎全部采用滑动板式侧滑试验台（以下简称“侧滑试验台”）进行动态检测。

侧滑试验台是使汽车在滑板上驶过，用测量滑板左、右方向移动量的方法，来检测前轮侧滑量并判断是否合格的一种检测设备。

后轮带有外倾和前束的汽车，也可以通过侧滑试验台测得后轮前束与后轮外倾的配合是否符合要求。

（二）气泡水准车轮定位仪及前轮定位检测方法

1. 气泡水准车轮定位仪结构简介

气泡水准车轮定位仪（以下简称“车轮定位仪”）按适用车型范围可分为两种：一种适用于大、中、小型汽车，另一种仅适用于小型汽车。前者一般由水准仪、支架、转盘（又称转角仪）等组成；后者一般由水准仪和转盘组成。

1）水准仪

水准仪如图4-26所示。水准仪也分为两种：一种适用于大、中、小型汽车，另一种适用于小型汽车。它们均由壳体、水泡管、水泡调节装置和刻度盘等组成。适用于大、中、小型汽车的水准仪带有两个定位销，以便插入支架中心孔固装在支架上；适用于小型汽车的水准仪带有永久磁铁和定位针，可以对准转向节枢轴中心孔吸附在轮毂的端面上，因而省去了支架。

2）支架

支架（图4-27）是水准仪与轮辋之间的连接装置。检测前轮定位时支架固定在轮辋上，水准仪则插在支架的中心孔内，由锁紧螺钉锁住。支架有卡紧式和磁力式两种类型。

3）转盘

转盘（图4-27）一般由固定盘、活动盘、扇形刻度尺、游标指示针、锁止销和若干滚珠等组成。滚珠装于固定盘与活动盘之间，用保持架保持。转盘具有如下作用：

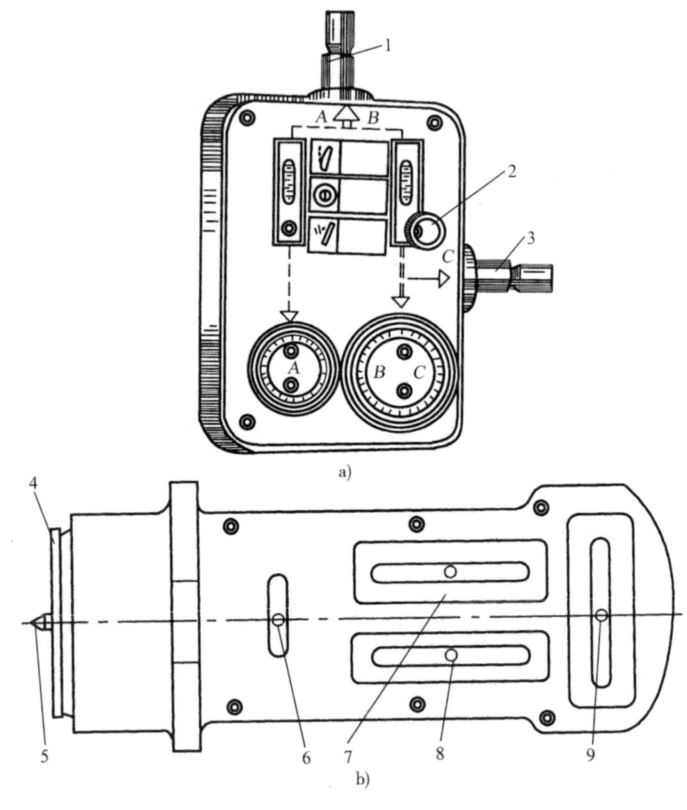

图 4-26　水准仪

a）适用于大、中、小型汽车的水准仪；b）适用于小型汽车的水准仪

1、3-定位销；2-旋钮；4-永久磁铁；5-定位针；6-校正水准仪水平状态的水泡管；7-测量主销后倾角的水泡管；8-测量前轮外倾角的水泡管；9-测量主销内倾角的水泡管

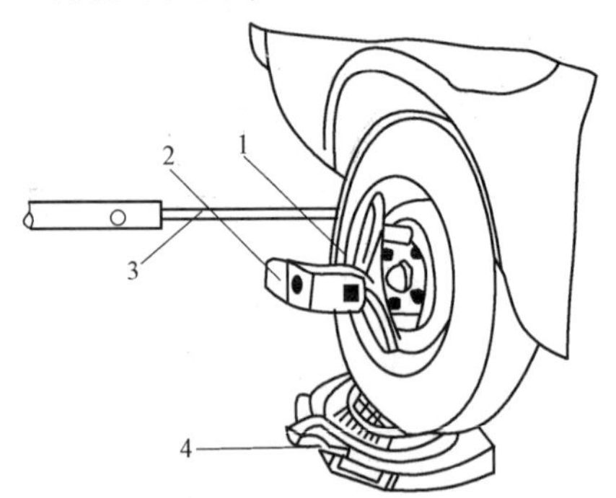

图 4-27　检测前轮前束

1-支架；2-聚光器；3-标杆；4-转盘

（1）在前轮定位检测中，便于静止的汽车前轮转向，并转至规定角度。

（2）可测得两前轮的最大转向角。

（3）可测得两前轮转向时内轮转角大于外轮转角的关系。

2. 车轮定位仪测量原理

1）测量车轮外倾角 α

车轮定位仪可直接测得车轮外倾角 α。当车轮处于直线行驶位置且有外倾角 α 时，垂直于车轮旋转平面安装的水准仪上的测外倾角的气泡管，也垂直于车轮旋转平面，气泡管与水平平面的夹角即为车轮外倾角 α，如图 4-28 所示。此时，气泡移向车轮。调气泡管处于水平位置，气泡位移量就反映了角 α 的大小，通过标定就可测得车轮外倾角 α。

2）测量主销后倾角 γ

车轮定位仪不能直接测量主销后倾角 γ，只能采用建立在几何关系上的间接测量。如

图4-29所示，在空间坐标系中，以左前轮为例，OA 代表主销中心线，由于带有后倾角因而位于 OYZ 平面内，γ 为主销后倾角，OC 为转向节枢轴，MN 为放置在 OC 上的气泡管。假设前轮外倾角 α 和主销内倾角 β 均为零，则 $OC \perp OA$。当车轮处于直线行驶位置时，OC 与 OX 轴重合。当前轮在水平平面向右转至规定角度 φ 时，由于主销后倾角 γ 的存在，使得转向节枢轴轴线 OC 转至 OC'，形成一扇形平面 OCC'，该平面与水平平面的夹角等于 γ。OC' 与水平平面的夹角为 ω。此时，气泡管由 MN 移至 $M'N'$，所以 ω 也就是气泡管相对水平平面倾斜的角度。因此，气泡管内的气泡向高处（M' 处）位移。气泡位移量取决于夹角 ω。ω 则取决于 φ 和主销后倾角 γ。当 φ 为一定值时，位移量仅决定于主销后倾角 γ 的大小。这样，气泡位移量通过标定即可反映 γ 值，从而测得主销后倾角。

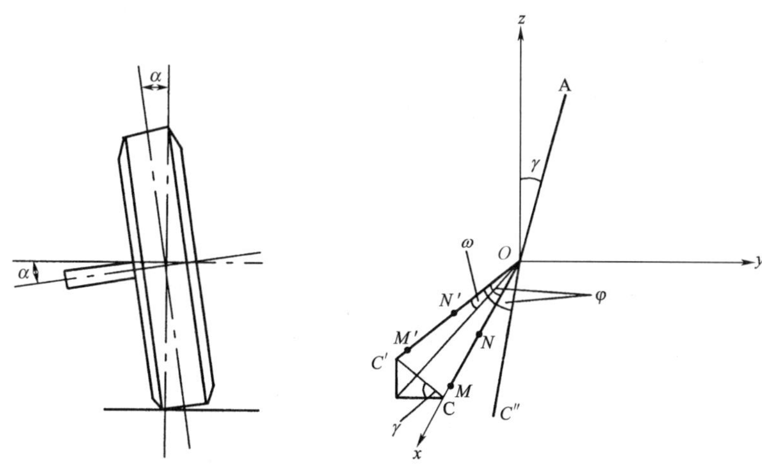

图4-28　前轮外倾角测量原理图　　图4-29　主销后倾角测量原理图

测量时，一般先将前轮向左转动角度 φ（通常为20°），使转向节枢轴转至 OC'' 的位置，将气泡管调得与水平平面平行；再将前轮向右转动 2φ 角度，使转向节枢轴转至 OC' 的位置，此时气泡管 MN 随转向节枢轴绕主销轴 OA 转过 2φ 角度，气泡位移量增大了一倍。这不仅使测量灵敏度和读数精度提高，而且消除了主销内倾角 β 对测量值的影响，因为当转向节枢轴 OC 从前轮直线行驶位置分别向左、右转动同样角度时，角 β 对主销后倾角 γ 测量值的影响数值相等，方向相反，互相抵消。因此，水准仪的测量值完全反映了主销后倾角 γ 的大小，消除了 β 的影响。至于前轮外倾角 α，由于影响甚微可以忽略不计。

3）测量主销内倾角 β

车轮定位仪不能直接测量主销内倾角 β，只能采用建立在几何关系上的间接测量。如图4-30所示，在空间坐标系中仍以左前轮为例。假设前轮外倾角和主销后倾角均等于零，则带有内倾角的主销中心线 OA 在 OXZ 平面内，OA 与 OZ 的夹角 β 为主销内倾角。当前轮处于直线行驶位置时，转向节枢轴 OC 与 OA 的夹角为 $90°+\beta$。若前轮在水平平面内向右转动规定角度 φ，由于主销内倾角的存在，使得转向节枢轴 OC 转至 OC'，形成圆锥面 OCC'。如果在转向节枢轴的前端部放置一平行于水平平面且与 OC 轴线垂直的气泡管 EF，则在 OC 绕 OA 轴转至 OC' 后，气泡管 EF 发生绕转向节枢轴轴线的转动，位置变为 $E'F'$，其与水平平面的夹角为 θ。此时，气泡管内的气泡向 F' 处移动，位移量取决于 θ。θ 取决于 β 和 φ。φ 为定值，所以 θ 角仅取决于 β。这样，气泡的位移量通过标定即可反映主销内倾角度值。

测量时，一般也是将前轮向左转 φ 角，则转向节枢轴 OC 转至 OC''，调气泡管与水平平面平行；再将前轮向右转 2φ 角，转向节枢轴转至 OC'，气泡管 EF 则转过了 2θ 角，气泡位移量增大一倍。同理，这一测量方法使测量灵敏度和读数精度提高，而且消除了主销后倾角 γ 对测量值的影响。

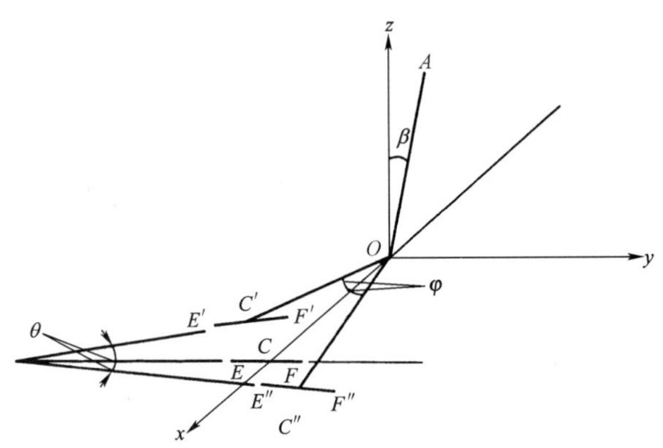

图 4-30　主销内倾角测量原理图

3. 车轮定位仪使用方法

常见的车轮定位仪，使用方法大同小异。以下以国产 GCD-1 型车轮定位仪为例，介绍使用方法如下。

国产 GCD-1 型车轮定位仪，除由一个水准仪、两个支架和两个转盘组成外，还配备有两个聚光器、两个标尺、两个标杆（图 4-27）和一个踏板抵压器。聚光器在标杆配合下可测得车轮前束值，聚光器在标尺配合下可测得后轴与前轴间的平行度、后轴与车架间的垂直度及后轴与车架在水平平面的弯曲变形等。踏板抵压器（实际上是一个抵压杆）可将制动踏板压下而顶靠在驾驶座或其他支承物上使车轮处于制动状态，以节省人力。

1）测量前的准备工作

（1）汽车技术状况的预检。

①如无特殊说明，被检车辆的载荷应符合原厂规定。

②轮胎气压应符合汽车制造厂的规定。

③车轮轮胎应为新胎或磨损均匀的半新胎。

④检查车轮轮毂轴承、转向节衬套与主销的配合是否松旷，检查制动器是否可靠。

（2）对检测场地的要求。

①检测场地表面应平整，并尽量处于水平状态。

②检测场地如为专用地坪，可将两转盘分别放入深为 60mm 的预留坑内。如果无预留坑，当前轮放在转盘上后，后轮应垫以厚 60mm 的平整木块，以保证前后轮接地面处于同一水平平面上。

（3）汽车的正确放置。

在汽车两前轮放在转盘上之前，应前后数次推动汽车，以便使前轮自动处于直线行驶状态。然后，将两前轮分别放在各自的转盘上，并使主销中心线的延长线基本上通过转盘中心。在有工厂标记的条件下，依工厂标记来确定转向器的中间位置，进而确定前轮的直线行驶位置，这样比较方便而且准确。在没有工厂标记的情况下，若认为前束在每个前轮上是均

匀分配的,则可参照下述方法来确定前轮的直线行驶位置:

①取下转盘锁止销。

②在两前轮上分别安装支架和聚光器,将聚光器光束水平投向在两后轮中心且与后轮垂直的带三脚架的标尺上。标尺应紧靠在车轮中心上。调节聚光器焦距,使在标尺上得到一清晰的带有一缺口的扇形图像(以下简称“指针”),如图 4-31 所示。读出车身两侧标尺上指针所指数值。通过转动转向盘使两侧标尺上指针所指数值相等,则认为两前轮处于直线行驶位置。

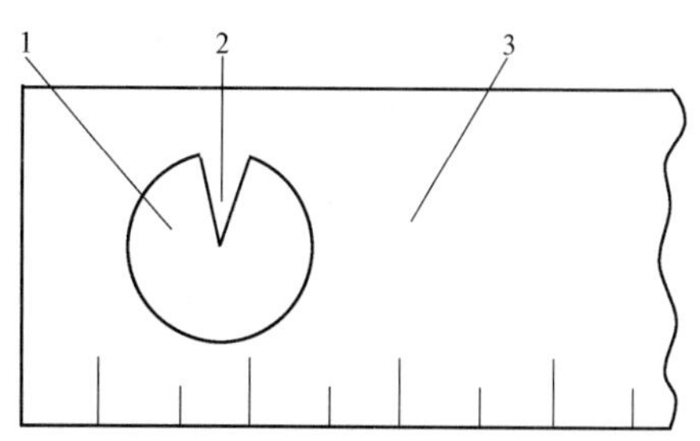

图 4-31 聚光器投出的光束指针
1-光束;2-指针;3-标尺

前轮直线行驶位置找好后,应调整转盘扇形刻度尺零位对准游动指针,然后加以固定。当再转动汽车转向盘时,前轮的转角便可由游动指针的指示从转盘刻度尺上读出。

(4)支架的安装。

先将固定支架的两个固定脚卡在轮辋适当部位,再移动活动支架,使其固定脚也卡在轮辋上,然后用活动支架的偏心卡紧机构将三个固定脚卡紧在轮辋上。此时,三个固定脚的定位端面贴紧在轮辋的边缘上。松开调整支座弹性固定板的固定螺栓,使调整支座沿导轨滑动,通过特制芯棒使调整支座安装聚光器、水准仪的孔中心与前轮中心重合,然后拧紧螺栓,将调整支座固定于导轨上。

经多次试验,当支架中心与车轮中心偏 2 ~ 3mm 时,对测量结果影响甚微,故也可以目视对准中心,而不使用芯棒。

(5)轮辋变形的检查及补偿。

①将聚光器定位销轴插入支座孔中,使销轴定位端面与支座定位端面贴合,然后拧紧弹簧卡固定螺钉,使聚光器不至于从支座上滑落。

②顶起被测车轮,使其离开转盘或地面,当在其圆周上施力时能自由转动。

③将标杆以轮辋半径 7 倍的距离放在所测车桥之前或之后的地面上。一般情况下,测前轮轮辋变形量时,可把标杆放于前桥之前;测后轮轮辋变形量时,可把标杆放在后桥之后。

④将聚光器通以 DC12V 电源,聚光器发出强光束指针。转动聚光器的调节盘,使光束指针的扇形缺口朝上。调整聚光器伸缩套筒,使光束指针清晰地指在标杆上带有刻度的标牌上。用手把持住聚光器,松开弹簧卡固定螺钉,缓慢转动车轮一周,读出光束指针指示的最大值与最小值。最大值与最小值之差即为轮辋端面的摆差。当摆差大于 3mm 时,一般认为轮辋是不合格的,应予更换。

⑤对于有摆差的车轮轮辋,为了消除对检测车轮定位角度值的影响,可转动调整支座上的滚花调节螺钉,直至光束指针指示的最大值与最小值之差在 3mm 之内为止。

轮辋的变形补偿后,将车轮放回转盘上。

2)前束值的检测

(1)检测原理。

用聚光器配合标杆来检测车轮前束值的原理如图 4-32 所示。当中心为 O 的车轮 AB 与放置在地面上的标杆 MN 垂直时,聚光器光束指针投射到标杆的 M 点。当车轮具有前束时,

AB 与 MN 不垂直，AB 的位置变为 A_1B_1，此时光束指针投射到标杆的 N 点，且聚光器由原来的位置 OCD 变为 OC_1D_1。由于 $CM >> OC$，而前束与 CM 比较起来也非常小，故可认为点 C 与 C_1 重合，则 $AA_1 = A_2A_3$（A_2、A_3 是光束指针在与 A 点同一截面上的投影点）。从图中可得：$A_2A_3 : MN = CA_2 : CM$，其中 $CA_2 = OA = D/2$，$CM = 7 \times D/2$。所以，$A_2A_3 : MN = D/2 : 7 \times D/2 = 1:7$。此时，若 $AA_1 = A_2A_3 = 1\text{mm}$，则 $MN = 7\text{mm}$。

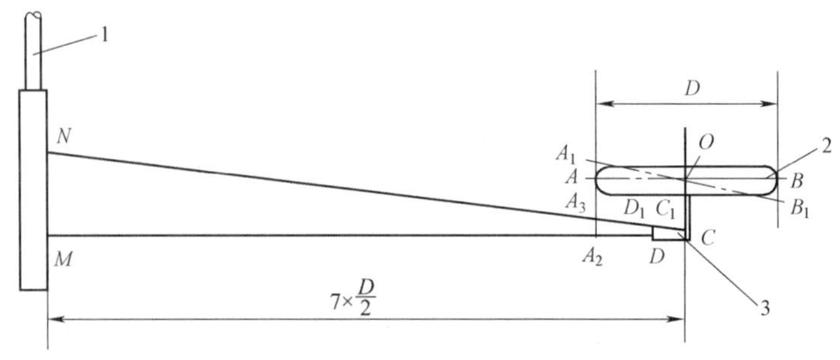

图 4-32　前束检测原理图

1-标杆；2-前轮；3-聚光器

在标杆的标牌上，每隔 7mm 划一刻度。当车轮前束测点每偏转 1mm 时，光束指针的变化为一个刻度（7mm），这就把车轮前束实际值放大了 7 倍而显示在标杆的标牌上，从而提高了测量灵敏度和读数的精度。

（2）检测方法。

以检测汽车前轮前束为例。汽车两前轮放于车轮定位仪转盘上找正直线行驶位置后，在检测前束的过程中不得再转动转向盘。

①调节标杆长度，使同一标杆两标牌之间的距离略大于被测轮距，并能使聚光器光束指针大致投射到标牌的中间位置，如“20”左右。两套标杆一定要调整到等长，特别是标牌之间的距离一定要相等，否则将影响检测结果。

②将已调好的两套标杆放置在被测车桥的前后两侧，并平行于车桥。每一标杆距车轮中心的距离为车轮上规定前束测点处半径的 7 倍。车轮上规定前束测点依车型而定，有的测点在胎面中心处，有的测点在胎侧突出处，而有的测点在轮辋边缘处，检测前束前应注意查阅汽车使用说明书或维修手册。

③先将一侧（如左侧）车轮聚光器的光束投向前标杆的标牌上，使光束指针指于某一整数上，如图 4-27 所示。再将该聚光器的光束向后投射到后标杆的标牌上，并平行移动后标杆使光束指针落在与前标牌同一数值上。然后，将另一侧（如右侧）车轮聚光器分别向前标杆、后标杆投射光束，读出光束指针指示值，计算前束。若前标杆指示值为 23mm，后标杆指示值为 26mm，后值减前值，则前束值为 26mm − 23mm = 3mm。反之，若前标杆指示值为 26mm，后标杆指示值为 23mm，则前束值为 23mm − 26mm = −3mm，说明被测车轮为负前束。

汽车后轮前束的检测方法同上。

3）车轮外倾角度值的检测

（1）在车轮保持直线行驶位置不动的情况下，将车轮定位仪水准仪黑箭头指示的定位销插入车轮上支架的中心孔内，并使水准仪在左右方向上大致处于水平状态。轻轻拧紧弹簧卡锁紧螺钉，固定住水准仪，如图 4-33 所示。

(2)转动水准仪上的A调节盘,直到对应气泡管内的气泡处于中间位置为止,然后在黑刻度盘上读出A盘红线所指角度值,该角度值即为前轮外倾角。用同样方法可检测其他车轮的外倾角。

A盘每转动360°/13≈27.69°代表车轮外倾角1°,黑刻度盘把每1°再分成6等份,每1份为10′,读数分辨率可达1′,因而使读数误差减小。

4)主销后倾角度值的检测

前轮外倾角度值测定后,不动水准仪,接着进行主销后倾角度值的检测。

(1)将前轮向内转20°(对于左前轮则向左转,对于右前轮则向右转,下同),松开弹簧卡锁紧螺钉,使水准仪左右方向处于水平状态,然后拧紧锁紧螺钉。

(2)转动水准仪上的BC调节盘,使其上的红线与蓝、红、黄刻度盘零线重合。调整对应气泡管的旋钮,使气泡管气泡处于中间位置。

(3)将前轮向相反方向转40°。转动BC盘使气泡管的气泡回到中间位置,在蓝盘上读出BC盘红线所示之值即为主销后倾角。用同样的方法测出另一侧主销后倾角。

BC盘每转动360°/19.11≈18.4°代表主销后倾角或主销内倾角1°,刻度盘把每1°再分成6等份,每1份为10′,读数分辨率可达1′,使读数误差减小。

5)主销内倾角度值的检测

为了防止转动转向盘时前轮滚动,必须踩下制动踏板或用踏板抵压器压下制动踏板,使前轮处于制动状态。

(1)从支架上取下水准仪,将红黄箭头所指的定位销插入支架中心孔内,轻轻拧紧锁紧螺钉,如图4-34所示。将被测前轮向内转20°,松开锁紧螺钉,使水准仪在左右方向上大致处于水平状态,然后拧紧锁紧螺钉。

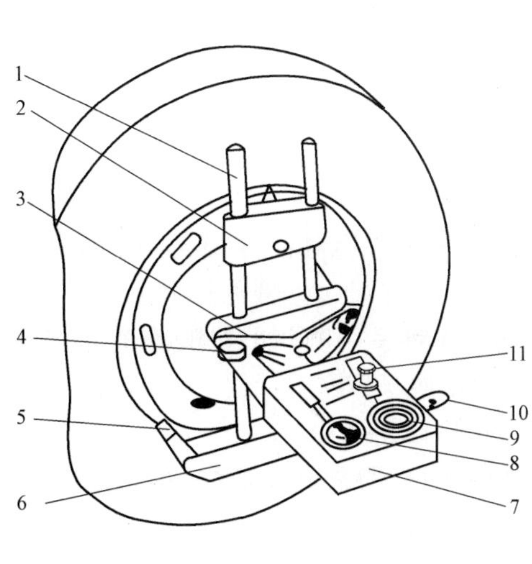

图4-33 检测车轮外倾角和主销后倾角

1-导轨;2-活动支架;3-调整支座;4-调节螺钉;5-固定脚;6-固定支架;7-水准仪;8-A调节盘;9-BC调节盘;10-定位销;11-旋钮

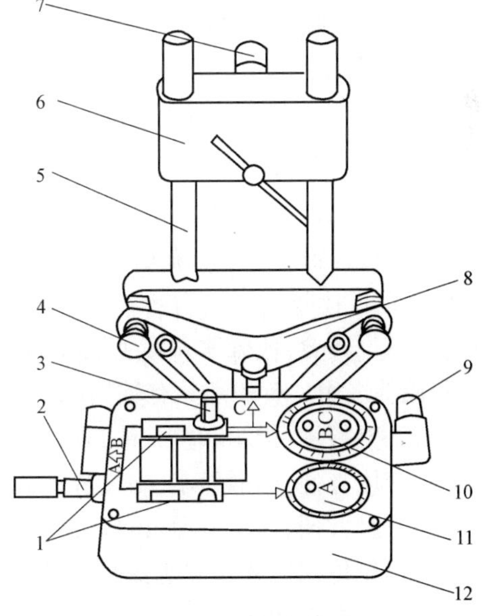

图4-34 检测主销内倾角

1-水泡管;2-定位销;3-旋钮;4-调节螺钉;5-导轨;6-活动支架;7、9-固定脚;8-调整支座;10-BC调节盘;11-A调节盘;12-水准仪

(2)转动BC调节盘,使其红色刻线与蓝、红、黄刻度盘零线重合。调节对应气泡管的旋钮,使气泡处于中间位置。

(3)将前轮向外转40°,调节BC盘使水泡管的气泡回到中间位置。此时,BC盘红线在红刻度盘或黄刻度盘所示之值即为主销内倾角。用同样的方法检测另一侧的主销内倾角。检测左前轮时在黄刻度盘上读数,检测右前轮时在红刻度盘上读数,简称左黄右红。

6)前轮最大转角的检测

前轮最大转角是指前轮处于直线行驶位置时,分别向左、右转向至极限位置的角度。由于有些汽车的转向器和纵拉杆布置在车架的同一侧,为防止轮胎刮碰,因而向左、右的最大转角是不相等的。前轮最大转角的检测方法如下。

(1)找正前轮直线行驶位置后,置车轮定位仪转盘扇形刻度尺于零位并固定之。

(2)在前轮保持直线行驶位置下,转动转向盘使前轮向任一侧转至极限位置,从扇形刻度尺上读出并记录转角值,并与原厂规定值对照。不符合要求的前轮最大转角,可通过调整转向节上的限位螺钉,直至符合要求为止。

(3)在前轮保持直线行驶位置下,转动转向盘使前轮向另一侧转至极限位置,用上述同样方法可测得另一侧的前轮最大转角值,并视需要进行调整。

(三)四轮定位仪及其使用方法

四轮定位仪可检测的项目包括:前轮前束、前轮外倾、主销后倾、主销内倾、后轮前束、后轮外倾、轮距、轴距和左右轴距差等。目前常见的国产或进口的四轮定位仪,一般都可以测量上述检测项目中的多项或全部项目。

用四轮定位仪检测车轮定位具有重要意义。这是因为,由于磨损、损伤、变形、换件修理等原因,致使车轮定位发生变化,出现轮胎磨损异常,自动跑偏,转向发飘、发抖,前轮摆头,使汽车行驶平顺性和操纵稳定性受到严重影响,并影响了汽车的动力性、经济性和行车的安全性。汽车发生碰撞后,车身变形,车桥与转向机构等受损,汽车技术状况遭到破坏,比上述现象更加严重。因此,用四轮定位仪检测各个车轮的定位状况,十分必要。

1.四轮定位仪功能和特点

(1)测量全面:可以检测前轮前束,左、右前轮前束,左、右前轮外倾,左、右主销后倾,左、右主销内倾,后轮前束,左、右后轮前束,左、右后轮外倾等项内容,并自动将检测结果同原厂标准数据进行比较。

(2)数据齐全:数据库存储了世界上数百种至近千种车型的数据和调整方法,供检测中对照和调整之用。有的还具有数据库扩容功能和数据修改功能。

(3)调整指示:指示调整方法,现场使车轮定位符合要求。

(4)使用方便:图形显示,中文界面,菜单操作,带有帮助系统以提供实时帮助。

(5)升级方便:用户可通过互联网对软件进行远程升级。

(6)车轮传感器装卡方便,测量原理先进,使用更加可靠。

(7)遥控操作功能。

(8)打印功能。

以下以国产KD系列光学式微机四轮定位仪为例,介绍四轮定位仪的基本结构、工作原理和使用方法。

2. 四轮定位仪基本结构与工作原理

KD—120 型光学式微机四轮定位仪外形图如图 4-35 所示,KD—101B 型光学式微机四轮定位仪外形图如图 4-36 所示。可以看出,KD 系列光学式微机四轮定位仪主要由微机主机、彩色显示器、键盘、控制箱、传感器、机壳、打印机和红外遥控器等组成,其系统框图如图 4-37 所示。其中,微机主机、彩色显示器、键盘、控制箱、打印机等,装在机壳内;传感器 1、传感器 2、传感器 3 和传感器 4,不用时置于机壳内或挂于机壳两旁,检测时分别安装在 4 个车轮的外端面上。除此之外,四轮定位仪还应配套一个整车举升器。

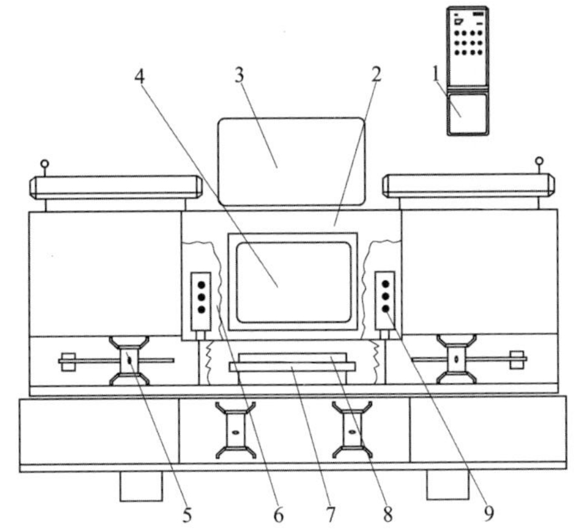

图 4-35 KD—120 型四轮定位仪外形图

1-红外遥控器;2-主机柜;3-上车镜;4-彩色显示器;5-传感器;6-微机;7-键盘;8-打印机;9-控制箱

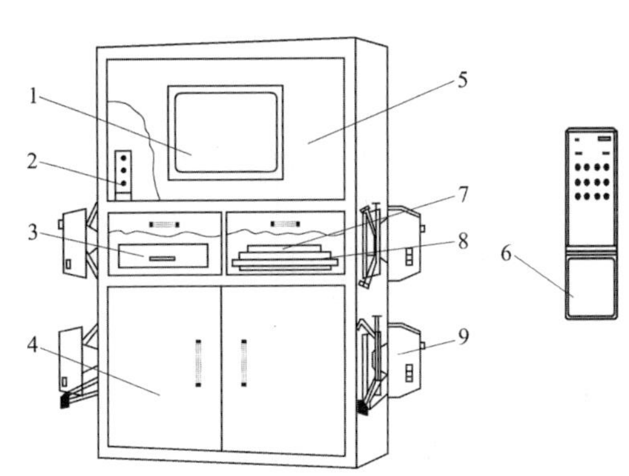

图 4-36 KD—101B 型四轮定位仪外形图

1-彩色显示器;2-控制箱;3-微机主机;4-工具箱;5-主机柜;6-红外遥控器;7-打印机;8-键盘;9-传感器

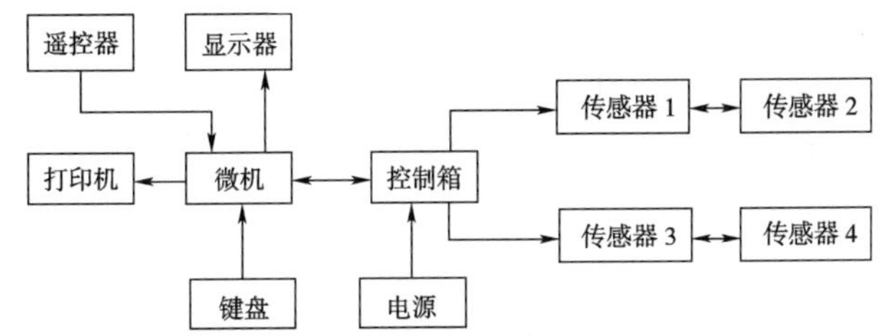

图 4-37 四轮定位仪框图

KD 系列光学式微机四轮定位仪(以下简称"四轮定位仪"),以 PC 微机为核心,配合标准系统软件,与 4 个传感器之间形成了一个完整的检测系统。通过传感器光学信号的传递和传感器内部单片微机的运算处理,将其检测到的前束值、左右轮前束值、前轴偏移量、主销后倾角和主销内倾角等项指标,通过电缆线传输到微机主机,经运算处理后由彩色显示器显示并由打印机打印输出。四轮定位仪的测量精度和工作性能,主要取决于传感器的测量精度、微机主机执行的标准系统软件的工作性能和各种车型的四轮定位标准数据库。为了保证测试结果可靠和准确,四轮定位仪在系统内采取了较强的抗干扰措施,能确保仪器正常工作。

3. 四轮定位仪使用方法

1)准备工作

(1)汽车举升器应牢固、水平放置。将汽车驶上举升器停放在一次平台上,前轮处于转盘中间保持直线行驶位置,拉紧驻车制动器操纵杆,并在车下选择好二次举升的支撑点。

(2)问询被检车辆行驶中的情况和出现的问题,以前是否做过四轮定位的检测及检测情况。

(3)接入 AC220V 电源,但尚不要开启四轮定位仪主机柜后面板开关。

(4)将 4 个传感器分别安装在被测车的 4 个车轮外端面上,并注意以下事项:

①以驾驶员方向感为基准,1 号传感器安装在右前轮上,2 号传感器安装在右后轮上,3 号传感器安装在左前轮上,4 号传感器安装在左后轮上。

②旋转传感器卡具上的上、下卡爪,使传感器在车轮外端面上固定牢固。

(5)分别将 4 根电缆线连接到 4 个传感器的接线插座上,如图 4-38 所示。

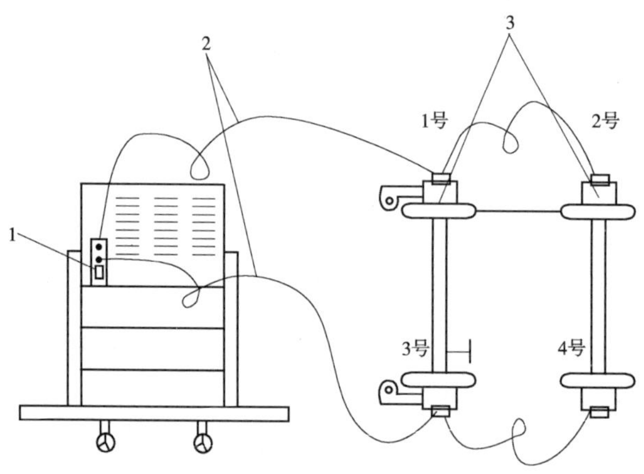

图 4-38　电缆线连接图

1-电源开关;2-电缆线;3-传感器

(6)调整传感器处于水平状态,使面板上的水准仪气泡居于中间位置。

(7)操纵举升器二次举升被测车辆,使其车轮离开一次平台 50mm 高度。

(8)解除驻车制动,使前、后车轮转动自如。

2)操作步骤

(1)开启主机柜后面板上的电源开关,系统启动,30s 后进入四轮定位测试系统。

(2)显示器显示检测界面。界面下方显示"F1:测定 F2:修整 F3:输入"的提示,使用微机键盘或遥控器即可操作。

(3)当点击 F1 键时,提示"请选择汽车生产国家"的界面出现,如图 4-39 所示。

通过"↑""↓"方向键选择被检车的生产国家,然后按"Enter"键,出现"请选择汽车公司"的界面,如图 4-40 所示。

WHEEL ALIGNMENT 上:↑ 下:↓ ESC:退回 ENTER　确认

请选择汽车生产国家!

国产
韩国
美国
德国
欧洲
意大利
日本
其他

图 4-39　选择汽车生产国家

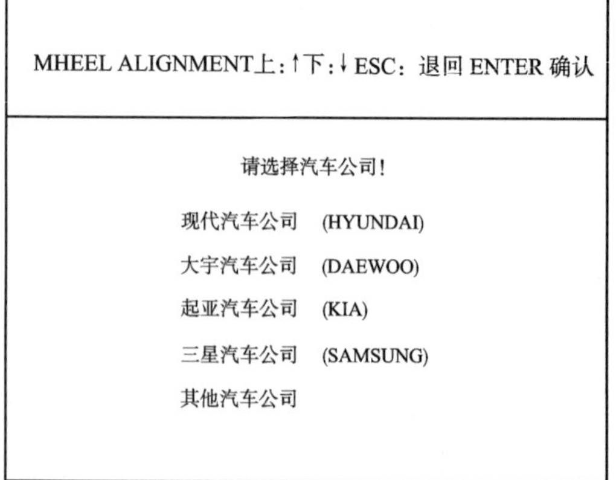

MHEEL ALIGNMENT上:↑下:↓ESC:退回 ENTER 确认
请选择汽车公司!
现代汽车公司　(HYUNDAI)
大宇汽车公司　(DAEWOO)
起亚汽车公司　(KIA)
三星汽车公司　(SAMSUNG)
其他汽车公司

图 4-40　选择汽车公司

(4)选择汽车公司后,提示"请选择车型"的界面出现,如图4-41所示。根据被检汽车厂牌、型号、年代等参数,通过"↑""↓"方向键和"Enter"键可实现选择。

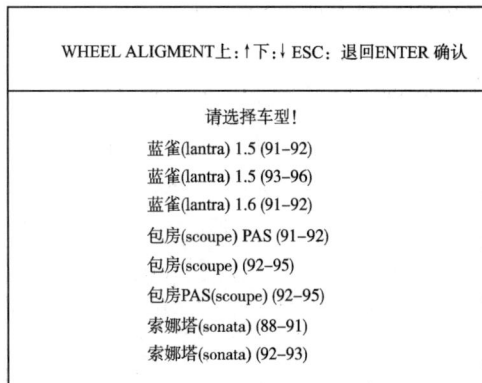

WHEEL ALIGMENT上:↑下:↓ ESC:退回ENTER 确认
请选择车型! 蓝雀(lantra) 1.5 (91–92) 蓝雀(lantra) 1.5 (93–96) 蓝雀(lantra) 1.6 (91–92) 包房(scoupe) PAS (91–92) 包房(scoupe) (92–95) 包房PAS(scoupe) (92–95) 索娜塔(sonata) (88–91) 索娜塔(sonata) (92–93)

图4-41 选择车型

(5)按仪器使用说明书的要求,对固定在车轮上的传感器按1号→4号→3号→2号的顺序进行轮缘动态补偿操作,以消除轮辋变形对检测的影响。

(6)轮缘动态补偿操作结束后,按显示器上界面的提示,将驻车制动器操纵杆拉紧,用制动杆将行车制动踏板压紧,二次举升复位,前轮落在转盘中心,将传感器水准仪气泡调整在中间位置上。

(7)按显示器上界面的提示,逐项进行检测和调整,详细步骤不再赘述。

三、转向盘自由转动量和转向力检测

转向盘自由转动量(也称为转向盘自由行程),是指汽车转向轮保持直线行驶位置静止时,轻轻左右转动转向盘所测得的游动角度。转向盘的转向力,是指在一定行驶条件下,作用在转向盘外缘的圆周力。这两个诊断参数主要用来诊断汽车转向轴和转向系统中各零件的配合状况。该配合状况直接影响汽车操纵稳定性和行车安全性。因此,对于新车和在用车都必须进行上述两项诊断参数的检测。

转向盘自由转动量和转向力的检测,应采用专用检测仪进行。

1.用简易转向盘自由转动量检测仪检测转向盘自由转动量

简易转向盘自由转动量检测仪(以下简称"自由转动量检测仪"),只能检测转向盘的自由转动量。该仪器主要由刻度盘和指针两部分组成。刻度盘和指针分别固定在转向盘轴管和转向盘边缘上。固定方式有机械式和磁力式两种。机械式如图4-42所示。磁力式使用磁力座固定指针或刻度盘,结构更为简单,使用更为方便。

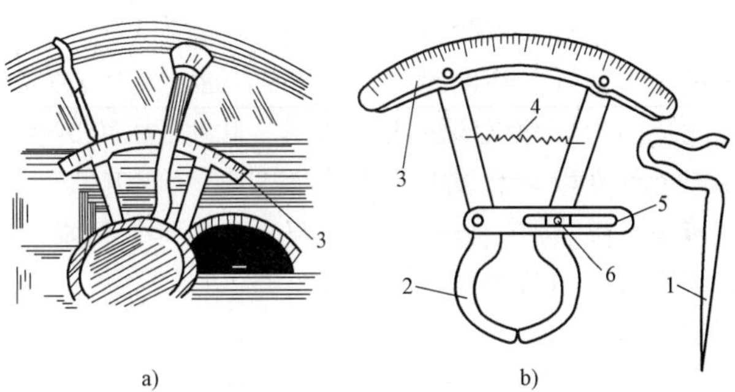

图4-42 自由转动量检测仪

a)检测仪的安装;b)检测仪

1-指针;2-夹臂;3-刻度盘;4-弹簧;5-连接板;6-固定螺钉

测量前应先安装好自由转动量检测仪,测量时应使汽车的两转向轮处于直线行驶位置,轻轻向左(或向右)转动转向盘至空行程一侧的极限位置,调整检测仪指针指向刻度盘零度。然后,再轻轻转动转向盘至另一侧空行程极限位置,指针所示刻度即为转向盘的自由转动量。

2. 用转向参数测量仪检测转向盘自由转动量和转向力

国产ZC—2型转向参数测量仪(以下简称“转向参数测量仪”),是以微机为核心的智能仪器,可测得转向盘自由转动量和转向力。该仪器由操纵盘、主机箱、连接叉和定位杆4部分组成,如图4-43所示。操纵盘由螺钉固定在三爪底板上,底板经力矩传感器与三个连接叉相连,每个连接叉上都有一只可伸缩长度的活动卡爪,以便与被测汽车转向盘相连接。主机箱为一圆形结构,固定在底板中央,其内装有接口板、微机板、转角编码器、打印机、力矩传感器和电池等。定位杆从底板下伸出,经磁力座吸附在驾驶室内的仪表盘上。定位杆的内端连接有光电装置,光电装置装在主机箱内的下部。

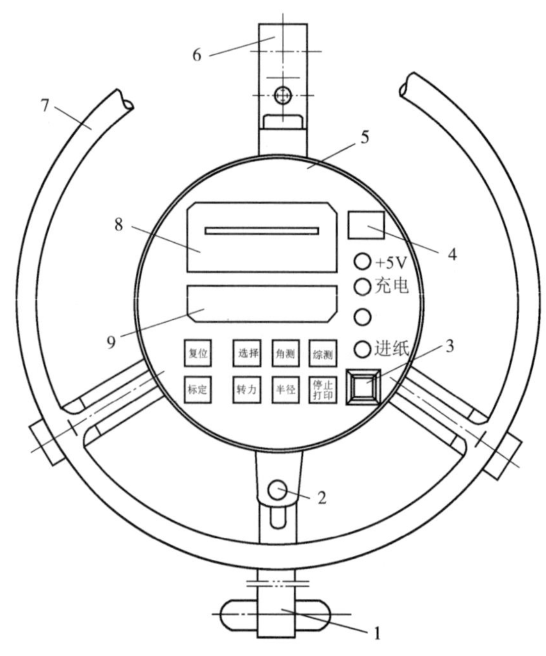

图4-43 转向参数测量仪

1-定位杆;2-固定螺栓;3-电源开关;4-电压表;5-主机箱;6-连接叉;7-操纵盘;8-打印机;9-显示器

测量时,把转向参数测量仪对准被测汽车转向盘中心,调整好三个连接叉上伸缩卡爪的长度,与汽车转向盘连接并固定好。转动操纵盘,转向力通过底板、力矩传感器、连接叉传递到被测汽车转向盘上,使转向盘转动以实现汽车转向。此时,力矩传感器将转向力矩转变成电信号,而定位杆内端连接的光电装置则将转角的变化转变成电信号。这两种电信号由微机自动完成数据采集、转角编码、运算、分析、存储、显示和打印。因此,使用该测量仪既可测得转向盘的转向力,又可测得转向盘的自由转动量。

3. 诊断参数标准

按照国家标准《机动车运行安全技术条件》(GB 7258—2017)的规定,转向盘自由转动量和转向力应符合以下要求。

1)转向盘自由转动量

机动车转向盘的最大自由转动量应小于等于以下。

(1)最大设计车速大于等于100km/h的机动车:15°;

(2)三轮汽车:35°;

(3)其他机动车:25°。

2)转向盘转向力

机动车在平坦、硬实、干燥和清洁的水泥或沥青道路上行驶,以 10km/h 的速度在 5s 之内沿螺旋线从直线行驶过渡到外圆直径为 25m 的车辆通道圆行驶,施加于转向盘外缘的最大切向力应小于等于 245N。

第三节　车轮平衡度检测

随着道路质量的提高和高速公路的出现,汽车行驶速度越来越高,因此对车轮平衡度的要求也越来越高。如果车轮不平衡,在其高速旋转时,不平衡质量将引起车轮上下跳动和横向摆振。这不仅影响了汽车的行驶平顺性和操纵稳定性,使车辆难以控制,而且也影响了汽车行驶安全性。此外,还因加剧了轮胎及有关机件的磨损和冲击,缩短了汽车使用寿命,增加了汽车使用成本。因此,车轮平衡问题越来越引起人们的重视,车轮平衡度已成为汽车检测项目之一。

一、概述

1. 车轮静不平衡

支起车轴,使车轮离地,调整好轮毂轴承预紧度,用手轻转车轮,使其自然停转。在停转的车轮离地最近处作一标记,然后重复上述试验多次。如果每次试验标记都停在离地最近处,则车轮静不平衡。在车轮上做的标记点,称为不平衡点或垂点。反之,若车轮经几次转动自然停转后所作标记的位置各不一样,或强迫停转外力消除后车轮也不再转动,则车轮是静平衡的。

对于静平衡的车轮,其重心与旋转中心重合;对于静不平衡的车轮,其重心与旋转中心不重合,在旋转时产生离心力 F,如图 4-44 所示。

$$F = mr\omega^2 \tag{4-1}$$

式中:m——不平衡点质量;

ω——车轮旋转角速度,$\omega = 2\pi n$;

n——车轮转速;

r——不平衡点质量离车轮旋转中心的距离。

从式中可以看出,车轮转速 n 越高,不平衡点质量 m 越大,不平衡点质量离车轮旋转中心的距离 r 越远,则离心力 F 越大。

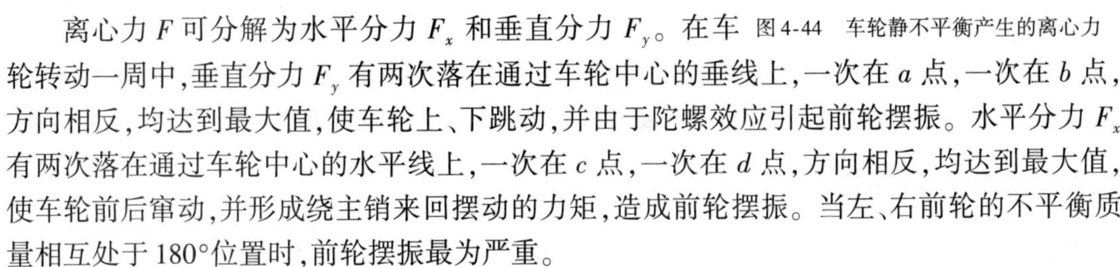

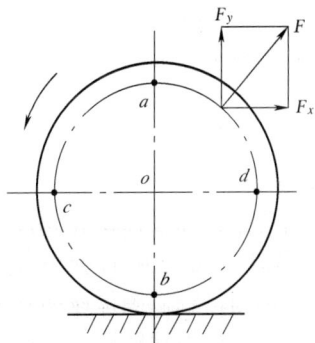

图 4-44　车轮静不平衡产生的离心力

离心力 F 可分解为水平分力 F_x 和垂直分力 F_y。在车轮转动一周中,垂直分力 F_y 有两次落在通过车轮中心的垂线上,一次在 a 点,一次在 b 点,方向相反,均达到最大值,使车轮上、下跳动,并由于陀螺效应引起前轮摆振。水平分力 F_x 有两次落在通过车轮中心的水平线上,一次在 c 点,一次在 d 点,方向相反,均达到最大值,使车轮前后窜动,并形成绕主销来回摆动的力矩,造成前轮摆振。当左、右前轮的不平衡质量相互处于 180°位置时,前轮摆振最为严重。

2. 车轮动不平衡

即使静平衡的车轮,即重心与旋转中心重合的车轮,也可能是动不平衡的。这是因为车

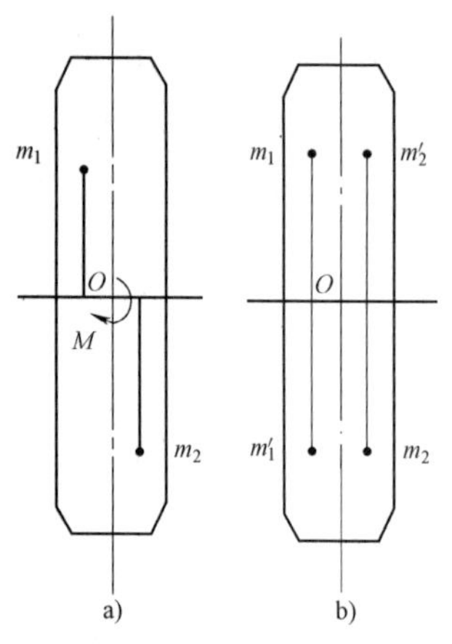

图4-45 车轮平衡示意图
a)车轮静平衡但动不平衡;b)车轮动平衡

轮的质量分布相对车轮纵向中心面不对称造成的。在图4-45a)中,车轮是静平衡的。在该车轮旋转轴线的径向相反位置上,各有一作用半径相同质量也相同的不平衡点 m_1 与 m_2,且不处于同一平面内。对于这样的车轮,其不平衡点的离心力合力为零,而离心力的合力矩不为零,转动中产生方向反复变动的力偶 M,使车轮处于动不平衡中。动不平衡的前轮绕主销摆振。如果在 m_1 与 m_2 同一作用半径的相反方向上配置相同质量 m'_1 与 m'_2,则车轮处于动平衡中,如图4-45b)所示。动平衡的车轮肯定是静平衡的,因此对车轮主要应进行动平衡检验。

3. 车轮不平衡原因

(1)轮毂、制动鼓(盘)加工时轴心定位不准、加工误差大、非加工面铸造误差大、热处理变形、使用中变形或磨损不均。

(2)轮胎螺栓质量不等、轮辋质量分布不均或径向圆跳动、端面圆跳动太大。

(3)轮胎质量分布不均、尺寸或形状误差太大、使用中变形或磨损不均、使用翻新胎或垫、补胎。

(4)并装双胎的充气嘴未相隔180°安装,单胎的充气嘴未与不平衡点标记(经过平衡试验的新轮胎,往往在胎侧标有红、黄、白或浅蓝色的□、△、○或◇符号,用来表示不平衡点位置)相隔180°安装。

(5)轮毂、制动鼓(盘)、轮胎螺栓、轮辋、内胎、衬带、轮胎等拆卸后重新组装成车轮时,累计的不平衡质量或形位偏差太大,破坏了原来的平衡。

4. 车轮平衡机类型

车轮平衡度应使用车轮平衡机检测。车轮平衡机也称为车轮平衡仪。车轮平衡机有多种类型:如果按功能分,车轮平衡机可分为车轮静平衡机和车轮动平衡机两类;如果按测量方式分,车轮平衡机可分为离车式车轮平衡机和就车式车轮平衡机两类;如果按车轮平衡机转轴的形式分,车轮平衡机又可分为软式车轮平衡机和硬式车轮平衡机两类。

使用离车式车轮平衡机时,是把车轮从车上拆下安装到车轮平衡机的转轴上检测其平衡状况的。而就车式车轮平衡机,无须从车上拆下车轮,就车即可测得车轮的平衡状况。

软式车轮平衡机,安装车轮的转轴由弹性元件支承。当被测车轮不平衡时,该轴与其上的车轮一起振动,测得该振动即可获得车轮的不平衡量。硬式车轮平衡机的转轴由刚性元件支承,工作中转轴不产生振动,它是通过直接测量车轮旋转时不平衡点产生的离心力来确定不平衡量的。

凡是可以测定车轮左、右两侧的不平衡量及其相位的,可以称为二面测定式车轮平衡机。

就车式车轮平衡机,既可以进行静平衡试验,又可以进行动平衡试验。

二、车轮不平衡检测原理

1. 静不平衡

1)离车式

安装在特制平衡心轴或平衡机转轴上的车轮,如果不平衡,在自由转动状态下,其不平衡点只有处于最下面的位置才能保持静止状态，而配重平衡后则可停于任一位置。利用这一基本原理，即可测得车轮在离车情况下的静不平衡质量和相位。

2）就车式

就车式车轮平衡机检测车轮静不平衡的原理，如图4-46所示。支离地面的车轮如果不平衡，转动时产生的上下振动通过转向节或悬架传给检测装置的传感磁头、可调支杆和底座内的传感器。传感器变成的电信号控制频闪灯闪光，以指示车轮不平衡点位置，并输入指示装置指示不平衡度（量）。当传感磁头传递向下的力时频闪灯就发亮，所照射到的车轮最下部的点即为不平衡点。当不平衡点的质量越大时，传感器的受力也越大，变换的电量也越大，指示装置指示的数值也越大。

2. 动不平衡

1）离车式

离车式动不平衡检测原理以硬式平衡机为例来说明。由于硬式平衡机的转轴支承装置刚度大，固有振动频率高，振幅小，因而车轮的惯性力可忽略不计。车轮不平衡所产生的离心力是以力的形式作用在支承装置上的，只要测出支承装置上所受的力或由此而产生的振动，就可得到车轮的不平衡量。电测式车轮平衡机检测动不平衡的原理如图4-47所示。图中m_1、m_2为车轮不平衡质量，F_1、F_2为对应的离心力，N_L、N_R为左右支承测得的动反力。该测量法的测量点在支承处，不平衡的校正面在轮辋边缘，它们存在动平衡关系。根据力的平衡条件得：

$$N_R - N_L - F_1 - F_2 = 0$$

$$F_1(a+c) + F_2(a+b+c) - N_R c = 0$$

联立求解得：

$$F_1 = N_L(a+b+c)/b - N_R(a+b)/b$$

$$F_2 = N_L(a+c)/b - N_R a/b$$

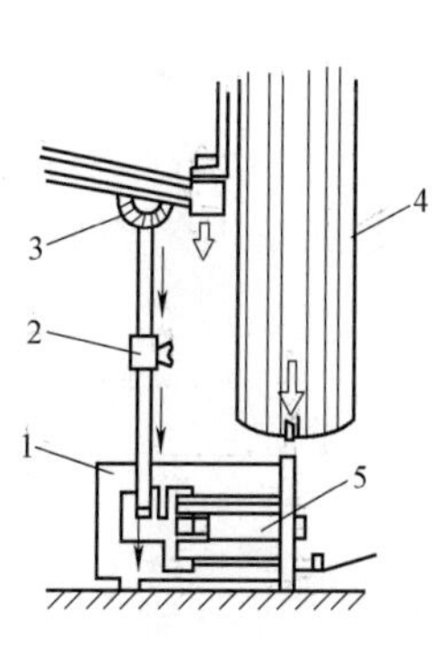

图4-46 就车式车轮平衡机静不平衡检测原理

1-底座；2-可调支杆；3-传感磁头；4-车轮；5-传感器

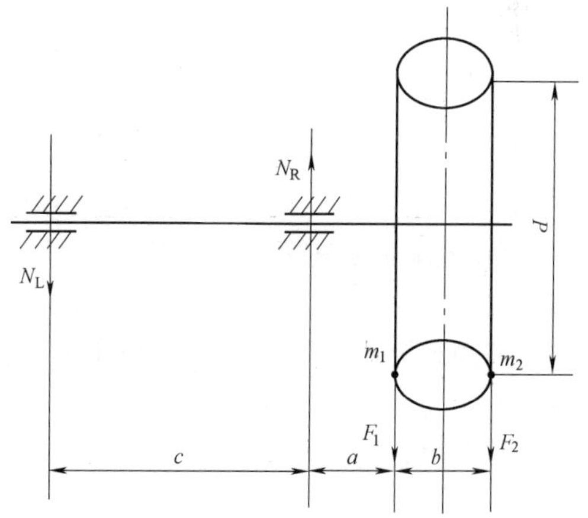

图4-47 电测式车轮平衡机检测原理

a-轮辋边缘至右支承的距离；*b*-轮辋宽度；*c*-左右支承间的距离；*d*-轮辋直径

可以看出，不平衡点质量产生的离心力仅与支承处的动反力及尺寸a、b、c有关。

支承处的动反力或由此而引起的振动，可以通过相应传感器变成电信号后测出，各位置尺寸中 c 是常数，a、b 可通过测量后输入运算电路的方法得出。因此，通过运算即可根据动反力确定出车轮两个校正面上的离心力，再根据离心力确定出两个校正面上的平衡量。

2）就车式

就车式动不平衡检测原理与图4-46所示静不平衡检测原理相同，只不过传感磁头固定在制动底板上，检测的是横向振动。横向振动通过传感磁头、可调支杆传至底座内的传感器，传感器转变成的电信号控制频闪灯闪光，以指示车轮不平衡点位置，并输入指示装置指示车轮不平衡度（量）。

三、离车式车轮动平衡机及使用方法

1.结构简介

离车式车轮动平衡机如图4-48所示。目前应用最多的是硬式二面测定车轮动平衡机。该动平衡机一般由驱动装置、转轴与支承装置、显示与控制装置、制动装置、机箱和车轮防护罩等组成。驱动装置一般由电动机、传动机构等组成，可驱动转轴旋转。转轴由两个滚动轴承支承，每个轴承均有一能将动反力变为电信号的传感器。转轴的外端通过锥体和大螺距螺母等固装被测车轮。驱动装置、转轴与支承装置等均装在机箱内。车轮防护罩可防止车轮旋转时其上的平衡块或轮胎花纹内夹杂物飞出伤人。制动装置可使车轮停转。近年来生产的车轮动平衡机多为微机式，具有自动判断和自动调校系统，能将传感器送来的电信号通过微机运算、分析、判断后显示出不平衡量及相位。为了使显示的不平衡量恰是轮辋边缘所加平衡块的质量，还必须将测得的轮辋直径 d、轮辋宽度 b 和轮辋边缘至平衡机机箱的距离 a（轮辋外悬尺寸），通过键盘或选择器旋钮输入微机才行。

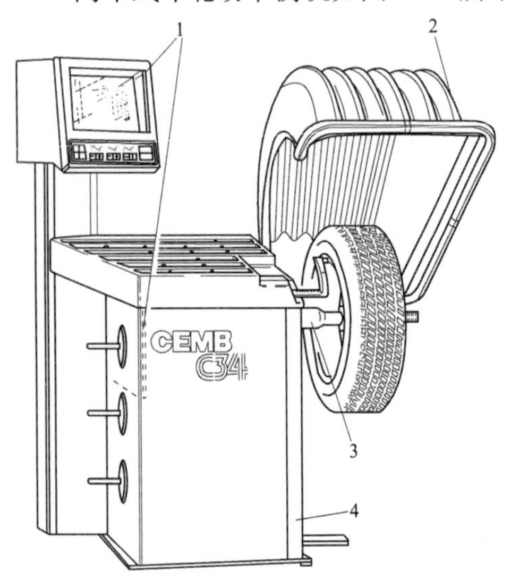

图4-48　离车式车轮动平衡机

1-显示与控制装置；2-车轮防护罩；3-转轴；4-机箱

2.使用方法

（1）清除被测车轮上的泥土、石子和旧平衡块。

（2）检查轮胎气压，充至规定值。

（3）根据轮辋中心孔的大小选择锥体，仔细地将车轮装到平衡机转轴上，用大螺距螺母上紧。

（4）打开电源开关，检查指示与控制装置的面板是否指示正确。

（5）用卡尺测量轮辋宽度 b、轮辋直径 d（也可由胎侧读出），用平衡机上的标尺测量轮辋边缘至机箱距离 a，再用键入或选择器旋钮对准测量值的方法，将 a、b、d 值输入指示与控制装置中去。离车式车轮动平衡机的专用卡尺如图4-49所示，a、b、d 三尺寸如图4-50所示。为了适应不同计量制式，平衡机上的所有标尺一般都同时标有英制和公制刻度。

(6)放下车轮防护罩,按下启动键,车轮旋转,平衡测试开始,微机自动采集数据。

(7)车轮自动停转或听到"嘀"声按下停止键并操纵制动装置使车轮停转后,从指示装置读取车轮内、外两侧不平衡量和不平衡位置。

(8)抬起车轮防护罩,用手慢慢转动车轮。当指示装置发出指示(音响、指示灯亮、制动、显示点阵或显示检测数据等)时停止转动。在轮辋的内侧或外侧的上部(时钟12点位置)加装指示装置显示的该侧平衡块质量。内、外侧要分别进行,平衡块装卡要牢固。

(9)安装平衡块后有可能产生新的不平衡,应重新进行平衡试验,直至不平衡量<5g(0.3oz),指示装置显示"00"或"OK"时才能满意。当不平衡量相差10g左右时,如能沿轮辋边缘左右移动平衡块一定角度,将可获得满意的效果。平衡过程中,实践经验越丰富,平衡速度越快。

(10)测试结束,关闭电源开关。

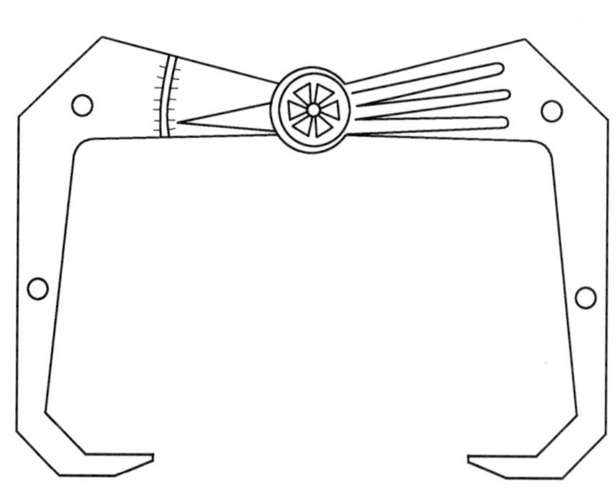

图4-49 动平衡机专用卡尺

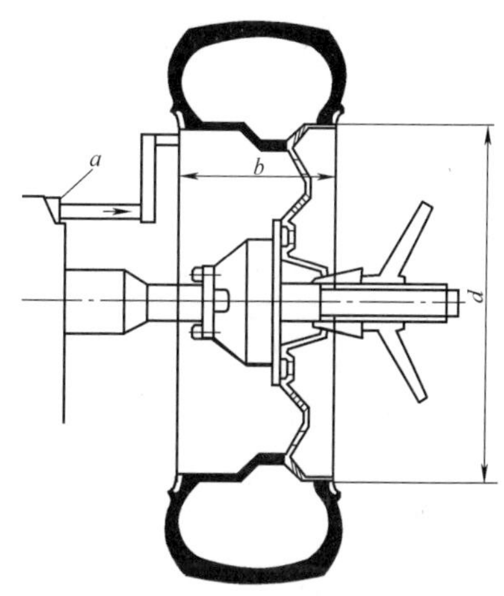

图4-50 车轮在平衡机上的安装

a-轮辋边缘至机箱距离;*b*-轮辋宽度;*d*-轮辋直径

四、就车式车轮动平衡机及使用方法

1.结构简介

就车式车轮动平衡机一般由驱动装置、测量装置、指示与控制装置、制动装置和小车等组成,其示意图如图4-51所示,工作图如图4-52所示。驱动装置由电动机、转轮等组成,能带动支离地面的车轮转动。测量装置由传感磁头、可调支杆、底座和传感器等组成,能将车轮不平衡量产生的振动变成电信号,并送至指示与控制装置。指示与控制装置由频闪灯、不平衡度表或数字显示屏等组成。频闪灯用来指示车轮不平衡点位置,不平衡度表或数字显示屏用来指示车轮的不平衡量,一般有两个挡位。第一挡一般用于初查时的指示,第二挡一般用于装上平衡块后复查时指示。制动装置用于车轮停转。除测量装置外,车轮动平衡机的其余装置都装在小车上,可方便地移动。

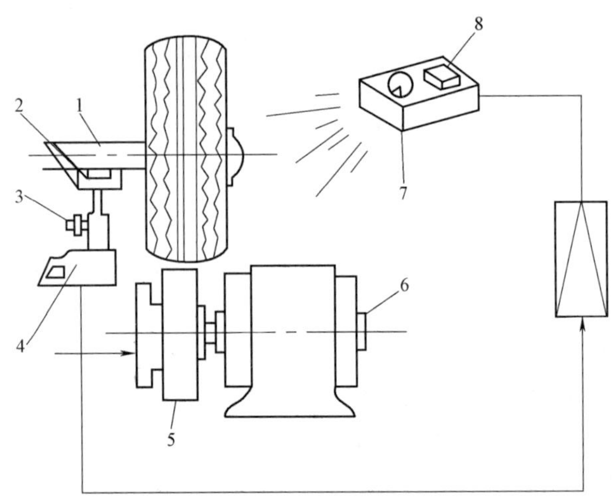

图4-51　就车式车轮动平衡机示意图

1-转向节;2-传感磁头;3-可调支杆;4-底座;5-转轮;6-电动机;7-频闪灯;8-不平衡度表

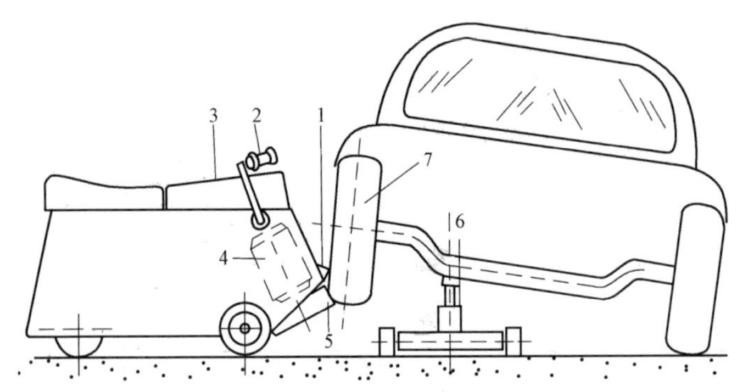

图4-52　就车式车轮动平衡机工作图

1-光电传感器;2-手柄;3-仪表板;4-驱动电机;5-摩擦轮;6-传感器支架;7-被测车轮

2.使用方法

1)准备工作

(1)用千斤顶支起车轴,两边车轮离地间隙要相等。

(2)清除被测车轮上的泥土、石子和旧平衡块。

(3)检查轮胎气压,充至规定值。

(4)检查轮毂轴承是否松旷,视情况调整至规定预紧度。

(5)在轮胎外侧面任意位置上用白粉笔或白胶布做上记号。

2)从动前轮静平衡

(1)用三角垫木塞紧对面车轮和后轴车轮,将就车式车轮动平衡机的测量装置推至被测前轮一端的前轴下,传感磁头吸附在悬架下或转向节下,调节可调支杆高度并锁紧。

(2)推就车式车轮动平衡机至车轮侧面或前面(视车轮动平衡机形式不同而异),检查频闪灯工作是否正常,检查转轮的旋转方向能否使车轮的转动与前进行驶时方向一致。

(3)操纵车轮动平衡机转轮与轮胎接触,起动驱动电机带动车轮旋转至规定转速。

(4)观察频闪灯照射下的轮胎标记位置,并从指示装置(第1挡)上读取不平衡量数值。

(5)操纵就车式车轮动平衡机上的制动装置,使车轮停止转动。

(6)用手转动车轮,使其上的标记仍处在上述观察位置上,此时轮辋的最上部(时钟 12 点位置)即为加装平衡块的位置。

(7)按指示装置显示的不平衡量选择平衡块,牢固地装卡到轮辋边缘上。

(8)重新驱动车轮进行复查测试,指示装置用 2 挡显示。若车轮平衡度不符合要求,应调整平衡块质量和位置,可参照图 4-53 的方法进行,直至符合平衡要求。

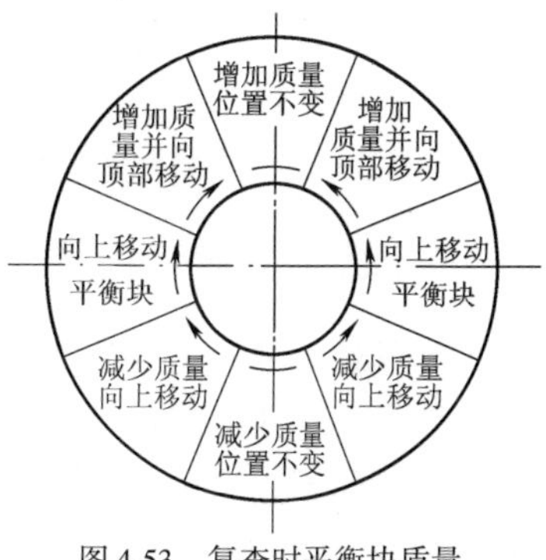

图 4-53　复查时平衡块质量和位置的调整方法

3)从动前轮动平衡

(1)将传感磁头吸附在经过擦拭的制动底板边缘平整之处。

(2)操纵就车式车轮动平衡机转轮驱动车轮旋转至规定转速,观察轮胎标记位置,读取不平衡量数值,停转车轮找平衡块加装位置,加装平衡块和复查等,方法与静平衡相同。

4)驱动轮平衡

(1)对面车轮不必用三角垫木塞紧。

(2)用被测汽车发动机、传动系统驱动车轮,加速至 50 ~ 70km/h 的某一转速下稳定运转。

(3)测试结束后,用被测汽车制动器使车轮停转。

(4)其他方法同从动前轮静、动平衡测试。

车轮平衡过程中使用的平衡块也称为配重,通常有卡夹式和粘贴式两种类型。图 4-54 为卡夹式配重,适用于轮辋有卷边的车轮。对于铝镁合金轮辋,因无卷边可夹,可使用图 4-55 所示的粘贴式配重。粘贴式配重的外弯面有不干胶,粘贴于轮辋内表面。

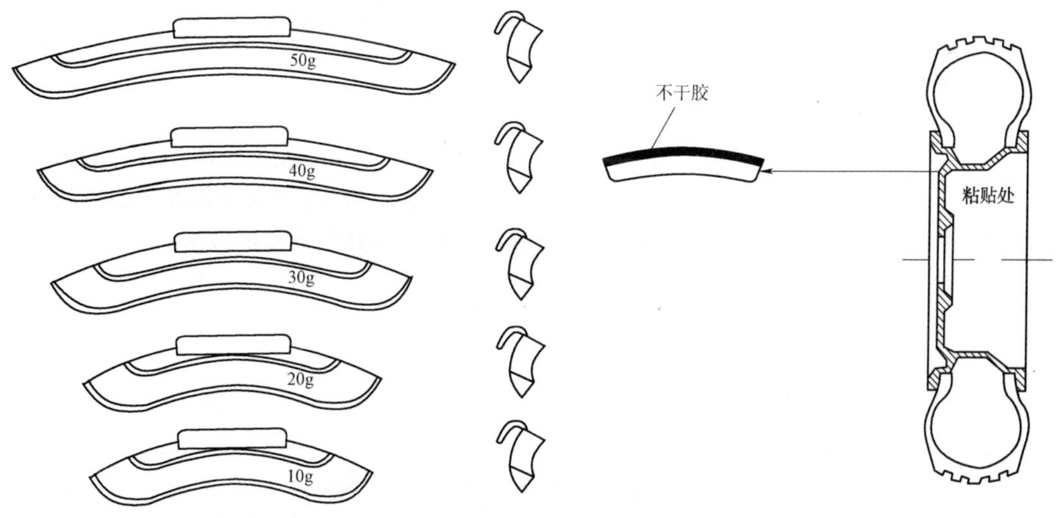

图 4-54　卡夹式配重　　　　图 4-55　粘贴式配重

标准的平衡块有两种系列。一种系列以盎司(oz)为基础单位,分为 9 挡。其中,最小为 0.5oz(14.2g),最大为 6oz(170.1g)。另一种以克(g)为基础单位,分 14 挡。其中最小为 5g,最大为 80g,配重的最小间隔为 5g。因此过分要求车轮动平衡机的精度和灵敏度并无太大的实际意义。特殊情况下,如高速小轿车和赛车,可使用特制的平衡块。

第四节　悬架装置检测

悬架装置是汽车行驶系统组成之一。悬架装置主要由弹性元件、导向装置和减振器三部分组成。其功能是传力、缓和并迅速衰减车身与车桥之间因路面不平引起的冲击和振动,保证汽车具有良好的行驶平顺性、操纵稳定性和行驶安全性。因此,悬架装置的技术状况和工作性能,对汽车整体性能有重要影响。

一、悬架装置工作特性检测

汽车悬架装置最易发生故障的部件是减振器。减振器对汽车行驶平顺性和操纵稳定性影响很大。有研究表明,大约有四分之一左右的汽车上至少有一个减振器工作不正常。当减振器工作不正常时,汽车行驶中出现跳跃严重,车轮轮胎有30%的路程接地力减少,转向盘发飘,弯道行驶时车身晃动加剧,制动时易发生跑偏或侧滑,轮胎磨损异常,乘坐舒适性降低,有关机件磨损速度加快等不良后果。

随着道路条件改善,尤其是高速公路的发展,不仅小轿车的行驶车速大大提高,就连货车和大客车以100km/h车速行驶的情况也很常见。在高速行驶状态下,汽车行驶平顺性、操纵稳定性和安全性尤为重要,并与悬架装置有着直接的关系。所以,悬架装置工作特性的检测是十分重要的。

1. 检测方法分类

汽车悬架装置工作特性的检测方法,有经验法、按压车体法和试验台检测法三种类型。

1)经验法

经验法是通过人工外观检视、检测锤敲击等方法,主要从外部检查悬架装置的弹簧是否有裂纹,弹簧和导向装置的连接螺栓是否松动,减振器是否漏油、缺油和损坏等项目,以便确定悬架装置的工作特性。

2)按压车体法

按压车体法(既可以人工按压车体,也可以利用试验台的动力按压车体。当利用试验台动力按压车体时,试验台如图4-56所示)是通过车体上下运动,观察悬架装置减振器和其他部件的工作情况,凭经验判断是否需要更换或修理减振器和其他部件的方法。

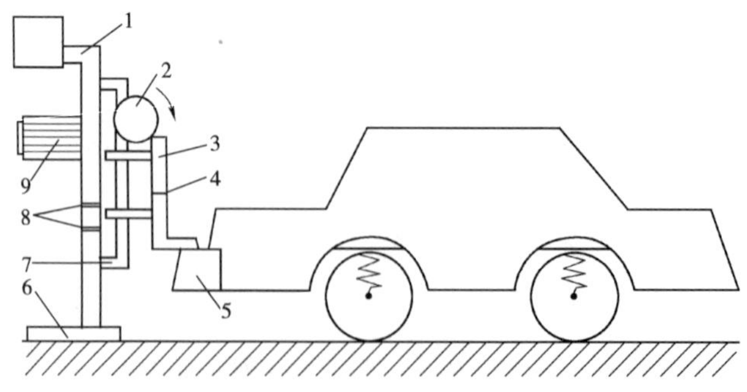

图4-56　按压车体法的试验台

1-支架;2-凸轮;3-推杆;4、8-光脉冲测量装置;5-汽车保险杠;6-水平导轨;7-垂直导轨;9-电动机

显然,上述两种方法主要是凭借检查人员的经验,因此存在主观因素大、可靠性差、只能

定性分析、不能定量分析等问题。

3)试验台检测法

在20世纪80年代,国际上出现了能快速检测诊断悬架装置工作特性的悬架装置检测台。根据激振方式不同,悬架装置检测台可分为跌落式(图4-57)、共振(也称为"谐振")式(图4-58)和平板式三种类型。其中,共振式悬架装置检测台根据检测参数的不同,又可分为测力式和测位移式两种类型。

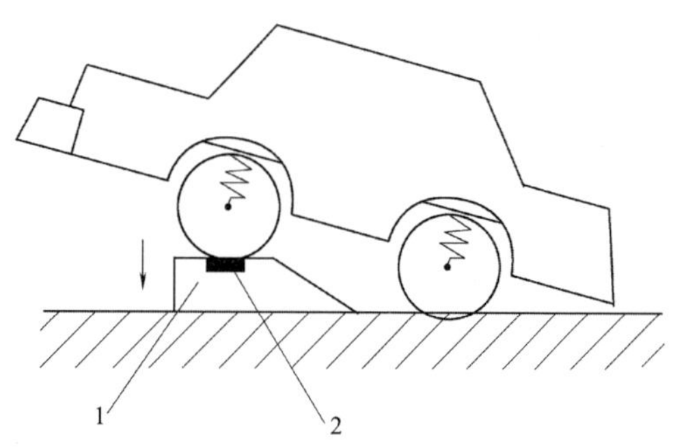

图4-57 跌落式悬架检测台

1-垫块;2-测量装置

(1)跌落式悬架装置检测台。

测试中先通过举升装置将汽车升起一定高度,然后突然松开支撑机构或撤去垫块,车辆落下产生自由振动。用测量装置测量车体振幅或者用压力传感器测量车轮对台面的冲击压力,对振幅或压力分析处理后,评价汽车悬架装置的工作特性。

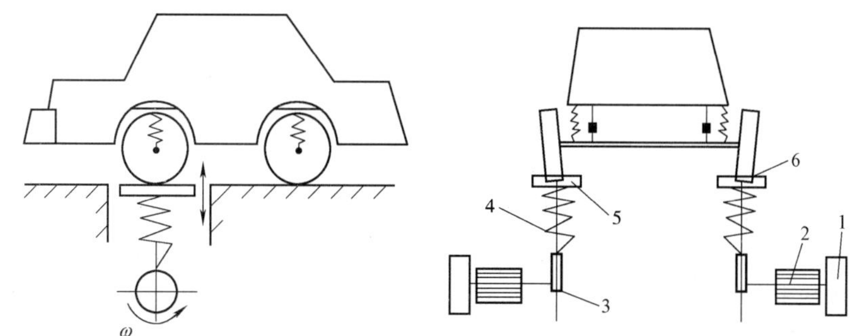

图4-58 共振式悬架检测台

1-蓄能飞轮;2-电动机;3-凸轮;4-激振弹簧;5-台面;6-测量装置

(2)共振式悬架装置检测台。

通过检测台的电动机、偏心轮、蓄能飞轮和弹簧组成的激振器,迫使检测台台面及其上被检汽车悬架装置产生振动。在开机数秒后断开电动机电源,从而由蓄能飞轮产生扫频激振。由于电动机的频率比车轮固有频率高,因此蓄能飞轮逐渐降速的扫频激振过程总可以扫到车轮固有振动频率处,从而使汽车—台面系统产生共振。通过检测振动衰减过程中力或位移的振动曲线,求出频率和衰减特性,便可判断悬架装置减振器的工作特性。测力式悬架装置检测台和测位移式悬架装置检测台,一个是测振动衰减过程中的力,另一个是测振动衰减过程中的位移量,它们的结构简图如图4-59所示。由于共振式悬架装置检测台性能稳定、数据可靠,因此应用广泛。

(3)平板式悬架装置检测台。

被测汽车以一定速度驶上测试平板,驾驶员用力踩下制动踏板,使车辆在制动、悬架、轴重测试平板上制动并停住。制动时由于车身产生振动,致使前后车轮动态负荷相对静态负荷发生变化。每块平板都设有测得轮胎作用于平板上的垂直力传感器,因而能测得车轮的动、静态负荷,然后计算出悬架效率,即可评价悬架装置工作特性。

本书第五章的图5-16为意大利威迈格平板式检测台,由测试平板、数据处理系统和踏板力计等组成，可以检测汽车制动性能、轴重、悬架装置工作特性和车轮侧滑量，是一个综合性检测台。该检测台的两列测试平板一共分为6块，其中前后两端的4块为制动、悬架、轴重测试用，中间的两块一块为侧滑测试用，另一块为空板，不起任何测试作用。

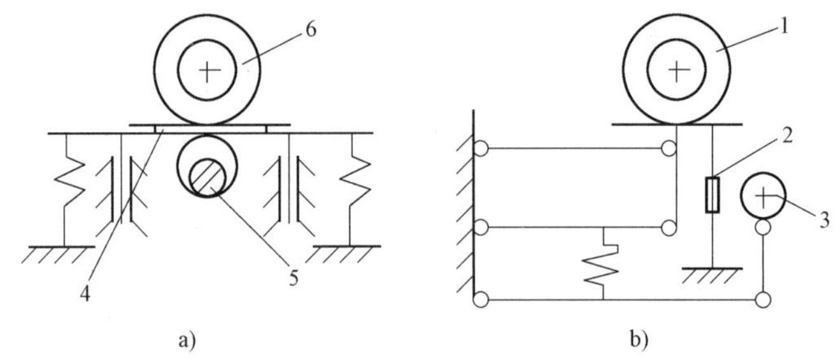

图4-59　测力式和测位移式悬架装置检测台结构简图

a）测力式；b）测位移式

1、6-车轮；2-位移传感器；3-偏心轮；4-力传感器；5-偏心轴

2. 共振式悬架装置检测台结构与工作原理

共振式悬架装置检测台，一般由机械部分和微机控制部分两部分组成。

1）机械部分

共振式悬架装置检测台的机械部分，由箱体和左右两套相同的振动系统构成，结构简图如图4-60所示。图中所示为检测台单轮支承结构。这是因为一套振动系统左右对称，故另一侧省略。每套振动系统由上摆臂、中摆臂、下摆臂、支承台面、激振弹簧、驱动电机、偏心惯性机构、蓄能飞轮和传感器等构成。传感器一端固定在箱体上，另一端固定在台面上。上摆臂、中摆臂和下摆臂通过3个摆臂轴和6个轴承安装在箱体上。上摆臂和中摆臂与支承台面连接，并构成平行四边形的四连杆机构，以保证上下运动时能平行移动，以及台面受载时始终保持水平。中摆臂和下摆臂端部之间装有弹簧。驱动电机的一端装有蓄能飞轮，另一端装有凸缘。凸缘上有偏心轴。连接杆一端通过轴承和偏心轴连接，另一端和下摆臂端部连接。

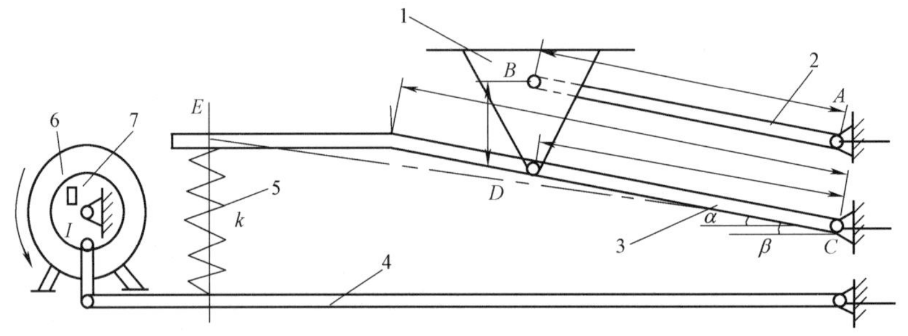

图4-60　共振式悬架装置检测台单轮支承结构简图

1-支承台面；2-上摆臂；3-中摆臂；4-下摆臂；5-激振弹簧；6-驱动电机；7-偏心惯性机构

检测时，将汽车驶上支承平台，启动测试程序，驱动电机带动偏心机构使整个汽车—台面系统振动。激振数秒钟达到角频率为ω_0的稳定强迫振动后，断开驱动电机电源，接着由蓄能飞轮以起始频率为ω_0的角频率进行扫频激振。由于停在台面上车轮的固有频率处于ω_0和0之间，因此蓄能飞轮的扫频激振总能使汽车—台面系统产生共振。断开驱动电机电源的同时，启动采样测试装置，记录数据和波形，然后进行分析、处理和评价。

2）微机控制部分

主要由微机、传感器、A/D转换器、电磁继电器及控制软件等组成。控制软件是悬架装置检测台微机控制部分与机械部分联系的桥梁。软件不仅实现对悬架装置检测台测试过程的控制,同时也对悬架装置检测台所采集的数据进行分析和处理,并最终将检测结果显示并打印出来。

3. 悬架装置工作特性的检测方法

对于最大设计车速不小于 100km/h、轴质量不大于 1500kg 的载客汽车,可参考下列方法进行悬架特性检测。

1)用共振式悬架装置检测台检测

(1)汽车轮胎规格、气压应符合规定值,车辆空载,不乘人(含驾驶员)。

(2)将汽车每轴车轮驶上悬架装置检测台,使轮胎位于台面的中央位置。

(3)启动悬架装置检测台,使激振器迫使汽车悬架装置产生振动,并达到起始激振频率(高于共振频率)。

(4)达到起始激振频率后,将激振电源关断,使激动频率逐渐减少,并将通过共振频率。

(5)记录衰减振动曲线,纵坐标为动态轮荷,横坐标为时间。测量共振频率时的动态轮荷。计算并显示动态轮荷与静态轮荷的百分比及其同轴左右轮百分比的差值。

2)用平板式检测台检测

(1)平板式检测台平板表面应干燥,没有松散物质及油污。

(2)驾驶员将车辆对正平板以 5 ~ 10km/h 的速度驶上平板,置变速器于空挡,急踩制动踏板,使车辆停住。

(3)测量制动时的动态轮荷,记录动态轮荷的衰减曲线。

(4)计算并显示悬架效率和同轴左右轮悬架效率之差值。

4. 悬架装置工作特性的评定方法

交通行业标准《乘用车悬架特性的评定指标和检测方法》(JT/T 497—2004),对乘用车悬架特性的评价指标和评定方法作了如下规定。

1)评价指标

(1)用共振式悬架装置检测台检测汽车悬架特性时,其评价指标为吸收率。

按照交通行业标准《汽车悬架装置检测台》(JT/T 448—2001)的定义,吸收率是指被测汽车最小的动态车轮垂直接地力与静态车轮垂直接地力之比,以百分数表示(%)。其中:

动态车轮垂直接地力,是指共振式悬架装置检测台台面与被测汽车悬架装置的车轮部分出现共振时,汽车车轮作用在台面上的垂直作用力。

静态车轮垂直接地力,是指共振式悬架装置检测台台面与被测汽车悬架装置处于静止状态时,汽车车轮作用在台面上的垂直作用力。

吸收率表明了悬架装置在汽车行驶中确保车轮与路面相接触的最小能力。它在 0 ~ 100% 范围内变化。每侧车轮的吸收率应单独计算。

汽车行驶中,所有车轮的吸收率是不一样的。这是因为各个车轮悬架装置的工作性能不一、车轮承受载荷不一、轮胎气压不一和路面对车轮的冲击力不一等原因造成的。如果在检测台上,人为地使各轮承受的载荷、轮胎气压和台面冲击力是一致的。那么,吸收率主要决定于悬架装置的工作性能。因此,完全可以用吸收率评价悬架装置的工作特性。

欧洲使用的共振式悬架装置检测台,也是由驱动电机、偏心轮、蓄能飞轮、弹簧、台板和力传感器等组成的,主要的生产厂家有德国的 HOFMANN 公司和意大利的 CEMB 公司等。试验中,检测台台板连同其上的被检汽车按正弦规律作垂直振动,振幅固定而频率变化。力传感器感应到车轮作用到台板上的垂直作用力，并将力信号存入存储器。当对全车所有车轮悬架装置检测完后，微机将力信号进行分析和处理，便可获得车轮的吸收率（他们称之为接地性指数）。

悬架装置检测台测得的车轮接地性指数，是与刚性台面（相对轮胎）的振幅有关的。车轮接地性指数是刚性台面振幅的函数。因此，为获得一个好的测量结果可比性，检测台台面的振幅最好保持不变。

欧洲减振器制造协会（EUSAMA）推荐的评价车轮接地性的参考标准，见表4-8，可供我国检测悬架装置工作性能时参考。需要指出的是，表中的车轮接地性指数是在悬架装置检测台台面振幅为6mm测得的，这也是大部分悬架装置检测台使用的激振振幅。

表中的参考标准，适用于大多数汽车，但车重小的微型汽车例外。这是因为这一类汽车的其中一个轴（一般为后轴）的两个车轮接地性指数非常低，而它们的悬架装置是正常的。

（2）用平板式检测台检测汽车悬架特性时，其评价指标为悬架效率。

车轮接地性参考标准 表4-8

车轮接地性指数（%）	车轮接地状态	车轮接地性指数（%）	车轮接地状态
60～100	优	20～30	差
45～60	良	1～20	很差
30～45	一般	0	车轮与路面脱离

用平板式检测台检测汽车悬架特性时，汽车以5～10km/h的速度驶上检测台台面，驾驶员急踩制动踏板，车轮制动后停在平板上，此时车轮处的负重发生变化。图4-61示出测试时前后车轮处负重随时间变化的曲线。其中，图4-61a）反映的是制动时前部车身先加速向下，前轮处的动态负重先从静态负重附近（O点）上升到最大值（A点），再从最大值下降到最小值（B点）。图4-61b）反映的是后部车身的振动，它与图4-61a）反相位。即前部车身向下运动时后部车身向上抬起。

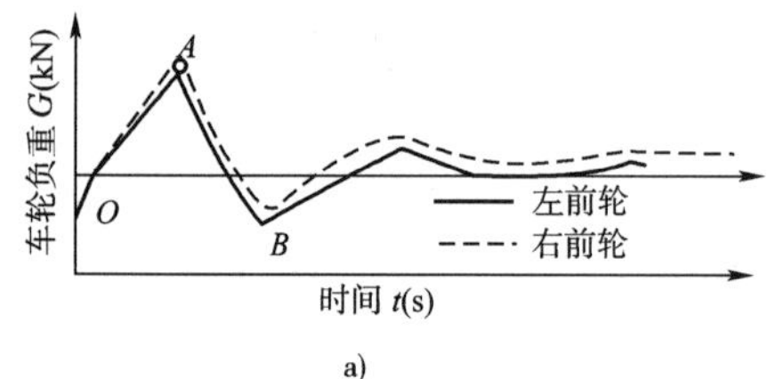

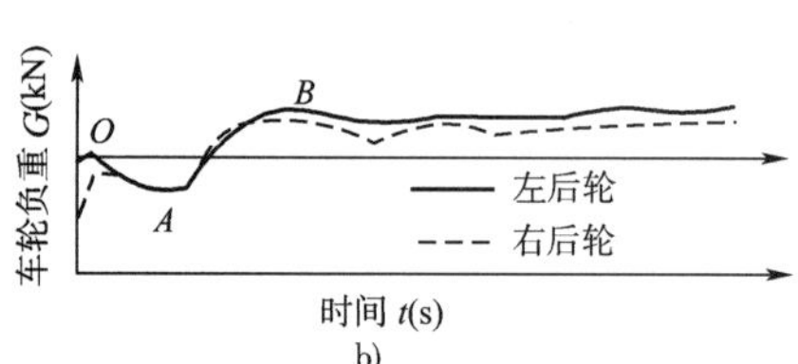

图4-61 车轮处负重的变化曲线

a）前轮；b）后轮

由于汽车悬架装置能衰减、吸收车身的振动，所以车身的振动经过一段时间后就会消失。每侧车轮的悬架效率η可用下式表达：

$$\eta = [1 - |(G_B - G_O)/(G_A - G_O)|] \times 100\% \tag{4-2}$$

式中：η——悬架效率；

G_O——各车轮处静态负荷值；

G_A——图4-61曲线上A点的纵坐标绝对值；

G_B——图4-61曲线上B点的纵坐标绝对值。

2）评定限值

（1）用谐振式悬架装置检测台检测汽车悬架特性时，吸收率应不小于40%；同轴左右轮吸收率之差不得大于15%。

(2)用平板式检测台检测汽车悬架特性时,悬架效率应不小于45%;同轴左右轮悬架效率之差不得大于20%。

二、悬架装置和转向系统各部间隙检测

汽车悬架装置和转向系统各部间隙在使用中逐渐增大,致使汽车行驶中出现跳动增加、横摆加剧、转向盘自由行程加大、转向轮摆头、轮胎磨损异常和各种冲击增强等现象,严重影响了汽车操纵稳定性、行车安全性和使用寿命。因此,汽车悬架装置和转向系统的间隙是一个综合性诊断参数,能表征悬架装置和转向系统的技术状况。

悬架装置和转向系统间隙的检测,须采用悬架装置和转向系统间隙检测仪(以下简称"间隙检测仪")进行,如图4-62所示。

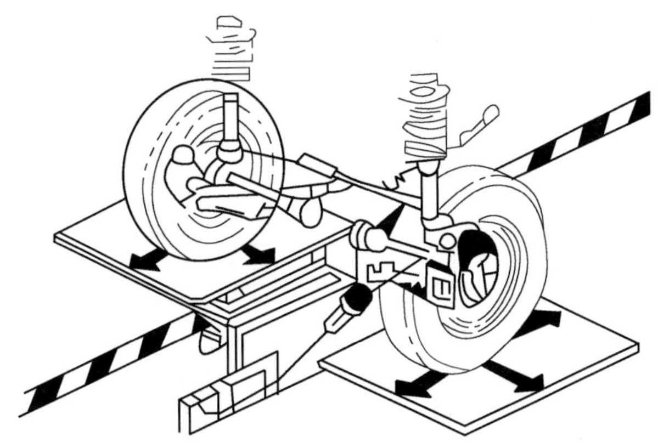

图4-62 悬架装置和转向系统间隙的检测

1. 间隙检测仪的基本结构与工作原理

1)基本结构

间隙检测仪一般由电控箱、左测试台、右测试台、泵站和手电筒式开关等组成,示意图如图4-63所示。

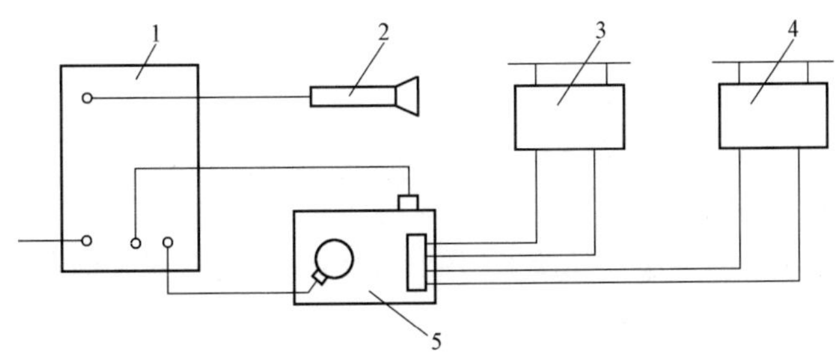

图4-63 间隙检测仪组成示意图

1-电控箱;2-手电筒式开关;3-左测试台;4-右测试台;5-泵站

(1)电控箱:主要由控制电路和保护电路组成。控制电路用于控制油泵电动机和电磁阀继电器的动作,保护电路用于保护油泵电动机过载和电路漏电。

(2)手电筒式开关:由测试台移动方向控制按键和照明两部分组成。移动方向控制按键用于控制电控箱中各继电器的动作,照明部分能使检查员方便对检查部位进行观察。

(3)泵站:由油泵、电动机、电磁阀、油压表、滤油器和溢流阀等组成。电动机带动油泵工

作,电磁阀在继电器作用下控制高压油液流向相应的油缸。而油缸则产生推动左、右测试台测试板的动力。

(4)测试台:包括左测试台和右测试台。按测试台测试板移动方向不同,测试可分为前后双向移动式,前后左右四向移动式,前后左右再加前左后右(对角线)、前右后左(对角线)八向移动式三种类型。前后双向移动式测试台主要由测试板、油缸、导向结构和壳体等组成,如图4-64所示。

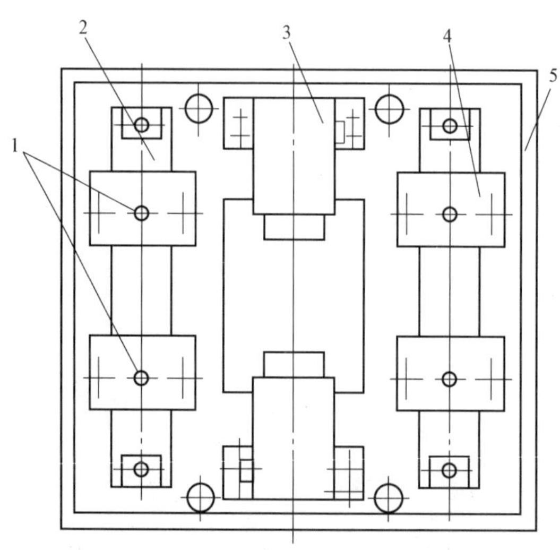

图4-64　前后双向移动式测试台结构简图

1-润滑孔;2-导向杆;3-油缸;4-轴承座;5-壳体

2)工作原理

在手电筒式开关的左、右测试台移动方向控制开关作用下,控制电路控制油泵电动机和电磁阀继电器动作。在电动机带动下,油泵产生高压油液。电磁阀在继电器作用下控制高压油液流向对应的油缸,另一油缸处于卸荷状态。在油缸动力作用下,测试台测试板及其上的悬架装置与转向系统,按导向杆给定的方向移动。换向后,另一油缸产生动力,前一油缸处于卸荷状态,于是测试台测试板及其上的悬架装置与转向系统,按导向杆给定的相反方向移动,实现了前、后双向对悬架装置与转向系统间隙的检测。

2. 间隙检测仪使用方法

1)仪器准备

(1)接通电控箱总电源。

(2)将手电筒式开关的工作开关按下,其上工作灯亮,电控箱上绿色指示灯亮,电动机带动油泵工作。否则,应检查并排除故障。

(3)按下手电筒式开关上左、右测试板向前或向后移动的键,系统升压。当测试板移动到一侧极限位置时,检查油压表的压力是否正常。否则应调节溢流阀,使油压达到要求。

(4)检查测试板表面是否沾有泥、砂、油污等,并视需要清除之。

2)车辆准备

(1)车辆应运行至正常工作温度。

(2)轮胎气压应符合汽车制造厂的规定。

(3)轮胎上的砂、石、泥、土应清除干净。

3)检测方法

(1)汽车前轴驶上间隙检测仪的测试板,两前轮在两块测试板上居中停放。

(2)汽车驾驶员用力踩住制动踏板,并握紧转向盘。车下检测员按动手电筒式开关上测试板"前后方向移动"键,使悬架装置和转向系统以一定频率反复作前、后方向移动。

(3)车下检测员按动手电筒式开关上测试板"左右方向移动"键,使悬架装置和转向系统以一定频率反复作左、右方向移动。

(4)车下检测员按动手电筒式开关上测试板"前左、后右(对角线)方向移动"键或"前右、后左(对角线)方向移动"键,使悬架装置和转向系统以一定频率反复作前左、后右(对角线)方向移动或作前右、后左(对角线)方向移动。

(5)汽车前轴在作上述移动方向的测试时,车下检测员要始终注意观察并用手触试汽车车轮与制动底板处、转向节主销处、纵横拉杆球头销处、独立悬架摆臂处、相关悬架U形螺栓处和钢板销处、转向垂臂处和转向器固定等处的间隙,做好记录,视情况进行调整或修理。

(6)汽车驾驶员放松转向盘和制动踏板,将前轴驶下后轴驶上,在测试板上用同样方法检测后轴悬架装置的间隙。

(7)检测完毕,关闭手电筒式开关和电控箱总电源。

第五节　制动系统诊断与检测

汽车制动系统是汽车底盘的重要组成之一,其技术状况的变化直接影响汽车行驶和驻车的安全性,是故障率较高的系统之一。

一、常见故障及经验诊断法

汽车制动系统常见故障有制动不灵、制动失效、制动跑偏和制动拖滞等。

(一)液压制动系统

1. 制动不灵

1)现象

汽车行车制动时,驾驶员感到减速度不足;汽车紧急制动时,制动距离太长。

2)原因

(1)制动主缸、制动轮缸、制动管路或管接头漏油。

(2)制动主缸储液室(罐)存油不足或无油。

(3)制动液变质(变稀或变稠)或制动管路内壁积垢太厚。

(4)制动系统中有气体未排出。

(5)制动主缸皮碗、活塞或缸壁磨损过度。

(6)制动轮缸皮碗、活塞或缸壁磨损过度。

(7)制动主缸进油孔、补偿孔或储液室(罐)通气孔堵塞。

(8)制动主缸出油阀、回油阀不密封或主缸活塞复位弹簧预紧力太小。

(9)制动主缸活塞前端贯通小孔堵塞或主缸皮碗发胀、发黏、老化变质。

(10)制动轮缸皮碗发胀、发黏或老化变质。

(11)制动增压器或制动助力器效能不佳或失效。

(12)制动油管凹瘪或制动软管内孔不畅通。

(13)制动踏板自由行程太大,造成工作行程太小。

(14)制动蹄摩擦片与制动鼓(盘)靠合面不佳或制动间隙调整不当。

(15)制动蹄摩擦片质量欠佳或使用中表面硬化、烧焦、油污及铆钉头露出。

(16)制动鼓磨损过度或制动时变形严重。

3)诊断方法

按诊断流程图所示方法诊断,如图4-65所示。

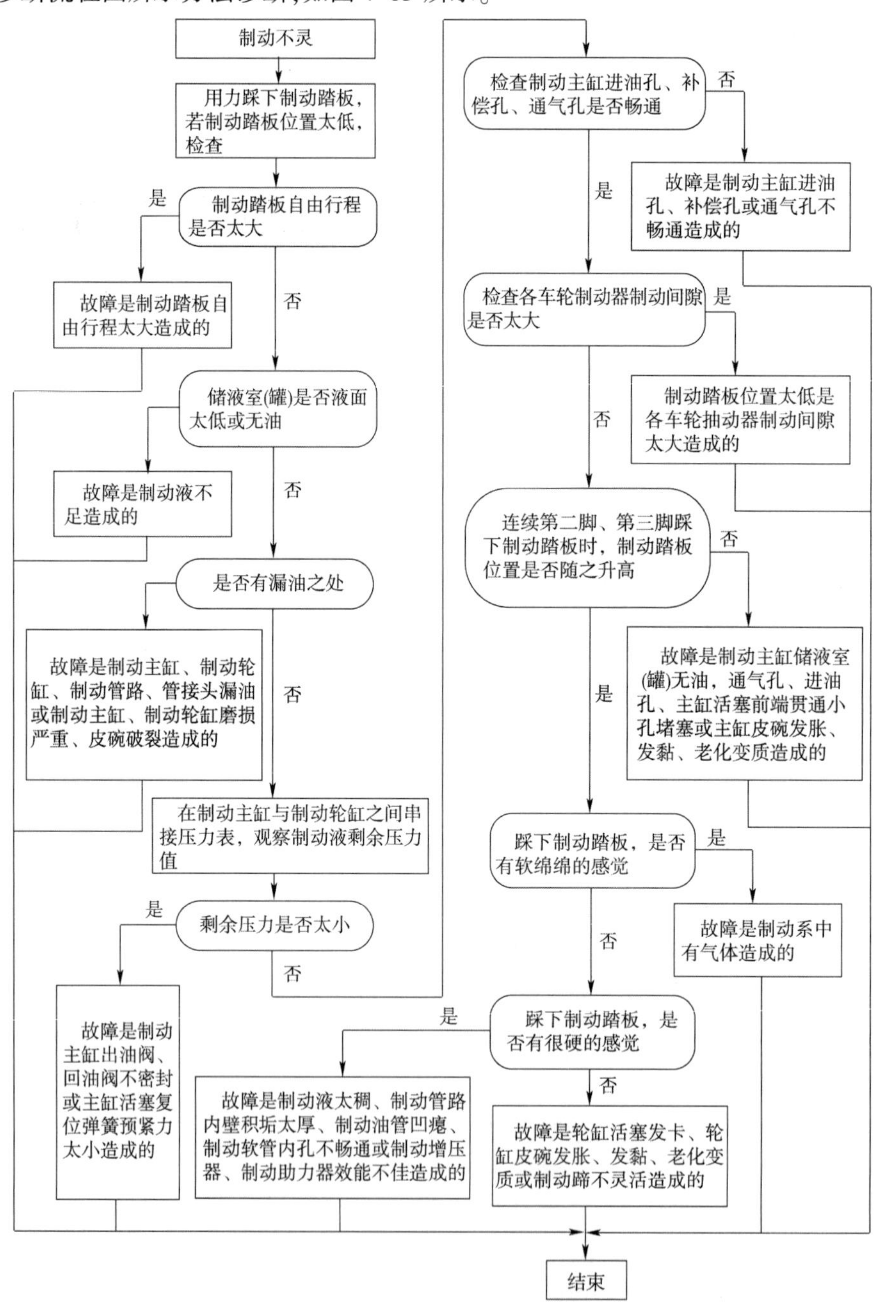

图4-65 液压制动系统制动不灵诊断流程图

2. 制动失效

1)现象

用力踩下制动踏板,汽车不减速;即使连续踩几脚制动踏板也无明显制动作用。

2)原因

(1)制动主缸内无制动液。

(2)制动主缸皮碗严重破裂或制动系统有严重泄漏之处。

(3)制动软管或金属管断裂。

(4)制动踏板至制动主缸的连接脱开。

3)诊断方法

按诊断流程图所示方法诊断,如图4-66所示。

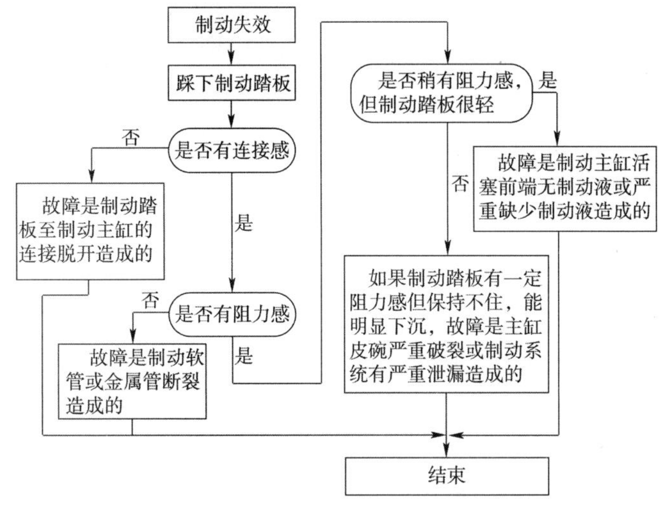

图4-66 液压制动系统制动失效诊断流程图

3. 制动跑偏

1)现象

汽车行车制动时,车辆行驶方向发生偏斜;汽车紧急制动时,车辆出现扎头或甩尾现象。

2)原因

(1)左、右车轮制动蹄摩擦片材料不一或新旧程度不一。

(2)左、右车轮制动蹄摩擦片与制动鼓(盘)的靠合面积不一、靠合位置不一或制动间隙不一。

(3)左、右车轮制动轮缸的技术状况不一,造成起作用时间不一或张开力大小不一。

(4)左、右车轮制动蹄复位弹簧拉力不一。

(5)左、右车轮滚动半径不一、轮胎气压不一、花纹不一、花纹深度不一、路面材料不一或路面软硬程度不一。

(6)左、右车轮制动鼓的厚度、直径、工作中的变形程度和工作面的粗糙度不一。

(7)单边制动管路凹瘪、阻塞或漏油。

(8)单边制动管路或制动轮缸内产生气阻。

(9)单边制动蹄与支承销配合紧或锈污严重。

(10)车架(或车身)、车桥在水平平面内弯曲,车架(或车身)两边的轴距不等或前悬架弹性元件刚度不一。

3)诊断方法

按诊断流程图所示方法诊断,如图4-67所示。

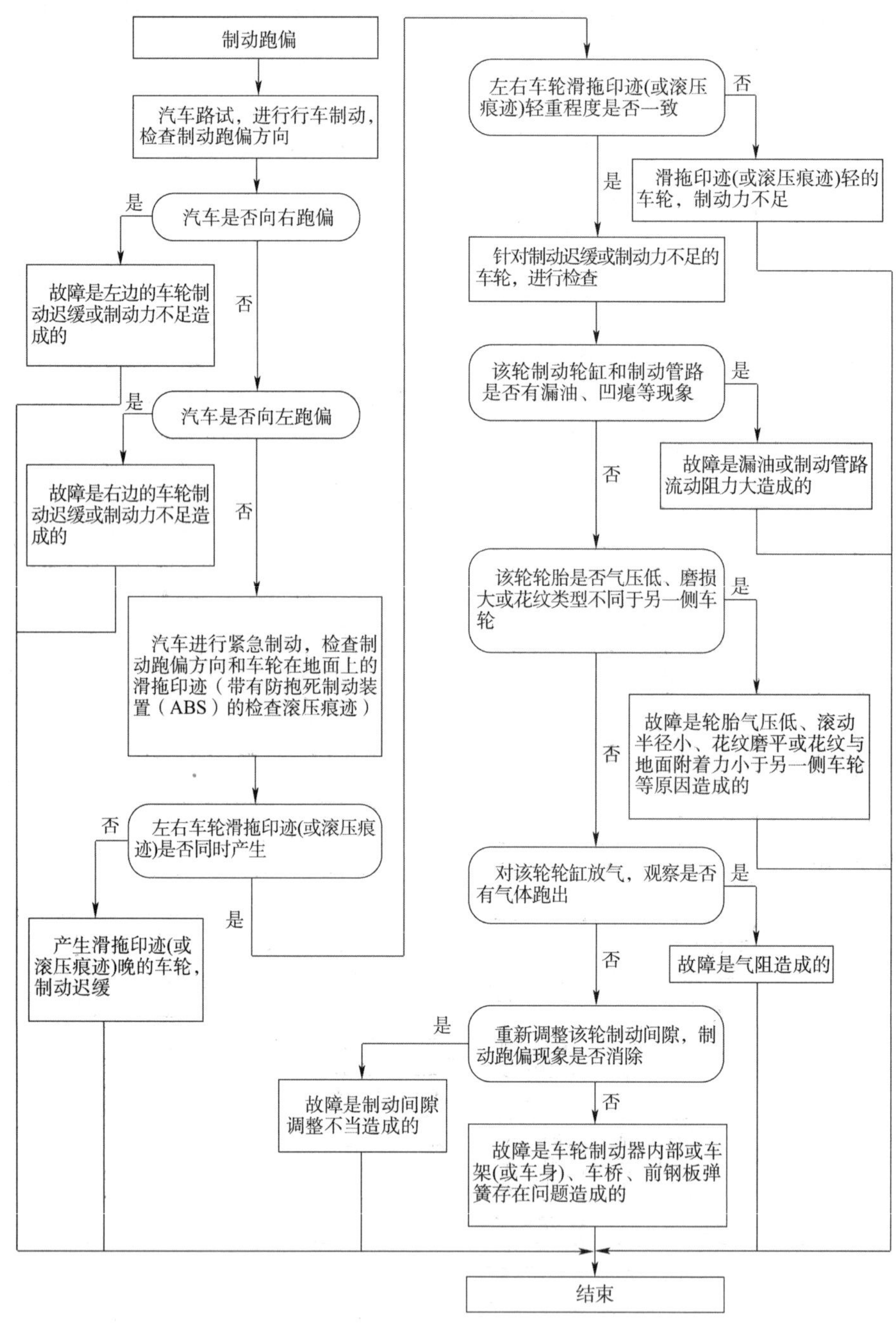

图4-67 液压制动系统制动跑偏诊断流程图

4. 制动拖滞

1)现象

抬起制动踏板后,个别或全部车轮的制动作用不能立即完全解除,以致影响了车辆重新起步、加速行驶或滑行;汽车行驶一段路程后,即使没有使用行车制动器,个别或全部车轮的制动器有发热现象。

2)原因

(1)制动踏板无自由行程。

(2)制动踏板与其轴的配合缺油、锈污或踏板复位弹簧脱落、拉断及拉力太小。

(3)制动主缸活塞复位弹簧折断或预紧力太小。

(4)制动主缸活塞、皮碗的长度太大或皮碗发胀、发黏、老化变质。

(5)制动主缸补偿孔被污物堵塞。

(6)制动轮缸皮碗发胀、发黏、老化变质或活塞发卡。

(7)制动蹄复位弹簧脱落、折断或拉力太小。

(8)制动蹄与支承销锈污严重。

(9)制动蹄与制动鼓(盘)的制动间隙调整不当,制动放松后仍局部摩擦。

(10)通往制动轮缸的油管凹瘪或堵塞。

(11)不制动时制动增压器辅助缸活塞中心孔打不开。

(12)轮毂轴承松旷。

3)诊断方法

按诊断流程图所示方法诊断,如图 4-68 所示。

(二)气压制动系统

1. 制动不灵

1)现象

同液压制动系统"制动不灵"。

2)原因

(1)制动踏板自由行程大。

(2)储气筒达不到规定气压。

(3)制动阀最大气压调整螺钉调整不当,造成制动气压低。

(4)制动阀平衡弹簧预紧力太小,维持制动(双阀关闭)过早。

(5)制动阀膜片破裂或排气阀关闭不严。

(6)制动气室膜片破裂或制动管路漏气。

(7)制动管路凹瘪或软管内孔不畅通。

(8)制动蹄摩擦片与制动鼓(盘)靠合面不佳或制动间隙调整不当。

(9)制动蹄摩擦片质量欠佳或使用中表面硬化、烧焦、油污及铆钉头露出。

(10)制动鼓磨损过度或制动时变形。

(11)制动凸轮轴在支承套内锈蚀或卡住。

(12)制动管路内壁积垢严重。

3)诊断方法

按诊断流程图所示方法诊断,如图 4-69 所示。

2. 制动失效

1)现象

同液压制动系统"制动失效"。

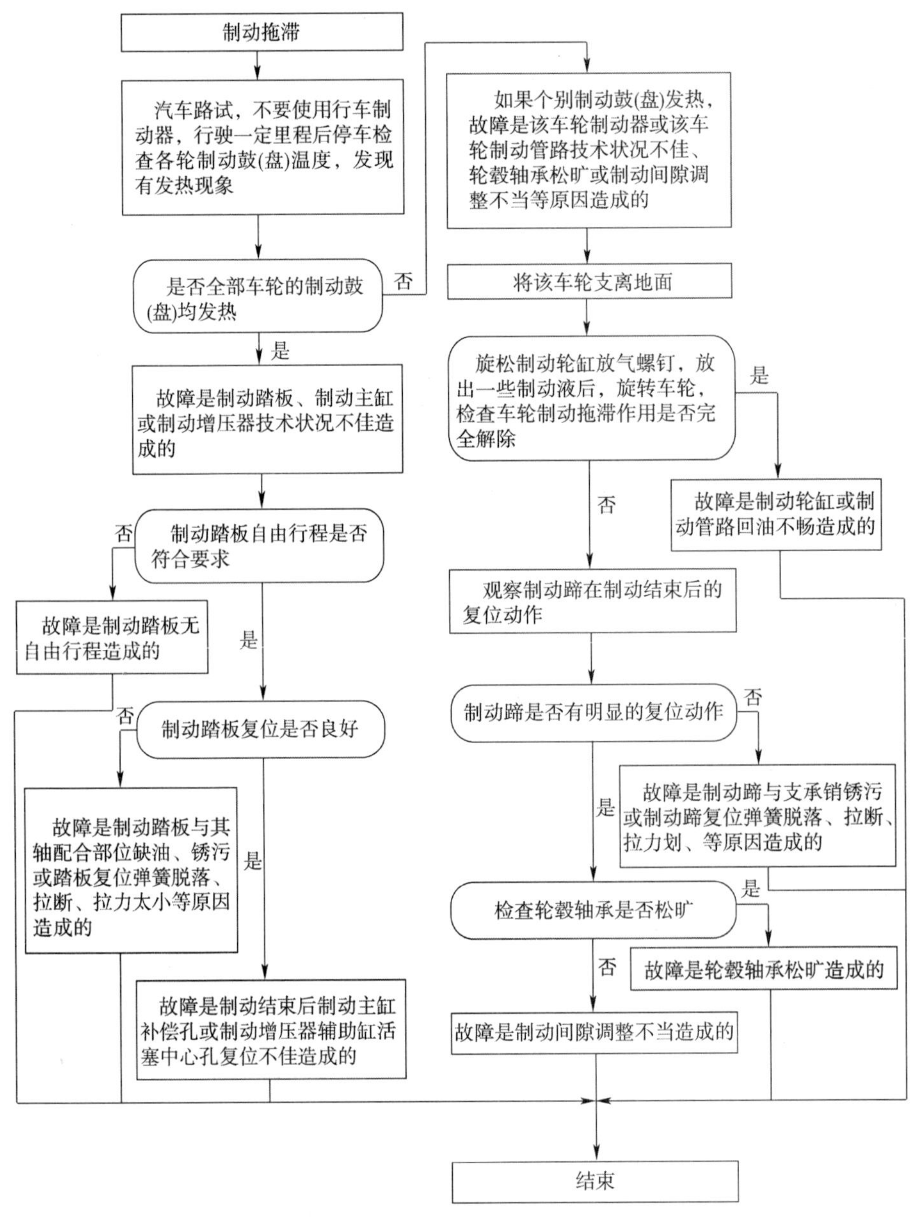
制动拖滞
汽车路试，不要使用行车制动器，行驶一定里程后停车检查各轮制动鼓(盘)温度，发现有发热现象
是否全部车轮的制动鼓(盘)均发热
否
是
故障是制动踏板、制动主缸或制动增压器技术状况不佳造成的
制动踏板自由行程是否符合要求
否
故障是制动踏板无自由行程造成的
是
否
制动踏板复位是否良好
故障是制动踏板与其轴配合部位缺油、锈污或踏板复位弹簧脱落、拉断、拉力太小等原因造成的
是
故障是制动结束后制动主缸补偿孔或制动增压器辅助缸活塞中心孔复位不佳造成的
如果个别制动鼓(盘)发热，故障是该车轮制动器或该车轮制动管路技术状况不佳、轮毂轴承松旷或制动间隙调整不当等原因造成的
将该车轮支离地面
旋松制动轮缸放气螺钉，放出一些制动液后，旋转车轮，检查车轮制动拖滞作用是否完全解除
是
故障是制动轮缸或制动管路回油不畅造成的
否
观察制动蹄在制动结束后的复位动作
制动蹄是否有明显的复位动作
否
故障是制动蹄与支承销锈污或制动蹄复位弹簧脱落、拉断、拉力划、等原因造成的
是
检查轮毂轴承是否松旷
是
故障是轮毂轴承松旷造成的
否
故障是制动间隙调整不当造成的
结束

图 4-68　液压制动系统制动拖滞诊断流程图

2)原因

(1)制动踏板至制动阀的连接脱开。

(2)储气筒无压缩空气。

(3)制动阀的进气阀打不开或排气阀严重关闭不严。

(4)制动阀膜片、制动气室膜片严重破裂或制动软管断裂。

(5)制动管路内结冰或被油污严重阻塞。

3)诊断方法

按诊断流程图所示方法诊断，如图 4-70 所示。

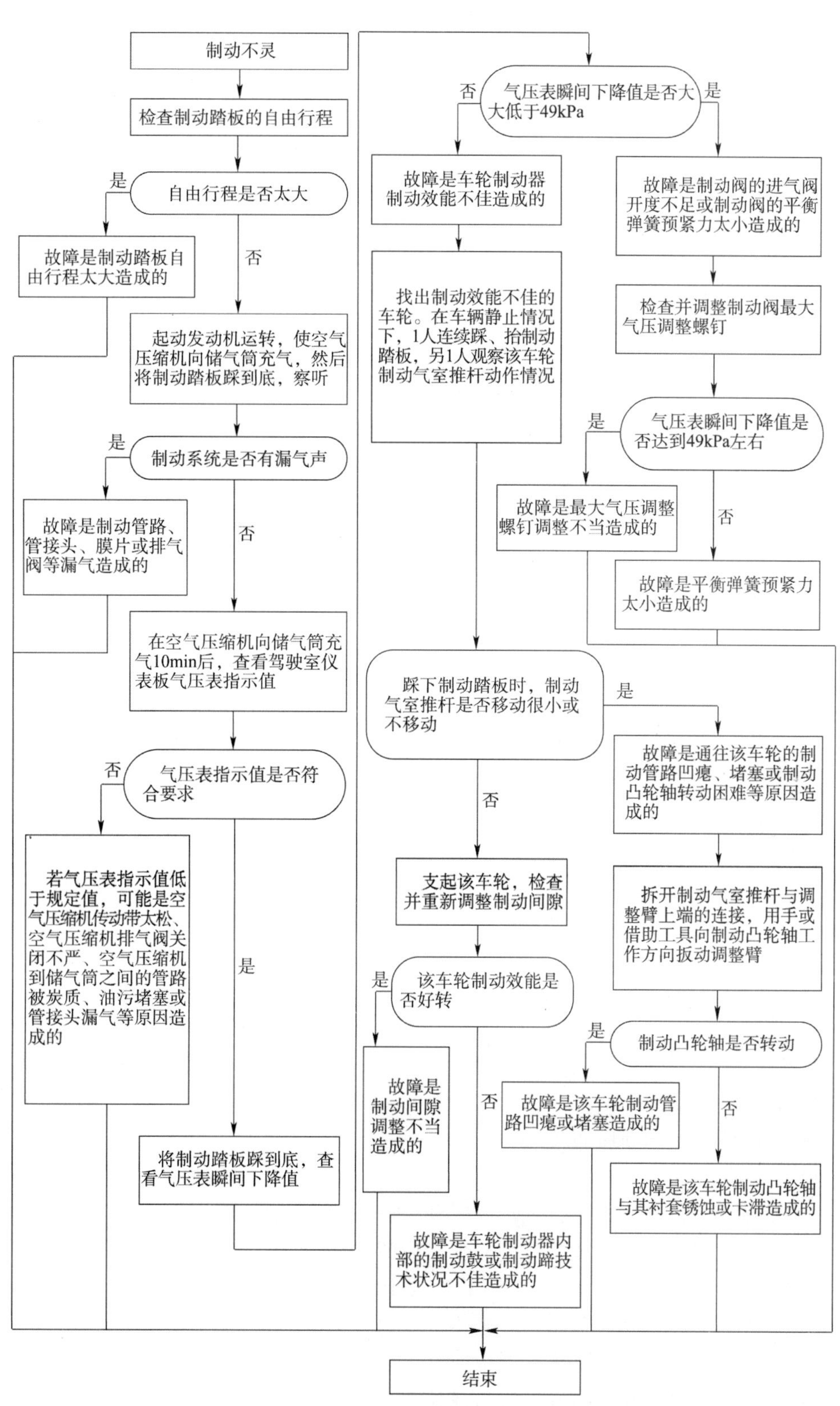
制动不灵
检查制动踏板的自由行程
自由行程是否太大
是
故障是制动踏板自由行程太大造成的
否
起动发动机运转，使空气压缩机向储气筒充气，然后将制动踏板踩到底，察听
制动系统是否有漏气声
是
故障是制动管路、管接头、膜片或排气阀等漏气造成的
否
在空气压缩机向储气筒充气10min后，查看驾驶室仪表板气压表指示值
气压表指示值是否符合要求
否
若气压表指示值低于规定值，可能是空气压缩机传动带太松、空气压缩机排气阀关闭不严、空气压缩机到储气筒之间的管路被炭质、油污堵塞或管接头漏气等原因造成的
是
将制动踏板踩到底，查看气压表瞬间下降值
气压表瞬间下降值是否大大低于49kPa
否
故障是车轮制动器制动效能不佳造成的
找出制动效能不佳的车轮。在车辆静止情况下，1人连续踩、抬制动踏板，另1人观察该车轮制动气室推杆动作情况
是
故障是制动阀的进气阀开度不足或制动阀的平衡弹簧预紧力太小造成的
检查并调整制动阀最大气压调整螺钉
气压表瞬间下降值是否达到49kPa左右
是
故障是最大气压调整螺钉调整不当造成的
否
故障是平衡弹簧预紧力太小造成的
踩下制动踏板时，制动气室推杆是否移动很小或不移动
是
故障是通往该车轮的制动管路凹瘪、堵塞或制动凸轮轴转动困难等原因造成的
拆开制动气室推杆与调整臂上端的连接，用手或借助工具向制动凸轮轴工作方向扳动调整臂
制动凸轮轴是否转动
是
故障是该车轮制动管路凹瘪或堵塞造成的
否
故障是该车轮制动凸轮轴与其衬套锈蚀或卡滞造成的
否
支起该车轮，检查并重新调整制动间隙
该车轮制动效能是否好转
是
故障是制动间隙调整不当造成的
否
故障是车轮制动器内部的制动鼓或制动蹄技术状况不佳造成的
结束

图4-69 气压制动系统制动不灵诊断流程图

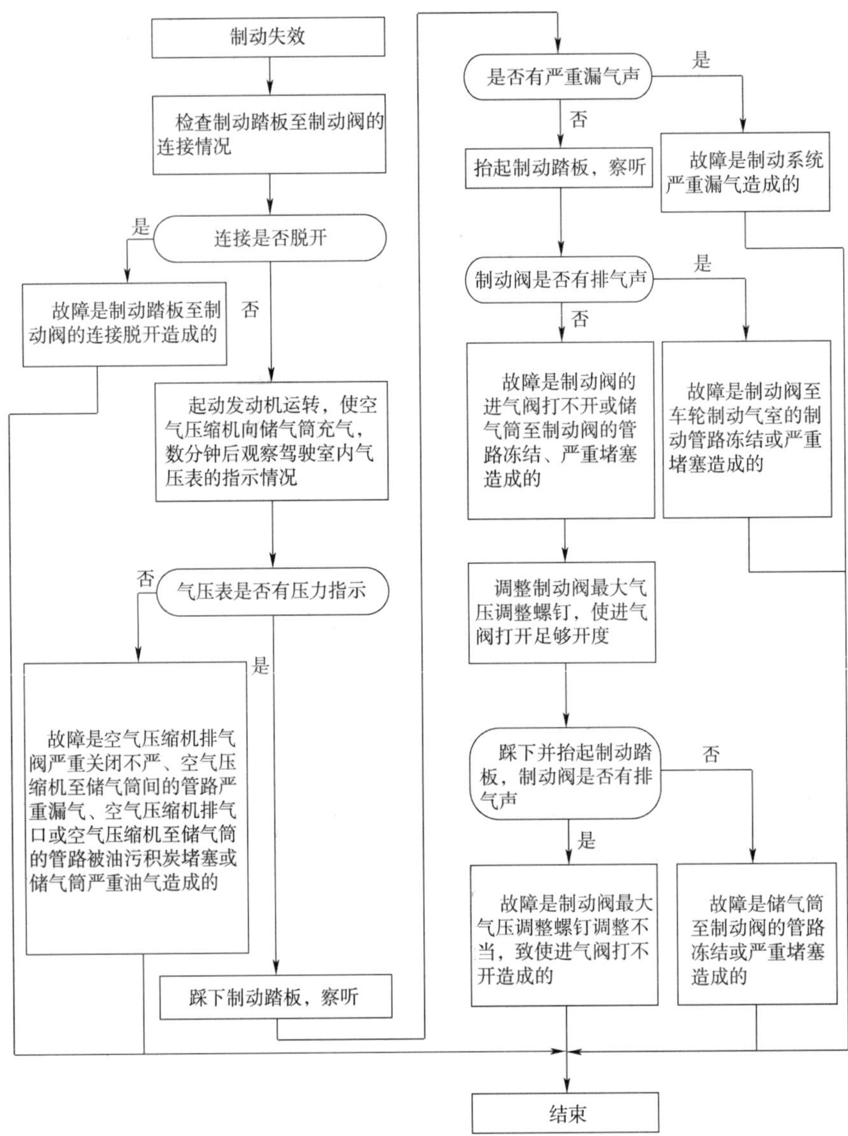

图4-70　气压制动系统制动失效诊断流程图

3. 制动拖滞

1）现象

同液压制动系统“制动拖滞”。

2）原因

（1）制动踏板自由行程太小，造成制动阀的排气阀开启程度太小。

（2）制动阀的排气阀弹簧或膜片复位弹簧疲劳、折断或弹力太小。

（3）制动阀的排气阀橡胶阀面发胀、发黏、老化变质或阀口上堆集的油污、胶质太多。

（4）制动踏板复位弹簧疲劳、拉断、失落或拉力太小。

（5）制动气室膜片（或活塞）复位弹簧疲劳、折断或弹力太小。

（6）制动蹄复位弹簧疲劳、拉断、脱落或拉力太小。

（7）制动凸轮轴在其套内缺油、锈蚀或卡住。

(8)制动蹄与支承销锈蚀严重。

(9)制动间隙调整不当,制动放松后制动摩擦片与制动鼓(盘)仍局部摩擦。

(10)轮毂轴承松旷。

3)诊断方法

按诊断流程图所示方法诊断,如图4-71所示。

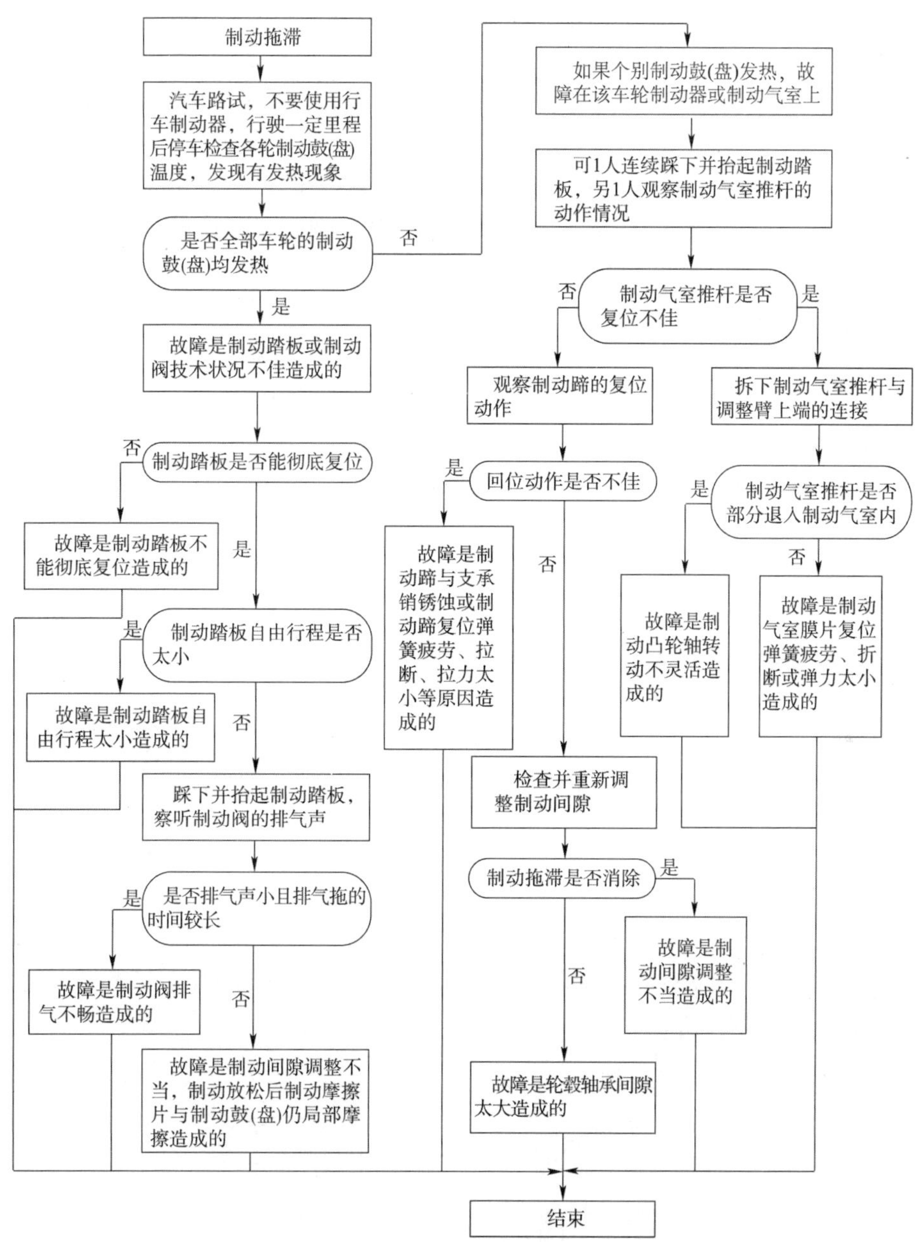

图4-71 气压制动系统制动拖滞诊断流程图

二、防抱死制动系统检测诊断的程序和方法

汽车防抱死制动系统(Anti-Lock Braking System,ABS),是提高汽车行驶安全性的重要

装置。它能使汽车紧急制动时,在大多数道路条件下,防止车轮抱死以获取最大制动力,并保持行驶方向稳定和转向时良好的操纵性。

以日本丰田雷克萨斯 LS400 型汽车的 ABS 为例介绍以下内容。

雷克萨斯 LS400 型汽车的 ABS,是由防抱死制动系统电子控制器(ABS ECU)、ABS 执行器、车速传感器和 ABS 报警灯等组成。其中,ABS 执行器主要由 ABS 主继电器、油泵继电器和三位电磁阀等组成。汽车紧急制动时,ABS ECU 能计算车轮的旋转速度并换算成车速,然后判断路面和轮胎的状况,使 ABS 执行器动作,把最适宜的制动液压力供给每个车轮制动器,避免车轮抱死,使车轮与地面的滑移率保持在最佳范围(10% ~30%)之内,以达到最大制动效能。

ABS 装备有自诊断系统。如果 ABS 中任一信号系统出现故障,驾驶室组合仪表上的 ABS 报警灯点亮,告知驾驶员出现故障。同时,ABS ECU 把故障以代码形式存储起来,以利检修人员读出诊断代码,检测、分析、判断并排除故障。

1. 自诊断系统使用方法

1)检查 ABS 报警灯

点火开关置 ON 位置时,此灯亮 3s 为正常。ABS 报警灯的位置如图 4-72 所示。

2)读取诊断代码

(1)点火开关置 ON 位置时,脱开维修用连接器接头,如图 4-73 所示。

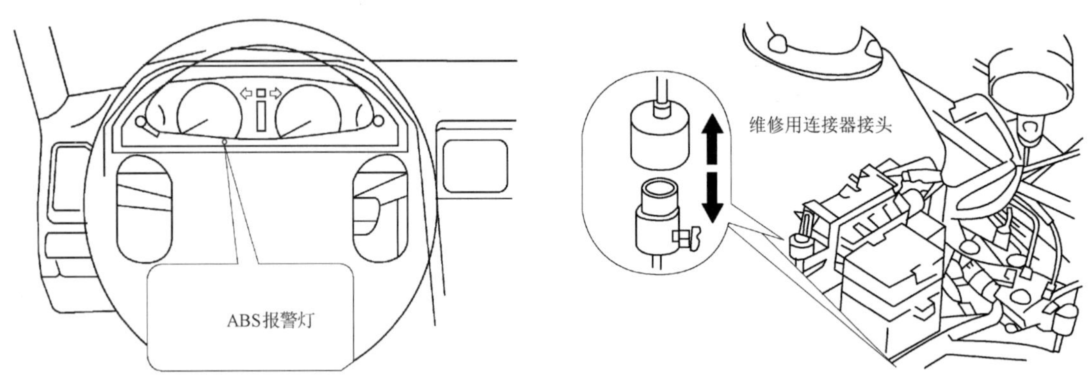

图 4-72 ABS 报警灯位置

图 4-73 脱开维修用连接器接头

(2)用专用维修工具 SST(跨接线)连接故障诊断通信连接器 TDCL 或检查用连接器的端子 TC 和 E1,如图 4-74 所示。

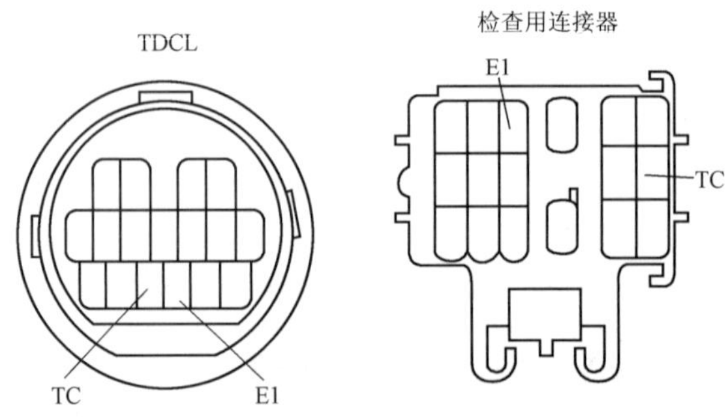

图 4-74 故障诊断通信连接器 TDCL 和检查用连接器

(3)读取ABS报警灯闪烁出的诊断代码。通过观察ABS报警灯不同的闪烁方式(时间、次数),读取正常代码或故障诊断代码。正常代码、诊断代码11与21,如图4-75所示。如果有两个或更多故障出现,则数字最小的诊断代码首先显示。

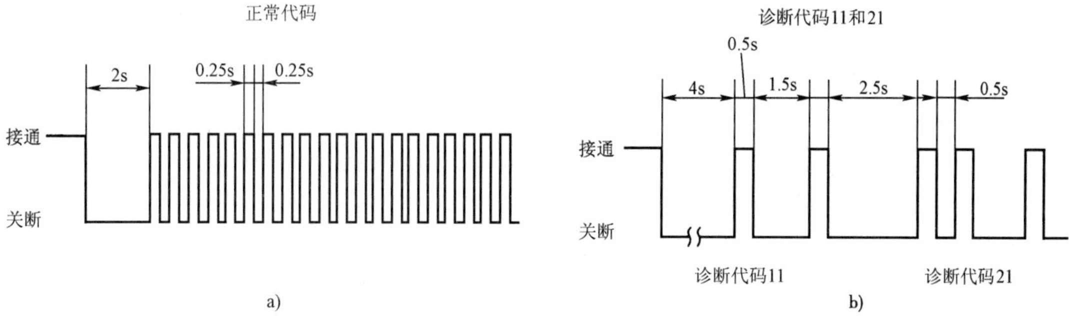

图4-75 ABS报警灯闪烁方式举例

a)正常代码;b)诊断代码11和21

(4)ABS诊断代码见表4-9。

ABS系统诊断代码表 表4-9

诊断代码	ABS报警灯闪烁方式	
11	接通 关断	ABS电磁继电器电路开路
12	接通 关断	ABS电磁继电器电路短路
13	接通 关断	油泵继电器电路开路
14	接通 关断	油泵继电器电路短路
21	接通 关断	前右轮三位电磁阀电路开路或短路
22	接通 关断	前左轮三位电磁阀电路开路或短路
23	接通 关断	后右轮三位电磁阀电路[①](或后轮电磁阀电路)开路或短路
24	接通 关断	后左轮三位电磁阀电路开路或短路
31	接通 关断	前右轮车速传感器信号出错
32	接通 关断	前左轮车速传感器信号出错
33	接通 关断	后右轮车速传感器信号出错
34	接通 关断	后左轮车速传感器信号出错

续上表

诊断代码	ABS 报警灯闪烁方式	
35	接通 关断	前左或后右车速传感器电路开路
36	接通 关断	前右或后左车速传感器电路开路
37	接通 关断	前车速传感器转子故障
41	接通 关断	蓄电池电压过低或异常高
43	接通 关断	牵引控制系统 TRC 失灵②
51	接通 关断	油泵闭锁
常通	接通 关断	ABS ECU 失灵

注:①仅指带牵引控制系统 TRC 的汽车。

②仅指不带牵引控制系统 TRC 的汽车。

(5)读取诊断代码完毕,脱开端子 TC 和 E1,关闭点火开关。

3)检查车速传感器

(1)点火开关置 OFF 位置,踩下驻车制动踏板,用 SST 连接检查用连接器的端子 TS 和 E1、TC 和 E1。注意不要踩行车制动踏板。

(2)起动发动机,检查 ABS 报警灯,应该闪烁。

(3)解除驻车制动,驾驶车辆向前行驶,检查当车辆达到表 4-10 所列速度时,ABS 报警灯是否闪烁或者持续点亮。

不同车速下 ABS 报警灯状态 表 4-10

车速(km/h)	ABS 报警灯状态	车速(km/h)	ABS 报警灯状态
0 ~ 3	闪烁(正常) 持续亮(不正常)	56 ~ 109	闪烁(正常) 持续亮(不正常)
4 ~ 6	熄灭 1s 后持续亮	110 ~ 130(参考)	熄灭 1s 后持续亮
7 ~ 44	闪烁(正常) 持续亮(不正常)	131 或更高(参考)	闪烁(正常) 持续亮(不正常)
45 ~ 55	闪烁 熄灭 1s 后持续亮		

(4)停车,读取 ABS 报警灯闪烁的次数。正常情况下,ABS 报警灯将以每隔 0.125s 的频率亮和灭(接通和关断)。

如果有两个或两个以上的故障同时出现,则数字小的诊断代码首先显示。ABS 车速传感器检查功能的诊断代码见表 4-11。

(5)车速传感器检查完毕后,脱开检查用连接器的端子 TS 和 El、TC 和 E1。

ABS 车速传感器检查功能的诊断代码表 表 4-11

诊断代码	诊断内容	故障部位
71	前右车速传感器输出电压低	前右车速传感器 传感器安装方法
72	前左车速传感器输出电压低	前左车速传感器 传感器安装方法
73	后右车速传感器输出电压低	后右车速传感器 传感器安装方法
74	后左车速传感器输出电压低	后左车速传感器 传感器安装方法
75	前右车速传感器输出电压不正常变化	前右车速传感器转子
76	前左车速传感器输出电压不正常变化	前左车速传感器转子
77	后右车速传感器输出电压不正常变化	后右车速传感器转子
78	后左车速传感器输出电压不正常变化	后左车速传感器转子

2. 根据诊断代码进行故障诊断

通过 ABS 报警灯的闪烁读取诊断代码后,要根据车型在其维修手册中查出诊断代码代表的故障现象、故障部位和检查方法,然后进行故障诊断,主要是对电路进行检查。也可以通过解码器、扫描仪或其他专用检测仪器读取诊断代码,并获取检修的指示内容。电路检查中,要严格按照汽车维修手册给出的程序和方法进行,举例如下。

如果诊断代码为 41,通过查其车型维修手册得知,故障为蓄电池电压过低(一段时间内低达 9.5V 或更低)或异常高(一段时间内高达 17V 或更高),需要查 IG(点火)电源电路。该电源电路是 ABS ECU 的电源,也是 CPU 和 ABS 执行器的电源。通过查其维修手册还得知故障部位为:

(1)蓄电池;

(2)充电电路;

(3)蓄电池与 ABS ECU、ABS ECU 与搭铁之间的配线或连接器;

(4)ABS ECU。

故障诊断开始时,首先检查蓄电池电压。如电压不在 10~14V 之间,应检查并修理充电系统。在具体操作中,应按维修手册流程图中的每一步对电路进行仔细检查和测量,直至诊断出故障并排除之。

故障排除后,ECU 内的诊断代码应被消除。丰田系列汽车,在满足以下 4 个条件的情况下,3s 内踩制动踏板 8 次,即可消除 ABS 的诊断代码。

(1)汽车静止。

(2)点火开关置 ON 位置。

(3)将检查用连接器上的短路插销取出,如图 4-76 所示。

(4)连接检查用连接器或 TDCL 上的 TC 和 E1 端子。

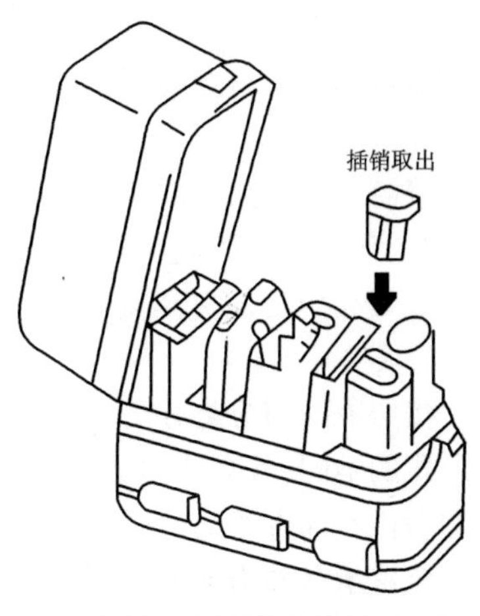

图 4-76 将检查用连接器上的短路插销取出

第五章　整车诊断与检测

汽车整车的技术状况，关系到车辆行驶的动力性、经济性、排气净化性、安全性、操纵稳定性、行驶平顺性和乘坐舒适性等使用性能，因此，它是汽车诊断与检测的重点内容之一。

汽车整车技术状况的变化，主要表现在故障增多、性能降低和损耗增加上。用来诊断整车技术状况的参数，见表 2-1。在诸多诊断参数中，要特别选出那些与汽车的动力性、经济性、排气净化性、安全性和操纵稳定性等有关的参数进行检测、分析和判断，以便确定整车技术状况。

汽车整车诊断参数的检测，既可以在道路试验中进行，也可以在室内的试验台上进行。当汽车整车在室内的滚筒（转鼓）式试验台上进行试验时，滚筒式试验台是以滚筒的表面代替路面，试验时通过加载装置给滚筒施加负荷，模拟行驶阻力，使汽车尽可能在接近实际行驶工况下进行各项检测与试验。因此，汽车的动力性、燃料经济性、加速性、滑行性、制动性和车速表指示误差等，均可以在滚筒式试验台上测定。

对汽车整车技术状况和性能进行诊断与检测时，应使用整车检测设备。

第一节　动力性检测

汽车动力性是指汽车在良好的路面上直线行驶时，由汽车受到的纵向外力决定的所能达到的平均行驶速度。汽车动力性检测，既可以在道路试验中进行，也可以在室内台架上进行。本节仅介绍在室内台架上进行的动力性检测，因此有必要先介绍底盘测功试验台，再介绍动力性台架试验方法和评价指标。

一、底盘测功试验台

在室内进行汽车动力性检测，通常称为底盘测功。底盘测功须在滚筒式试验台上进行，该试验台称为底盘测功试验台或底盘测功机。

1. 组成

滚筒式底盘测功试验台，一般由框架与滚筒装置、举升与制动装置、测功装置（功率吸收装置）、测速装置、控制与指示装置、惯性模拟装置、安全辅助装置和标定装置等组成。有些滚筒式底盘测功试验台，还设有反拖装置。

2. 类型

按照不同的分类方法，底盘测功试验台可以分为不同的类型。如果按测功装置中测功机形式的不同，底盘测功试验台可以分为水力式、电力式和电涡流式 3 种；如果按测功装置中测功机冷却方式的不同，底盘测功试验台可以分为水冷式、风冷式和油冷式 3 种；如果按滚筒装置承载能力的不同，底盘测功试验台又可以分为小型式、中型式、大型式和特大型式 4 种，对应的承载质量见表 5-1。

底盘测功试验台形式与承载质量对应表 表5-1

底盘测功试验台形式	小型	中型	大型	特大型
承载质量 M(t)	$M \leqslant 3$	$3 < M \leqslant 6$	$6 < M \leqslant 10$	$M > 10$

3. 结构与工作原理

1）框架与滚筒装置

底盘测功试验台的滚筒通过两端的轴承安装在框架上。框架是底盘测功试验台机械部分的基础，一般由型钢焊接而成，坐落并固定在地坑内。底盘测功试验台在进行测功等试验项目时，由于被测车辆的驱动车轮带动滚筒转动并在其上滚动，因而能在室内模拟道路行驶。

底盘测功试验台有单滚筒和双滚筒之分，如图5-1所示。

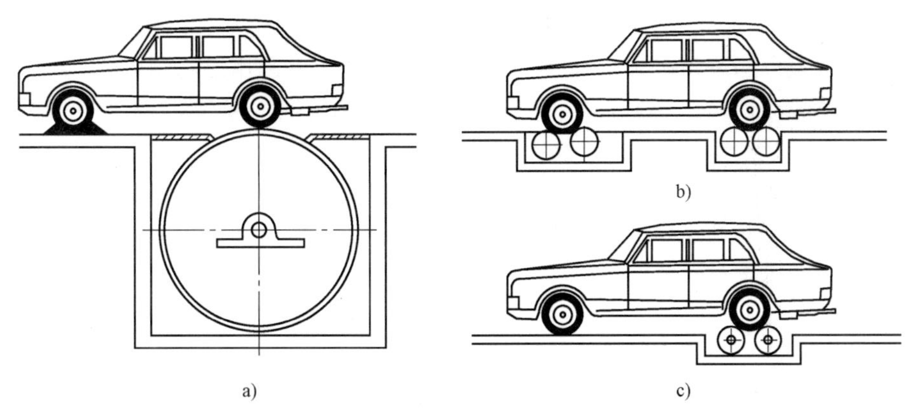

图5-1 滚筒式底盘测功试验台

a）单轮单滚筒式；b）双轮双滚筒式；c）单轮双滚筒式

（1）单滚筒试验台。

支承两边驱动车轮的滚筒各为一个的试验台，称为单滚筒（也称为“转鼓”）试验台。单滚筒试验台的滚筒直径一般较大，多在1500～2500mm之间。滚筒直径越大，车轮在滚筒上就越像在平路上滚动，使轮胎与滚筒的滑转率小、滚动阻力小，因而测试精度较高。但加大滚筒直径会受到制造、安装、占地和费用等多方面的限制，因此滚筒直径不宜过大。

单滚筒试验台对车轮在滚筒上的安放、定位要求严格，而车轮中心与滚筒中心在垂直方向上的对中又比较困难，故使用不方便。所以，该种试验台一般适用于汽车制造厂、科研院所和大专院校科研性试验，不适用于汽车维修企业、汽车综合性能检测站等生产性试验。

（2）双滚筒试验台。

支承汽车两边驱动车轮的滚筒各为两个的试验台，称为双滚筒试验台。双滚筒试验台每侧的两个滚筒还有主、从动滚筒之分。与测功机相连的滚筒称为主动滚筒，左右两侧的两个主动滚筒之间装有联轴器；处于自由状态的滚筒称为从动滚筒，左右两侧各一个。

双滚筒试验台的滚筒直径要比单滚筒小得多，一般在185～400mm之间。滚筒直径往往根据试验台的最大试验车速而定，当最大试验车速高时，直径也大些。由于滚筒直径相对比较小，轮胎与滚筒的接触与在道路上不一样，致使滑转率增大，滚动阻力增大，滚动损失增加，故测试精度较单滚筒试验台低一些。

双滚筒试验台具有车轮在滚筒上安放、定位方便、制造成本低、占用地坑小等优点，因而适用于汽车维修企业和汽车综合性能检测站等生产单位，尤其是单轮双滚筒式底盘测功试验台得到了广泛应用。

双滚筒试验台的滚筒多采用钢质材料制成，采用空心结构，两端的轴配以滚动轴承。按滚筒表面形状的不同，又有光滑式、滚花式、沟槽式和涂覆层式多种形式。不管采用哪种形式，滚筒表面的粗糙度应使汽车轮胎在其上不发生打滑且产生的牵引力与干燥道路路面相一致。目前，光滑式滚筒和涂覆层式滚筒应用较多，滚花式滚筒和沟槽式滚筒渐已不用。光滑式滚筒表面的摩擦系数相对较低，而涂覆层式滚筒是在光滑式滚筒表面上涂覆摩擦系数与道路实际情况接近一致的材料制成的，是比较理想的一种形式，应用日渐增多。

单滚筒试验台的滚筒多采用硬质木料或钢板制成，也是采用空心结构。

不管是单滚筒式还是双滚筒式，底盘测功试验台的滚筒均要经过动、静平衡试验，保证高速旋转时不产生振动。

国产 DCG—10C 型汽车底盘测功试验台，是一种采用单片机作为系统控制核心，适用于轴质量不大于 10t，驱动车轮输出功率不大于 150kW 的双滚筒式底盘测功试验台，其机械部分的结构如图 5-2 所示。

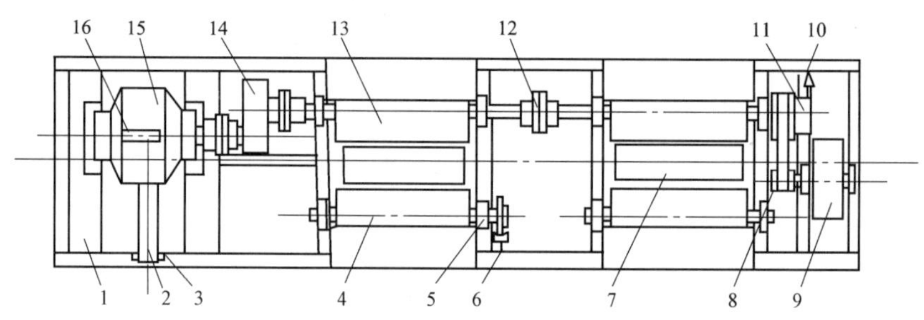

图 5-2　DCG—10C 型底盘测功试验台机械部分结构图

1-框架；2-测力杠杆；3-压力传感器；4-从动滚筒；5-轴承座；6-速度传感器；7-举升装置；8-传动带轮；9-飞轮；10-电刷；11-离合器；12-联轴器；13-主动滚筒；14-齿轮箱；15-电涡流测功机；16-冷却液入口

2）举升与制动装置

为了方便汽车进出底盘测功试验台，在主、从动滚筒之间设有举升装置，并在滚筒一端或两端设有滚筒制动装置。举升装置由举升器和举升平板组成。举升器有气动、液动和电动三种形式，以气动最为多见。气动举升器又有汽缸式和气囊式之分。气囊式结构简单、制造容易、成本低廉。滚筒制动装置与举升装置联动。当举升装置升起时，滚筒制动装置起制动作用，防止滚筒转动，保证车辆顺利进出底盘测功试验台；当举升装置降落时，滚筒制动装置解除制动作用，保证车辆顺利进行测功等项目的试验。

3）测功装置

它能测量发动机经传动系统传至驱动车轮的功率。测功装置是功率吸收装置，也是加载装置。加载装置对于滚筒式底盘测功试验台是十分必要的。这是因为汽车在滚筒式底盘测功试验台上试验时，试验台应模拟车辆在道路上行驶所受的各种阻力，因此需要对滚筒加载,以使车辆的受力情况如同在道路上行驶一样。

测功装置由测功机和测力装置组成。

(1)测功机。

常用的测功机有水力测功机、电力测功机和电涡流测功机三种。不论哪种测功机,它们都是由转子和定子两大部分组成的,并且转子与主动滚筒相连,而定子是可以摆动的。

汽车综合性能检测站和汽车维修企业使用的滚筒式底盘测功试验台,多采用电涡流测功机。电涡流测功机具有测量精度高、振动小、结构简单和易于调控等优点,并具有宽广的转速范围和功率范围。

电涡流测功机的定子,其内部沿圆周布置有励磁线圈和涡流环,转子在励磁线圈和涡流环内转动。转子的外圆上加工有或镶有与圆柱齿轮相仿的、均匀分布的齿与槽,齿顶与涡流环留有一定空气隙。

当励磁线圈通以直流电时,在其周围形成磁场,磁场产生的磁力线通过转子、空气隙、涡流环和定子形成闭合磁路。由于转子外圆上的齿与槽是均布的,因而转子周围的空气隙也大小相间地均布,通过的磁力线也疏密相间。当转子旋转时,这些疏密相间的磁力线也同步旋转。由于通过涡流环上任一点的磁力线是呈周期性变化的,因而在涡流环任一点上感生了涡电流。该涡电流与产生它的磁场相互作用而产生了对转子的制动力矩,因而测功机吸收了驱动车轮的输出功率,同时也对滚筒实施加载。

只要变更励磁电流,即可以方便地控制测功机产生的制动力矩,因而能比较容易、经济地实现对测功机的控制。

测功机在工作中吸收的功率转化为热量,因而涡流环的温度较高,需采用风冷或水冷的方式将热量散到大气中去。

(2)测力装置。

测力装置能测出驱动车轮产生的驱动力。驱动车轮对滚筒施加的驱动力所形成的转矩,由测功机定子与转子间的制动作用而传给可摆动的定子,定子则通过一定长度的测力杠杆(图 5-2 中的 2)传给测力装置,然后由指示装置显示出来。指示装置的显示值,即为驱动车轮的驱动力。

测力装置有机械式、液压式和电测式三种形式,目前应用较多的是电测式。电测式测力装置一般在测力杠杆外端安装测力传感器,将测力杠杆传来的力变成电信号,经处理后送到指示装置显示出来。

DCG—10C 型汽车底盘测功试验台在测力杠杆下安装有压力传感器(图 5-2 中的 3)。该传感器产生的电信号送往单片机处理后,即可显示出驱动车轮的驱动力。

4)测速装置

底盘测功试验台在进行测功、加速、等速、滑行和燃料经济性等试验时,都需要测得试验车速,因此必须配备测速装置。测速装置多为电测式,一般由速度传感器、中间处理装置和指示装置等组成。常见的速度传感器有磁电式、光电式和测速发电机式等形式,安装在从动滚筒一端,随滚筒一起转动,能把滚筒的转速转变为电信号。当测速装置为测速发电机式时,与测速发电机配套的指示装置是一电压计,电压计的刻度盘以 km/h 标定。

DCG—10C 型汽车底盘测功试验台的速度传感器(图 5-2 中的 6)为光电码盘式。该速度传感器输出的脉冲信号送入单片机处理后,在指示装置上以单位为 km/h 的车速显示出来。

5)控制与指示装置

底盘测功试验台的控制装置和指示装置往往制成一体式,形成柜式结构,安置在底盘测功试验台机械部分左前方易于操作和观察的地方。如果测力装置为电测式,指示装置能直接指示驱动车轮的输出功率。特别是计算机控制的底盘测功试验台,测力杠杆外端的测力传感器输出的电信号送入计算机处理后,可在指示装置上直接显示"kW"数。

DCG—10C 型汽车底盘测功试验台电气部分的原理框图如图 5-3 所示,控制与指示装置的立柜面板图如图 5-4 所示。可以看出,控制与指示装置的立柜面板上有多个按键、显示窗、旋钮和功能灯、单位灯、报警灯、指示灯和发光管等,用来控制试验过程,指示试验结果。由计算机控制的国外同类试验台,如 Sun 公司的 RAM Ⅻ型底盘测功试验台(图 5-5),其控制与指示装置的立柜面板上要简单得多。它的控制部分主要依靠一个遥控盒,可以方便地控制整个试验过程,不用时挂在立柜的一侧。其指示装置主要是两个大型的指针式仪表盘,一个指示试验车速,一个指示输出功率,十分醒目。检测员和坐在车内的原车驾驶员都能在数米之外清楚地看到指示值。有些进口试验台在指示车速的表头上还能指示发动机转速(有专用转速传感器事先与发动机相连),在指示功率的表头上还能指示驱动力,即一表两用。试验中,通过遥控盒上转换开关的不同位置,即可显示发动机转速值、试验车速值、驱动车轮输出功率值和驱动力值。还有些进口试验台的指示装置,既装备有双表盘指针式仪表,又装备有数码式显示窗,还配备有计算机显示器。这种情况下,一般双表盘指示车速和功率,显示窗指示发动机转速和驱动力,计算机显示器显示"功率—车速"曲线或"驱动力—车速"曲线。

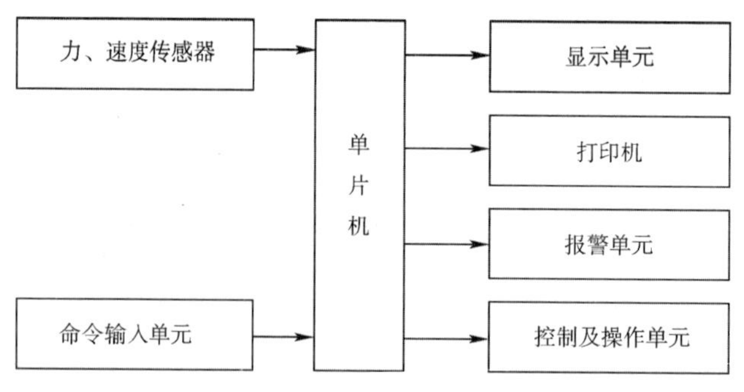

图 5-3 电气原理框图

底盘测功试验台一般都装备有打印机,可打印出测试数据和曲线。

6)惯量模拟装置

有些滚筒式底盘测功试验台上还装有一组飞轮作为惯量模拟装置。飞轮由滚动轴承支承在测功试验台的框架上,通过离合器与主动滚筒相连。带有飞轮的底盘测功试验台,一般称为惯性式底盘测功试验台,能模拟汽车的惯量,进行加速性能和滑行性能等性能试验。飞轮的质量一般按照被测汽车的质量选取。日本弥荣 CDM—600 型底盘测功试验台飞轮质量与汽车质量的关系,见表 5-2,仅供参考。

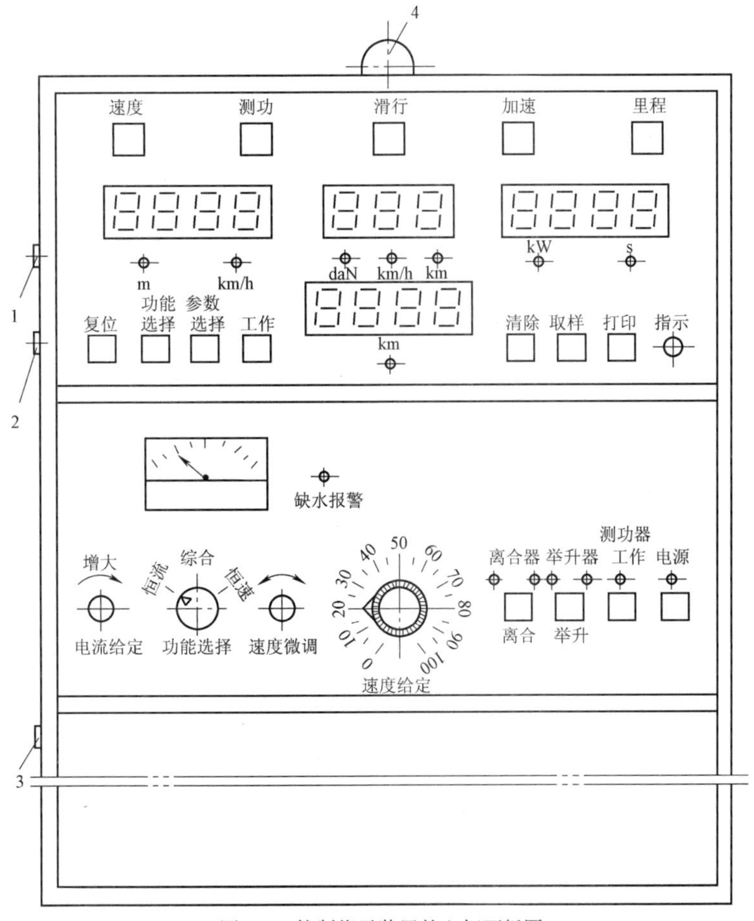

图 5-4　控制指示装置的立柜面板图

1-取样盒插座;2-打印机数据线插座;3-打印机电源线插座;4-报警灯

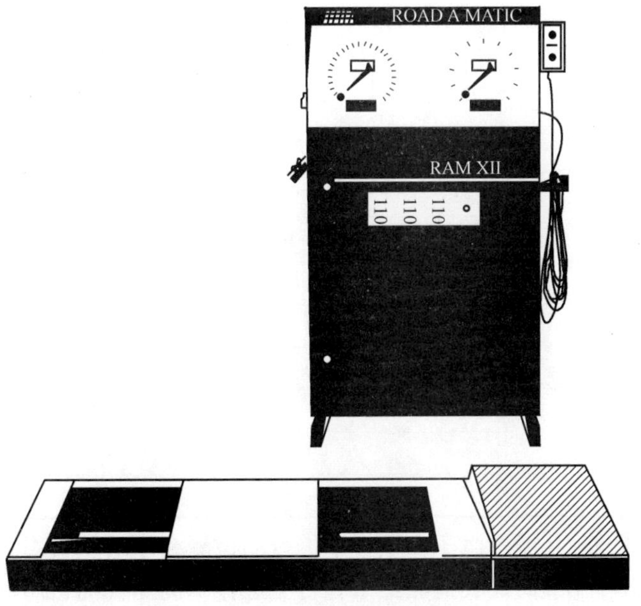

图 5-5　RAM Ⅻ型底盘测功试验台

日本弥荣 CDM—600 型底盘测功试验台飞轮质量与汽车质量的关系 表 5-2

汽车质量(kg)	飞轮质量(kg)	汽车质量(kg)	飞轮质量(kg)
<800	不配置飞轮	1400～2100	1200
800～1400	700	>2100	700＋1200

7)安全辅助装置

滚筒式底盘测功试验台的安全辅助装置,包括汽车纵向约束装置和冷风装置等。

(1)纵向约束装置。

汽车在滚筒式底盘测功试验台上试验时,为防止汽车前后位移,应设置必要的纵向约束装置。双滚筒试验台一般不设置纵向约束装置,或必要时在从动车轮前后加装三角木就可以保证试验顺利进行。对于单滚筒试验台,由于要保证驱动车轮在滚筒上运转时能稳定地置于准确位置,只有三角木是绝对不够的,还必须在汽车前后设置能拉紧汽车的钢质索链。三角木和钢质索链均称为纵向约束装置。

(2)冷风装置。

汽车在滚筒式底盘测功试验台上模拟道路行驶时,虽然驱动车轮在滚筒上滚动,但汽车并不发生位移,因而缺少迎面风,致使发动机冷却系统的散热强度相对不足。特别是当长时间处于大负荷、全负荷试验工况时,发动机易过热,因而必须在汽车前面面对散热器设置移动式冷风机,模拟迎面风,以加强冷却。长时间试验也提高了轮胎胎面的工作温度,为延长轮胎使用寿命,在驱动桥两端面,对着驱动轮处亦应设置移动式冷风机,以加强轮胎散热。

国产 GCD—10C 型和美国 CLAYTON 型底盘测功试验台的主要参数见表 5-3。滚筒式底盘测功试验台,除能检测驱动车轮的输出功率或驱动力外,还能检测车速表指示误差,模拟道路等速行驶、上坡行驶和测量燃料消耗量等。如果测功试验台属于惯性式,且飞轮的转动惯量能等效(通过更换不同质量的飞轮实现)试验汽车加速行驶时的惯性力(即加速阻力),还可模拟加速行驶、减速行驶、测量滑行距离和多工况燃料消耗量等;如果测功试验台配备反拖装置,利用对汽车的反拖,还可以测得汽车传动系统阻力和传动系统消耗的功率等。

底盘测功试验台主要参数 表 5-3

参　数	型　号	
	国产 GCD—10C 型	美国 CLAYTON 型
允许轴载质量(t)	10	—
最大吸收功率(kW)	160	186,373
最高试验车速(km/h)	120	160
基本转动惯量(kg)	—	908
滚筒直径(mm)	—	217.678
滚筒长度(mm)	—	838.2,990.6

除上述测试项目外,凡需要汽车在运行中进行的检测或诊断项目,只要配备所需的检测设备或诊断设备,均可在滚筒式底盘测功试验台上进行。例如,检测各种行驶工况下的废气成分或烟度,检测点火提前角或供油提前角,诊断各总成或系统的噪声与异响(包括经验诊

断法），观测汽油机点火波形、喷油波形或柴油机高压油管供油波形，观测电控系统各传感器波形，检测各总成工作温度和各电器设备工作情况等，均可以在滚筒式底盘测功试验台上进行。

二、传动效率与传动系统技术状况

汽车经过在底盘测功试验台上检测后，如果发现驱动车轮输出功率偏低，在发动机总功率正常情况下，可能因汽车传动系统损耗功率偏大造成。可通过下式计算传动效率，并分析汽车传动系统技术状况。

$$\eta_{ti} = \frac{P_{ei} - P_{ti}}{P_{ei}} \tag{5-1}$$

式中：η_{ti}——传动效率；

P_{ei}——发动机总功率，kW；

P_{ti}——汽车传动系统损耗功率，kW。

汽车传动系统传动效率正常值见表5-4。当被测试汽车的传动效率低于表中值时，说明消耗于离合器、变速器、分动器、万向传动装置、主减速器、差速器和半轴等处的功率增加。损耗的功率主要集中在各运动件的摩擦损耗和搅油损耗上。因此，通过正确地调整和合理地润滑，传动效率会得到提高。值得指出的是，新车和刚大修过的车传动效率并不是最高的，只有传动系统完全走合后，由于配合情况变好，摩擦力减小，才使得传动效率达到最高。此后，随着车辆继续使用，行驶一定里程以后，由于磨损逐渐增大，配合情况逐渐变差，润滑情况也逐渐恶化，造成摩擦损失不断增加，因而传动效率也就降低。所以，定期对车辆底盘测功并计算传动效率，能为评价底盘传动系统技术状况提供重要依据。

汽车传动系统传动效率 表5-4

汽车类型		传动效率 η_{ti}
轿车		0.90～0.92
货车和公共汽车	单级主传动器	0.90
	双级主传动器	0.84
4×4越野汽车		0.85
6×4越野汽车		0.80

三、动力性台架试验方法和评价指标

国家标准《汽车动力性台架试验方法和评价指标》（GB/T 18276—2017）（以下简称《动力性台架试验和评价》），规定了装有点燃式或压燃式发动机的在用营运车辆的动力性台架试验检测参数、评价指标、检测设备、检测方法和检测结果评价等内容。其他车辆可参照使用。

1. 术语和定义

1）驱动轮输出功率

汽车发动机经汽车传动系统至驱动轮所输出的功率。

2）实测有效功率

发动机在实际进气状态下所输出的功率。

3)校正有效功率

将实测有效功率校正到标准进气状态下的功率。

4)总功率

发动机仅带维持运转所必需的附件时所输出的校正有效功率。

5)额定功率

制造厂根据发动机具体用途,在规定的额定转速下所输出的总功率。

2. 检测参数

汽车动力性采用汽车在底盘测功机(以下简称“测功机”)上驱动轮的输出功率或轮边稳定车速作为检测参数。

3. 评价指标

汽车动力性评价指标如下。

(1)汽车在发动机最大转矩工况或额定功率工况时的驱动轮输出功率。

(2)汽车在发动机额定功率工况或最大转矩工况时的驱动轮轮边稳定车速。

另外,采用驱动轮轮边稳定车速作为评价指标时,柴油机车辆采用额定功率工况,汽油机车辆采用最大转矩工况。在进行维修质量监督抽查或对动力性结果有异议时,采用驱动轮输出功率作为评价指标。

4. 台架试验方法

1)测功机准备工作

(1)配备测功机和环境温度、相对湿度、大气压力、温度等测量装置,并应保证测量准确度。

(2)测功机预热。采用测功机反拖电动机或车辆驱动滚筒转动预热测功机,直至测功机滑行时间趋于稳定。

(3)示值调零。测功机静态空载,力、速度示值调零或复位。

2)受检汽车准备工作

(1)车辆空载。

(2)车辆使用的燃料和润滑油的规格应符合制造厂技术条件的规定。

(3)检查驱动轮轮胎花纹深度和气压。花纹深度不得小于1.6mm,轮胎中不得夹有杂物,轮胎干燥,气压应符合《载重汽车轮胎规格、尺寸、气压与负荷》(GB/T 2977—2016)的规定。

(4)通过汽车使用说明书或维修手册,采集受检车辆以下参数信息。

①发动机额定功率 P_e,kW。

②发动机最大转矩 M_e,N·m。

③发动机最大转矩转速 n_m,r/min。

④货车、自卸车、半挂汽车列车最大总质量 G,kg。

⑤客车车长 L,mm。

⑥汽车驱动轴空载质量 G_R,kg。

(5)车辆发动机、传动系统应预热达到正常工作温度状况,发动机冷却液温度应达到正常工作温度。

(6)关闭非汽车正常行驶所必需的附属装备,如空调系统等。

(7)环境状态。测量并记录检测环境的温度、相对温度和大气压力。

3)检测参数的检测方法

如前所述,汽车动力性评价指标,一是汽车在发动机最大转矩工况或额定功率工况时的驱动轮输出功率,二是在这两种工况时的驱动轮轮边稳定车速。

(1)驱动轮输出功率检测。

①最大转矩工况驱动轮输出功率检测。

a. 确定最大转矩工况车速。通过汽车使用说明书或维修手册查找受检车辆参数信息,按下式计算最大转矩工况车速。

$$v_M = 0.377 \times \frac{r \times n_m}{i \times i_o} \tag{5-2}$$

式中:v_M——最大转矩工况车速,km/h;

r——驱动轮轮胎半径,m;

n_m——最大转矩转速,当最大转矩转速为一定范围时,取均值,r/min;

i——变速器传动比,取1;

i_o——主减速器传动比。

最大转矩工况转速 v_M,也可以从《动力性台架试验和评价》附录A中选取推荐值。

b. 最大转矩工况驱动轮输出功率检测。

将受检汽车平稳驶上测功机,置汽车驱动轮于滚筒上,驱动轮轴线应与滚筒轴线平行,固定汽车非驱动轮。

起动汽车发动机,逐步加速,变速器换入直接挡(自动变速器置于D挡)。使汽车以直接挡最低车速稳定运转。按上述确定的最大转矩工况车速 v_M 设定试验速度,测功机进行定速测功。

对测功机加载,将加速踏板踩到底,当汽车速度在设定速度下稳定5s时,读取不少于3s内测功机测得的驱动轮输出功率平均值,并记录。

在读数期间,实际车速应稳定在设定速度 ±0.5km/h 范围内。

②额定功率工况驱动轮输出功率检测。

受检汽车停在测功机上,将加速踏板踩到底,对测功机加载并扫描最大功率点,记录最大功率点速度 v_p(km/h)。设定测功机按 v_p 进行测功。待汽车速度在设定速度下稳定5s,读取不少于3s内测功机测得的额定功率工况驱动轮输出功率平均值,并记录。

在读数期间,实际车速应稳定在 v_p 值的 ±0.5km/h 范围内。

测功机测得的功率值还要经过计算,才能获得驱动轮输出功率。

③驱动轮输出功率计算。

驱动轮输出功率按下式计算。

$$P = P_g + P_c + P_i \tag{5-3}$$

式中:P——驱动轮输出功率,kW;

P_g——测功机测得功率,kW;

P_c——测功机内部损耗功率,kW;

P_i——轮胎滚动阻力消耗功率,kW。

④驱动轮输出功率校正。

将驱动轮输出功率 P 修正为标准环境状态下的校正驱动轮输出功率 P_o，请参见《动力性台架试验和评价》附录 B 提供的方法进行，不再详述。

(2)驱动轮轮边稳定车速检测。

①额定功率工况轮边稳定车速检测。

在测功机不加载的条件下，起动受检车辆发动机，逐步加速，选择直接挡，测取节气门全开的最高稳定车速。当最高稳定车速大于 95km/h(对于危险货物运输车辆，其最高稳定车速大于 80km/h)时，应降低一个挡位。重新测取最高稳定车速，并按下式计算额定功率车速。

$$v_e = 0.87 \times v_g \tag{5-4}$$

式中：v_e——额定功率车速，km/h；

v_g——节气门全开时所挂挡位的最高稳定车速，km/h。

将受检车辆挂回直接挡位或因最高稳定车速大于 95km/h 而降低的一个挡位，逐步踩下加速踏板到最大位置，同时测功机进行恒力加载至($F_E \pm 20$N)范围内并稳定 3s 后，开始测取车速。当 3s 内的车速波动不超过 ±0.5km/h 时，该车速即为驱动轮边稳定车速，检测结束。

F_E 为检测环境下测功机功率吸收装置在滚筒表面上的加载力，单位为 N。

②最大转矩工况轮边稳定车速检测。

在测功机不加载条件下，起动受检车辆发动机，逐步加速，选择变速器第 3 挡位，采用加速踏板控制车速。当外接转速表(外接转速表无法稳定测取转速时，可观察发动机转速表)的转速稳定指向发动机最大转矩转速 n_m 时，测取当前驱动轮轮边线速度，记作最大转矩车速 v_m。当 v_m 大于 80km/h 时，应降低一个挡位，重新测取最大转矩车速 v_m。

当最大转矩转速为一定范围时，n_m 取其均值；当 n_m 大于 4000r/min 时，按 4000r/min 测取 v_m。

将挡位挂回第 3 挡位或当 v_m 大于 80km/h 时降低的一个挡位，逐步踩下加速踏板，使车速超过 v_m，同时测功机进行恒力加载至($F_M \pm 20$N)范围内并稳定 3s 后，开始测取车速。当 3s 内的车速波动不超过 ±0.5km/h 时，该车速即为驱动轮轮边稳定车速 v_m，检测结束。

F_M 是检测环境下测功机的功率吸收装置在滚筒表面上的加载力，单位为 N。

5. 检测结果评价

1)限值

(1)驱动轮输出功率限值。

①最大转矩工况下，驱动轮输出功率限值取最大转矩点功率 P_M 的 51%。P_M 按下式计算或选取推荐值(参见《动力性台架试验和评价》附录 A)。

$$P_M = \frac{M_e \cdot n_m}{9550} \tag{5-5}$$

式中：P_M——发动机最大转矩点功率，kW；

M_e——发动机最大转矩，N·m；

n_m——发动机最大转矩转速,r/min。

②额定功率工况下,驱动轮输出功率限值取额定功率 P_W 的 49%。

(2)驱动轮轮边稳定车速限值。

①额定功率工况下,驱动轮轮边稳定车速限值取 v_e(额定功率车速)。

②最大转矩工况下,驱动轮轮边稳定车速限值取 v_m(最大转矩车速)。

2)判定方法

(1)采用最大转矩工况或额定功率工况下的驱动轮输出功率评价时,当校正驱动轮输出功率大于或等于限值,判定该车动力性为合格。

(2)采用额定功率工况下的驱动轮轮边稳定车速评价时,当驱动轮轮边稳定车速 v_w 大于或等于额定功率车速 v_e 时,判定该车动力性为合格。

(3)采用最大转矩工况下的驱动轮轮边稳定车速评价时,当驱动轮轮边稳定车速 v_w 大于或等于最大转矩车速 v_m 时,判定该车动力性为合格。

(4)当校正驱动轮输出功率或驱动轮轮边稳定车速小于限值时,允许复检一次。复检合格则判定该车动力性为合格。

(5)当检测结果和复检结果均小于限值,判定该车动力性为不合格。

第二节　燃料消耗量检测

汽车燃料经济性,是指以最小燃料消耗量完成单位运输工作量的能力。汽车燃料经济性用汽车燃料消耗量评价。汽车燃料消耗量除了与燃料供给系统的技术状况有直接关系外,还与曲柄连杆机构、配气机构、点火系统、润滑系统、冷却系统、传动系统、行驶系统、转向系统和制动系统以及燃料质量等有关,是一个综合性评价参数。用油耗仪测量汽车燃料消耗量在使用中的变化,不仅可以诊断燃料供给系统的技术状况,而且可以诊断发动机及整车的技术状况。国内外一些汽车运输企业,一般把油耗仪作为诊断汽车是否需要维修的有效工具之一。

油耗仪是测量汽车燃料消耗量的仪器,也称为燃料流量计,或油耗计。

国家标准《道路运输车辆燃料消耗量检测评价方法》(GB/T 18566—2011)(以下简称《燃料消耗量检测》)规定了道路运输车辆燃料消耗量检测评价参数、检测方法、检测工况、检测设备、检测程序、检测结果评价等。

该标准适用于燃用柴油、汽油,额定总质量大于 3500kg 的在用营运客车和营运货车。

一、燃料消耗量检测及评价方法

1. 术语和定义

1)碳质量平衡法

根据燃油在发动机中燃烧后,排气中碳质量总和与燃油燃烧前碳质量总和相等的质量守恒定律,测算汽车燃料消耗量的方法,简称为碳平衡法。

2)台架内阻

底盘测功机所有转动部件,运转时的摩擦阻力与空气阻力的总和。

3)汽车台架滚动阻力

汽车车轮在底盘测功机滚筒上滚动产生的阻力。

4)台架加载阻力

底盘测功机加载装置向受检汽车施加的阻力。

2. 检测评价参数

汽车在水平硬路面上以额定总质量、变速器最高挡、等速行驶条件下的百公里燃料消耗量。

3. 燃料消耗量检测方法

在底盘测功机上模拟受检汽车道路行驶工况,进行检测。

4. 检测工况

道路运输车辆燃料消耗量检测工况,由速度工况和载荷工况构成。

1)速度工况

营运客车按照交通运输行业标准《营运客车类型划分及等级评定》(JT/T 325—2018)分为高级、中级和普通级客车。高级营运客车检测速度工况为等速60km/h,中级、普通级营运客车及营运货车检测速度工况为等速50km/h。

2)载荷(阻力)工况

汽车在水平硬路面上以额定总质量、变速器最高挡、等速行驶的道路行驶阻力。

5. 检测设备

1)底盘测功机

(1)单驱动轴汽车检测采用10t或13t通用底盘测功机,双驱动轴汽车检测采用三轴式13t底盘测功机。

(2)底盘测功机应符合交通运输行业标准《汽车底盘测功机》(JT/T 445—2021)的规定。

(3)底盘测功机的距离测量装置准确度应达到±0.5%,计时准确度应达到±10ms。

(4)底盘测功机恒力控制的加载装置响应时间不超过300ms。

2)燃料消耗量测量装置

(1)采用符合国家标准《燃料消耗量检测》附录A规定的碳平衡油耗仪(以下简称"油耗仪")。

(2)油耗仪的相对误差应在±4%范围内。

3)主控系统及显示装置

(1)主控系统应具备自动控制检测程序、数据采集和处理、检测结果判断的功能。

(2)主控系统根据受检车辆参数信息自动选择检测速度,自动计算并设置台架加载阻力。加载阻力计算所需车辆参数应通过车辆录入信息数据库直接调用。

(3)主控系统应计算并提供受检汽车百公里燃料消耗量。

(4)显示装置应配备清晰可见的司机助(驾驶员助手),实时显示规定速度工况、检测时间和实际车速,以及其他必要的提示和警告。

6. 检测准备

1)底盘测功机

(1)预热。采用反拖电动机或车辆驱动滚筒转动,预热底盘测功机,直至底盘测功机滑行时间趋于稳定。

(2)示值调零。底盘测功机静态空载,力、速度和距离示值调零或复位。

2)油耗仪

(1)预热。油耗仪应预热至正常工作准备状态。

(2)示值调零。各测量参数示值调零或复位。

3)受检汽车

(1)车辆空载。

(2)检查车辆排气系统,不得有泄漏。

(3)检查驱动轴轮胎花纹深度和气压。花纹深度不得小于 1.6mm,花纹中不得夹有杂物;轮胎气压应按(GB/T 2977—2016)的规定进行调整。

(4)记录受检车辆以下参数信息:燃油类别(汽油、柴油)、驱动轮轮胎规格型号、额定总质量(kg)、车高(mm)、客车车长(mm)、客车等级(高级、中级、普通级)、货车车身形式(拦板车、自卸车、牵引车、仓栅车、厢式车、罐车)、驱动轴数、驱动轴空载质量(kg)、牵引车满载总质量(kg)。

对于检测站数据库或车辆行驶证无法提供的参数,应进行实车测量。

(5)车辆应预热至发动机、传动系统正常工作温度状态,发动机冷却液温度应达到 80~90℃。

(6)关闭非汽车正常行驶所必需的附属装备,如空调系统等。

4)燃料

检测时使用受检汽车油箱内的燃料。燃油氢碳比采用固定值:柴油取 1.86,汽油取 1.85。

5)确定受检汽车的检测工况

主控系统应根据车辆参数和信息,按前述检测速度工况(高级营运客车检测速度工况为等速 60km/h;中级、普通级营运客车以及营运货车检测速度工况为等速 50km/h)确定检测速度,并按照国家标准《燃料消耗量检测》附录 B 的规定,计算台架加载阻力。

若半挂牵引车驱动轮与滚筒之间附着力小于台架加载阻力而产生轮胎打滑,则应按牵引车(单车)满载总质量计算台架加载阻力。

7. 检测程序

(1)引车员将汽车平稳驶上底盘测功机,置汽车驱动轮于滚筒上。驱动轮轴线应与滚筒轴线平行,固定汽车非驱动轮。

(2)每次检测前油耗仪应调零,并测量环境空气中 CO_2 气体浓度。

(3)起动汽车,逐步加速,变速器换入最高挡(自动变速器应置于 D 挡),底盘测功机按照本节上述“6.5)确定受检汽车的检测工况”中确定的台架加载阻力方法,对受检车辆进行加载。

(4)油耗仪采样管应靠近并对准汽车排气管口,其间距不大于 100mm,使采样管与排气尾管末端同轴,使汽车排气和环境空气顺利进入采样管。

(5)引车员按司机助提示控制汽车加速踏板,使检测车速度变化幅度稳定在 ±0.5km/h 范围内。稳定至少 15s 后,油耗仪开始 60s 连续采样,同时底盘测功机开始测量 60s 连续采样时间内汽车行驶距离 s(m)。

(6)采样过程中,如连续3s内检测车速的变化幅度超过0.5km/h或加载阻力变化幅度超过±20N,则停止采样,返回到上一项重新开始。

(7)连续60s采样完成后,按下式计算百公里燃料消耗量,并四舍五入到小数点后一位。

$$FC = \frac{100}{S} \times \sum FC_s \tag{5-6}$$

式中:FC——汽车百公里燃料消耗量,L/100km;

S——采样时间内汽车行驶距离,m;

$\sum FC_s$——采样时间内汽车每秒燃料消耗量的累加值,mL。

(8)每次检测结束后,油耗仪应进行反吹。

8.检测结果评价

1)燃料消耗量限值

在用柴油客车、货车(单车)及半挂汽车列车燃料消耗量限值的参比值,见表5-5~表5-7。在用汽油车辆燃料消耗量限值的参比值,为相应车长、等级的柴油客车及相应总质量的柴油货车(单车)及半挂汽车列车限值参比值的1.15倍。

在用柴油客车燃料消耗量限值的参比值 表5-5

车长 L(mm)	参比值(L/100km)	
	高级客车等速60km/h	中级和普通级客车等速50km/h
$L \leqslant 6000$	11.3	9.5
$6000 < L \leqslant 7000$	13.1	11.5
$7000 < L \leqslant 8000$	15.3	14.1
$8000 < L \leqslant 9000$	16.4	15.5
$9000 < L \leqslant 10000$	17.8	16.7
$10000 < L \leqslant 11000$	19.4	17.6
$11000 < L \leqslant 12000$	20.1	18.3
$L > 12000$	22.3	20.3

在用柴油车货车(单车)燃料消耗量限值的参比值 表5-6

额定总质量 G(kg)	参比值(L/100km)	额定总质量 G(kg)	参比值(L/100km)
$3500 < G \leqslant 4000$	10.6	$11000 < G \leqslant 12000$	19.1
$4000 < G \leqslant 5000$	11.3	$12000 < G \leqslant 13000$	20.0
$5000 < G \leqslant 6000$	12.6	$13000 < G \leqslant 14000$	20.9
$6000 < G \leqslant 7000$	13.5	$14000 < G \leqslant 15000$	21.6
$7000 < G \leqslant 8000$	14.9	$15000 < G \leqslant 16000$	22.7
$8000 < G \leqslant 9000$	16.1	$16000 < G \leqslant 17000$	23.6
$9000 < G \leqslant 10000$	16.9	$17000 < G \leqslant 18000$	24.4
$10000 < G \leqslant 11000$	18.0	$18000 < G \leqslant 19000$	25.4

续上表

额定总质量 G(kg)	参比值(L/100km)	额定总质量 G(kg)	参比值(L/100km)
19000 < G≤20000	26.1	25000 < G≤26000	30.1
20000 < G≤21000	27.0	26000 < G≤27000	30.8
21000 < G≤22000	27.7	27000 < G≤28000	31.7
22000 < G≤23000	28.2	28000 < G≤29000	32.6
23000 < G≤24000	28.8	29000 < G≤30000	33.7
24000 < G≤25000	29.5	30000 < G≤31000	34.6

在用柴油半挂汽车列车燃料消耗量限值的参比值 表 5-7

额定总质量 G(kg)	参比值(L/100km)	额定总质量 G(kg)	参比值(L/100km)
G≤27000	42.9	35000 < G≤43000	46.2
27000 < G≤35000	43.9	43000 < G≤49000	47.3

2)判定方法

(1)当检测结果小于等于限值,判定该车燃料消耗量为合格。

(2)当检测结果大于限值,允许复检两次。一次复检合格,则判定该车燃料消耗量为合格。

(3)当检测结果和复检结果均大于限值,判定该车燃料消耗量为不合格。

二、碳平衡油耗仪

国家标准《燃料消耗量检测》附录 A,规定了碳平衡油耗仪的技术要求和燃料消耗量计算方法。

1. 技术要求

1)基本构成

油耗仪基本构成,如图 5-6 所示。从图中可以看出,油耗仪是由滤清器、排气稀释装置、稀释排气流量测量装置、稀释排气温度和压力测量装置、含碳气体浓度测量装置等构成的。

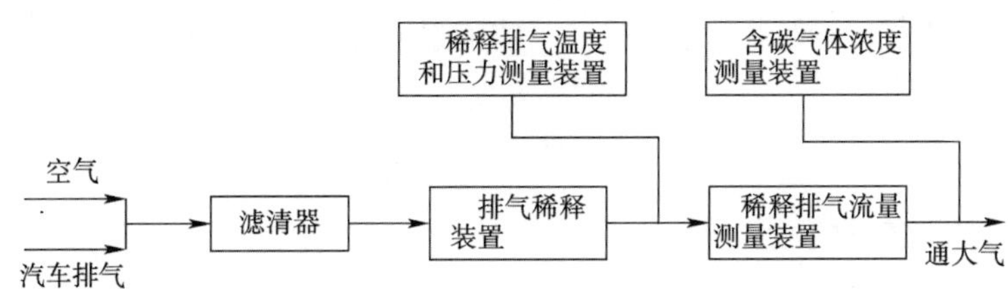

图 5-6 碳平衡油耗仪结构框图

2)一般要求

(1)油耗仪应能够测量额定总质量大于 3500kg、排量大于 2L 的汽车燃料消耗量。

(2)进入油耗仪内部的气体不得有泄漏,与气体接触的管道、传感器等不应影响气体浓度。

(3)油耗仪采样频率不小于2Hz。

(4)油耗仪应记录、处理、存储同步测得的每秒稀释排气中CO_2、CO、HC气体浓度,稀释排气流量和每秒的燃料消耗量。

(5)对独立工作的双排气管,油耗仪应采用Y形对称采样管。两根采样管的结构、内径和长度完全一致,保证两取样管内的气体全部同时到达总取样管。

(6)油耗仪应显示、输出受检汽车燃料消耗量。

3)排气稀释装置

(1)排气稀释装置应保证汽车排气与空气在其内部充分、均匀混合。

(2)排气稀释装置应保证在对汽车排气进行连续稀释过程中,不产生冷凝水。

4)稀释排气温度和压力测量装置

(1)温度测量的准确度,应不超过±1.5K。

(2)压力测量的准确度,应不超过0.4kPa。

5)流量测量装置

(1)流量测量装置中的流量计准确度,应在±1%之内。

(2)采用的流量计应能抗稀释、排气管道振动和电磁干扰。

(3)应根据设备供应商提供的要求和方法,定期对流量计进行校准。

(4)应定期清除流量测量装置内部表面积炭,保证内部清洁。

6)气体浓度测量装置

(1)气体浓度测量装置采用不分光红外线法(NDIR),测量CO_2、CO、HC气体浓度。

(2)应根据设备供应商提供的要求和方法,定期对气体浓度测量装置进行校准。

(3)气体浓度传感器主要技术参数要求,参见表5-8。

(4)应定期更换气体浓度测量装置中的滤芯,保证滤芯清洁。

气体浓度传感器主要技术参数要求 表5-8

气　体	量　程	分 辨 力	相对误差
CO_2	0~5% Vol	0.01% Vol	±2%
CO	0~2% Vol	0.001% Vol	±2%
HC	0~100ppmVol	1ppmVol	±3%

2.燃料消耗量计算方法

(1)稀释排气流量Q_g换算为标准状态下的流量Q_n,应按下式计算。

$$Q_n = Q_g \times \frac{P_g}{T_g} \times \frac{T_n}{P_n} \tag{5-7}$$

式中:Q_n——标准状态下的流量,L/S;

Q_g——稀释排气流量,L/S;

P_g——稀释排气压力,kPa;

T_g——稀释排气温度,K;

P_n——标准状态下的大气压力,$P_n = 101.33$kPa;

T_n——标准状态下的温度,$T_n = 273.15$K。

(2)CO_2 气体浓度校正,应按下式计算。

$$C_{cCO_2} = C_{CO_2} - C_{dCO_2} \times \left(1 - \frac{1}{DF}\right) \tag{5-8}$$

式中:C_{cCO_2}——经环境空气 CO_2 气体浓度校正后的稀释排气中空气 CO_2 气体浓度值,体积分数%;

C_{CO_2}——每秒稀释排气中 CO_2 气体浓度,体积分数%;

C_{dCO_2}——环境空气 CO_2 气体浓度,体积分数%;

DF——每秒稀释系数,按下式计算。

$$DF = \frac{13.4}{C_{CO_2} + C_{CO} + C_{HC} \times 10^{-4}} \tag{5-9}$$

式中:C_{CO}——每秒稀释排气中 CO 气体浓度,体积分数%;

C_{HC}——每秒稀释排气中 HC 气体浓度,体积分数 1×10^{-6}。

(3)汽车每秒排放的 CO_2、CO、HC 气体质量,分别按下列式子计算。

$$\begin{cases} M_{CO_2} = Q_n \times d_{CO_2} \times C_{cCO_2} \times 10^{-2} \\ M_{CO} = Q_n \times d_{CO} \times C_{CO} \times 10^{-2} \\ M_{HC} = Q_n \times d_{HC} \times C_{HC} \times 10^{-6} \end{cases} \tag{5-10}$$

式中:M_{CO_2}、M_{CO}、M_{HC}——分别为汽车每秒排放的 CO_2、CO、HC 气体质量,g/s;

d_{CO_2}、d_{CO}、d_{HC}——分别为标准状态下 CO_2、CO、HC 气体密度,g/L。

(4)汽车每秒燃料消耗量,按下式计算。

柴油机:

$$FC_S = \frac{1.155}{d_F} \times \{(0.8658 \times M_{HC}) + (0.429 \times M_{CO}) + (0.273 \times M_{CO_2})\} \tag{5-11}$$

汽油机:

$$FC_S = \frac{1.154}{d_F} \times \{(0.8664 \times M_{HC}) + (0.429 \times M_{CO}) + (0.273 \times M_{CO_2})\} \tag{5-12}$$

式中:FC_S——汽车每秒燃料消耗量,mL/s;

d_F——15℃时燃料密度。取固定值:柴油为 0.838,汽油为 0.740,kg/L。

第三节 车轮侧滑量检测

在汽车前轮定位中,有前轮外倾和前轮前束两个定位角度,两者是相互配合的。检测前轮侧滑量的主要目的是确知两者的配合是否恰当。当二者配合恰当时,汽车前轮保持稳定的直线行驶状态;当二者配合不恰当时,汽车前轮出现横向滑动量,不仅不能保持稳定的直线行驶状态,而且加剧前轮胎面不正常磨损。某些汽车的后轮也有外倾和前束,因此也应该检测后轮侧滑量。

侧滑试验台是检测汽车前、后轮横向滑动量并判断是否合格的一种检测设备,有滑板式和滚筒式之分。其中,滑板式侧滑试验台(以下简称“侧滑试验台”)在我国获得了广泛应用。

一、侧滑试验台检测原理

以汽车前轮为例，介绍侧滑试验台的检测原理。

为了减少前轮纵向旋转平面接地点至主销中心线延长线与地面交点的距离，并为了前轴在承受较大载荷后前轮不致产生内倾，因而在前轮定位中出现了前轮外倾。但是，前轮外倾后在两前轮滚动中会出现向外张开滚动的趋势。虽然在刚性前梁或车身的约束下，前轮并不能真正向外分开滚动，但两前轮分别给地面向内的侧向力和轮胎在地面上的滑磨是实际存在的。此时，若使这样的汽车前轮在两块互不刚性连接而可以左右自由滑动的滑动板上前进通过，则可以看到两块滑动板向内靠拢。滑动板向内的靠拢量，即为该前轮的侧滑量。

前轮前束是为纠正前轮外倾后致使前轮向外张开滚动而出现的。当前束值恰好给已经外倾的前轮一个合适的方向修正量时，前轮就会保持稳定的直线行驶。此时，即使汽车前轮再通过同样的滑动板，滑动板也不会左、右移动。当然，若前轮前束值太大，对于主动前轮来说，则两前轮滚动中又有向内靠拢的趋势。刚性前梁或车身虽不允许两前轮真正向内靠拢，但两前轮分别给地面一个向内的力并在地面上滑磨也是实际存在的。此时，若汽车的前轮通过上述同样的滑动板，则两滑动板分别向内滑动。滑动板的滑动量，即为该前轮的侧滑量。

侧滑试验台就是利用上述滑动板在侧向力作用下能够横向滑动的原理来测量前轮侧滑量的。可以看出，检测中若滑动板向外移动，表明前轮前束太大或负外倾太大；若滑动板向内移动，表明前轮外倾太大或负前束太大；若滑动板不移动，表明前轮没有侧滑量，则前束与外倾配合得恰到好处。

可以想象，前轮外倾（或负外倾）对滑动板的作用，不管车辆前进还是后退，其侧滑量相等且侧滑方向一致；前轮前束（或负前束）对滑动板的作用，在车辆前进和后退时，虽侧滑量相等但侧滑方向相反。不难看出，后轮外倾（或负外倾）和后轮前束（或负前束）对滑动板的作用亦是如此。

需要指出的是，汽车驱动形式不同，前轮前束的大小也略有不同。对于从动前轴来说，前轮前束还要克服在前轮滚动阻力矩作用下，因前轴转向杆系存在间隙和弹性变形所造成的前轮前端绕主销向外张开滚动的趋势，因而这种车辆的前轮前束值都比较大，以给前轮一个恰到好处的方向修正量。而对于驱动前轴，特别是对于单前轴驱动的车辆来说，则无须采用较大的前束值。这是因为在前轮牵引力矩的作用下，由于杆系存在间隙和弹性变形，前轮前端发生了绕主销向内的靠拢滚动。因此，这种车辆的前束值都比较小，有的甚至为负前束。

二、侧滑试验台结构与工作原理

滑板式侧滑试验台按滑动板数量不同，可分为单板式和双板式（图5-7）两种。它们一般均由测量装置、指示装置和报警装置等组成。以下介绍双板式侧滑试验台的结构与工作原理。

1. 测量装置

测量装置由框架、左右两块滑动板、曲柄机构、复位装置、滚轮装置、导向装置、锁止装置、位移传感器及信号传递装置等组成。测量装置能把车轮侧滑量测出并传递给指示装置。

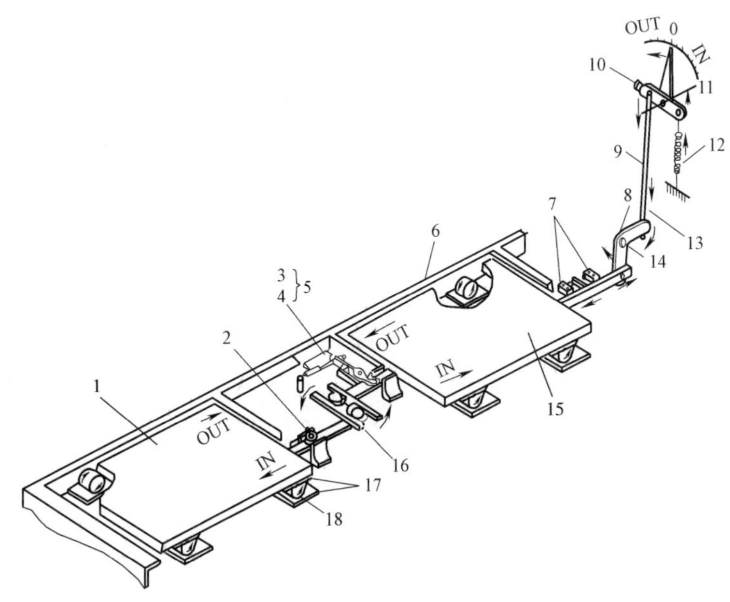

图 5-7 双板式侧滑试验台机械式测量装置

1-左滑动板;2-导向滚轮;3-复位弹簧;4-摆臂;5-复位装置;6-框架;7-限位开关;8-L 形杠杆;9-连杆;10-刻度放大倍数调整器;11-指示机构;12-调整弹簧;13-零位调整装置;14-支点;15-右滑动板;16-双销叉式曲柄;17-轨道;18-滚轮

滑动板的长度一般有 500mm、800mm 和 1000mm 三种。滑动板的上表面制有"T"形纹或"十"形纹,以增加与轮胎之间的附着力。滑动板的下部装有滚轮装置和导向装置,两滑动板之间连接有曲柄机构、复位装置和锁止装置。在侧向力作用下,两滑动板只能在左右方向上做等量位移,并且要向内均向内,要向外均向外,在前后方向上不能滑动。

汽车在侧滑试验台上前进,当车轮正前束(IN)大时,滑动板向外侧滑动;当车轮负前束(OUT)大时,滑动板向内侧滑动;当侧向力消失时,在复位装置作用下两滑动板回到零点位置。当关闭锁止装置时,两滑动板被锁止,汽车驶过时不再左右滑动。

按滑动板位移量传递给指示装置方式的不同,测量装置可分为机械式和电气式两种形式。

1)机械式测量装置

机械式测量装置是把滑动板与指示装置机械地连接在一起,通过连杆和 L 形杠杆等零件,把滑动板位移量直接传递给指示装置的一种结构形式,如图 5-7 所示。具有机械式测量装置的侧滑试验台,一般也称为机械式侧滑试验台,其指示装置设立在测量装置的一端,二者必须靠得很近,近年来已逐渐不用。

2)电气式测量装置

电气式测量装置是把滑动板的位移量通过位移传感器变成电信号,再经过放大与处理而传输给指示装置的一种结构形式。位移传感器有自整角电动机式、电位计式和差动变压器式等多种形式。

以自整角电动机作为位移传感器的测量装置如图 5-8 所示。测量装置上的自整角电动机 7 通过齿轮齿条机构、杠杆和连杆等与滑动板连接在一起。指示装置中也装备有同一规格的自整角电动机9。当滑动板位移时,自整角电动机7回转一定角度并产生电信号传输给自整角电动机9,自整角电动机9接到电信号后回转同一角度并通过指针指示出滑动板位移量的大小和方向。

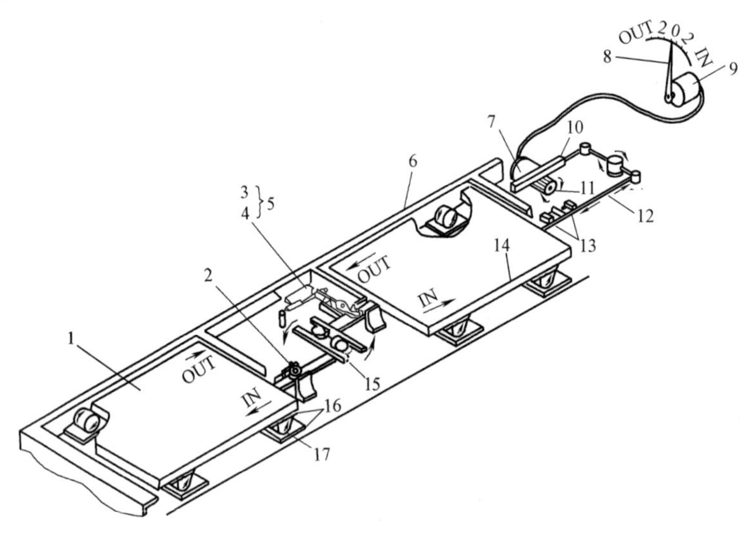

图5-8 双板式侧滑试验台电气式测量装置

1-左滑动板;2-导向滚轮;3-复位弹簧;4-摆臂;5-复位装置;6-框架;7-产生电信号的自整角电动机;8-指针;9-接受电信号的自整角电动机;10-齿条;11-齿轮;12-连杆;13-限位开关;14-右滑动板;15-双销叉式曲柄;16-轨道;17-滚轮

以电位计作为位移传感器的测量装置如图5-9所示。可以看出,当滑动板位移时能变为电位计触点在电阻线圈上的移动,致使电路阻值发生变化,进而使电路电压发生变化。把这一变化传输给指示装置(电压表),就可将滑动板位移量的大小和方向指示出来。

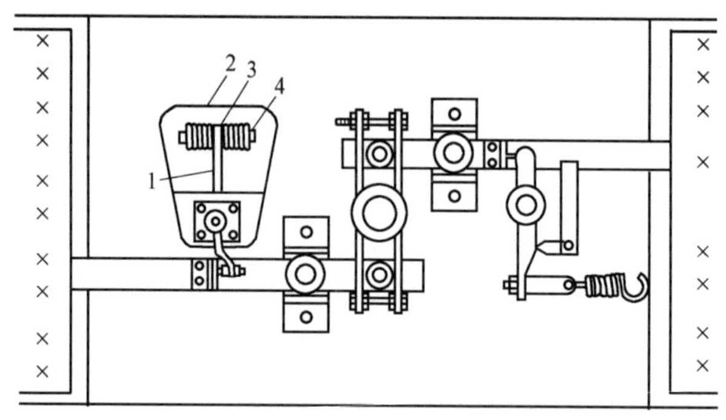

图5-9 侧滑试验台电位计式测量装置

1-滑动片;2-电位计;3-触点;4-线圈

以差动变压器为位移传感器的测量装置如图5-10所示。当滑动板位移时,通过触头带动差动变压器线圈内的铁芯移动,使电路电压发生变化。将这一变化传输给指示装置(电压表),就可将滑动板位移量的大小和方向指示出来。

2. 指示装置

指示装置也分为机械式和电气式两种形式。机械式指示装置用指针式指示。电气式指示装置有的用指针式指示(图5-11所示),有的用数码管式指示。指针式指示装置能把测量装置传递来的滑动板侧滑量,按汽车每行驶1km侧滑1m定为一格刻度。车轮正前束(IN)和车轮负前束(OUT)都分别刻有10格的刻度。因此,当滑动板长度为1000mm、侧滑1mm时,指示装置指示1格刻度,代表汽车每行驶1km侧滑1m。同样,当滑动板长度为800mm侧滑0.8mm和当滑动板长度为500mm侧滑0.5mm时,指示装置也都能指示一格刻度。这样,检测人员从指示装置上就可读取车轮侧滑量的具体数值,并根据指针偏向IN或OUT的方向确定出侧滑方向。

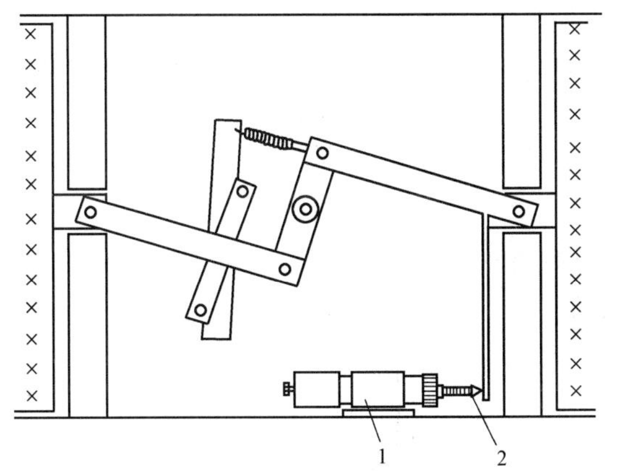

图5-10 侧滑试验台差动变压器式测量装置
1-差动变压器;2-触头

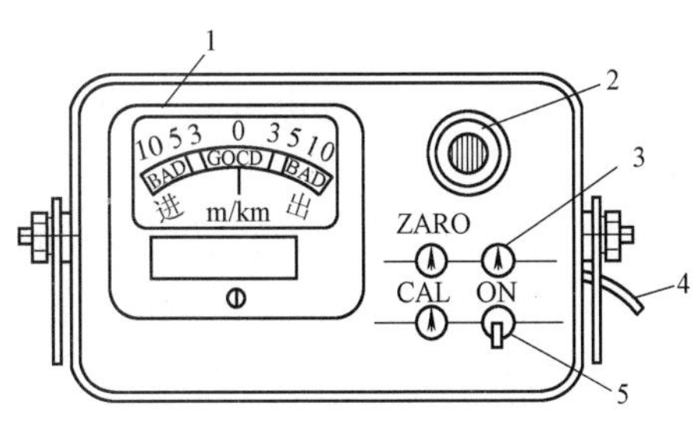

图5-11 侧滑试验台指针式指示装置
1-指针式表头;2-报警用蜂鸣器或信号灯;3-电源指示灯;4-导线;5-电源开关

指示装置的刻度盘上除用数字和符号标明侧滑量和侧滑方向外,有的还用颜色和文字划分为三个区域。即,侧滑量0~3mm范围内为绿色,表示为良好(GOOD)区域;侧滑量3~5mm为黄色,表示为可用区域;侧滑量5mm以上为红色,表示为不良(BAD)区域。

3. 报警装置

在检测车轮侧滑量时,为便于快速表示检测结果是否合格,当车轮侧滑量超过规定值(5格刻度)后,侧滑试验台的报警装置能根据测量装置限位开关发出的信号,用蜂鸣器或信号灯报警,因而无须再读取指示仪表上的具体数值,可直接判为不合格,为检测工作节约了时间。

近年来国内各厂家生产的侧滑试验台的电气式指示装置,多以单片机进行数据采集和处理,因而具有操作方便、运行可靠、抗干扰性强等优点,同时还能对检测结果进行分析、判断、存储、打印和数字显示等。

三、侧滑试验台使用方法

1. 检测前的准备工作

(1)轮胎气压应符合汽车制造厂的规定。

(2)轮胎上粘有油污、泥土、水或花纹沟槽内嵌有石子时,应清理干净。

(3)检查侧滑试验台导线连接情况,在导线连接良好的情况下打开电源开关,查看指针式仪表的指针是否在机械零点上,并视情况进行调整;或查看数码管是否亮度正常并都在零位上。

(4)检查报警装置在规定值时能否发出报警信号,并视需要进行调整或修理。

(5)检查侧滑试验台上面及其周围的清洁情况,如有油污、泥土、砂石及水等应予清除。

(6)打开侧滑试验台的锁止装置,检查滑动板能否在外力作用下左右滑动自如和外力消失后回到原始位置,且指示装置指在零点。

2. 检测方法

(1)汽车以3～5km/h的速度垂直侧滑板驶向侧滑试验台,使前轮(或后轮)平稳通过滑动板。

(2)当前轮(或后轮)完全通过滑动板后,从指示装置上观察侧滑方向并读取、打印最大侧滑量。

(3)检测结束后,切断电源并锁止滑动板。

3. 使用注意事项

(1)不能让超过试验台允许轴荷的车辆通过侧滑试验台。

(2)不能使车辆在侧滑试验台上转向或制动。

(3)保持侧滑试验台内、外及周围环境清洁。

(4)其他注意事项见侧滑试验台使用说明书。

四、诊断参数标准

按照国家标准《机动车运行安全技术条件》(GB 7258—2017)的规定,对前轴采用非独立悬架的汽车,其转向轮的横向侧滑量,用侧滑试验台检验时,侧滑量值应小于等于5m/km。

五、检测后轴技术状况

除一小部分汽车(如上汽大众普通桑塔纳汽车等)的后轮也有外倾和前束外,相当一部分汽车的后轮是没有定位的。对于后者,可用侧滑试验台按下列方法检测后轴是否弯曲变形和轮毂轴承是否松旷。

(1)使汽车后轮从侧滑试验台滑动板上前进和后退驶过,如两次侧滑量读数均为零,表明后轴无任何弯曲变形。

(2)如两次侧滑量读数不为零,且前进和后退驶过侧滑板后,侧滑量读数相等而侧滑方向相反,表明后轴在水平平面内发生弯曲。

①若前进时滑动板向外滑动,后退时又向内滑动,说明后轴端部在水平平面内向前弯曲;

②若前进时滑动板向内滑动,后退时又向外滑动,说明后轴端部在水平平面内向后弯曲。

(3)如两次侧滑量读数不为零,且前进和后退驶过侧滑板后,侧滑量读数相等而侧滑方向相同,表明后轴在垂直平面内发生弯曲。

①若滑动板向外滑动,说明后轴端部在垂直平面内向上弯曲;

②若滑动板向内滑动,说明后轴端部在垂直平面内向下弯曲。

(4)后轮多次驶过侧滑试验台滑动板,每次读数不相等,说明轮毂轴承松旷。

对于后轮有定位的汽车,仍可按上述方法检测后轴是否变形和轮毂轴承是否松旷,只是在检测结果中减去定位值,剩余值即为后轴弯曲变形造成的。

第四节 制动性能检测

汽车的制动性能是指汽车运行中根据需要减速或在最短距离内停车并保持行驶方向的能力,和汽车静止驻车特别是在坡道上驻车的能力。根据国家标准《机动车运行安全技术条件》(GB 7258—2017)的规定,机动车可以采用路试检验制动性能或台试检验制动性能。

一、路试检验制动性能

(一)基本要求

机动车行车制动性能和应急制动性能检验应在平坦、硬实、清洁、干燥且轮胎与地面间的附着系数大于等于0.7的混凝土或沥青路面上进行。检验时,发动机应与传动系统脱开,但对于采用自动变速器的机动车,其变速器换挡装置应位于驱动挡("D"挡)。

1. 行车制动性能检验

1)用制动距离检验行车制动性能

机动车在规定初速度下的制动距离和制动稳定性要求,应符合表5-9的要求。对空载检验制动距离有质疑时,可用表5-9规定的满载检验的制动距离要求进行。其中:

制动距离是指机动车在规定的初速度下急踩制动踏板时,从脚接触制动踏板(或手触动制动手柄)时起至机动车停住时止,机动车驶过的距离。

制动稳定性要求是指机动车在制动过程中,其任何部位(不计入车宽的部位除外)不超出规定宽度的试验通道边缘线。

制动距离和制动稳定性要求 表5-9

机动车类型	制动初速度(km/h)	空载检验制动距离要求(m)	满载检验制动距离要求(m)	试验通道宽度(m)
三轮汽车	20	≤5.0		2.5
乘用车	50	≤19.0	≤20.0	2.5
总质量小于等于3500kg的低速货车	30	≤8.0	≤9.0	2.5
其他总质量小于等于3500kg的汽车	50	≤21.0	≤22.0	2.5
铰接客车、铰接式无轨电车、汽车列车	30	≤9.5	≤10.5	3.0
其他汽车,乘用车列车	30	≤9.0	≤10.0	3.0
两轮普通摩托车	30	≤7.0		—
边三轮摩托车	30	≤8.0		2.5
正三轮摩托车	30	≤7.5		2.3
轻便摩托车	20	≤4.0		—
轮式拖拉机运输机组	20	≤6.0	≤6.5	3.0
手扶变型运输机	20	≤6.5		2.3

2)用充分发出的平均减速度检验行车制动性能

汽车、汽车列车在规定的初速度下急踩制动踏板时充分发出的平均减速度及制动稳定性要求应符合表5-10的规定,且制动协调时间对液压制动的汽车小于等于0.35s,对气压制动的汽车小于等于0.60s,对于汽车列车、铰接客车和铰接式无轨电车小于等于0.8s。对空载检验充分发出的平均减速度有质疑时,可用表5-10规定的满载检验充分发出的平均减速度进行。

制动减速度和制动稳定性要求 表5-10

机动车类型	制动初速度(km/h)	空载检验充分发出的平均减速度(m/s^2)	满载检验充分发出的平均减速度(m/s^2)	试验通道宽度(m)
三轮汽车	20	≥3.8		2.5
乘用车	50	≥6.2	≥5.9	2.5
总质量小于等于3500kg的低速货车	30	≥5.6	≥5.2	2.5
其他总质量小于等于3500kg的汽车	50	≥5.8	≥5.4	2.5
铰接客车、铰接式无轨电车、汽车列车	30	≥5.0	≥4.5	3.0
其他汽车	30	≥5.4	≥5.0	3.0

充分发出的平均减速度 *MFDD* 的计算公式如下:

$$MFDD = \frac{v_b^2 - v_e^2}{25.92(s_e - s_b)} \tag{5-13}$$

式中:*MFDD*——充分发出的平均减速度,m/s^2;

v_0——试验车制动初速度,km/h;

v_b——$0.8v_0$,试验车速,km/h;

v_e——$0.1v_0$,试验车速,km/ h;

s_b——试验车速从 v_0 到 v_b 之间车辆行驶的距离,m;

s_e——试验车速从 v_0 到 v_e 之间车辆行驶的距离,m。

制动协调时间是指在急踩制动踏板时,从脚接触制动踏板(或手触动制动手柄)时起至机动车减速度(或制动力)达到表5-10规定的机动车充分发出的平均减速度的75%时所需的时间。

3)制动踏板力或制动气压要求

进行制动性能检验时的制动踏板力或制动气压应符合以下要求。

(1)满载检验时。

气压制动系统:气压表的指示气压 ≤额定工作气压。

液压制动系统:踏板力,乘用车 ≤500N;其他机动车 ≤700N。

(2)空载检验时。

气压制动系统:气压表的指示气压 ≤750 kPa。

液压制动系统:踏板力,乘用车 ≤400N;其他机动车 ≤450N。

摩托车(正三轮摩托车除外)检验时,踏板力应小于等于350N,手握力应小于等于250N。

正三轮摩托车检验时,踏板力应小于等于500N。

三轮汽车和拖拉机运输机组检验时,踏板力应小于等于600N。

4）合格判断要求

汽车、汽车列车在符合上述规定的制动踏板力或制动气压的条件路试行车制动性能，若符合“用制动距离检验行车制动性能”或“用充分发出的平均减速度检验行车制动性能”即为合格。

2. 驻车制动性能检验

在空载状态下，驻车制动装置应能保证机动车在坡度为20%（对总质量为整备质量1.2倍以下的机动车为15%）、轮胎与路面间的附着系数大于等于0.7的坡道上正、反两个方向保持固定不动，时间应大于等于2min。检验汽车列车时，应使牵引车和挂车的驻车制动装置均起作用。

检验时驾驶员施加于操纵装置上的力：

手操纵时，乘用车应小于等于400N，其他机动车应小于等于600N；

脚操纵时，乘用车应小于等于500N，其他机动车应小于等于700N。

3. 制动完全释放时间

汽车制动完全释放时间（从松开制动踏板到制动消除所需要的时间）对于两轴汽车应小于等于0.8s，对三轴及三轴以上汽车应小于等于1.2s。

（二）检验方法

（1）路试检验制动性能应在平坦、硬实、清洁、干燥且轮胎与地面间的附着系数大于等于0.7的混凝土或沥青路面上进行。

（2）在试验路面上画出表5-9规定宽度的试验通道的边线，被测机动车沿着试验车道的中线行驶至高于规定的初速度后，置变速器于空挡（自动变速的机动车可置变速器于D挡），当滑行到规定的初速度时，急踩制动踏板，使机动车停止，测量制动距离或充分发出的平均减速度。

（3）用制动距离检验行车制动性能时，采用速度计、第五轮仪或用其他测试仪器测量机动车的制动距离，对除气压制动外的机动车还应同时测取踏板力（或手操纵力）。

（4）用充分发出的平均减速度检验行车制动性能时，采用能够测取充分发出的平均减速度、制动协调时间的仪器测量机动车充分发出的平均减速度和制动协调时间。对除气压制动外的机动车还应同时测取踏板力（或手操纵力）。

（三）检测设备

在路试中检验机动车整车性能时，经常要使用五轮仪，可以测出车辆行驶的距离、时间和速度。当五轮仪用于检验汽车制动性能时，能测出制动初速度、制动距离和制动时间等参数。

五轮仪主要有机械式、电子式和微机式三种类型。

五轮仪一般由传感器部分和记录仪部分两部分组成，并附带一个脚踏开关。传感器部分与记录仪部分由导线（信号线）连接。脚踏开关带有触点的一端套在制动踏板上，另一端插接在记录仪上。

1. 五轮仪简介

1）传感器部分

传感器部分的作用是把汽车行驶的距离变成电信号。它一般由充气车轮、传感器、支架、减振器和连接装置等组成，如图 5-12 所示。充气车轮为轮胎式，安装在支架上，支架通过连接装置固定在汽车的侧面或尾部的车身上。在其减振器压簧的作用下，充气车轮紧贴地面，并随汽车的行驶而滚动。对于四轮汽车来说，安装上去的充气车轮就像汽车的第五轮一样，故称为五轮仪。当充气车轮在路面上滚动一周时，汽车行驶了充气车轮周长的距离。在充气车轮中心处安装有传感器，可以把轮子在路面上滚动的距离变成电信号。

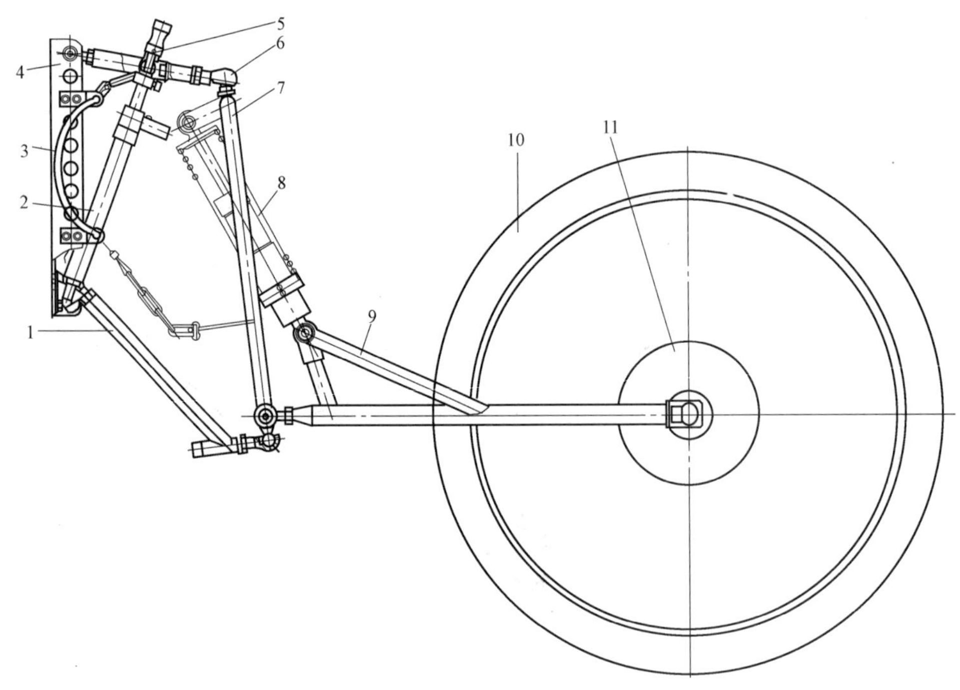

图 5-12　五轮仪的传感器部分

1-下臂；2-调节机构；3-固定板；4-上臂；5-手把；6-活节头；7-立架；8-减振器；9-支架；10-充气车轮；11-传感器

2）记录仪部分

记录仪部分的作用是把传感器部分送来的电信号和内部产生的时间信号，进行控制、计数并计算出车速和距离，然后将车速、距离和时间指示出来。记录仪有电子式、微机式两种类型，并附带一个脚踏开关。

套在制动踏板上的脚踏开关，当驾驶员踩制动踏板时闭合，通过导线输入记录仪，作为测量制动距离、制动系统反应时间和制动全过程时间等的开始信号。

微机式记录仪是以单片机为核心的智能仪器，除能完成距离、时间和速度等参数的测量和数据处理外，还能存储全部数据并能打印试验结果。

2. 五轮仪使用方法

（1）如果五轮仪自备电源，使用前应按使用说明书的要求，充电至规定电压。

（2）汽车应运行至正常热状态。

（3）将传感器部分固定在汽车侧面或尾部的车身上，以不影响其轮子左右摆动为准，并用打气筒对轮子充气至适当程度。

（4）将记录仪放置在驾驶室内或车厢内，正面朝上，水平放置，其前端要对准汽车前进方向，并紧靠在固定部位，以防制动时撞击。

（5）用信号线把五轮仪充气车轮上的传感器与车上的记录仪连接起来。脚踏开关一端通过导线插接在记录仪上，另一端套在制动踏板上。用汽车蓄电池作电源的五轮仪，还应把电源线一端插接在记录仪上，另一端夹持在蓄电池正、负极上。

（6）打开记录仪电源开关，按使用说明书的要求检查与自校。如要求预热，应预热至规定时间。

（7）微机控制的五轮仪，使用前应首先进入初始化程序。一般地说，该种类型的五轮仪在电源开关打开后可自动进入初始化程序或通过键入的方法进入初始化程序。

（8）凡要求置入修正系数的五轮仪，均应按照使用说明书上的方法置入。如 WLY-5 型微机五轮仪，只要把传感器部分的充气车轮转 10 圈的距离（在路面上的实测值）键入记录仪即可。

（9）检测制动距离前，须将五轮仪上与制动有关的旋钮、开关或按键置于规定位置，并预选（按下对应的键或键入选择的值）制动初速度。

检测制动距离时，按国家标准有关规定，应在符合要求的道路条件和气候条件下，汽车空载或满载加速行驶，驾驶员根据记录仪上指示的瞬时车速或音响的提示，至预选制动初速度时，用力急踩制动踏板直至汽车停止。制动时的踏板力（可安装踏板力计）或制动气压应符合规定要求。

（10）读取并打印测得的制动初速度、制动距离、制动系统反应时间和制动全过程时间等检测结果。有的五轮仪还能读取制动减速度或打印“速度—时间”曲线和“减速度—时间”曲线等。以上检测结果是实际试验结果。实际试验结果中的制动初速度不一定正好等于预选制动初速度，可能大于或小于预选制动初速度。有些微机式五轮仪可以将实际试验结果修正到预选制动初速度下的试验结果，以便直接与诊断参数标准对照。

（11）按下记录仪“重试”或“复位”键，仪器状态复原，可重新进行制动试验。微机式五轮仪在打印结束后一般能自动回到初始化程序。

（12）检测制动性能应在同一路段正反两个方向上进行，测得的制动距离及其他参数取平均值。汽车倒车时，应将传感器部分的充气车轮转向 180°或由专人提离地面。

路试结束后，关闭记录仪电源，拆卸电源线、信号线和脚踏开关，并从车身上拆下传感器部分。

用五轮仪检测汽车制动性能，可以测得在规定制动初速度下，从踩着制动踏板始到车辆完全停住止所经过的制动距离和制动时间。

二、台试检验制动性能

路试检验制动性能的最大优点是符合道路实际情况，且不需要大型检测设备和厂房，但也存在下列问题：

（1）路试检验制动性能，只能测出整车的制动性能，而对于各轮制动性能的差异虽能从拖、压印作出定性分析，但无法获得定量数据。

（2）对于制动性能不合格的车辆，不易诊断故障发生的具体部位。

（3）制动距离的长短和制动减速度的大小，往往因驾驶员操作方法、路面状况和车马行人状况等而异(专用试车场除外),重复性差。

(4)除道路条件外,路试还将受到气候条件等的限制,且有发生事故的危险性。

(5)路试检验制动性能消耗燃料,磨损轮胎,且对车身和各部总成、机件都有不良影响。

如果是采用不带任何仪器的原始的路试检验制动性能的方法,则存在的问题更多。特别是随着汽车行驶速度的提高和道路行车密度的增大,如果不具备专用试车跑道而在一般公路上进行制动试验的话,不仅不被允许,而且试车难度和危险性也非常大。为此,室内台架检验制动性能的方法在国内外越来越多地被采用。台试检验制动性能所使用的检测设备称为制动试验台。制动试验台虽然固定安装在室内,但可以近似地模拟机动车在道路上的制动过程。由于制动试验台检测制动性能具有迅速、经济、安全、不受外界自然条件限制,以及试验重复性好和能定量地指示出各轮制动力或制动距离等优点,因而已成为检验机动车制动性能的主要方法,在国内外获得了广泛应用。

(一)检验要求

1. 行车制动性能检验

1)制动力百分比要求

汽车、汽车列车在制动试验台上测出的制动力应符合表5-11的要求。对空载检验制动力有质疑时,可用表5-11规定的满载检验制动力要求进行检验。

摩托车的前、后轴制动力应符合表5-11的要求,测试时只准许乘坐一名驾驶员。

台试检验制动力要求 表5-11

机动车类型	制动力总和与整车重量的百分比		轴制动力与轴荷①的百分比	
	空载	满载	前轴②	后轴②
三轮汽车	—		—	≥60③
乘用车、其他总质量小于等于3500kg的汽车	≥60	≥50	≥60③	≥20③
铰接客车、铰接式无轨电车、汽车列车	≥55	≥45	—	—
其他汽车	≥60④	≥50	≥60③	≥50⑤
挂车	—	—		≥55⑥
普通摩托车	—	—	≥60	≥55
轻便摩托车	—	—	≥60	≥50

注:①用平板制动检验台检验乘用车、其他总质量小于等于3500kg的汽车时,应按左右轮制动力最大时刻所分别对应的左右轮动态轮荷之和计算。

②机动车(单车)纵向中心线中心位置以前的轴为前轴,其他轴为后轴;挂车的所有车轴均按后轴计算;用平板制动试验台测试并装轴制动力时,并装轴可视为一轴。

③空载和满载状态下测试均应满足此要求。

④对总质量小于等于整备质量1.2倍的专项作业车应大于等于50%。

⑤满载测试时后轴制动力百分比不作要求;空载用平板制动检验台检验时,应大于等于35%;总质量大于3500kg的客车,空载用反力滚筒式制动试验台测试时,应大于等于40%;用平板制动检验台检验时,应大于等于30%。

⑥满载状态下测试时,应大于等于45%。

检验时制动踏板力或制动气压,按路试检验制动性能的制动踏板力或制动气压的要求进行。

2)制动力平衡要求(两轮、边三轮摩托车前轮距小于等于 460mm 的正三轮摩托车和轻便摩托车除外)

在制动力增长全过程中同时测得的左右轮制动力差的最大值,与全过程中测得的该轴左右轮最大制动力中大者(当后轴制动力小于该轴轴荷的 60% 时为与该轴轴荷)之比,对新注册车和在用车应分别符合表 5-12 的要求。

台试检验制动力平衡要求 表 5-12

类 型	前 轴	后 轴	
		轴制动力大于等于该轴轴荷 60% 时	制动力小于该轴轴荷 60% 时
新注册车	≤20%	≤24%	≤8%
在用车	≤24%	≤30%	≤10%

3)制动协调时间要求

汽车的制动协调时间,对液压制动的汽车应小于等于 0.35s,对气压制动的汽车应小于等于 0.60s;铰接客车、铰接式无轨电车的制动协调时间应小于等于 0.80s。

4)车轮阻滞率要求

进行制动力检验时,汽车、汽车列车各车轮的阻滞力均应小于等于轮荷的 10%。

5)合格判定要求

台试检验汽车、汽车列车行车制动性能时,检验结果同时满足前述制动力百分比要求、制动力平衡要求、制动协调时间要求和车轮阻滞率要求的,方为合格。

2. 驻车制动性能检验

当采用制动试验台检验汽车和正三轮摩托车驻车制动装置的制动力时,机动车空载,使用驻车制动装置,驻车制动力总和应大于等于该车在测试状态下整车质量的 20%,但总质量为整备质量 1.2 倍以下的机动车应大于等于 15%。

3. 检验结果的复核

对机动车台架检验制动性能结果有异议的,在空载状态下按前述"路试检验制动性能"复检;对空载状态复检结果有异议的,以满载路试复检结果为准。

(二)检验方法

1. 用滚筒式制动试验台检验

滚筒的表面应干燥,没有松散物质及油污,滚筒表面附着系数不应小于 0.75。驾驶员将机动车驶上滚筒,位置摆正,置变速器于空挡。启动滚筒,在 2s 后测取车轮阻滞力;使用行车制动,测取制动力增长全过程中各轮制动力的最大值和左右轮制动力差的最大值和制动协调时间,并记录左右车轮是否抱死;使用驻车制动,测量驻车制动力总和。

在测量制动性能时,为了获得足够的附着力,允许在机动车上增加足够的附加质量或施加相当于附加质量的作用力(附加质量或作用力不计入轴荷)。

在测量制动性能时,可以采取防止机动车移动的措施(例如加三角垫块或采取牵引等方法)。当采取上述方法之后,仍出现车轮抱死并在滚筒上打滑或整车随滚筒向后移出的现象，而制动力仍未达到合格要求时，应改用 GB 7258—2017 中规定的其他方法进行检验。

2. 用平板式制动试验台检验

平板表面应干燥，没有松散物质及油污，平板表面附着系数不应小于0.75。驾驶员将机动车对正平板式制动试验台，以5～10km/h 的速度（或制动试验台制造厂家推荐的速度）行驶在平板上，变速器置于空挡（装有自动变速器的机动车可将变速器置于 D 挡），急踩制动踏板，使机动车停止，测取制动力增长全过程中各轮制动力的最大值、左右轮制动力差的最大值和制动协调时间，并记录左右车轮是否抱死。

（三）检测设备

台试检验制动性能需使用制动试验台。

1. 制动试验台类型

制动试验台按不同的分类方法，可以分为不同的类型。常见的分类方法有：按试验台测量原理不同，可分为反力式和惯性式两类；按试验台支承车轮形式不同，可分为滚筒式和平板式两类；按试验台检测参数不同，可分为测制动力式、测制动距离式和多功能综合式三类；按试验台测量装置至指示装置传递信号方式不同，可分为机械式、液压式和电气式三类；按试验台同时能测车轴数不同，又可分为单轴式、双轴式和多轴式三类。

上述类型中，反力式滚筒制动试验台（测制动力式）获得了广泛应用。其中，特别是单轴反力式滚筒制动试验台应用最为普遍，国内外汽车检测站和维修企业所用制动检测设备多为这种形式。惯性式滚筒制动试验台应用较少，惯性平板式制动试验台在国内有所应用，多功能综合式试验台的应用也不多。多功能综合式试验台不仅能检测车辆的制动性能，还具有车速表指示误差检测和底盘测功等功能，并能模拟道路行驶，进行加速性能、等速性能、滑行性能和燃料经济性等性能的试验。

2. 反力式滚筒制动试验台

1）结构

单轴反力式滚筒制动试验台的结构简图如图5-13所示。它由框架、驱动装置、滚筒装置、测量装置、举升装置、指示与控制装置等组成。为使制动试验台能同时检测车轴两端左、右车轮的制动力，除框架、指示与控制装置外，其他装置是分别独立设置的。

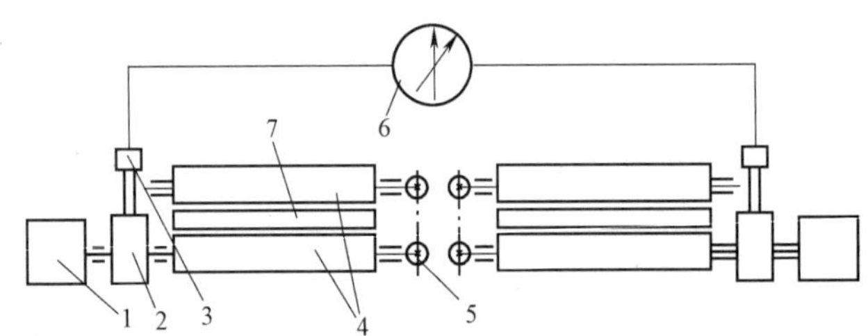

图5-13　单轴反力式滚筒制动试验台简图

1-电动机；2-减速器；3-测量装置；4-滚筒装置；5-链传动；6-指示与控制装置；7-举升装置

（1）驱动装置。

驱动装置由电动机、减速器和链传动等组成。电动机的转动通过减速器内的蜗轮蜗杆传动和一对圆柱齿轮传动后传递给主动滚筒，主动滚筒又通过链传动把动力传递给从动滚筒。减速器与主动滚筒共用一轴，减速器壳体处于浮动状态。

(2)滚筒装置。

滚筒装置由 4 个滚筒等组成。每对滚筒独立设置,有主动滚筒和从动滚筒之分。每个滚筒的两端分别用滚动轴承支承,被测车轮置于主、从动滚筒之间。为使滚筒与轮胎的附着系数能够与路面接近,在滚筒圆周表面上沿轴线方向开有间隔均匀、有一定深度的若干沟槽,附着系数可达 0.7 ~ 0.75。这种带沟槽的滚筒当车轮抱死时,有剥伤轮胎和附着系数仍显不足的缺点。因此,国产反力式滚筒制动试验台中,已越来越多地出现在圆周表面覆盖一定厚度黏砂、烤砂或其他材料以代替沟槽的滚筒。这种带有涂覆层的滚筒表面几乎与道路表面一致,模拟性好,附着系数高(干态可达 0.9,湿态不低于 0.8),是比较理想的滚筒表面。

(3)测量装置。

测量装置主要由测力杠杆、测力传感器和测力弹簧等组成。测力杠杆一端与传感器连接,另一端与减速器连接。与减速器连接的方式一般有两种:一种是测力杠杆直接固定在减速器壳体上;另一种是测力杠杆通过轴承松套在框架的支承轴上,其尾端作用有固定在减速器壳体上的带有刃口的传力臂,如图 5-14 所示。当浮动的减速器壳体前端向下移动时,第一种连接方式的测力杠杆其前端也向下移动;第二种连接方式的测力杠杆,通过传力臂刃口的作用使其前端向上移动,并拉伸测力弹簧 *A* 和测力弹簧 *B*。测力弹簧 *A* 与 *B* 在不同的测量范围内起作用。如国产 ZD—6000 型制动试验台,制动力在0 ~ 4000N范围内测力弹簧 *A* 起作用,制动力在4000 ~ 20000N范围内测力弹簧 *A* 与 *B* 共同起作用。

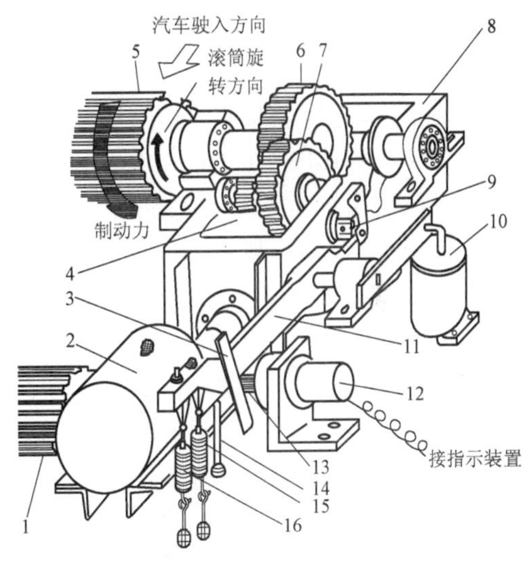

图 5-14 反力式滚筒制动试验台的驱动装置与测量装置
1、5-滚筒;2-电动机;3-齿条;4-二级减速主动齿轮;6-二级减速从动齿轮;7-蜗轮;8-减速器壳体;9-传力臂刃口;10-缓冲器;11-测力杠杆;12-自整角电动机;13-小齿轮;14-限位杆;15-测力弹簧 *A*;16-测力弹簧 *B*

安装在测力杠杆前端的测力传感器,有自整角电动机式(图 5-14 中的 12)、电位计式、差动变压器式或电阻应变片式等多种类型,能把测力杠杆的位移或力变成反映制动力大小的电信号,送入指示与控制装置中。

以上所述的驱动装置、滚筒装置和测量装置,直接或间接安装在框架上。

(4)举升装置。

为了便于汽车出入滚筒式制动试验台,在两滚筒之间设有举升装置。举升装置一般由举升器、举升平板和控制开关等组成。每个举升平板下一般设置 1 ~ 2 个举升器。常见的举升器主要有三种类型,即气压式、液压式和电动机械式。气压式举升器有汽缸式和气囊式之分,均以压缩空气为动力,以驱动汽缸中的活塞上移或使气囊向上变形完成举升工作。液压式举升器为汽缸式,以油液压力为动力,驱动汽缸中的活塞上移完成举升工作。电动机械式由电动机通过减速器带动丝母转动,迫使丝杠向上运动完成举升工作。

(5)指示与控制装置。

控制装置有电子式与微机式之分。电子式的控制装置多配以指针式指示装置,微机式控制装置多配以数字式指示装置。国产反力式滚筒制动试验台多为微机式，其指示与控制装置主要由放大器、A/D 转换器、微机、数字式显示器和打印机等组成。

指示装置中，不管是显示器指示，还是指针式指示，现在一般向大屏幕、大数码管或大指针、大刻度盘方向发展，以使检测员、车上驾驶员在较远距离也可清晰读数。

2）工作原理

汽车驶上反力式滚筒制动试验台，使被检车轴左右车轮处于每对滚筒之间，放下举升器，起动电动机，通过减速器、链传动使主、从动滚筒带动车轮低速旋转，然后用力急踩制动踏板。此时，车轮制动器产生的摩擦力矩作用在滚筒上，与滚筒的转动方向相反，因而产生一反作用力矩。减速器壳体在这一反力矩作用下，其前端发生绕其输出轴向下的偏转，迫使测力杠杆前端向下或向上位移，通过测力传感器转换成反映制动力大小的电信号，由计算机采集、处理后，指令电动机停转，并由指示装置指示和由打印机打印检测到的制动力数值。

需要指出的是，以制动力作为诊断参数，评价整车制动性能是以整车制动力总和与整车质量的百分比为诊断标准的，评价轴制动性能是以轴制动力与轴荷的百分比为诊断标准的，因此必须在测得轴荷和各轮制动力之后才能判断整车制动性能和轴制动性能是否符合要求。所以，反力式滚筒制动试验台需要配备轴重计或轮重仪。有些反力式滚筒制动试验台本身带有内藏式轴重测量装置的（称为复合式制动试验台），可不必再单独设置轴重计或轮重仪。

另外，在反力式滚筒制动试验台上检测多轴汽车并装轴（如三轴汽车的中轴和后轴）的制动力，而其中任一轴的传动关系又不能单独脱开时，无须在试验台前后布置自由滚筒。届时，按多轴汽车并装轴检测程序进行检测，只要驱动车轮的一组滚筒的驱动电机正转，而另一组滚筒的驱动电机反转，测完制动后两电机再反过方向重测一次，每一次只采集车轮正转时的制动力数据，即可完成该轴制动力的检测，而相邻另一并装车轴在地面上的车轮不转动。这一检测方法，不仅节省了制动试验台前、后两套自由滚筒，而且减少了占地，因而大大降低了资金投入。

3）使用方法

（1）将反力式滚筒制动试验台（以下简称“制动试验台”）指示与控制装置上的电源开关打开，按使用说明书的要求预热至规定时间。

（2）如果指示装置为指针式仪表，检查指针是否在机械零点上，否则应调整。

（3）检查制动试验台滚筒上是否粘有泥、水、砂、石等杂物，否则应清除。

（4）核实汽车各轴轴荷，不得超过制动试验台允许之载荷。

（5）检查汽车轮胎是否粘有泥、水、砂、石等杂物，否则应清除。

（6）检查汽车轮胎气压是否符合汽车制造厂的规定，否则应充气至规定气压。

（7）检查制动试验台举升器是否在升起位置，否则应升起举升器。

（8）汽车被测车轴在轴重计或轮重仪上检测完轴荷后，应尽可能顺垂直于滚筒的方向驶入制动试验台。先前轴，再后轴，使车轮处于两滚筒之间。

（9）汽车停稳后变速杆置于空挡位置，行车制动器和驻车制动器处于完全放松状态，能测制动时间的试验台还应把脚踏开关套在汽车制动踏板上。

（10）降下举升器，至举升器平板与轮胎完全脱离为止。

(11)如果是带有内藏式轴重测量装置的制动试验台,此时已将轴荷测量出。

(12)起动试验台电动机,使滚筒带动车轮转动,先测出制动拖滞力。

(13)用力急踩制动踏板,检测轴制动力。一般在1.5~3.0s后或带有第三滚筒的发出信号后,制动试验台滚筒自动停转。

(14)读取并打印检测结果。

(15)升起举升器,驶出已测车轴,驶入下一待测车轴,按上述同样方法检测轴荷和制动力。

(16)当与驻车制动器相关的车轴在制动试验台上时,检测完行车制动性能后应重新起动电动机,在行车制动器完全放松的情况下用力拉紧驻车制动器操纵杆,检测驻车制动性能。

(17)所有车轴的行车制动性能及驻车制动性能检测完毕后,升起举升器,汽车驶出制动试验台。

(18)切断制动试验台电源。

反力式滚筒制动试验台具有测试条件稳定、试验车速低、所需电动机功率小、结构简单、占地少和能适应多车型检测等优点。不少反力式滚筒制动试验台除了能测各车轮的制动力外,还可测制动系统协调时间、制动全过程时间和制动完全释放时间。配备打印机、笔录仪或示波器的制动试验台,还可以绘制出制动力随制动时间变化的全过程曲线,为分析、判断制动系统技术状况提供一种既直观又全面的依据。制动力—制动时间曲线典型图例如图5-15所示。

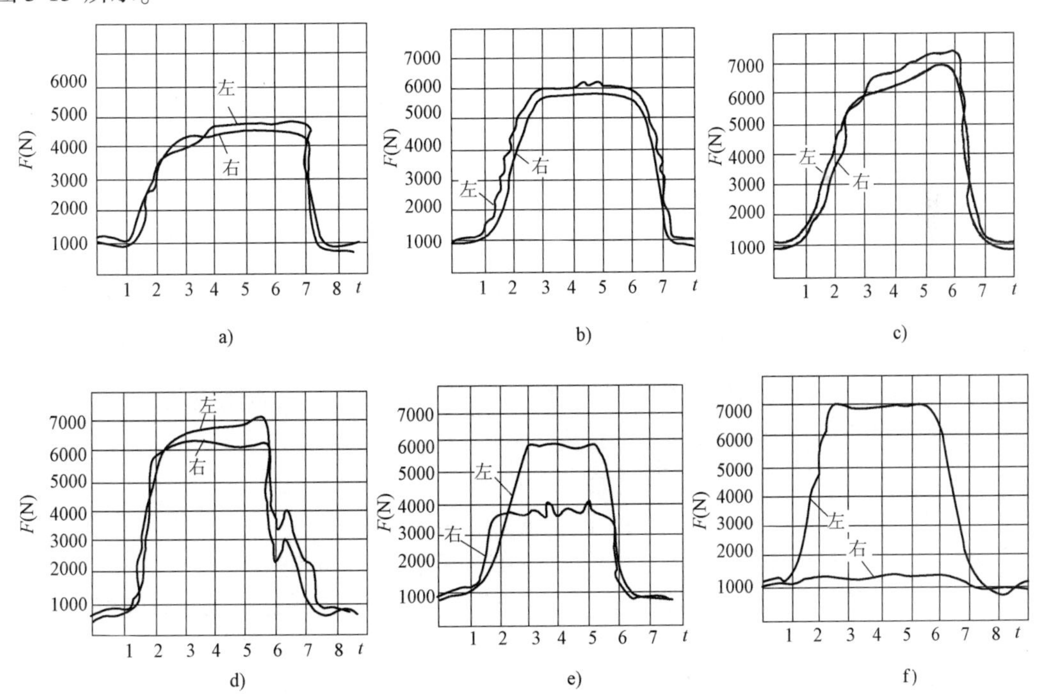

图5-15 制动力—制动时间曲线典型图例

a)制动力不足;b)左轮制动鼓不圆;c)制动力增长缓慢;d)制动力完全释放时间太长;e)左轮制动力增长缓慢,右轮制动力不足;f)右轮无制动力尽管反力式滚筒制动试验台有上述优点，但也有如下不足：

(1)在行车制动性能检测中，该种制动试验台仅能测得汽车静止时各车轮的制动力，缺少制动时整车质量前移，与实际情况有较大差异。

(2)该种制动试验台滚筒的直径偏小，与轮胎接触面积偏小，与路试情况差异较大。

(3)主、从动滚筒之间的距离多为不可调式，当不同直径车轮的汽车检测制动力时，较大车轮和较小车轮在滚筒上的附着情况有很大不同，因此检测结果会受到严重影响。

3. 惯性式平板制动试验台

惯性式平板制动试验台由于具有结构简单，测试方便，不需要模拟转动惯量，测试精度不受车轮直径大小的影响，测试过程更接近道路实际制动过程等优点，因此在检测设备出现的早期就有所应用。近年来人们逐渐认识到反力式滚筒制动试验台的不足，因而越来越看重惯性式平板制动试验台。有些惯性式平板制动试验台不仅能检测制动性能，而且能检测轴重、侧滑和悬架的技术状况等，因而又称为平板式检测设备或平板式底盘检测设备。

意大利威迈格平板式检测设备如图5-16所示。它由测试平板、数据处理系统和踏板力计等组成。测试平板一共有6块。其中4块为制动、悬架、轴重测试用，2块为侧滑测试用。仅就图中承担制动、悬架、轴重测试的平板1(共计4块)而言，每块平板都设有沿汽车行驶方向能测得汽车轮胎作用于平板上的水平力传感器和沿垂直方向测得轮胎作用于平板上的垂直力传感器。数据采集由各力传感器进行。各力传感器中产生的模拟信号通过各自的放大器进入数据采集板，再由计算机进行处理、显示和打印。

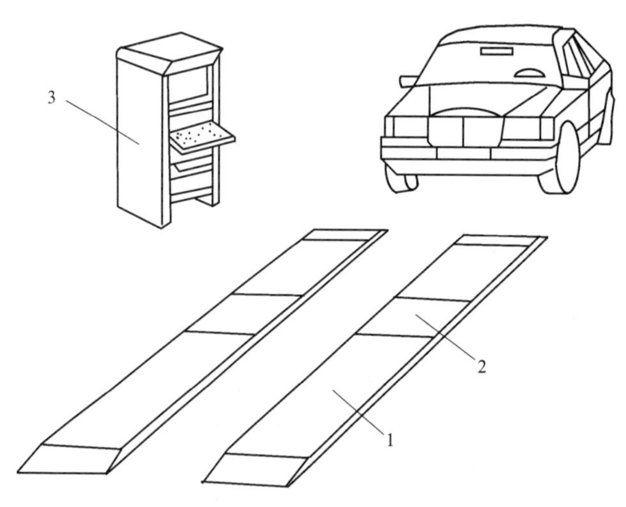

图5-16　平板式检测设备

1-制动、悬架、轴重测试平板；2-侧滑测试平版；3-数据处理系统

踏板力计能测得制动时作用在制动踏板上的力，其形式有有线式、无线式和红外线式，可以根据要求选用。

被测汽车以5～10 km/h的速度驶上测试平板，驾驶员根据指示信号及时踩下装有踏板力计的制动踏板，使车辆在制动、悬架、轴重测试平板上制动并停住。与此同时，数据处理系统采集制动过程中的全部数据，进行分析、处理，并在计算机显示屏上以图形、符号和数字显示，由打印机打印输出。

4. 惯性式滚筒制动试验台简介

由于惯性式滚筒制动试验台用旋转飞轮的转动惯量模拟汽车在道路上行驶时的动能，因而能在试验台上再现道路行驶状况。惯性式滚筒制动试验台的滚筒，可由电动机或车辆的驱动轮驱动，并能进行高速试验，因而测试结果与实际工况更为接近。

这种制动试验台的主要检测参数是各车轮的制动距离，同时还可测得制动时间和制动减速度。如果具有运算功能，还可获得整车制动距离和制动减速度。

惯性式滚筒制动试验台，有单轴式和双轴式之分。

单轴式制动试验台有两对滚筒，可同时检测一根车轴上的两个车轮，结构简图如图 5-17 所示。

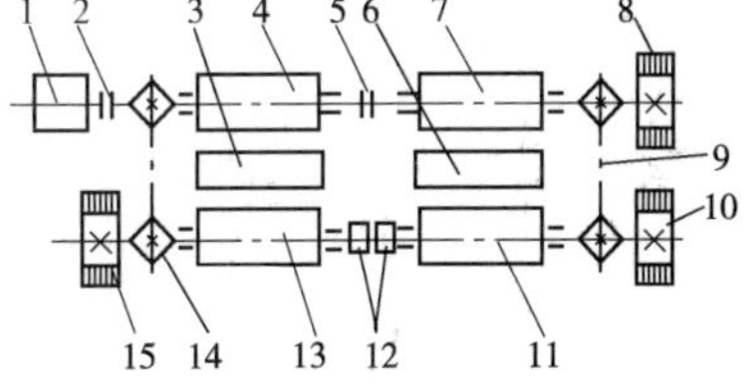

图 5-17　单轴惯性式滚筒制动试验台简图

1-电动机；2、5-联轴器；3、6-举升器；4、7、11、13-滚筒；8、10、15-飞轮；9、14-链传动；12-测速传感器

双轴式制动试验台有 4 对滚筒，可同时检测双轴汽车所有车轮的制动距离，结构简图如图 5-18 所示。

为了便于车辆驶入和驶出，不管是单轴还是双轴的惯性式滚筒制动试验台，在两滚筒之间均装有举升器。

惯性式滚筒制动试验台，由于采用高速模拟试验，比较接近道路行驶条件，因而试验方法更为先进。而且，这种试验台可发展为能进行加速、等速、滑行、测功、测油耗等试验的多功能台架，以便对整车的技术状况作出综合性检验。但是，由于试验台旋转部分要具有被检车辆各轴的转动惯量，因而有使设备结构复杂、电动机功率大、占地大和不适应多车型检测等缺点，因此在使用上受到限制。

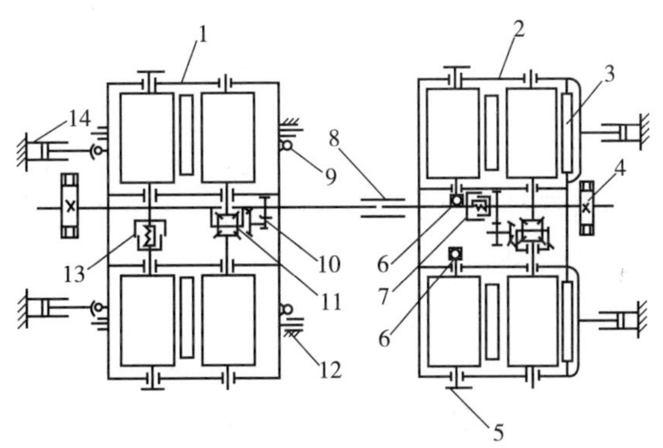

图 5-18　双轴惯性式滚筒制动试验台简图

1-前滚筒组；2-后滚筒组；3-第三滚筒；4-飞轮；5-传感器；6-测速发电机；7、13-电磁离合器；8-花键伸缩节；9-夹紧液压缸；10-变速器；11-差速器；12-导轨；14-推拉液压缸

用惯性式滚筒制动试验台测得的制动距离，应与路试检验行车制动性能一样，符合表 5-9 的要求。

第五节　车速表指示误差检测

汽车行驶速度与行车安全有着直接关系。为了保证行车安全，特别是在限速路段和限速车道上行驶时，驾驶员必须按照车速表的指示值，根据车辆、行人和道路状况，准确地控制车速。因此，车速表一定要准确可靠。如果车速表指示误差太大，驾驶员难以正确控制车速，极易因判断失误而造成交通事故。为确保车速表的指示精度，必须适时对其进行检测、校正。

由于车速表与行车安全有着密切关系，因此其是安全检测和综合检测中的重要检测项目之一。车速表的检测方法有道路试验法和室内台架试验法两种。本节着重介绍室内台架试验法。

一、车速表误差的形成与测量原理

1. 车速表误差的形成

车速表有磁感应式和电子式等类型，并且往往与里程表组合在一起。磁感应式车速表是利用蜗轮蜗杆和软轴的传动作为传感器，利用磁电互感作用并通过指针的摆动来指示汽车行驶速度的。机件在使用过程中发生自然磨损、磁性元件的磁性发生变化和轮胎滚动半径发生变化等，都会造成车速表指示误差增大。不管是磁感应式车速表还是电子式车速表，在本身技术状况正常的情况下，轮胎滚动半径的变化是造成车速表误差的主要原因。轮胎滚动半径的变化主要是由于轮胎磨损、气压不足或过高等造成的。

汽车行驶速度用下式计算：

$$v = 0.377 \frac{rn}{i_g i_0} \tag{5-14}$$

式中：v——汽车行驶速度，km/h；

r——车轮滚动半径，m；

n——发动机转速，r/min；

i_g——变速器传动比；

i_0——主减速器传动比。

由上式可以看出，汽车实际行驶速度与车轮滚动半径成正比。因此，即使车速表的技术状况正常，车速表的指示值也会因车轮滚动半径的变化，与实际车速形成误差。

2. 车速表误差测量原理

为了在室内测得车速表的指示误差，需采用滚筒式车速表试验台对车速表进行检测。用滚筒式车速表试验台（以下简称“车速表试验台”）检测车速表的指示误差，是把与车速表有传动关系的车轮置于车速表试验台滚筒上旋转，以滚筒的表面作为连续移动的路面，模拟汽车在路试中的行驶状态，进行车速表误差测量。车速表误差的测量原理如图5-19所示。测量时，将汽车上与车速表有传动关系的车轮（视车速表形式而定，多数情况下是驱动车轮）置于车速表试验台的滚筒上，由车轮驱动滚筒旋转或由滚筒驱动车轮旋转。车速表试验台滚筒的端部装有速度传感器，能发出与车速变化成正比的电信号。

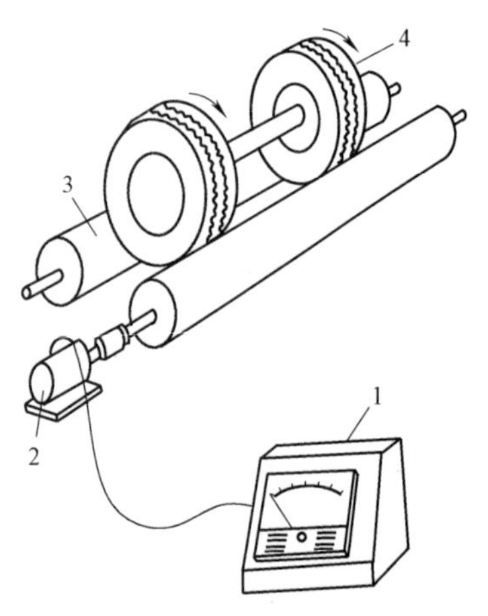

图5-19　车速表误差的测量原理图

1-实际车速的指示仪表；2-速度传感器；3-车速表试验台滚筒；4-驱动车轮

滚筒表面的线速度、滚筒的圆周长度和滚筒转速之间的关系，可用下式表示：

$$v = ln \times 60 \times 10^{-6} \tag{5-15}$$

式中：v——滚筒表面的线速度，km/h；

l——滚筒的圆周长度，mm；

n——滚筒的转速，r/min。

由于滚筒表面的线速度就是车轮的线速度，因此上述计算值即为汽车的实际车速值，由车速表试验台上的速度指示仪表显示，也称为试验台指示值。

车轮带动滚筒或滚筒带动车轮转动的同时，汽车驾驶室内的车速表也在显示车速值，称为车速表指示值。将车速表指示值与实际车速值（试验台指示值，下同）相比较，即可获得车速表的指示误差。

$$\text{车速表指示误差} = \frac{\text{车速表指示值} - \text{实际车速值}}{\text{实际车速值}} \times 100\% \tag{5-16}$$

二、车速表试验台的结构与工作原理

常见的车速表试验台有三种类型：无驱动装置的标准型，它依靠被测车轮带动滚筒旋转；有驱动装置的驱动型，它由电动机驱动滚筒旋转；与制动试验台、底盘测功试验台等组合在一起的综合型。

1. 标准型车速表试验台

标准型车速表试验台由速度测量装置、速度指示装置和速度报警装置等组成，如图5-20所示。

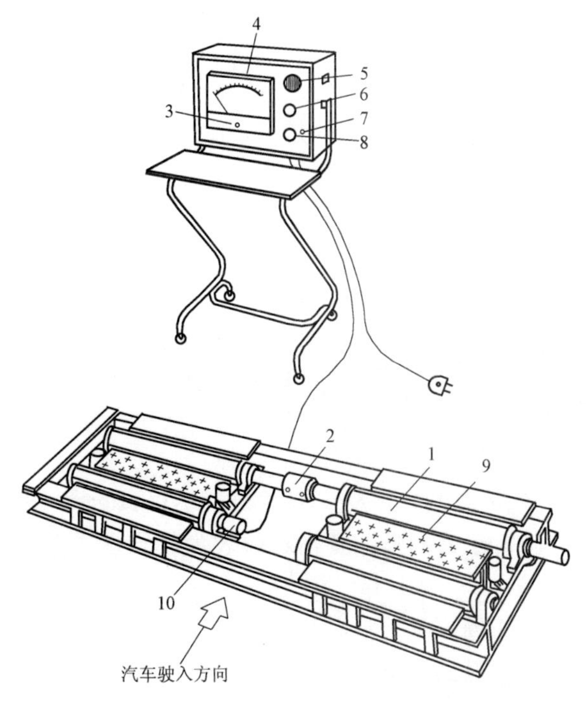

图5-20 标准型车速表试验台

1-滚筒；2-联轴器；3-零点校正螺钉；4-速度指示仪表；5-蜂鸣器；6-报警灯；7-电源灯；8-电源开关；9-举升器；10-速度传感器（测速发电机式）

1）速度测量装置

速度测量装置主要由框架、滚筒装置、举升器和速度传感器等组成。滚筒为4个，直径一般为185mm或更大，通过滚动轴承安装在框架上。试验时，为防止汽车驱动轴差速器行星齿轮自转，车速表试验台左、右两个前滚筒用联轴器连接在一起。为使汽车进、出车速表试验台方便，在前后滚筒之间设有举升器。举升器与滚筒装置联动。当举升器升起使车轮进、出试验台时，滚筒因自身制动装置的制动作用而被抱死。速度传感器有测速发电机式、差动变压器式、磁电式和光电式等多种形式。它安装在滚筒的一端，将对应于滚筒转速发出的电信号送至速度指示装置。

2）速度指示装置

速度指示装置按照速度传感器发出的电信号进行工作，能把以滚筒圆周长度与滚筒转速算出的线速度，以km/h为单位在仪表上指示。

3）速度报警装置

速度报警装置是在测量中为提示汽车实际车速已达到检测车速（40km/h，下同）而设置的。在车速表试验台的速度指示装置上，一般都设有报警灯或蜂鸣器作为报警装置。试验中，当汽车实际速度达到检测车速时，报警灯亮或蜂鸣器响，提示检测员立即读取驾驶内车速表的指示值，以便与实际车速对照，判断车速表指示值是否在合格范围之内。

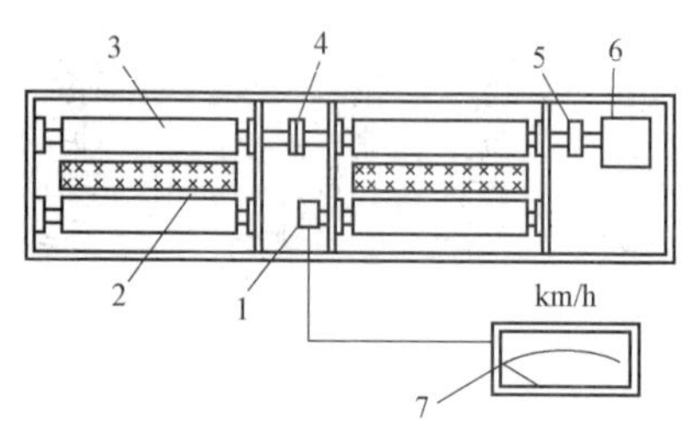

图5-21　驱动型车速表试验台

1-测速发电机；2-举升器；3-滚筒；4-联轴器；5-离合器；6-电动机；7-速度指示仪表

2. 驱动型车速表试验台

多数汽车的车速表转速信号，取自变速器的输出端，即取自汽车的传动系统。但是，也有一些汽车的车速表转速信号取自汽车从动系统的车轮。驱动型车速表试验台就是为适应后一种汽车而设置的，如图5-21所示。需要指出的是，这种车速表试验台在滚筒与电动机之间装有离合器。当离合器处于分离状态时，驱动型车速表试验台也可以作为标准型车速表试验台使用。

三、车速表试验台使用方法

测量车速表指示误差之前，应认真阅读车速表试验台的使用说明书，按规定的方法正确使用。车速表试验台通用的使用方法如下。

1. 车速表试验台准备

（1）在车速表试验台滚筒处于静止状态时，检查指示仪表的指针是否在机械零点上。若指针不在零点，可用零点调整螺钉调整。若指示仪表为数码管式，数码管应亮度正常，且均处于零位。

（2）检查车速表试验台滚筒上是否沾有油、水、泥、砂等杂物。若有，应清除干净。

（3）检查车速表试验台举升器的升、降动作是否自如。若动作阻滞或有泄漏部位，应予修理。

（4）检查车速表试验台导线的连接情况。若有接触不良或断路，应予修理或更换。

对于经常使用的车速表试验台，不一定每次使用前都要全面进行上述检查。

2. 被检车辆准备

(1)检查轮胎气压,应符合汽车制造厂之规定。

(2)轮胎上粘有油、水、泥、砂或花纹内嵌有小石子时,应清除干净。

3. 检测方法

(1)接通车速表试验台电源。

(2)升起滚筒间的举升器。

(3)将汽车开上车速表试验台,使其与车速表有传动关系的车轮停于两滚筒之间。

(4)降下举升器,至轮胎与举升器平板脱离为止。

(5)检测步骤。

对于标准型车速表试验台:

①汽车挂入最高挡,解除驻车制动,踩下加速踏板,使驱动车轮带动滚筒平稳地加速运转。

②当驾驶室内车速表指示值稳定达到检测车速时,读取车速表试验台指示值(实际车速);或当车速表试验台指示值稳定达到检测车速时,读取驾驶室内车速表的指示值。

对于驱动型车速表试验台:

①接合车速表试验台离合器,使滚筒与电动机连接在一起。

②将汽车变速器挂入空挡,解除驻车制动,起动电动机,通过滚筒带动车轮旋转。

③当驾驶室内车速表指示值稳定达到检测车速时,读取车速表试验台指示值;或当车速表试验台指示值稳定达到检测车速时,读取驾驶室内车速表指示值。

(6)读取数据后,轻轻踩下汽车制动踏板,使滚筒和车轮停止转动。对于驱动型车速表试验台,必须先关断电动机电源,再踩制动踏板。

(7)升起举升器,汽车驶出试验台。

(8)关断试验台电源,测量工作结束。

四、诊断参数标准

国家标准《机动车运行安全技术条件》(GB 7258—2017)对车速表指示误差(最大设计车速不大于40km/h机动车除外)作了如下规定:

车速表指示车速 V_1(单位:km/h)与实际车速 V_2(单位:km/h)之间应符合下列关系式:

$$0 \leq V_1 - V_2 \leq (V_2/10) + 4$$

第六节 汽油车排气污染物检测

汽油车排放的污染物,是公认的城市公害之一。它污染大气,影响人民身体健康,已发展成为严重的社会问题。因此,监督并检测汽油车排气污染物浓度,已成为汽油车检测项目中极为重要的组成部分。

一、概述

汽油车排气中的污染物,主要是一氧化碳(CO)、碳氢化合物(HC)、氮氧化物(NO_x)、二氧化硫(SO_2)、炭烟和其他一些有害物质。如果燃用含铅汽油，排气中的污染物还包括铅化合物。据20世纪有关资料介绍，一辆汽油车在行驶过程中，平均每天排出CO约为3kg，HC为0.2~0.4kg，NO_x为0.05~0.15kg。当然，由于发动机类型、排量、燃料、技术状况、温度状况、运行工况、运行时间、气候和道路条件的不同，上述数据会有很大的不同。汽油车排气对城市的污染还与城市的大小、车辆的多少、街道的宽窄、建筑物的高低和是否通风等因素有关。

汽油车排放污染物中，CO、HC、NO_x、铅化物和炭烟等，主要来自尾气的排放，少部分来自曲轴箱泄漏。其中，HC还来自油箱和整个供油系统的蒸发与滴漏。

二、汽油车污染物排放检验

国家标准《汽油车污染物排放限值及测量方法(双怠速法及简易工况法)》(GB 18285—2018)，规定了汽油车污染物排放限值及测量方法，同时规定了汽油车外观检验、车载自诊断系统(OBD)检查、燃油蒸发排放控制系统检测的方法和判断依据。

该标准适用于新生产车下线检验、注册登记检验和在用车检验，也适用于其他装用点燃式发动机的汽车。

1. 检验项目

汽车环保检验项目，见表5-13所列。

检验项目 表5-13

检验项目	新生产车下线	进口车入境	注册登记①	在用车①
外观检验(含对污染控制装置检查和环保信息随车清单检查)	进行	进行	进行	进行②
OBD检查	进行	进行	进行	进行③
排气污染物检测	抽检④	抽检④	进行	进行⑤
燃油蒸发检测	不进行	不进行	按10.1.2规定进行	按10.1.2规定进行

注：①符合免检规定的汽车，按照免检相关规定进行。

②查验污染控制装置是否完好。

③适用于装有OBD的车辆。

④混合动力汽车污染物排放抽测应在最大燃油消耗模式下进行。

⑤变更登记、转移登记检验按有关规定进行。

表5-13中“按10.1.2规定进行”，是指省级生态环境主管部门可根据臭氧污染状况，采用国家标准《汽油车污染物排放限值及测量方法(双怠速法及简易工况法)》(GB 18285—2018)(以下简称《汽油车排放限值及测量》)附录E所规定的方法，对车辆的燃油蒸发系统进行检测。

2. 检验方法

根据标准《汽油车排放限值及测量》的规定，汽油车污染物测量方法分为双怠速工况法和简易工况法两种。双怠速工况是指怠速工况和高怠速工况。

1)双怠速工况法

怠速工况指汽油机最低稳定转速工况。即离合器处于接合位置，变速器处于空挡位置

(自动变速器处于P挡位置),加速踏板处于完全放松位置。高怠速工况指满足上述(除最后一项)条件,用加速踏板将发动机转速稳定控制在标准《汽油车排放限值及测量》规定的高怠速转速下。标准《汽油车排放限值及测量》将轻型汽车的高怠速转速规定为(2500 ±200)r/min,重型汽车的高怠速转速规定为(1800 ±200)r/min;如不适用,按制造厂技术文件中规定的高怠速转速。

按照双怠速工况测试汽油车污染物排放,即为双怠速工况法。

2)简易工况法

它指标准《汽油车排放限值及测量》附录B、C、D规定的测试方法。附录B规定的是"稳态工况法",附录C规定的是"瞬态工况法",附录D规定的是"简易瞬态工况法"。

可以看出,简易工况法包括上述三种工况法,并且均要求应在底盘测功机上进行。

标准《汽油车排放限值及测量》规定,在全国范围内进行的汽车环保定期检验应采用简易工况法进行。对于无法使用简易工况法的车辆,可采用双怠速工况法进行。

3. 污染物排放限值

采用不同工况测量方法,污染物排放限值也不一样。

1)采用双怠速工况法

按标准《汽油车排放限值及测量》附录A检测,其检测结果应小于表5-14中规定的排放限值。

双怠速工况法检测排气污染物排放限值 表5-14

类别	怠速		高怠速	
	CO(%)	HC($\times10^{-6}$)①	CO(%)	HC($\times10^{-6}$)①
限值a	0.6	80	0.3	50
限值b	0.4	40	0.3	30

注:①对以天然气为燃料的汽油机汽车,该项目为推荐性要求。

排放检验的同时,应进行过量空气系数 λ 的测定。发动机在高怠速工况时,λ 应在1.00 ±0.05之间,或者在制造厂规定的范围内。

2)采用简易工况法

(1)稳态工况法。按标准《汽油车排放限值及测量》附录B进行检测,其检测结果应小于表5-15规定的排放限值。

稳态工况法检测排气污染物排放限值 表5-15

类别	ASM5025			ASM2540		
	CO(%)	HC($\times10^{-6}$)①	NO($\times10^{-6}$)	CO(%)	HC($\times10^{-6}$)①	NO($\times10^{-6}$)
限值a	0.50	90	700	0.40	80	650
限值b	0.35	47	420	0.30	44	390

注:①对于装用以天然气为燃料的汽油机汽车,该项目为推荐性要求。

排放检测的同时,应进行过量空气系数 λ 的测定。

表5-15中的ASM5025、ASM2540,是稳态工况法(ASM)在底盘测功机上测试运转循环中的两个工况。5025是指测试车辆以25km/h的速度稳定运行,2540是指测试车辆以

40km/h 的速度稳定运行。

(2)瞬态工况法。按标准《汽油车排放限值及测量》附录 C 进行检测，其检测结果应小于表 5-16 规定的排放限值。

瞬态工况法检测排气污染物排放限值 表 5-16

类　别	CO(g/km)	HC + NO_x(g/km)
限值 a	3.5	1.5
限值 b	2.8	1.2

应同时进行过量空气系数 λ 的测定。

(3)简易瞬态工况法。按标准《汽油车排放限值及测量》附录 D 进行检测，其检测结果应小于表 5-17 规定的排放限值。

简易瞬态工况法检测排气污染物排放限值 表 5-17

类　别	CO(g/km)	HC(g/km)①	NO_x(g/km)
限值 a	8.0	1.6	1.3
限值 b	5.0	1.0	0.7

注：①对于装用以天然气为燃料的汽油发动机汽车，该项目为推荐性要求。

应同时进行过量空气系数 λ 的测定。

当采用简易工况法检测排气污染物时，在标准《汽油车排放限值及测量》附录 B、C、D 中选择任意一种方法即可。

3)蒸发排放系统检测

按标准《汽油车排放限值及测量》附录 E 进行蒸发排放系统检测，其检测结果应符合附录 E 中“E.2”的要求。限于篇幅，本教材不再详述，实测时请按附录 E 的规定进行。

4)OBD 系统检测程序

按标准《汽油车排放限值及测量》附录 F OBD 系统检测程序进行检测，本教材不再详述，实测时请按附录 F 的规定进行。

4. 检测结果判定

(1)如果检测结果中任何一项污染物不满足限值要求，判定车辆排放检验不合格。在用车排放污染物应符合标准《汽油车排放限值及测量》规定的限值 a。

(2)如果双怠速法过量空气系数超出要求的控制范围(1.00 ±0.05)，也判定车辆排放检验结果不合格。

(3)2011 年 7 月 1 日以后生产的轻型汽车，以及 2013 年 7 月 1 日以后生产的重型汽车，如果 OBD 检验不合格时，判定排放检验不合格。

(4)采用双怠速法对在用汽车进行监督抽查时，可采用标准《汽油车排放限值及测量》规定限值的 1.1 倍进行判定。

5. 双怠速工况法测量程序和测量仪器

1)测量程序

(1)应保证受检测车辆处于制造厂规定的正常状态，发动机进气系统应装有空气滤清器，排气系统应装有排气消声器和排气后处理装置，排气系统不允许有泄漏。

(2)进行排放测量时,发动机冷却液或润滑油温度应不低于80℃,或者达到汽车使用说明书规定的热状态。

(3)发动机从怠速状态加速至70%额定转速或企业规定的暖机转速,运转30s后降至高怠速状态。将双怠速工况法排放测试仪取样探头插入排气管中,深度不少于400mm,并固定在排气管上。维持15s后,由具有平均值计算功能的双怠速工况法排放测试仪读取30s内的平均值,该值即为高怠速污染物测量结果。对使用闭环控制电子燃油喷射系统和三元催化转换器技术的汽车,还应同时计算过量空气系数λ的数值。

(4)发动机从高怠速降至怠速状态15s后,由具有平均值计算功能的双怠速工况法排放测试仪读取30s内平均值,该值即为怠速污染物测量结果。

(5)在测试过程中,如果任何时刻CO与CO_2的浓度之和小于6.0%,或者发动机熄火,应停止测试,排放测量结果无效,需要重新进行测试。

(6)对多排气管车辆,应取各排气管测量结果的算术平均值作为测量结果。

(7)若车辆排气系统设计导致的车辆排气管长度小于测量深度时,应使用排气延长管。

(8)应使用符合规定的市售燃料,例如车用汽油、车用天然气、车用液化石油气等。试验时直接使用车辆中的燃料进行排放测试,不需要更换燃料。

2)测量仪器

标准《汽油车排放限值及测量》的附件AA,对双怠速工况法排放测试仪器(以下简称"排放测试仪器")提出了技术条件。

(1)基本技术要求。

①排放测试仪器至少能测量汽车排气中的CO、CO_2、HC(用正己烷当量表示)和O_2四种成分的体积分数或浓度,并能根据上述成分的测量结果计算过量空气系数λ值。

②CO、CO_2、HC的测量应采用不分光红外线法(NDIR),O_2的测量可采用电化学电池法或其他等效方法。

③排放测试仪器应具有发动机转速和机油温度测量功能,或具有转速和机油温度信号输入端口。

④排放测试仪器气体分析系统的所有部件应由耐腐蚀材料制成,所用材料对废气成分应无影响。取样探头应能经受排气高温的作用,并具有限位和固定装置。

⑤排放测试仪器应配备有符合标准《汽油车排放限值及测量》要求的怠速和高怠速测量程序。

(2)结构要求。

①总则。在排放测试仪器中,通过采样泵将排气样气传输至气体处理系统和检测器进行分析,测定汽车各污染物成分的体积分数或浓度,并计算过量空气系数λ值。

②排放测试仪器主要部件:

a.取样探头。该探头应能插入车辆排气管中至少400mm,并有插深定位装置。对独立工作的双排气管车辆应采用Y形取样探头同时取样,应保证两排气管内的样气同时到达总取样管。

b.取样软管。该软管与取样探头连接,作为测量系统样气进入和排出的通道。

c.泵。能将排气样气传输至测量仪器。

d. 水分离器。其容积应足够大，能够连续去除排气样气中的冷凝水，保证取样系统无水冷凝现象。当水蒸气达到饱和时，应能保证自动脱离或自动停止测量操作。

e. 过滤器。其应能除去导致排气测量仪器各种敏感部件污染的颗粒物，要求应能除去直径大于5μm的颗粒，不需取出即能观察其沾污程度，并易于更换。当测量HC体积分数为800×10^{-6}左右的样气时，能保证连续工作时间不少于30min。

f. 零气端口和检查端口。这两种端口位于水分离器和过滤器的下游位置，包括用于引入作为排放测量仪器零点调节的纯净气体端口和标准气体端口。

g. 探测元件。按体积分数分析气体样品中的组分。

h. 数据系统和显示器件。数据系统用于处理信号，显示器件显示测量结果。

i. 控制调整装置。能完成排放测量仪器初始化及开机检查，通过手动、半自动或全自动调节装置将排放测量仪器参数调整于设定范围内。

三、不分光红外线法

如前所述，标准《汽油车排放限值及测量》的附录A对CO、CO_2、HC气体规定测量仪器采用不分光红外线法（NDIR）。不分光红外线法在汽油车排放污染物检测中应用广泛。

（一）不分光红外线法检测原理

汽车排气中的CO、CO_2、HC和NO等气体，都分别具有吸收一定波长范围红外线的性质，如图5-22所示。而且，红外线被吸收的程度与排气浓度之间有一个大致一定的关系。不分光红外线法就是利用这一原理，即根据检测红外线被汽车排气吸收一定波长范围红外线后能量的变化，来检测排气中各种污染物的含量。在各种气体混杂一起的情况下，这种检测方法具有测量值不受影响的特点。

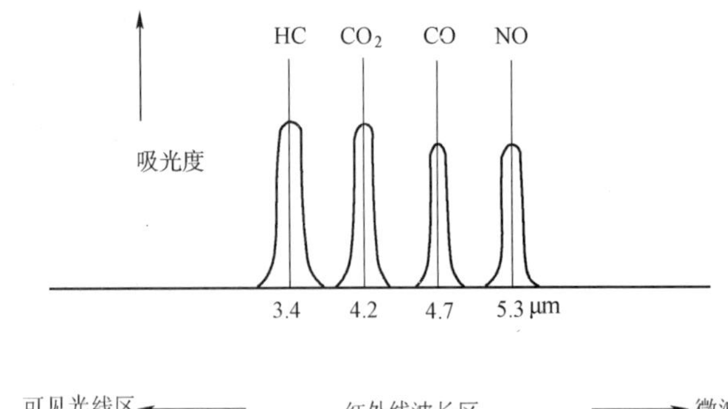

图5-22　四种气体吸收红外线的情况

利用不分光红外线法制成的分析仪（或称为监测仪、检测仪、测量仪等），根据检测的气体数目分类，可分为单气体分析仪、二气体分析仪、四气体分析仪和五气体分析仪等多种类型。单气体分析仪仅能检测CO或HC或其他一种气体的含量；二气体分析仪能检测CO和HC这两种气体或其他两种气体的含量；四气体分析仪可检测CO、CO_2、HC、O_2四种气体的含量和过量空气系数λ；五气体分析仪可检测CO、CO_2、HC、O_2、NO五种气体的含量和过量空气系数λ。

不论哪种类型的气体分析仪，在检测HC含量时，由于排气中HC成分非常复杂，因此要把各种 HC 成分的含量换算成正己烷($n\text{-}C_6H_{14}$)的当量作为 HC 含量的测量值。

(二)二气体分析仪结构、工作原理和使用方法

二气体分析仪最常见的是 CO 和 HC 气体分析仪,是一种能够从汽车排气管中采集气样,对其中 CO 和 HC 含量连续进行分析的仪器,在国内使用比较普遍。国产的两种二气体分析仪的外形图如图 5-23、图 5-24 所示。

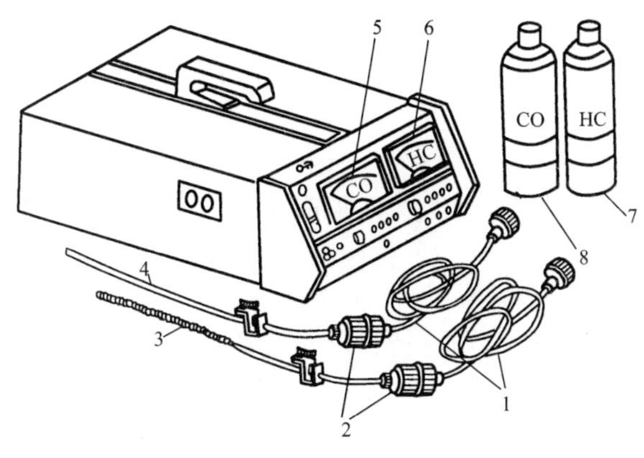

图 5-23 MEXA—324F 型汽车排气分析仪

1-导管;2-滤清器;3-低含量取样探头;4-高含量取样探头;5-CO 指示仪表;6-HC 指示仪表;7-标准 HC 气样瓶;8-标准 CO 气样瓶

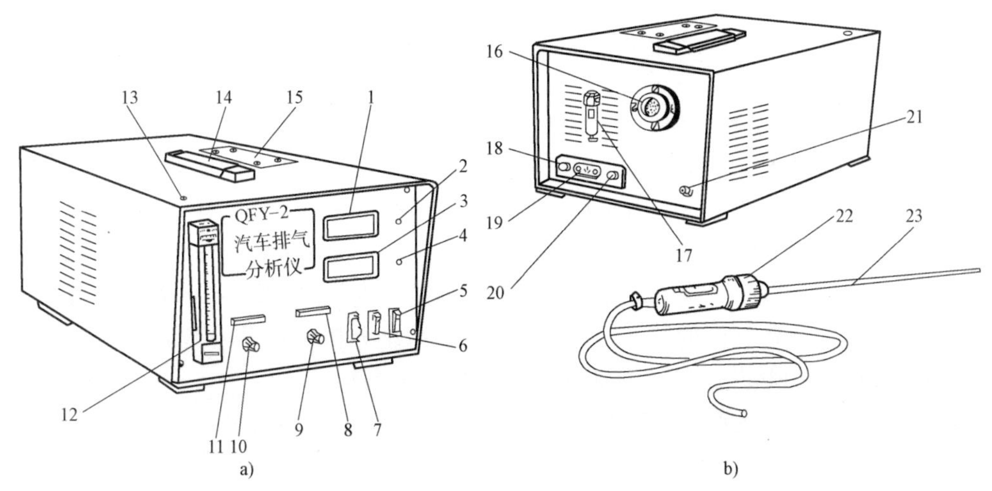

图 5-24 QFY—2 型汽车排气分析仪

a)分析仪前视图;b)分析仪后视图

1-CO 显示器;2-CO 标定旋钮;3-HC 显示器;4-HC 标定旋钮;5-电源开关;6-风扇开关;7-取样泵开关;8-CO 量程切换开关;9-CO 调零旋钮;10-HC 调零旋钮;11-HC 量程切换开关;12-流量计;13-标准气样入口;14-提手;15-上盖板;16-过滤器;17-水分离器;18-熔丝座;19-电源线插座;20-进气口;21-出气口;22-前置过滤器;23-取样管

1. 二气体分析仪结构和工作原理

二气体分析仪由排气取样装置、排气分析装置、含量指示装置和校准装置等组成。汽车排气在二气体分析仪内的流动路线如图 5-25 所示。

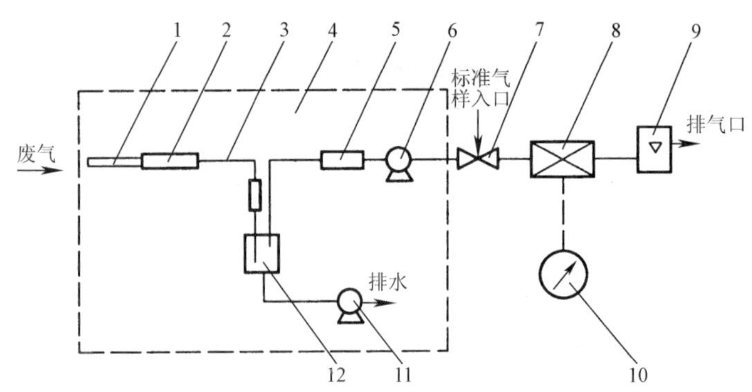

图 5-25　汽车排气在二气体分析仪内的流动路线

1-取样探头；2、5-滤清器；3-导管；4-排气取样装置；6、11-泵；7-换向阀；8-排气分析装置；9-流量计；10-浓度指示装置；12-水分离器

1）排气取样装置

排气取样装置由取样探头、滤清器、导管、水分离器和泵等组成。它通过取样探头、导管和泵从车辆排气管里采集排气，再用滤清器和水分离器把排气中的炭渣、灰尘和水分等除掉，只把排气送入分析装置。为了使取样探头具有耐热性和防止导管吸附 HC 气体，它们是用特殊材料制成的。

2）排气分析装置

排气分析装置由红外线光源、气样室、旋转扇轮、测量室和传感器等组成。该装置按照不分光红外线法，从来自取样装置的混有多种成分的排气中，分析 CO 和 HC 的含量，并将含量转变成电信号输送给含量指示装置。按传感器形式不同，排气分析装置可分为电容微音器式和半导体式等不同形式；按功能不同，又可分为 CO、HC 等单项式和 CO、HC 等综合式两种形式。

（1）电容微音器式分析装置。

图 5-26 所示装置中，从两个红外线光源发出的红外线，分别通过标准气样室和测量气样室后到达测量室。标准气样室内充有不吸收红外线的 N_2，而测量气样室内充有被测量的发动机排气。测量室由两个分室组成，二者之间留有通道，并在通道上装有金属膜式电容微音器以作为传感器。为了能够从排气中选择需要测量的成分，在测量室的两个分室内，充入适当含量的与被测气体相同的气体。即在测量 CO 浓度分析装置里的测量室内充入 CO 气体，在测量 HC 含量分析装置里的测量室内充入正己烷气体。

旋转扇轮也称为截光器，能连续地导通、截止两个红外线光源，从而形成射线脉冲。当红外线通过旋转扇轮断续地到达测量室时，由于通过测量气样室被所测气体按浓度大小吸收掉一部分一定波长范围的红外线，而通过标准气样室的红外线完全没有被吸收，因此在测量室的两个分室内，因红外线能量的差别出现了温度差别，温度差别又导致了测量室内压力差别，致使金属膜片弯曲变形。发动机排气中被测气体含量越大，金属膜片弯曲变形也越大。膜片弯曲变形致使电容微音器输出电压改变，该电压信号经放大器放大后送往含量指示装置。

（2）半导体式分析装置。

图 5-27 所示装置中，从两个红外线光源发出的红外线，分别通过标准气样室和测量气样室后用聚光管聚光，然后输送到测量室。同样，在标准气样室里充有不吸收红外线的 N_2，

在测量气样室里充有被测量的发动机排气。传感器采用的是一种能按照红外线能量强度的变化改变电信号大小的半导体元件。由于该半导体元件本身不具有对被测气体吸收一定波长范围红外线的选择性,因此在半导体元件前面放置了一片光学滤色片,仅让被测气体吸收的一定波长范围内的红外线通过。红外线穿过旋转扇轮后,断续地通过标准气样室和测量气样室,经过聚光管和光学滤色片后到达半导体传感器。通过标准气样室的红外线由于未被吸收,因此能量保持不变;通过测量气样室的红外线由于被所测气体吸收掉一部分一定波长范围的红外线,因此分别通过两气样室的红外线的能量形成差别后到达传感器。半导体传感器能把红外线能量差别转变成电信号差别,经放大器放大后输送给含量指示装置。

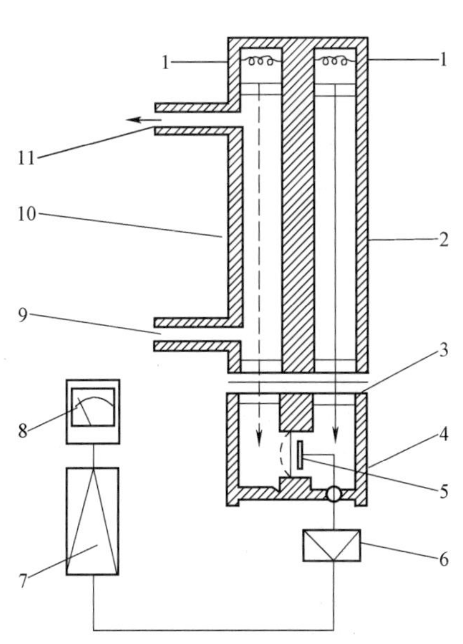

图 5-26 电容微音器式分析装置

1-红外线光源;2-标准气样室;3-旋转扇轮;4-测量室;5-电容微音器;6-前置放大器;7-主放大器;8-指示仪表;9-排气入口;10-测量气样室;11-排气出口

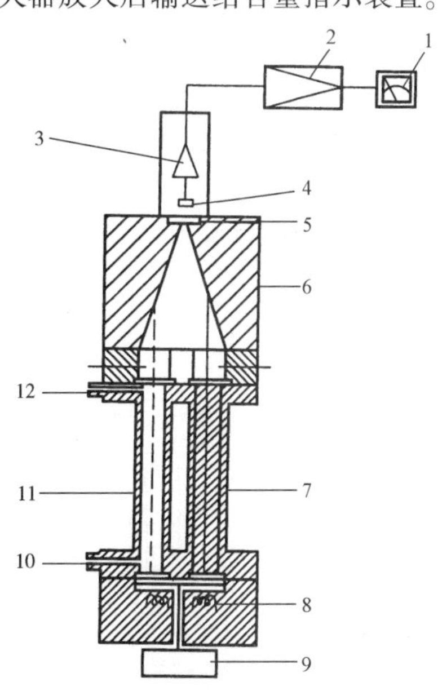

图 5-27 半导体式分析装置

1-指示仪表;2-主放大器;3-前置放大器;4-半导体传感器;5-光学滤色片;6-聚光管;7-标准气样室;8-红外线光源;9-旋转扇轮;10-排气入口;11-测量气样室;12-排气出口

3)含量指示装置

CO 和 HC 综合式气体分析仪的含量指示装置,主要由 CO 指示装置和 HC 指示装置组成,有指针式仪表和数字式显示器两种类型。从排气分析装置送来的电信号,在 CO 指示仪表上,CO 的体积分数以百分数(%)表示;在 HC 指示仪表上,HC 的体积分数以正己烷当量的百万分数(10^{-6})或以百分数(%)表示。指针式仪表的指示,可利用零点调整旋钮、标准调整旋钮和读数转换开关等进行控制。

二气体分析仪内的滤清器脏污时,对测量值有影响,因此要经常观察流量计的指示情况,发现指针进入红区应及时更换滤清器滤芯。

4)校准装置

校准装置是一种为了保持二气体分析仪的指示精度,使之能准确指示测量值的装置。在此装置中,往往既设有用加入标准气样进行校准的装置,也设有用机械方式简易校准的装置。

(1)标准气样校准装置。它是先把标准气样从二气体分析仪上单设的一个专用注入口直接送到排气分析装置,再通过利用比较标准气样浓度值和仪表指示值的方法来进行校准的装置。

(2)简易校准装置。通常它是用遮光板把排气分析装置中通过测量气样室的红外线遮挡住一部分,用减少一定量红外线能量的方法进行简单校准的装置。

2. 二气体分析仪的使用方法

1)仪器准备

按二气体分析仪使用说明书要求做好以下各项准备工作。

(1)接通电源,对二气体分析仪预热 30min 以上。

(2)仪器校准。

①用标准气样校准:先让二气体分析仪吸入清洁空气,用零点调整旋钮把仪表指针调整到零点。然后,把仪器附带的标准气样从标准气样注入口(图 5-28 中的 12)注入,再用标准调整旋钮把仪表指针调到标准指示值。在灌注标准气样时,要关掉二气体分析仪上的泵开关。

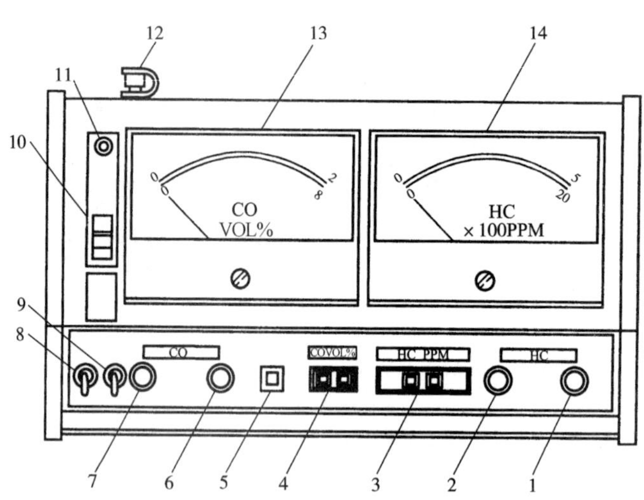

图 5-28　MEXA—324F 型汽车排气分析仪面板图

1-HC 标准调整旋钮;2-HC 零点调整旋钮;3-HC 读数转换开关;4-CO 读数转换开关;5-简易校准开关;6-CO 标准调整旋钮;7-CO 零点调整旋钮;8-电源开关;9-泵开关;10-流量计;11-电源指示灯;12-标准气样注入口;13-CO 指示仪表;14-HC 指示仪表

CO 和 HC 两种气体的标准指示值的大小。对于 CO 气体分析仪,可把标准气样瓶上标明的 CO 浓度值作为校准的标准值;对于 HC 气体分析仪,由于是用丙烷作为标准气样,因而要按下式求出正己烷的换算值,再用正己烷的换算值作为校准的标准值。

$$校准的标准值(即正己烷换算值)=标准气样(丙烷)含量\times换算系数 \tag{5-17}$$

式中:标准气样(丙烷)含量——HC 标准气样瓶上标明的含量值;

换算系数——气体分析仪的给出值(标注在气体分析仪壳体一侧),一般为 0.472 ~ 0.578。

②简易校准:先打开简易校准开关(图 5-29 中的 3),对于有校准位置刻度线的仪器,可用标准调整旋钮(图 5-29 中的 1、2)把仪表指针调整到正对校准位置刻度线位置。对于没有

校准位置刻度线的仪器，要在标准气样校正后立即打开简易校准开关进行简易校准，此时要用标准调整旋钮把仪表指针调整到与标准气样校准后的指示值重合。应记住这一指示位置，以便今后简易校准时使用。简易校准结束后，应及时关闭简易校准开关。

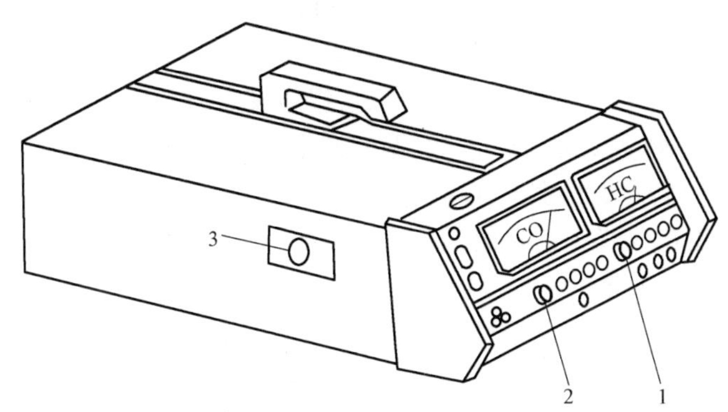

图 5-29　标准调整旋钮和简易校准开关位置

1-HC 标准调整旋钮；2-CO 标准调整旋钮；3-简易校准开关

(3)把取样探头和取样导管安装到二气体分析仪上，检查取样探头和导管内是否有残留 HC。如果管的内壁吸附残留 HC 较多，仪表指针大大超过零点位置以上时，要用压缩空气吹洗或用布条等物清洁取样探头和导管内壁。

二气体分析仪经过上述检查和校准后，即可投入使用。

2)车辆或发动机准备

(1)试验车辆或发动机的进气系统应装有空气滤清器，排气系统应装有排气消声器，并不得有泄漏。

(2)汽油应符合国家标准《车用汽油》(GB 17930—2016)的规定。

(3)在发动机上安装转速计、点火正时仪、冷却液和润滑油测温计等测量仪器。

(4)测量时发动机冷却液和润滑油温度应不低于 80℃，或达到汽车使用说明书规定的热车状态。

3)使用方法

(1)将取样探头插入排气管中，深度不少于 400mm，并固定在排气管上。

(2)按测量程序进行高怠速、怠速排放污染物测量，读取测量结果并填写测试报告。

(3)使用中，先把二气体分析仪指示仪表的读数转换开关打到最高量程挡位，再一边观看指示仪表，一边用读数转换开关选择适于排气含量的量程挡位。

(4)测量工作结束后，把取样探头从排气管里抽出来，吸入新鲜空气 5min，待二气体分析仪指针回到零点位置后再关闭电源。

3. 注意事项

(1)汽油车双怠速排放污染物的检测，一定要把发动机高怠速和怠速的转速和温度控制在规定范围之内。

(2)有的二气体分析仪的取样探头、导管分为低含量用和高含量用两种，要注意分别使用。

(3)检测时导管不要发生弯折现象。

(4)多部车辆连续检测时,一定要把取样探头从排气管里抽出并待仪表指针回到零点后,再进行下一部车的测量。

(5)不要在有油或有有机溶剂的地方进行检测。

(6)要注意检测地点的室内通风换气,以防人员中毒。

(7)检测结束后,要立即把取样探头从排气管里抽出来。

(8)取样探头不用时要垂直吊挂,不要平放,以防管内的积水腐蚀取样探头。

(9)二气体分析仪不要放置在湿度大、温度变化大、振动大或有倾斜的地方。

(10)二气体分析仪要定时维护,以确保使用精度。

(11)校准用的标准气样是有毒的,要注意保管。

(三)五气体分析仪简介

五气体分析仪,可检测 CO、CO_2、HC、O_2、NO 五种气体的含量和过量空气系数 λ。国产 SW5003 型汽车排放气体分析仪就是一种五气体分析仪。该种气体分析仪通过采用不分光红外线法(NDIR)检测汽车排气中 CO、CO_2、HC 的含量,通过采用电化学法检测汽车排气中 O_2 和 NO 的含量,并根据测得的 CO、CO_2、HC 和 O_2 含量计算出过量空气系数 λ。

第七节　柴油车排气污染物检测

柴油车排放的可见污染物表现在排气烟色上。排气烟色主要有黑烟、蓝烟和白烟三种,黑烟对空气污染最严重。

国家标准《柴油车污染物排放限值及测量方法》(自由加速法及加载减速法)(GB 3847—2018)(以下简称《柴油车排放限值及测量》),规定了柴油车自由加速法和加载减速法排气污染物排放限值及测量方法,以及柴油车外观检验、OBD 检查方法和判定依据。

该标准适用于新生产柴油车下线检验、注册登记检验和在用汽车检验。

一、检测项目

柴油车排气污染物检测项目,包括外观检验、OBD 检查和排气污染物检测,见表 5-18。

检验项目　　表 5-18

检验项目	新生产汽车下线	进口车入境	注册登记①	在用汽车①
外观检验(含对污染物控制装置检查和环保信息随车清单核查)	进行	进行	进行	进行②
OBD 检查	进行	进行	进行	进行③
排气污染物检测	抽测④	抽测④	进行	进行⑤

注:①符合免检规定的车辆,按照免检相关规定进行。

②查验污染控制装置是否完好。

③适用于装有 OBD 的车辆。

④混合动力汽车的排气污染物抽测应在最大燃料消耗模式下进行。

⑤变更登记、转移登记检验按有关规定进行。

1. 外观检验

1)新生产汽车下线

检查车辆污染控制装置与环保信息随车清单内容是否一致。

2)注册登记

(1)查验环保随车清单是否与信息公开内容一致。

(2)检查车辆污染控制装置和发动机与环保信息清单是否一致。

3)在用汽车

(1)检查受检车辆的车况是否正常。如有异常,应要求车主进行维修。

(2)检查车辆是否存在烧机油或者严重冒黑烟现象。如有,应要求车主进行维修。

(3)检查发动机排气管、排气消声器和排气后处理装置的外观及安装紧固部位是否完好。如有腐蚀、破损或松动的,应要求车主进行维修。

(4)检查车辆是否配置有 OBD 系统。

(5)判断车辆是否适合进行加载减速法检测。如不适合(例如:无法手动切换两轮驱动模式的全时四轮驱动车辆和适时四轮驱车辆等),应标注。进行加载减速法检测的,应确认车辆轮胎表面无夹杂异物。

(6)变更登记、转移登记检验时应查验污染控制装置是否完好。

2. OBD 检查

1)新生产汽车下线

汽车生产企业应对每辆车的 OBD 系统通信进行检查,确认 OBD 系统通信正常方可出厂。

2)注册登记

检查车辆是否按规定要求设置了 OBD 接口,OBD 通信是否正常,有无故障代码。

3)在用汽车

(1)对配置有 OBD 系统的在用汽车,在完成外观检验后应进行 OBD 检查。排气污染物检测过程中,不可断开 OBD 诊断仪。

(2)OBD 检查项目包括:故障指示器状态,诊断仪实际读取的故障指示器状态、故障代码、MIL 灯(发动机故障指示灯)点亮后行驶里程和诊断状态值,具体检查流程应按照标准《柴油车排放限值及测量》附录 E 进行。

(3)若车辆存在故障指示器故障(含电路故障)、故障指示器被激活、车辆与 OBD 诊断仪通信故障、仪表板故障指示器状态与 ECU 中记载的故障指示器状态不一致时,均判定 OBD 检查不合格。如果诊断就绪状态项未完成项超过 2 项,应要求车主在充分行驶后再进行复检。

(4)检验机构应使用计算机数据管理系统存储所有受检车辆 OBD 数据,不得人为篡改数据。

(5)OBD 诊断仪应能实现对 OBD 检查数据实时自动传输。作为排放检测一部分,OBD 获得的信息应自动保存到计算机系统中。

(6)对配置有远程排放管理车载终端的在用汽车,应查验其装置通信是否正常。

(7)如车辆污染控制装置被移除,而 OBD 故障指示灯未点亮报警的,视为该车辆 OBD 检查不合格。

3. 排气污染物检测

1）排放限值及测量方法

（1）新生产汽车下线。

按照标准《柴油车排放限值及测量》规定进行下线车辆抽测。排放结果应小于表 5-19 规定的排放限值。生产企业也可采用其他方法进行排放检测，但应证明其等效性。

新定型混合动力电动汽车污染物测量应在最大燃料模式下进行，车辆应具备明显可见的最大燃料消耗模式切换开关，方便切换为最大燃料消耗模式，并能在最大燃料消耗模式下正常运行（包括怠速），便于进行排放测试，且开关位置应在汽车使用说明书中明确说明。

（2）注册登记和在用汽车。

有手动选择行驶模式功能的混合功力电动汽车应切换到最大燃料消耗模式进行测试，如无最大燃料消耗模式，则切换到混合动力模式进行测试。在测试时发动机自动熄火并自动切换到纯电模式，无须中止测试，可进行至测试结束。

应按照标准《柴油车排放限值及测量》附录 A 或附录 B 规定方法（即自由加速法或加载减速法）进行检测，其检测结果应小于表 5-19 规定的排放限值。

在用汽车和注册登记排放检测排放限值 表 5-19

类别	自由加速法	加载减速法		林格曼黑度法
	光吸收系数（m^{-1}）或不透光度（%）	光吸收系数（m^{-1}）或不透光度（%）①	氮氧化物（$\times 10^{-6}$）②	林格曼黑度（级）
限值 a	1.2(40)	1.2(40)	1500	1
限值 b	0.7(26)	0.7(26)	900	1

注：①海拔高度高于 1500m 的地区加载减速法可以按照每增加 1000m 增加 0.25m^{-1} 幅度调整，总调整不得超过 0.75m^{-1}。

②2020 年 7 月 1 日前限值 b 氮氧化物过渡限值为 1200×10^{-6}。

2）结果判定

（1）如果污染物检测结果中有任何一项不满足限值要求，则判定排放检测不合格。

（2）车辆排放有明显可见烟度或烟度值超过林格曼黑度 1 级，则判定排放检测不合格。

（3）加载减速法功率扫描过程中，经修正的轮边功率测量结果不得低于制造厂规定的发动机额定功率的 40%，否则判定为检测结果不合格。

（4）对于 2018 年 1 月 1 日以后生产的车辆，如果 OBD 检验不合格，也判定排放检测不合格。

（5）禁止使用降低排放控制装置功效的失效策略。所有针对污染控制装置的篡改都属于排放检测不合格。

（6）在用汽车排气污染物检测应符合标准《柴油车排放限值及测量》规定的限值 a。

（7）采用自由加速法等对车辆进行监督抽测时，可采用标准《柴油车排放限值及测量》规定限值的 1.1 倍进行判定。

检验完毕后，应签发机动车环保检验报告。

二、检测方法

(一)自由加速法

标准《柴油车排放限值及测量》的附录 A 规定了自由加速法试验条件、车辆准备要求、试验方法和检测软件等技术要求。

1. 试验条件

(1)试验应针对整车进行。

(2)试验前车辆发动机不应停机或长时间怠速运转。

(3)不透光烟度计及其安装应符合标准《柴油车排放限值及测量》附录 C 的规定。

(4)试验应采用符合国家标准的车用燃料。可以直接使用车辆油箱中的燃料进行测试。

2. 车辆准备

(1)车辆在不进行预处理的情况下也可以进行自由加速烟度试验。但出于安全考虑,试验前应确保发动机处于热状态,并且机械状况良好。

(2)发动机应充分预热。例如:在发动机机油标尺位置测得的机油温度至少为 80℃。如果由于车辆结构限制无法进行机油温度测量时,可以通过其他方法判断发动机温度是否处于正常运转温度范围内。

(3)在正式进行排放测量前,应采用三次自由加速过程或其他等效方法吹拂排气系统,以清扫排气系统中的残留污染物。

3. 试验方法

(1)通过目测进行车辆排气系统相关部件泄漏检查。

(2)发动机(包括废气涡轮增压发动机),在每个自由加速循环的开始点均处于怠速状态。对于重型车用发动机,将加速踏板放开后至少等待 10s。

(3)在进行自由加速测量时,必须在 1s 的时间内,将加速踏板连续完全踩到底,使供油系统在最短时间内达到最大供油量。

(4)对每个加速测量,在松开加速踏板前,发动机必须达到断油转速。对使用自动变速器的车辆,应达到发动机额定转速(如果无法达到,不应小于额定转速的 2/3)。

在测量过程中应监测发动机转速是否符合试验要求(特殊无法测得发动机转速的车辆除外),并将发动机转速数据实时记录。

(5)检测结果取最后三次自由加速烟度测量结果的算术平均值。

4. 检测软件

(1)检测系统软件应能够与计算机进行数据传输、存储和判断,自动打印检验报告,具有联网和自动报送功能。

检测软件至少应该具有如下功能:自动判断车辆排放测试结果是否合格;自动存储测试数据,并保证不可被人为篡改;每次测试之前系统应进行自检;如果出现不符合检测条件,影响正常检测时,系统应能够报警并自锁,直到检测条件恢复正常。

(2)检测软件自动记录内容至少应包括下述项目:车辆参数、环境参数、外观检验结果、OBD 检查结果、污染物排放检测结果(每次检测都应分别记录自由加速法中最后三次光吸收系数 K 测量结果和平均值)、检测过程数据和检测设备。

(二)加载减速法

标准《柴油车排放限值及测量》的附录B规定了加载减速法检测规程、测试设备、检测软件、设备检查等技术要求。

1. 试验方法

1)车辆准备

(1)对车辆及发动机的要求。

试验前应该对车辆的技术状况进行检查,以确定受检车辆是否能够进行后续的排放检测,对车辆的预检要求参见标准《柴油车排放限值及测量》的附件BA。受检车辆驶到底盘测功机上,按照规定的加载减速检测程序,检测最大轮边功率和相对应的发动机转速和转鼓(滚筒)表面线速度(VelMaxHP),并检测VelMaxHP点和80% VelMaxHP点的排气光吸收系线K及80% VelMaxHP点的氮氧化物。排气光吸收系数检测应采用分流式不透光烟度计。

加载减速过程中经修正的轮边功率测量结果不得低于制造厂规定的发动机额定功率的40%,否则判定为检测结果不合格。

(2)试验用燃料

受测试车辆应采用符合国家标准的市售车用柴油。实际测试时,不应更换油箱中的燃料。

(3)车辆预检要求

在按标准《柴油车排放限值及测量》的附件BA进行检查时,如果发现受检车辆的车况太差,不适合进行加载减速法检测,应对车辆进行维修后才能进行检测。

对紧密型多驱动轴车辆,或全时四轮驱动车辆等不能按加载减速法进行试验的车辆,可按自由加速法进行检测。其他装用柴油机的在用汽车应按标准《柴油车排放限值及测量》进行排放检测。

检测过程中如果发动机出现故障,使检测工作中止时,必须待排除故障后重新进行排放检测。

2)试验程序

排放检测由三部分组成:第一部分是对车辆进行预先检查,以检查受检车辆身份与车辆行驶证是否一致,以及排放检测的安全性;第二部分是检查检测系统和车辆状况是否适合进行检测;第三部分则是排放检测,由主控计算机系统控制自动进行排放检测,以保证检测过程的一致性和检测结果的可靠性。

每条检测线至少应设置三个岗位:一是计算机操作岗位,二是受检车辆驾驶员岗位,三是辅助检查岗位。各岗位人员均应随时注意受检车辆在检测过程中是否出现异常情况。

(1)预先检查。

①受检车辆完成检测登记后,检测员应将车辆驶到底盘测功机前等待检测,并进行车辆的预先检查。预先检查的目的是核实受检车辆与车辆行驶证是否相符,并评价车辆的状况是否能够进行加载减速检测。按标准《柴油车排放限值及测量》附件BA规定的程序进行预先检查。

②在将车辆驶上底盘测功机前,检测员还应对受检车辆进行以下调整。

a. 中断车上所有主动型制动功能和转矩控制功能(自动缓速器除外),例如中断制动防抱死系统(ABS)、电子稳定程序(ESP)等。对无法中断车上主动型制动功能和转矩控制功能的车辆,可采用自由加速法进行排放检测。

b. 关闭车上所有以发动机为动力的附加设备,如空调系统,并切断其动力传递机构。

c. 除驾驶员外,受检车辆不能载客,也不能装载货物,不得有附加的动力装置。必要时,可以用测试驱动桥质量的方法来判断底盘测功机是否能够承受受检车辆驱动桥的质量。

d. 在检测准备工作中,应特别注意以下事项。

ⅰ. 对非全时四轮驱动车辆,应根据车辆的驱动类型选择驱动方式。

ⅱ. 对紧密型多驱动轴车辆,或全时四轮驱动车辆等、不能进行加载减速检测,应进行自由加速排放检测。

e. 标准《柴油车排放限值及测量》附录 BA 详细描述了对车辆的预检要求。预检不合格或者存在故障的车辆,维修合格后才能进行检测。

(2)检测系统检查。

①检测系统检查的目的是判断底盘测功机是否能够满足受检车辆的功率要求,同时检查检测系统的工作状态是否正常。

②如果受检车辆通过了上述预先检查规定的预检程序,检测员应按以下步骤将受检车辆驶到底盘测功机上。

a. 升起底盘测功机举升器,并检查是否已将滚筒牢固锁好。

b. 将车辆驶到底盘测功机上,并将驱动轮置于两滚筒中央位置。

c. 放下测功机举升器,发动机熄火,对另一车桥的车轮进行约束。

d. 如果试验时间长,应在汽车前方和驱动车轮两侧设置冷却风扇。

(3)试验准备。

①安装发动机转速传感器,以便测量发动机曲轴转速。

②选择合适挡位,使加速踏板在最大位置时,受检车辆的最高车速最接近 70km/h。

③由主控计算机判断测功机是否能够吸收受检车辆的最大功率,如果车辆最大功率超过了测功机的功率吸收范围,不能在该测功机上进行加载减速检测。

3)排气试验

如果受检车辆顺利通过了上述试验程序规定的检测,应继续进行下述加载减速检测。

(1)试验前的最后检查和准备。

①在开始检测以前,检测员应检查试验通信系统工作是否正常。

②在车辆散热器前方 1m 左右处放置强制冷却风机,以保证车辆在检测过程中发动机冷却系统能有效地工作。

③除检测员外,其他人员不得在测试现场逗留。车辆安置到位将测功机举升器放下后,应对车辆低速运行检测,确保车辆处于稳定状态。

④由于车辆传动系统处于冷车状态,因此应在测功机无加载状态下低中速运行车辆,使车辆的传动部件达到正常工作温度。

⑤发动机熄火,变速器置空挡,将不透光烟度计的采样探头置于大气中,检查不透光烟度计的零刻度和满刻度。检查完毕后,将采样探头插入受检车辆排气管中,注意连接好不透

光烟度计。采样探头的插入深度不得低于400mm。不应使用尺寸太大的采样探头，以免对受检车辆排气背压影响过大，影响输出功率。在检测过程中，应将采样气体的温度和压力控制在规定范围内，必要时可对采样管进行适当冷却，但要注意不能使测量室内出现冷凝现象。

(2)试验步骤。

①正式检测开始前，检测员应按以下步骤操作，以使控制系统能够获得自动检测所需的初始数据。

a.起动发动机，变速器置于空挡，逐渐加大节气门开度直至达到最大，并保持在最大开度状态，记录这时发动机的最大转速，然后松开加速踏板，使发动机回到怠速状态。

b.使用前进挡驱动受检车辆，选择合适挡位，使节气门处于全开位置时，测功机指示的车速最接近70km/h，但不能超过100km/h。对装有自动变速器的车辆，应注意不要在超速挡下进行测量。

加载减速法的自动试验规程，参见标准《柴油车排放限值及测量》附件B中的"B.4加载减速工况检测软件要求"内容。

②计算机对按上述步骤获得的数据自动进行分析，判断是否可以继续后续的检测。被判定为不适合检测的车辆不允许进行加载减速检测。

③在确认机动车可以进行排放检测后，将底盘测功机切换到自动检测状态。

a.加载减速测试过程必须完全自动化，具体要求见上述"B.4加载减速工况检测软件要求"的说明。在整个检测循环中，均由计算机控制系统自动完成对测功机加载减速过程的控制。

b.自动控制系统采集两组检测状态下的检测数据，以判定受检车辆的排气光吸收系数K和NO_x是否达标。两组数据分别在VelMaxHP点和80% VelMaxHP点获得。

c.上述两组检测数据包括轮边功率、发动机转速、排气光吸收系数K和NO_x，必须将不同工况点的测量结果都与排气限值比较。若测得的排气光吸收系数K和NO_x超过标准《柴油车排放限值及测量》规定的限值，均判断该车的排放不合格。

④检测开始后，检测员应始终将节气门保持在最大开度状态，直到检测系统通知松开加速踏板为止。在试验过程中检测员应实时监控发动机冷却液温度和机油压力。一旦冷却液温度超出了规定的温度范围，或者机油压力偏低，都必须立即暂时停止检测。冷却液温度过高时，检测员应松开加速踏板，将变速器置于空挡，使车辆停止运转。然后使发动机在怠速工况下运转，直至冷却液温度恢复到正常范围为止。

⑤检测过程中，检测员应时刻注意受检车辆或检测系统的工作情况。

⑥检测结束后，打印检测报告并存档。

2.测试设备

1)测试设备组成

测试设备主要由底盘测功机、不透光烟度计、氮氧化物分析仪和发动机转速传感器等组成，由中央控制系统集中控制。

2)测试设备简介

(1)底盘测功机。该设备主要由框架、滚筒、功率吸收装置和惯性模拟装置等组成。由于在本章第一节动力性检测中已作介绍，故本节不再赘述。

(2)发动机转速传感器。该传感器应能够实时提供、显示发动机转速信号,并具有一个数据通信端口,与测功机控制系统兼容以实现数据传送。

(3)不透光烟度计。

①不透光烟度计(以下简称“烟度计”)应采用分流式原理。

②烟度计需满足以下技术要求。

a. 烟度计的采样频率至少为10Hz。

b. 烟度计须配备与测功机控制系统兼容的数据传输装置。

③烟度计的一般技术要求参见标准《柴油车排放限值及测量》中附录C的要求。

④烟度计采样系统产生的附加阻力应尽可能小。

⑤烟度计采样系统能够承受试验过程中可能遇到的最高排气温度和排气压力。

⑥烟度计应具有冷却装置(气冷或水冷),以保证将所采集样气温度降到能处理的温度范围内。

(4)氮氧化物分析仪。

①氮氧化物分析仪(以下简称“分析仪”)可以选择使用化学发光、紫外线或红外线原理,不得采用化学电池原理。

②分析仪测量得到的氮氧化物 NO_x 是 NO 和 NO_2 的总和。

③分析仪对 NO_2 可以直接测量,也可以通过转化炉转化为 NO 后进行测量。

④采用转化炉将 NO_2 转化为 NO 时,转换效率应≥90%。对转化效率要进行定期检验。

除以上要求外,还对分析仪的量程和准确度、重复性、抗干扰性、响应性、具有 CO_2 浓度监控功能等提出了要求。

三、不透光烟度计的特性和要求

标准《柴油车排放限值及测量》的附录C规定了自由加速法、加载减速法试验中所使用的不透光烟度计应满足的技术要求及其安装要求等。

1. 烟度计的基本技术要求

(1)被测气体应封闭在烟度计一个内表面不反光的容器内。

(2)确定烟度计通过气体的光通道有效长度时,应考虑保护光源和光电池可能产生的影响。光通道的有效长度应在烟度计上标注。

(3)烟度计显示仪表应有两种计量单位,一种为绝对光吸收单位,从0趋于∞,单位为 m^{-1};另一种为不透光度的线性分度单位,从0到100%。两种计量单位的量程,均应以光全通过时为0,全遮挡时为满量程。

2. 烟度计的结构要求

1)总则

烟度计的设计应保证在稳定转速工况下,充入烟室内的烟度,其不透光程度是均匀的。

2)烟室和烟度计外壳

(1)由于内部反射或漫射作用产生的漫反射光对光电池的影响应减少到最低限度,亦可用无光泽的黑色装饰内表面,并采用合适的总体布置。

(2)烟度计光学特性应为：当烟室内充满光吸收系数接近 $1.7m^{-1}$ 的烟气时，反射和漫射综合作用不超过线性分度的一个单位。

3)光源

烟度计使用的光源应为色温在 2800～3250K 范围的白炽灯或光谱峰值在 550～570nm 的绿色发光二极管，或采用其他等效光源。

应采取措施保护光源不受排气污染物的影响，该措施不应使光通道的有效长度超出制造厂规定的范围。

4)接收器

(1)接收器应由光电池组成，其光谱响应曲线应类似于人眼的光适应曲线。最大响应在 550～570nm，波长小于 430nm 或超过 680nm 时，其响应应小于最大响应的 4%。

(2)包括接收器显示仪表的测量电路，应保证在光电池的工作温度范围内，光电池的输出电流与所接收的光强度成线性关系。

除上述结构要求外，还有测量刻度、测量仪器的调整和检查、烟度计响应等要求，本教材不再一一细述。

3. 烟度计安装要求

(1)取样探头与汽车排气管横截面积之比应小于 0.05，在排气管中取样探头开口处测得的背压应不超过 735Pa。

(2)取样探头应是一根管子，其开口端向前并位于排气管或其延长管的轴线上。取样探头应位于烟气分布大致均匀的断面上，取样探头应尽可能放置在排气管的最下游，必要时放在延长管内。延长管与排气管接口处不允许有空气进入。

(3)取样系统应保证在发动机所有转速下，烟度计烟室中排气的压力与大气压力之差不超过 735Pa 范围内。这可以通过记录发动机怠速和最大无负荷转速下的样气压力来进行检查。在排气管中取样探头开口处测得的背压应不超过 735Pa。

(4)连接烟度计的各种管子也应尽可能短。管路应从取样点倾斜向上至烟度计，且应避免会使炭烟积聚的急弯。在烟度计上游可设置一旁通阀，以使在不测时，将烟度计与排气流隔开。

4. 烟度计光通道有效长度

烟度计光通道有效长度 L，可以计算，也可以通过查阅得到。标准《柴油车排放限值及测量》的附录 C 指出，烟度计光通道有效长度 L 为 0.430m。

5. 烟度计计量性能要求。

(1)烟度计不透光度读数。

示值范围：0～99%；

分辨力：0.1%；

最大允许误差：±2.0%；

重复性：±1.0%；

零点漂移：在 30min 内，烟度计的零点漂移不得超过 ±1.0%。

(2)烟度计光吸收系数。

示值范围：$0\sim9.99m^{-1}$；

分辨力：$0.01m^{-1}$。

(3)烟度计光吸收系数 K 的示值与烟度计不透光度读数 N 的示值用公式计算得到的光吸收系数 K 值之间的差异，不得大于 $0.05m^{-1}$。

(4)烟度计测量电路的响应时间为不透光的遮光片使光通过暗通道被全遮挡时，仪表从10%满量程到90%满量程的时间，响应时间为 $(1.0 \pm 0.1)s$。

(5)烟度计的烟气温度示值误差不超过 ±2℃。

①对带有发动机油温显示功能的烟度计，其机油温度示值误差应不超过 ±2℃。

②对带有发动机转速显示功能的烟度计，其转速示值误差应不超过 ±50r/min。

6. 烟度计工作原理。

烟度计根据取样方式不同，可分为全流式和分流式（也称为取样式）两种。取样式烟度计有一个检测气室（烟室），安装有光源发射装置和光接收装置。当部分排气从入口处进入检测气室，吸收和散射了从光源发出的平行光束，致使光接收装置接收的光强度被衰减。该光强度的大小可以反映排气烟度的大小。烟度计以光吸收系数 K 和不透光度 N 显示被测排气烟度的污染程度。因此，烟度计检测烟度的基本原理是使光束通过给定长度的被测烟柱时，由于光被吸收和发生散射，使光强度衰减，测量光强度的衰减程度，即可用以评价柴油车排气烟度的污染程度。

总之，烟度计就是以光衰减的物理作用为工作原理，来检测柴油车排气烟度的。另外，烟度计不仅可以检测黑烟，也可以检测蓝烟和白烟。其对低浓度的可见污染物有较高的分辨率，可以连续进行测量。

第八节 前照灯检测

汽车前照灯即汽车大灯，是保证汽车在夜间或在能见度较低的情况下安全行车并保持较高车速的重要装置。前照灯技术状况的变化，主要是指发光强度的降低和光束照射位置是否发生偏斜。当发光强度降低或光束照射位置发生偏斜时，汽车驾驶员不易辨清前方的障碍物或给对向来车驾驶员造成眩目，因而导致交通事故。所以，应定期对前照灯的发光强度和光束照射位置进行检测和校正。

前照灯的技术状况，可用屏幕检测法和前照灯检测仪检测。

一、汽车灯光光学知识

1. 光的物理单位

在光的物理量中，与前照灯检测有密切关系的是发光强度和照度。

1)发光强度

发光强度是表示光源在一定方向范围内发出的可见光辐射强弱的物理量，单位为坎德拉，简称“坎”。

2)照度

照度是物体单位面积上所得到的光通量。它表示不发光物体被光源照明的程度，为受光面明亮度的物理量，单位为勒克斯，用符号 lx 表示。照度可用下式表示：

$$E = \frac{\Phi}{S} \tag{5-18}$$

式中：E——照度；

Φ——照射到物体上的光通量；

S——被照明物体的面积。

2. 发光强度与照度的关系

在光源发光强度不变的情况下，物体离开光源越远，被照明的程度越差。在不计光源大小，即把光源看作点光源的情况下，照度与离开光源距离的平方成反比，可用下式表示：

$$\text{照度}=\frac{\text{发光强度}}{\text{离开光源距离的平方}} \tag{5-19}$$

其关系如图5-30所示。

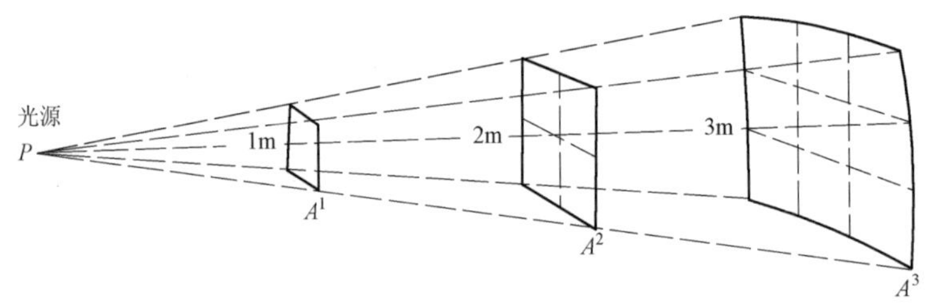

图5-30 发光强度与照度的关系图

3. 前照灯特性

前照灯特性可分为配光特性、全光束和照射方向三部分，其特性参数的特征如图5-31的等照度曲线所示。

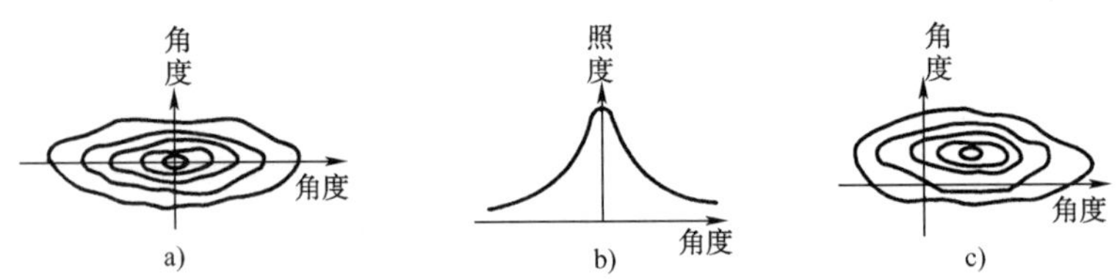

图5-31 等照度曲线图

a）配光特性；b）全光束；c）照射方向

1）配光特性

把用等照度曲线表示的明亮度分布特征称为配光特性，亦称为光形分布特征。对称式配光特性，其等照度曲线应左右对称，不偏向一边，上下的扩展也不太宽，如图5-31a）所示。非对称式配光特性，其光形的分布是不对称的，如图5-32所示。非对称式配光特性有两种形式：一种是在配光屏幕上明暗截止线（眼睛感觉到的明暗陡变的分界线）水平部分在$V—V$线的左半边，右半边为与水平线成15°角的斜线，如图5-32a）所示。另一种是明暗截止线的左半边平行且低于$h—h$水平线25cm，而右半边先为一与水平线成45°角的斜线，至与$h—h$水平线相交时，又转折为与$h—h$线重合的水平线，如图5-32b）所示。

2）全光束

光束用明亮度分布纵断面的配光特性曲线来表示，该断面的积分值（该曲线的旋转体积）即为全光束。可以认为，全光束是光源发出的光的总量，如图5-31b）所示。

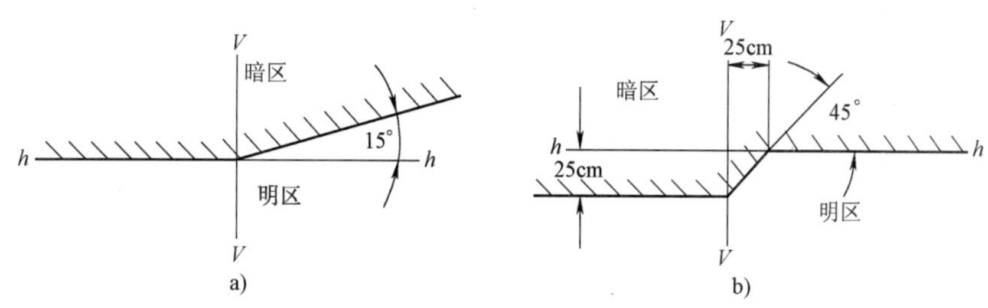

图 5-32 非对称式配光示意图

$V—V$-汽车纵向中心垂直平面在屏幕上的投影线；$h—h$-汽车前照灯基准中心高度的水平线

3）照射方向

一般情况下，可把前照灯光束最亮的柱看作是光轴。光轴中心对水平、垂直坐标轴交点平面的投影点位置，表示光轴的照射方向，亦即表示光束的照射方向，如图 5-31c）所示。

二、用屏幕法检测前照灯光束照射位置

1. 检测条件

汽车空载停放在水平硬场地上，允许乘坐 1 名驾驶员，轮胎气压应符合汽车制造厂的规定。在距汽车前照灯 10m 处设一专用屏幕。专用屏幕应垂直地面，如图 5-33 所示。

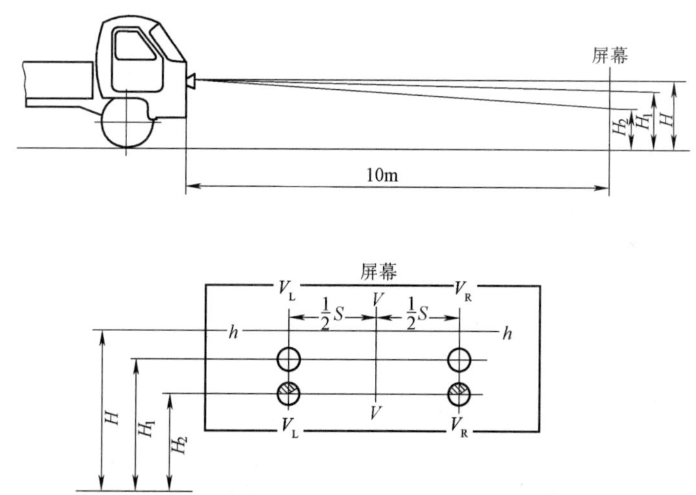

图 5-33 用屏幕法检测前照灯光束照射位置

2. 屏幕画法

屏幕上画有三条垂直线和三条水平线。中间垂直线 $V—V$ 与被检车辆的纵向中心垂直面对正，两侧的垂直线 $V_L—V_L$ 和 $V_R—V_R$ 分别为被检车辆左右前照灯基准中心的垂直线。三条水平线中的 $h—h$ 线与被检车辆前照灯的基准中心等高，距地面高度为 H（mm）；中间水平线与被检车辆前照灯远光光束的中心等高，距地面高度为 H_1（mm），H_1 为 0.85～0.90H；下边水平线与被检车辆前照灯近光光束的中心等高，距地面高度为 H_2（mm），H_2 为 0.60H～0.80H。H 为被检车辆前照灯近光光束透光面中心高度，其值视被检车型而定。

3. 检测方法

检测时，先遮盖住一边的前照灯，然后打开前照灯的近光开关，未被遮盖的前照灯的近

光明暗截止线转角或光束中心应落在图5-33下边水平线与V_L—V_L或V_R—V_R线的交点位置上。否则，为光束照射位置偏斜。其偏斜方向和偏斜量可在屏幕上看出并用尺直接测量。用同样方法，检测另一边前照灯近光光束照射位置。

由于我国规定“车辆夜间行驶交会时使用近光灯”，所以近光光束照射位置正确与否，直接关系车辆夜间的行车安全。因此，在检测双光束前照灯时，应以检测近光光束为主。

对于远光单光束前照灯，则要检测远光光束的照射位置，检测方法同前。其光束中心应落在中间水平线与V_L—V_L或V_R—V_R线的交点位置上。

用屏幕法检测前照灯，其方法简单易行，有一定实用价值。但这种方法只能检测出光束的偏斜方向和偏斜量，不能检测发光强度。而且，为适应不同车型的检测，需经常更换屏幕，检测效率低。与使用前照灯检测仪检测相比，需要占用较大场地。

三、用前照灯检测仪检测发光强度和光轴偏斜量

前照灯检测仪是按一定测量距离放在被检车辆的对面，用来检测前照灯发光强度与光轴偏斜量的专用检测设备。

1. 前照灯检测仪的检测原理

各种型号前照灯检测仪的检测原理基本相同，都是采用能把吸收的光能转变成电流的硅光电池或硒光电池作为传感器，按照前照灯光轴照射光电池产生电流的大小和比例，来测量前照灯发光强度和光轴偏斜量的。

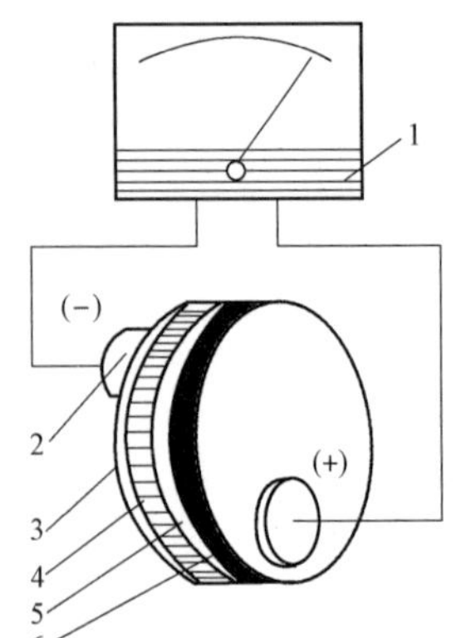

图5-34　硒光电池结构与工作原理图
1-电流表；2-引线；3-金属薄膜；4-非结晶硒；5-结晶硒；6-铁底板

前照灯检测仪上使用的光电池，主要是硒光电池，其结构与工作原理如图5-34所示。当硒光电池受光照射时，光使金属薄膜和非结晶硒的左、右部分产生电动势，其左部带负电，右部带正电，因此若在金属薄膜和铁底板上装上引线，并将其用导线与电流表连接起来，产生的光电流就会流过电流表，使电流表指针动作。

1）发光强度检测原理

检测前照灯发光强度的电路由光度计、可变电阻和光电池等组成，如图5-35所示。检测时按规定的距离使前照灯灯光照射光电池，光电池便按被检前照灯发光强度的大小产生相应的电流使光度计指针摆动。光度计按发光强度标定，于是检测出前照灯的发光强度。

2）光轴偏斜量检测原理

检测前照灯光轴偏斜量的电路，如图5-36所示。电路中有4块硒光电池，即B_u、B_d、B_L和B_R。在B_u和B_d之间接有上下偏斜指示计，在B_L和B_R之间接有左右偏斜指示计。当前照灯光束照射光电池时，如果光束照射方向偏斜，将分别使光电池B_u和B_d、B_L和B_R的受光面不一致，因而各硒光电池产生的电流大小也不一致。光电池B_u和B_d、B_L和B_R产生的电流差值分别使上下偏斜指示计及左右偏斜指示计的指针摆动，从而检测出光轴的偏斜方向和偏斜量。图5-37所示为光轴无偏斜时的情况，这时上下偏斜指示计的指针和左右偏斜指示计的指针均垂直向下，即处于零位。图5-38所示为光轴有偏斜时的情况。这时上下偏斜

指示计的指针向“下”方向偏斜,左右偏斜指示计的指针向“左”方向偏斜。

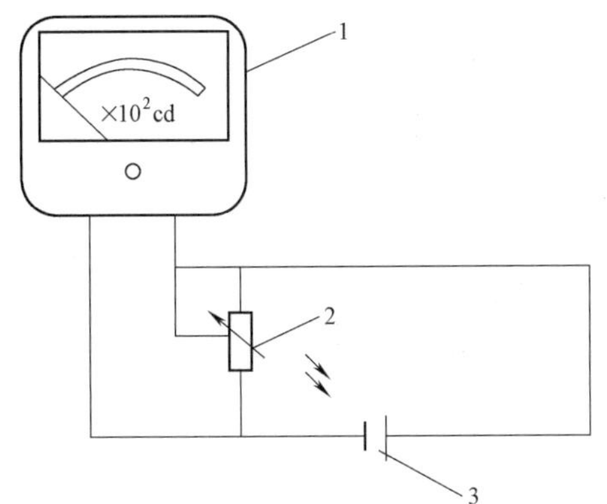

图 5-35 发光强度检测原理图

1-光度计;2-可变电阻;3-光电池

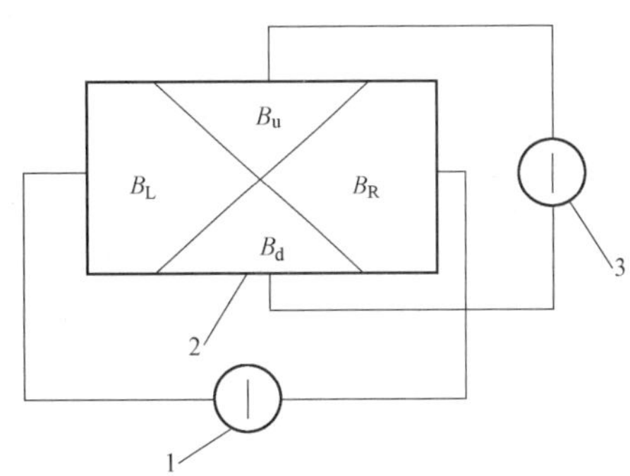

图 5-36 光轴偏斜量检测原理图

1- 左右偏斜指示计;2-光电池;3-上下偏斜指示计

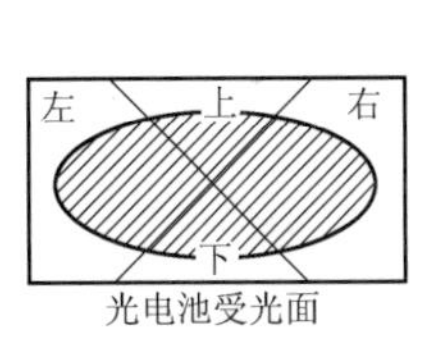

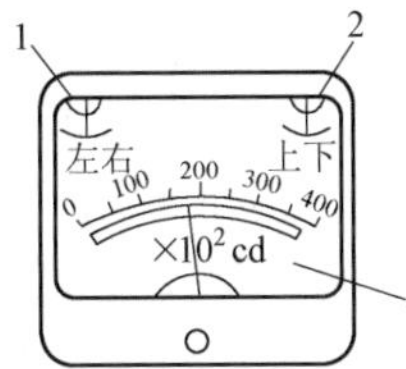

图 5-37 光轴无偏斜时的情况

1-左右偏斜指示计;2-上下偏斜指示计;3-光度计

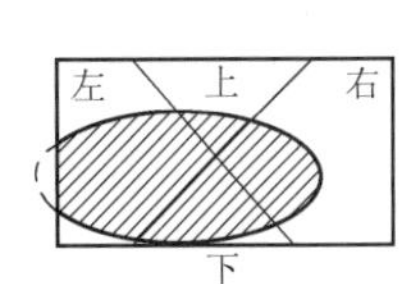

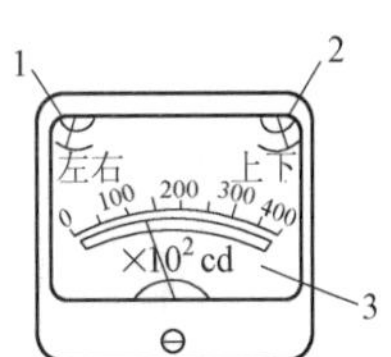

图 5-38 光轴有偏斜时的情况

1-左右偏斜指示计;2-上下偏斜指示计;3-光度计

2. 前照灯检测仪的结构与工作原理

按照结构特征与测量方法不同,可将前照灯检测仪分为聚光式、屏幕式、投影式和自动追踪光轴式 4 种类型。这些不同类型的前照灯检测仪均由接受前照灯光束的受光器、使受光器与汽车前照灯对正的照准器、车辆摆正找准器、指示发光强度的光度计、指示光轴偏斜方向和偏斜量的偏斜指示计、支柱、底座和导轨等组成。

1)聚光式前照灯检测仪

聚光式前照灯检测仪是用受光器的聚光透镜把前照灯的散射光束聚合起来,根据其对该检测仪光电池的照射强度,来检测前照灯的发光强度和光轴偏斜量的,其结构如图 5-39 所示。检测时,聚光式前照灯检测仪放在距前照灯前方 1m 处。

根据检测方法不同,聚光式前照灯检测仪又可分为移动反射镜检测法、移动光电池检测法和移动透镜检测法三种形式。

(1)移动反射镜检测法。

移动反射镜检测法是利用聚光透镜将前照灯的散射光束聚合并经反射镜反射后,照射到光电池上的一种检测方法,如图 5-40 所示。若转动光轴刻度盘,则反射镜的安装角度将随之变化,照射到光电池上光束的位置也随之变化,从而使光轴偏斜指示计的指针产生移动。此时,若转动光轴刻度盘使光轴偏斜指示计指示为零,就可从光轴刻度盘上读取光轴的偏斜量,同时可从光度计的指示中读取发光强度值。

(2)移动光电池检测法。

移动光电池检测法是一种转动上下光轴刻度盘和左右光轴刻度盘,使光电池随之移动的检测方法。光电池移动后其受光面位置随之变化，从而使光轴偏斜指示计的指针产生移动。检测时转动光轴刻度盘，使光轴偏斜指示计指示为零。这时，从光轴刻度盘上即可读出光轴的偏斜量，同时从光度计的指示中读取发光强度值，如图5-41所示。

（3）移动透镜检测法。

移动透镜检测法是一种将聚光透镜和光电池用特殊的连接器连接成一个可活动的整体，并使光轴检测杠杆与其联动的检测方法，如图5-42所示。若移动光轴检测杠杆，则光轴偏斜指示计的指针即产生移动。检测时移动光轴检测杠杆，使光轴偏斜指示计指示为零。根据与检测杠杆联动的指针的指示值，即可得出光轴偏斜量，同时可从光度计的指示值中读取发光强度值。

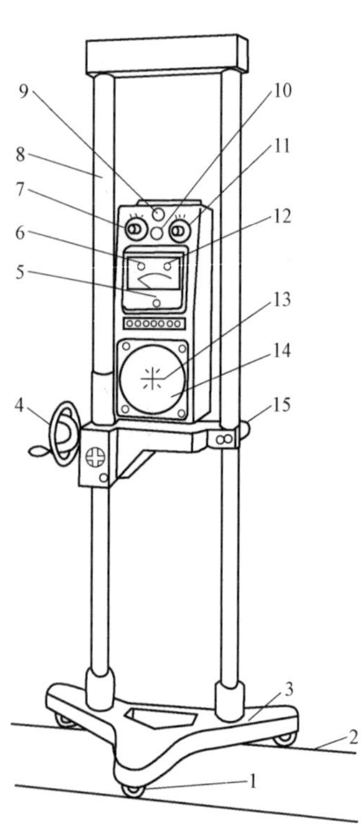

图5-39　聚光式前照灯检测仪

1-车轮；2-导轨；3-底座；4-升降手轮；5-光度计；6-左右偏斜指示计；7-光轴刻度盘（左右）；8-支柱；9-汽车摆正找准器；10-“光度·光轴”变换开关；11-光轴刻度盘（上下）；12-上下偏斜指示计；13-前照灯照准器；14-聚光透镜；15-角度调整螺钉

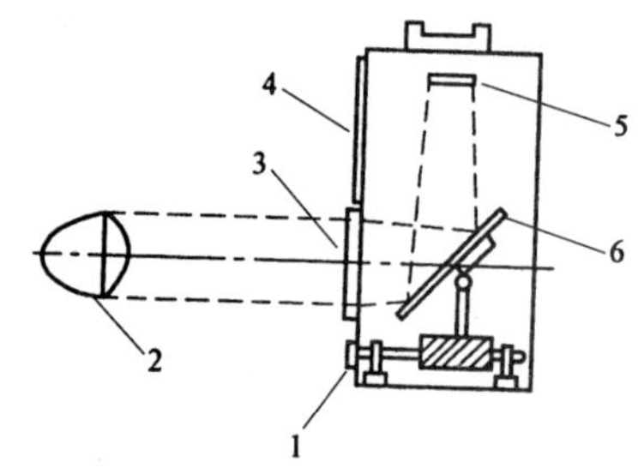

图5-40　移动反射镜检测法

1-光轴刻度盘；2-前照灯；3-聚光透镜；4-光轴偏斜指示计；5-光电池；6-反射镜

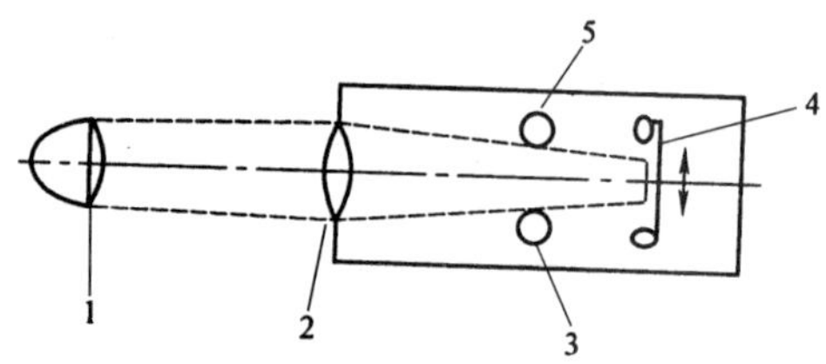

图5-41　移动光电池检测法

1-前照灯；2-聚光透镜；3-左右光轴刻度盘；4-光电池；5-上下光轴刻度盘

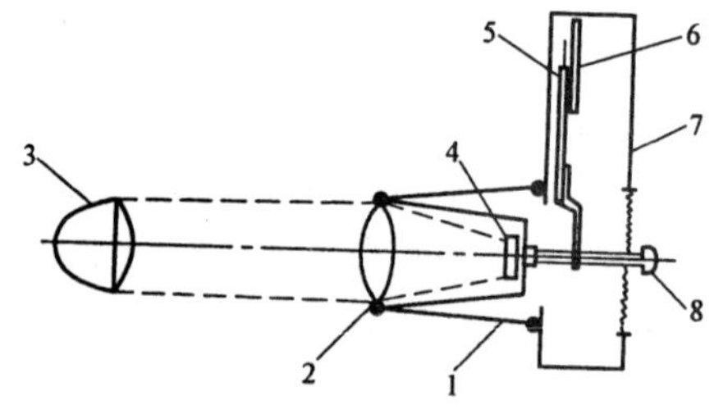

图5-42　移动透镜检测法

1-连接器；2-聚光透镜；3-前照灯；4-光电池；5-指针；6-光轴刻度盘；7-外壳；8-光轴检测杠杆

2）屏幕式前照灯检测仪

屏幕式前照灯检测仪是把前照灯的光束照射到该检测仪的屏幕上，来检测发光强度和光轴偏斜量的。检测时，屏幕式前照灯检测仪放在前照灯前方3m的距离处，其结构如图5-43所示。在固定屏幕上装有可以左右移动的活动屏幕，在活动屏幕上装有能上下移动的内部带有光电池的受光器。检测时，移动活动屏幕和受光器，根据光度计指示值为最大值时的位置找到主光轴的投射位置，然后由固定屏幕和活动屏幕上的光轴刻度尺读取光轴偏斜量，同时从光度计的指示中读取发光强度值。

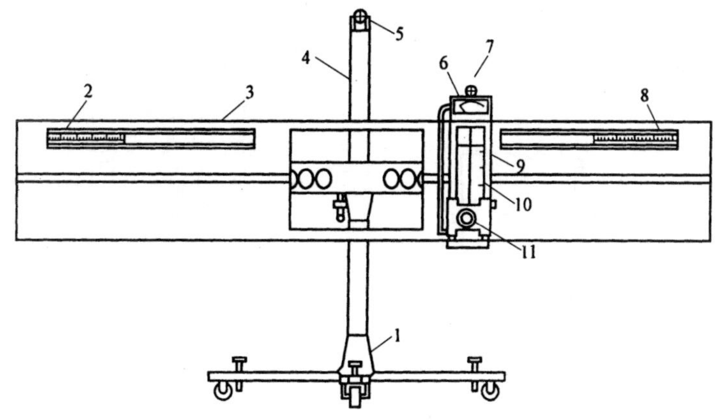

图 5-43 屏幕式前照灯检测仪

1-底座；2、8-光轴刻度尺（左右）；3-固定屏幕；4-支柱；5-车辆摆正找准器；6-光度计；7-对正前照灯照准器；9-活动屏幕；10-光轴刻度尺（上下）；11-受光器

3）投影式前照灯检测仪

投影式前照灯检测仪是将前照灯光束的影像映射到该检测仪的投影屏上，来检测发光强度和光轴偏斜量的。检测时，投影式前照灯检测仪放在前照灯前方 3m 的检测距离处。

投影式前照灯检测仪的结构如图 5-44 所示。在聚光透镜上下和左右方向上装有 4 个光电池。前照灯光束的影像通过聚光透镜、光度计的光电池和反射镜后，映射到投影屏上，如图 5-45 所示。检测时，通过上下、左右移动受光器使光轴偏斜指示计指示为零，即上与下、左与右光电池的受光量相等，从而找到被测前照灯主光轴的方向，然后根据投影屏上前照灯光束影像的位置，即可得出主光轴的偏斜量，同时可从光度计的指示中读取发光强度。

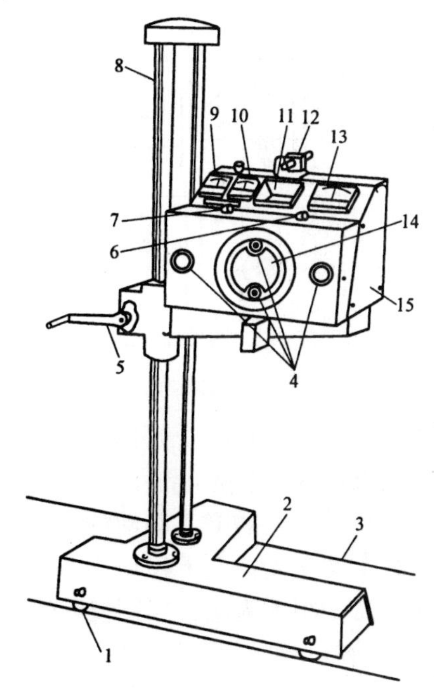

图 5-44 投影式前照灯检测仪

1-车轮；2-底座；3-导轨；4-光电池；5-上下移动手柄；6-光轴刻度盘（上下）；7-光轴刻度盘（左右）；8-支柱；9-左右偏斜指示计；10-上下偏斜指示计；11-投影屏；12-车辆摆正找准器；13-光度计；14-聚光透镜；15-受光器

投影式前照灯检测仪光轴偏斜量的检测方法，根据结构不同，又有投影屏刻度检测法和光轴刻度盘检测法两种。

（1）投影屏刻度检测法。

这种方法在投影屏上制有表示光轴偏斜量的刻度线，根据前照灯影像中心在投影屏上所处的位置，即可直接读出光轴的偏斜量，如图 5-46 所示。

（2）光轴刻度盘检测法。

这种方法通过转动上下与左右光轴刻度

盘,使前照灯光束影像中心与投影屏坐标原点重合,然后从光轴刻度盘上读取光轴偏斜量,如图 5-47 所示。

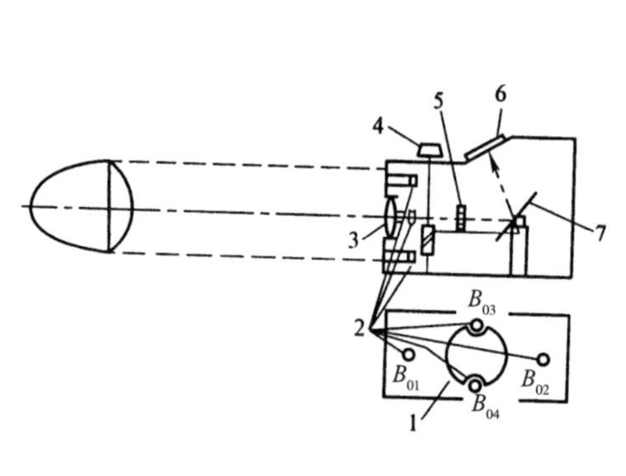

图 5-45 光束影像映射原理图

1、3-聚光透镜;2-光电池;4-光轴刻度盘;5-光度计光电池;6-投影屏;7-反射镜

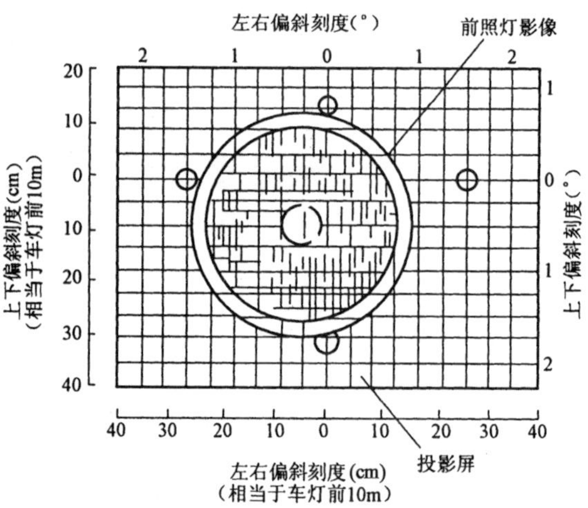

图 5-46 投影屏刻度检测法

4) 自动追踪光轴式前照灯检测仪

自动追踪光轴式前照灯检测仪是采用使受光器自动追踪光轴的方法,来检测发光强度和光轴偏斜量的。检测时,自动追踪光轴式前照灯检测仪距前照灯有 3m 的距离。该检测仪的结构如图 5-48 所示。在受光器的面板上装有聚光透镜,聚光透镜的上下和左右装有 4 个光电池,受光器的内部也装有 4 个光电池,形成主、副受光器,如图 5-49 和图 5-50 所示。另外,还有由两组光电池电流差所控制的能使受光器沿垂直方向和水平方向移动的驱动和传动装置。

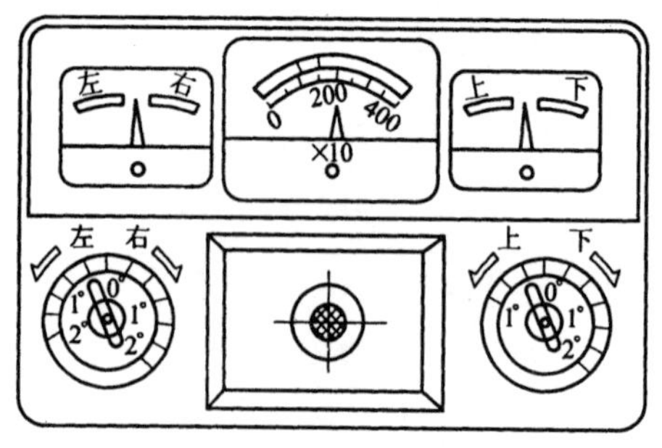

图 5-47 光轴刻度盘检测法

检测时,要使前照灯的光束照射到自动追踪光轴式前照灯检测仪的受光器上。此时,若前照灯光束照射方向偏斜,则主、副受光器的上下光电池或左右光电池的受光量不等,它们分别产生的电流便失去平衡。由其电流的差值控制受光器上下移动的电动机运转或使控制箱左右移动的电动机运转,并通过钢丝绳牵动受光器上下移动或驱动控制箱在轨道上左右移动,直至受光器上下、左右光电池受光量相等为止,这就是所谓的自动追踪光轴。在追踪光轴时,受光器的位移方向和位移量由光轴偏斜指示计指示,此即前照灯光束的偏斜方向和偏斜量;发光强度由光度计指示。

3. 发光强度和光轴偏斜量检测方法

1) 检测仪准备

(1) 在前照灯检测仪不受光的情况下,检查光度计和光轴偏斜量指示计的指针是否对准机械零点。若指针失准,可用零点调整螺钉调整。

(2)检查聚光透镜和反射镜的镜面上有无污物。若有,可用柔软的布料或镜头纸等擦拭干净。

(3)检查导轨是否粘有泥土等杂物。若有,应扫除干净。

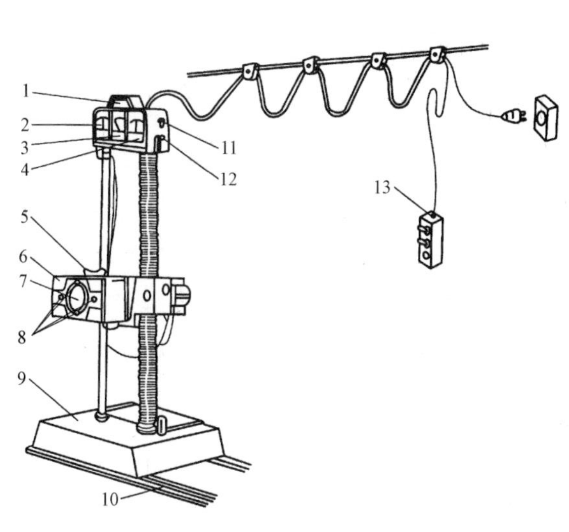

图 5-48 自动追踪光轴式前照灯检测仪

1-在用显示器;2-左右偏斜指示计;3-光度计;4-上下偏斜指示计;5-车辆摆正找准器;6-受光器;7-聚光透镜;8-光电池;9-控制箱;10-导轨;11-电源开关;12-熔断丝;13-控制盒

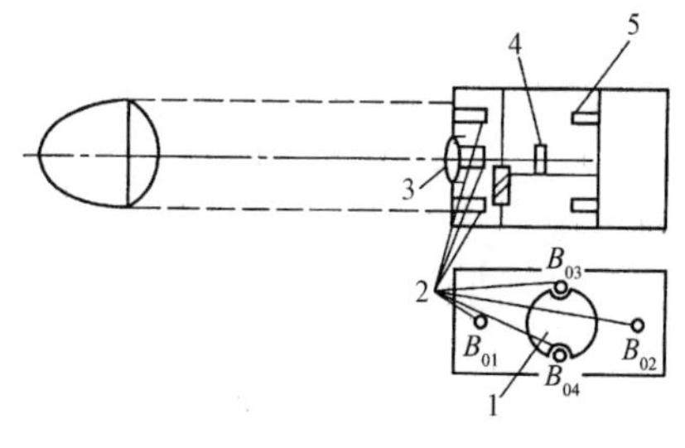

图 5-49 自动追踪光轴式前照灯检测仪受光器结构图

1、3-聚光透镜;2-主受光器光电池;4-中央光电池;5-副受光器光电池

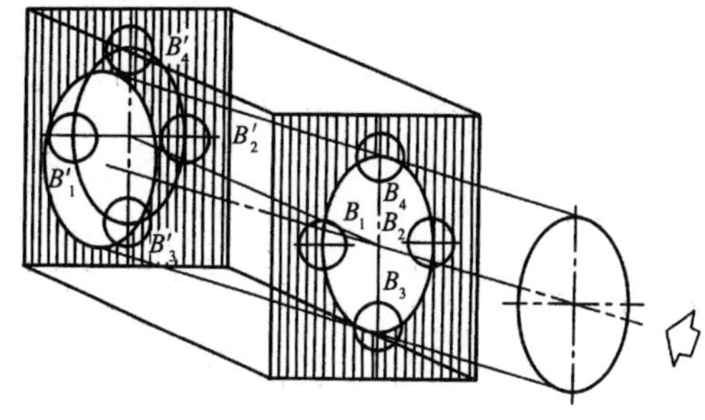

图 5-50 主、副受光器光电池示意图

2)车辆准备

(1)清除前照灯上的污垢。

(2)检查轮胎气压,应符合汽车制造厂的规定。

(3)前照灯开关和变光器应处于良好状态。

(4)汽车蓄电池和充电系统应处于良好状态。

3)检测方法

由于前照灯检测仪的厂牌、形式不同,其检测前照灯发光强度和光轴偏斜量的具体方法也不完全相同。因此,仅将通用的使用方法介绍如下。

(1)将被检汽车尽可能地与前照灯检测仪的轨道保持垂直方向驶近检测仪,直至前照灯与检测仪受光器之间达到规定的检测距离(3m、1m、0.5m 或 0.3m)。

(2)用车辆摆正找准器使检测仪与被检汽车对正。

(3)开亮前照灯(远光),用前照灯照准器使检测仪与被检前照灯对正。

(4)提高发动机转速,使电源系统处于充电状态。

(5)检测发光强度和光轴偏斜量。

①对于聚光式前照灯检测仪,可将"光度 · 光轴"转换开关旋至光轴一侧,然后转动上下光轴刻度盘和左右光轴刻度盘,使上下偏斜指示计和左右偏斜指示计指示为零。此时,上下光轴刻度盘和左右光轴刻度盘的指示值即为光轴偏斜量,如图 5-51 所示。将"光度 · 光轴"转换开关旋至光度一侧,光度计的指示值即为发光强度值。

②对于屏幕式前照灯检测仪，要使固定屏幕上被检前照灯一侧的光轴刻度尺的零点与活动屏幕上的基准指针对正，并使受光器指针与活动屏幕上的零点对正，如图 5-52 所示。然后，左右和上下移动受光器，使光度计的指示值达到最大。此时，根据受光器指针所指活动屏幕上的上下刻度值和活动屏幕基准指针所指固定屏幕上的左右刻度值，即可得出光轴偏斜量；根据光度计上的指示值即可得出发光强度值，如图 5-53 所示。

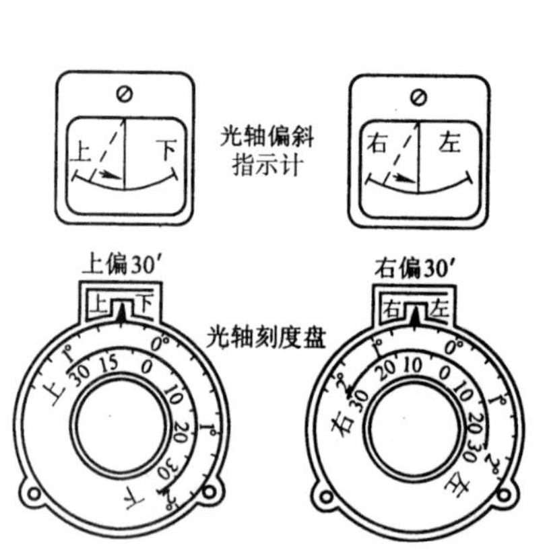

图 5-51　聚光式前照灯检测仪对光轴偏斜量的检测

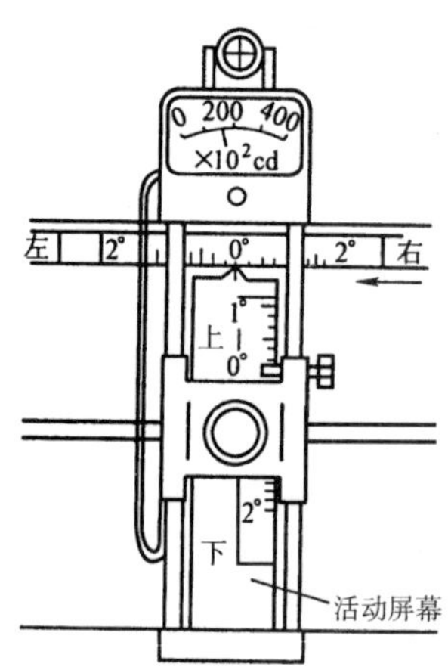

图 5-52　屏幕式前照灯检测仪零点对准

③对于投影式前照灯检测仪，由于有投影屏刻度检测法和光轴刻度盘检测法之分，检测方法不完全一致。投影屏刻度检测法，要求先使光轴偏斜量指示计的指示为零，然后根据投影屏上前照灯影像中心所在的刻度值读取光轴偏斜量，再根据光度计的指示值读取发光强度值，如图 5-54 所示。光轴刻度盘检测法，则要求转动光轴刻度盘，使投影屏上的坐标原点与前照灯影像中心重合，读取此时光轴刻度盘上的指示值即为光轴偏斜量，再根据光度计上的指示值读取发光强度值，如图 5-55 所示。

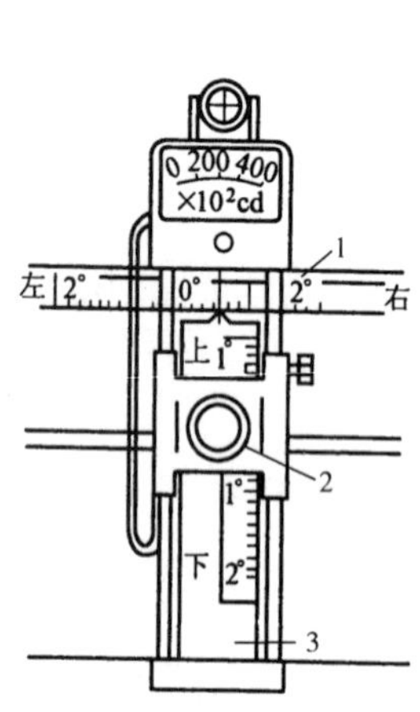

图 5-53　屏幕式前照灯检测仪检测结果显示图
1-固定屏幕；2-受光器；3-活动屏幕

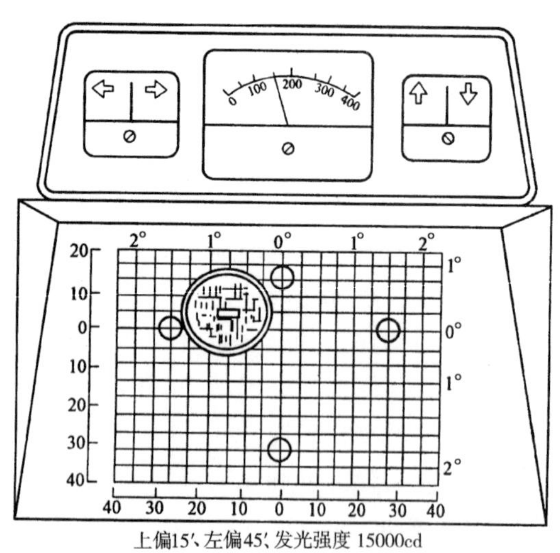

图 5-54　投影屏刻度检测法检测结果显示图

④对于自动追踪光轴式前照灯检测仪，只要按下检测仪控制盒上的测量开关，检测仪受光器立即追踪前照灯光轴，再根据光轴偏斜指示计和光度计上的指示值，即可读得光轴偏斜量和发光强度值。

(6)检测完一只前照灯后用同样的方法检测另一只前照灯。

(7)检测结束，前照灯检测仪沿轨道或沿地面退回护栏内，汽车驶出。

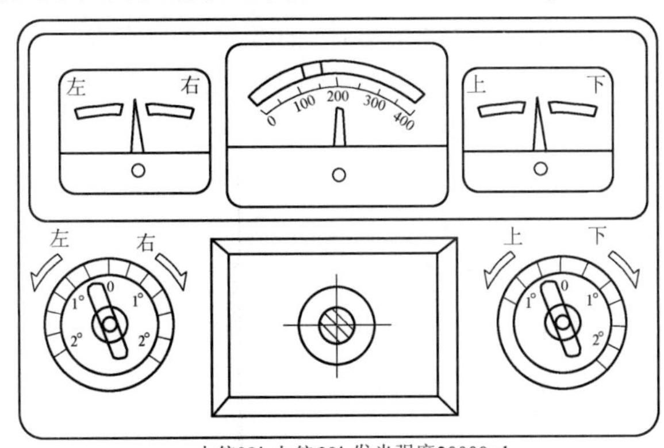

图5-55 光轴刻度盘检测法检测结果显示图

四、诊断参数标准

根据国家标准《机动车运行安全技术条件》(GB 7258—2017)的规定，前照灯发光强度和光束照射位置应符合以下要求。

1. 远光光束发光强度

机动车每只前照灯的远光光束发光强度应达到表5-20的要求，并且同时打开所有前照灯(远光)时，其总的远光光束发光强度应符合《汽车及挂车外部照明和光信号装置的安装规定》(GB 4785—2019)的规定(即不超过430000cd)。测试时电源系统应处于充电状态。

前照灯远光光束发光强度最小值要求(单位：cd) 表5-20

机动车类型		检查项目					
		新注册车			在用车		
		一灯制	二灯制	四灯制①	一灯制	二灯制	四灯制①
三轮汽车		8000	6000	—	6000	5000	—
最大设计车速小于70km/h的汽车		—	10000	8000	—	8000	6000
其他汽车		—	18000	15000	—	15000	12000
普通摩托车		10000	8000	—	8000	6000	—
轻便摩托车		4000	3000	—	3000	2500	—
拖拉机运输机组	标定功率>18kW	—	8000	—	—	6000	—
	标定功率≤18kW	6000②	6000	—	5000②	5000	—

注：①四灯制是指前照灯具有四个远光光束；采用四灯制的机动车其中两只对称的灯达到两灯制的要求时视为合格。

②允许手扶拖拉机运输机组只装用一只前照灯。

2. 前照灯光束照射位置要求

(1)在空载车状态下，汽车、摩托车前照灯近光光束照射在距离10m的屏幕上，近光光束明暗截止线转角或中点的垂直方向位置,对近光光束透光面中心(基准中心，下同)高度小于等于1000mm的机动车,应不高于近光光束透光面中心所在水平面以下50mm的直线且不低于近光光束透光面所在水平面以下300mm的直线;对近光光束透光面中心高度大于1000mm的机动车,应不高于近光光束透光面中心所在水平面以下100mm的直线且不低于近光光束透光面中心所在水平面以下350mm的直线。

除装用一只前照灯的三轮汽车和摩托车外,前照灯近光光束明暗截止线转角或中点的水平方向位置,与近光光束透光面中心所在垂直面相比,向左偏移应小于等于170mm,向右偏移应小于等于350mm。

(2)在空载车状态下,轮式拖拉机运输机组前照灯近光光束在距离10m的屏幕上,近光光束中点的垂直位置应小于等于0.7H(H为前照灯近光光束透光面中心的高度),水平位置向右偏移应小于等于350mm且不应向左偏移。

(3)在空车状态下,对于能单独调整远光光束的汽车、摩托车前照灯,远光光束照射在10m的屏幕上,其发光强度最大点的垂直方向位置,应不高于远光光束透光面中心所在水平面(高度值为H)以上100mm的直线且不低于远光光束透光面中心所在水平面以下0.2H的直线。除装用一只前照灯的三轮汽车和摩托车外,前照灯远光发光强度最大点的水平位置,与远光光束透光面中心所在垂直面相比,左灯向左偏移应小于等于170mm且向右偏移应小于等于350mm,右灯向左和向右偏移均应小于等于350mm。

第九节　驾驶员耳旁噪声及喇叭声级检测

驾驶员耳旁噪声及喇叭声级检测,需采用声级计。

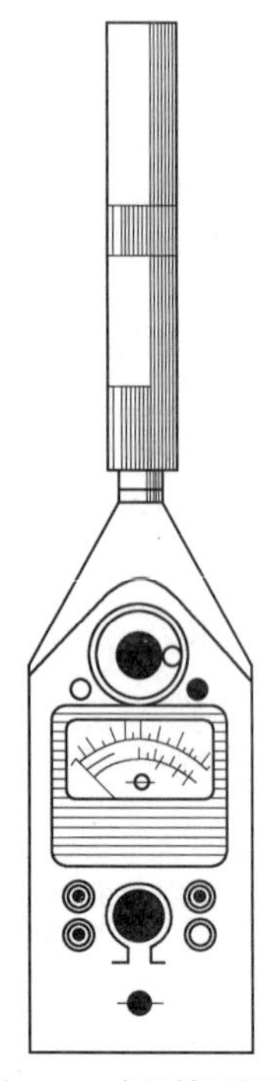

图5-56　声级计面板图

一、声级计

声级计是一种能把工业噪声、生活噪声和交通噪声等声音,按人耳听觉特性近似地测定其噪声级的仪器,声级计面板图如图5-56所示。

噪声级是指用声级计测得的并经过听感修正的声压级(dB)或响度级(phon)。

根据声级计在标准条件下测量1000Hz纯音所表现出的精度,20世纪60年代国际上把声级计分为两类:一类为精密声级计,另一类为普通声级计。20世纪70年代以来,有些国家推行4类分类法,即分为0型、1型、2型和3型。它们的测量精度分别为±0.4dB、±0.7dB、±1.0dB和±1.5dB。根据声级计所用电源不同,还可将声级计分为交流式声级计和用于干电池的直流式声级计两类,后者也可以称为便携式声级计。便携式声级计具有体积小、质量轻和现场使用方便等优点。

声级计一般由传声器、放大器、衰减器、计权网络、检波器、指示表头和电源等组成,其组成框图如图5-57所示。

1.传声器

传声器是把声压信号转变为电信号的装置,也称为话筒,是声级计的传感器。常见的传声器有晶体式、驻极体式、动圈式和电容式等多种形式。

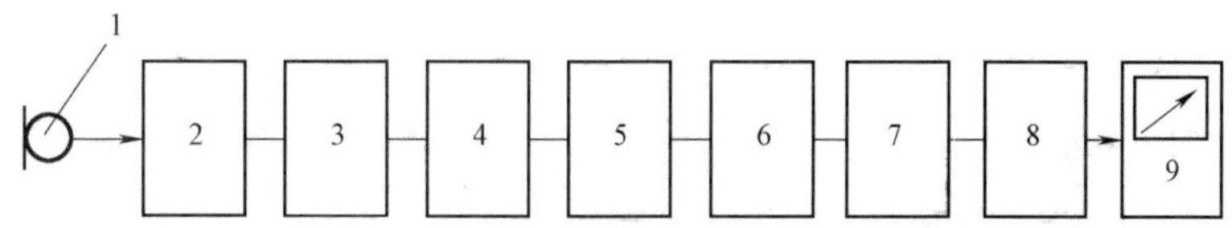

图 5-57 声级计的组成框图

1-传声器；2-前置放大器；3-输入衰减器；4-输入放大器；5-计权网络；6-输出衰减器；7-输出放大器；8-检波器；9-指示表头

动圈式传声器由振动膜片、可动线圈、永久磁铁和变压器等组成。振动膜片受到声波压力以后开始振动，并带动着和它装在一起的可动线圈在磁场内振动，以产生感应电流。该电流根据振动膜片受到声波压力的大小而变化。声压越大，产生的电流就越大；声压越小，产生的电流也越小。

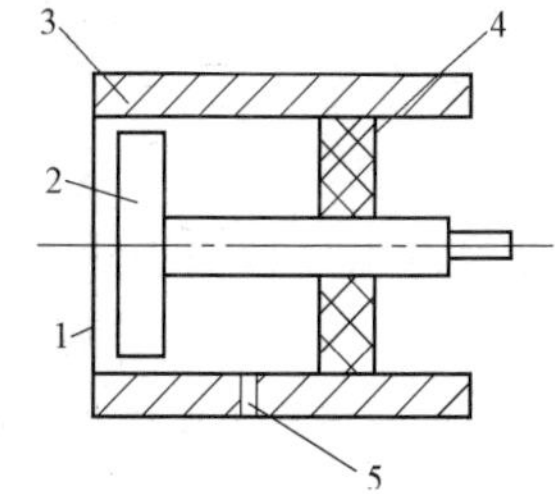

图 5-58 电容式传声器结构示意图

1-金属膜片；2-电极；3-壳体；4-绝缘体；5-平衡孔

电容式传声器主要由金属膜片和靠得很近的金属电极组成，实质上是一个平板电容，其结构示意图如图 5-58 所示。金属膜片与金属电极构成了平板电容的两个极板。当膜片受到声压作用时，膜片发生变形，使两个极板之间的距离发生了变化，电容量也发生变化，从而产生交变电压，其波形在传声器线性范围内与声压级波形成比例，实现了将声压信号转变为电压信号的作用。

电容式传声器是声学测量中比较理想的传声器，具有动态范围大、频率响应平直、灵敏度高和在一般测量环境中稳定性好等优点，因而应用广泛。由于电容式传声器输出阻抗很高，因此需要通过前置放大器进行阻抗变换。前置放大器装在声级计内部靠近安装电容式传声器的部位。

2. 放大器和衰减器

目前流行的许多国产与进口的声级计，在放大线路中都采用两级放大器，即输入放大器和输出放大器，其作用是将微弱的电信号放大。输入衰减器和输出衰减器是用来改变输入信号的衰减量和输出信号衰减量的，以便使表头指针指在适当的位置上。衰减器每一挡的衰减量为 10dB。输入放大器使用的衰减器调节范围为测量低端（如 0 ~ 70dB），输出放大器使用的衰减器调节范围为测量高端（如 70 ~ 120dB）。输入和输出两个衰减器的刻度盘常做成不同颜色，以黑色刻度盘与透明刻度盘配对为多。由于许多声级计的高、低端以 70dB 为界限，故在旋转时要防止超过界限，以免损坏装置。

3. 计权网络

为了模拟人耳听觉在不同频率有不同的灵敏性，在声级计内设有一种能够模拟人耳的听觉特性，把电信号修正为与听感近似值的网络，这种网络叫作计权网络。通过计权网络测得的声压级，已不再是客观物理量的声压级（叫线性声压级），而是经过听感修正的声压级，叫作计权声级或噪声级。

计权网络一般有 A、B、C 三种。A 计权声级是模拟人耳对 55dB 以下低强度噪声的频率特性，B 计权声级是模拟 55 ~ 85dB 的中等强度噪声的频率特性，C 计权声级是模拟高强度噪声的频率特性。三者的主要差别是对噪声低频成分的衰减程度：A 衰减最多，B 次之，C 最少。A 计权声级由于其特性曲线接近于人耳的听感特性，因此是目前世界上噪声测量中应用最广泛的一种计权声级，B、C 计权声级应用较少。

从声级计上得出的噪声级读数，必须注明采用的是何种计权网络。

4. 检波器和指示表头

为了使经过放大的信号通过表头显示出来，声级计还需要有检波器，以便把迅速变化的电压信号转变成变化较慢的直流电压信号。这个直流电压的大小要正比于输入信号的大小。根据测量的需要，检波器有峰值检波器、平均值检波器和均方根值检波器之分。峰值检波器能给出一定时间间隔中的最大值，平均值检波器能在一定时间间隔中测量其绝对平均值。除了像枪炮声那样的脉冲声需要测量它的峰值外，在多数的噪声测量中均采用均方根值检波器。

均方根值检波器能对交流信号进行平方、平均和开方，得出电压的均方根值，最后将均方根电压信号输送到指示表头。指示表头是一只电表，只要对其刻度进行一定的标定，就可从表头上直接读出噪声级的 dB 值。声级计表头阻尼一般都有“快”和“慢”两个挡。“快”挡的平均时间为 0.27s，很接近于人耳听觉器官的生理平均时间。“慢”挡的平均时间为 1.05s。当对稳态噪声进行测量或需要记录声级变化过程时，使用“快”挡比较合适；在被测噪声的波动比较大时，使用“慢”挡比较合适。

除以上 4 个部分外，为适应测量现场的需要，声级计一般都备有三脚支架，以便将声级计固定在三脚支架上。

声级计面板上一般还备有一些插孔。这些插孔如果与便携式倍频带滤波器相连，可组成小型现场使用的简易频谱分析系统；如果与录音机组合，则可把现场噪声录制在磁带上储存下来，待以后再进行更详细的研究；如果与示波器组合，则可观察到声压变化的波形，并可存储波形或用照相机、摄像机把波形摄制下来；还可以把分析仪、记录仪等仪器与声级计组合、配套使用，这要根据测试条件和测试要求而定。

5. 声级计的检查与校准

(1) 在未接通电源时，先检查声级计仪表指针是否在机械零点上。若不在零点，可用零点调整螺钉使指针与零点重合。

(2) 检查电池容量：把声级计功能开关对准“电池”，衰减器任意置，此时声级计仪表指针应达到额定红线或规定区域，否则读数不准。打开后盖便可更换电池。

(3) 打开电源开关，预热仪器 10min。

(4) 对声级计进行校准：每次测量前或使用一段时间后，必须对声级计的电路和传声器进行校准。声级计上一般都配有电路校准的“参考”位置，可校验放大器的工作是否正常。如不正常，应调节微调电位器。电路校准后，再利用已知灵敏度的标准传声器对声级计上的传声器进行对比校准。常用的标准传声器有声级校准器和活塞式发声器，它们的内部都有一个可发出恒定额率、恒定声级的机械装置，因而很容易对比出被检传声器的灵敏度。声级校准器产生的声压级为 94dB，频率为 1000Hz；活塞式发声器产生的声压级为 124dB，频率为 250Hz。

图 5-56 所示声级计面板图最上端安装的圆柱体，即为活塞式发声器。

(5) 将声级计的功能开关对准“线性”“快”挡：如果此时在室内，由于一般办公室内的背景噪声为 40 ~ 60dB，因此声级计上应有相应的示值。变换衰减器刻度盘，表头示值应相应变化 10dB 左右。

（6）检查计权网络：接以上步骤，将“线性”位置依次变为“C”“B”“A”计权网络。由于室内背景噪声多为低频成分，故经频率计权后的噪声级示值将低于线性值，而且应依次递减。

（7）考查“快”“慢”挡：将声级计衰减器刻度盘调至高 dB 值处（例如 90dB），操作人员断续发出声响，并注意观察“快”挡时的指针摆动能否跟上发声速度，“慢”挡时的指针摆动是否明显迟缓。这是“快”“慢”两挡所要求的表头阻尼程度的基本特征。

（8）经过上述检查和校准后，声级计便可投入使用。在不知道被测声级多大时，必须把衰减器刻度盘预先放在最大衰减位置上（即 120dB 处），然后在实测中再逐步旋回至被测声级所需要的衰减挡。

二、驾驶员耳旁噪声限值及测量方法

国家标准《机动车运行安全技术条件》（GB 7258—2017）对驾驶员耳旁噪声提出如下要求。

（1）汽车（纯电动汽车、燃料电池汽车和低速汽车除外）驾驶员耳旁噪声级应小于等于 90dB（A）。

（2）测量驾驶员耳旁噪声时：

①汽车空载，处于静止状态且置变速器于空挡，发动机应处于额定转速状态（当发动正常工作状态下无法达到额定转速时，则采用可达到的最大转速进行测量，并对测量转速进行记录、说明）。汽车门窗紧闭。

②测量位置应符合《声学 汽车车内噪声测量方法》（GB/T 18697—2002）的规定。

③环境噪声应低于被测噪声值至少 10dB（A）。

④声级计置于“A”计权、“快”挡。

三、机动车喇叭声级限值及测量方法

机动车喇叭声级在距车前 2m、离地高 1.2m 处测量时，发动机最大净功率（或电动机额定功率总和）为 7kW 以下的摩托车为 80～112dB（A），其他机动车为 90～115dB（A）。

第六章　新能源汽车诊断与检测

第一节　概　　述

传统汽车，是指采用常规石油燃料（汽油、柴油等）作为能源行驶的汽车。新能源汽车是指采用新型动力系统，完全或者主要依靠新型能源驱动的汽车。

新能源汽车包括纯电动汽车、混合动力电动汽车、燃料电池电动汽车等类型。

一、新能源汽车发展简史

新能源汽车已经有180余年的发展史。1834年第一辆电动汽车就已诞生，只是到最近这些年才获得快速发展。20世纪初，美国汽车市场上内燃机汽车、蒸汽机汽车和电动机汽车，各占1/3份额。1910年随着内燃机汽车采用流水线生产，成本大幅降低，产量大幅增加，得到快速发展。电动汽车由于续驶里程短、配套充电站等基础设施不完善，一度退出汽车市场。

电动汽车重新获得重视是在20世纪60年代。当时，美国政府由于数千万辆内燃机汽车对城市空气造成严重污染并产生光化学烟雾，不得不对电动汽车重新加以重视。20世纪70年代初，欧佩克石油禁运危机后，汽油价格一路飙升，迫使美国政府对电动汽车研发增加了拨款，各地也纷纷建立研发基地，电动汽车重又获得生机。

在电动汽车发展的同时，一些汽车公司也投入混合动力电动汽车、燃料电池电动汽车等的研发上。因而，纯电动汽车、混合动力电动汽车、燃料电池电动汽车，在新能源汽车发展过程中，逐渐起到了主导作用，受到了比其他能源汽车更多的重视。

1996年，美国已经开始制造并销售纯电动汽车。2008年11月，包括欧美和中国在内的主要汽车生产国家，纷纷将纯电动汽车列为首要发展产品。随着人们对可持续发展认识的提高，混合动力电动汽车表现出了良好的节能与环保性能，使混合动力电动汽车市场逐渐成熟。氢燃料电池电动汽车也获得了一定发展。国外汽车厂商于1965年设计出了世界首款氢燃料电池电动汽车，我国于1980年也成功制造了第一辆氢燃料电池电动汽车。

二、我国新能源汽车发展情况

我国从“十五”时期开始实施新能源汽车科技规划，在“十五”“十一五”期间，先后投入巨资作为科研经费，逐步形成了以纯电动汽车、油电混合动力电动汽车、燃料电池电动汽车技术路线为“三纵”，以多能源动力总成控制系统、驱动电机及控制系统、动力电池及管理系统共性技术为“三横”的研发格局。经过十年的技术攻关，中国在新能源汽车领域取得重大进步，建立起具有自主知识产权的电动汽车动力系统技术平台和整车集成技术，开发出系列化规模应用产品,总体水平位于国际前列。尽管如此,在新能源技术上我国与国外还未处在同一起跑线上,在汽车锂电池、驱动电机、动力控制系统等关键零部件,我国与发达国家还有较大差距。

我国政府除了以上在政策和研发经费上,对发展新能源汽车给予大力支持外,2020 年 10 月国务院常务会议上通过了《新能源汽车产业发展规划(2021—2035 年)》。该规划表明,从 2021 年起国家生态文明试验区、大气污染防治重点区新增或更换公交、出租、物流配送等公共领域车辆,新能源汽车比例不低于 80%。根据国内现实情况,能进入量产规模的新能源汽车,只有混合动力电动汽车和纯电动汽车两类。

尽管我国企业努力研发,我国政府大力支持,但新能源汽车在我国发展过程中,仍然遇到了一些挑战。诸如,产业规模效应弱、混合动力电动汽车成本与价格高、纯电动汽车驱动电机与动力电池等核心技术还未取得突破性进展、电池续驶里程短与充电时间长以及使用寿命低等问题。

第二节　新能源汽车简介

一、基本结构与工作原理

1. 纯电动汽车

纯电动汽车(简称“BEV”),是驱动能量完全由电能提供的、由电机驱动的汽车。纯电机汽车的可充电电池主要有:铅酸蓄电池、镍镉蓄电池、镍氢蓄电池和锂离子蓄电池等。

2. 混合动力电动汽车

混合动力电动汽车(简称“HEV”),是能够至少从可消耗的燃料或可再充电能/能量储存装置这两类车载储存的能量中获得动力的汽车。混合动力电动汽车的行驶功率主要取决于车辆行驶状态,有时由单个驱动系统单独驱动,有时由两个或多个驱动系统共同驱动。

3. 燃料电池电动汽车

燃料电池电动汽车(简称“FCEV”),是以燃料电池系统作为单一动力源或者是以燃料电池系统与可充电储能系统作为混合动力源的电动汽车。从本质上讲,燃料电池电动汽车也是电动汽车之一,与纯电动汽车有许多相似之处。之所以将它们分为两类,是因为燃料电池是通过将化学能转变为电能,而纯电动汽车是靠充电设施补充电能。

二、结构特点

1. 纯电动汽车

纯电动汽车有以下优点:

(1)零排放。由于该种车使用电能,行驶中无废气排出,不污染空气。

(2)能源利用率高。研究表明,同样原油经过粗炼后送至电厂发电,再将电充入电池,驱动汽车行驶,其能量利用率比粗炼后再精炼成汽油驱动汽车行驶要高。

(3)结构简单。因使用单一电能源,与传统内燃机动力系统相比,省去了内燃机,即省去了供油系统、冷却系统、进气系统、排气系统、曲柄连杆机构、配气机构和变速器,结构大为简化。

(4)行驶噪声小。

(5)电能可多途径获得。电能可从煤炭发电、石油发电以及太阳能、核能、水能、风能等多途径中获得,解除了人们对汽车单纯依靠石油,而石油日见枯竭的担忧。

(6)充电时间可移峰填谷。发电企业和电力公司,最希望电动汽车能在夜间充电,可以平抑电网的谷峰差,有利于提高经济效益。

纯电动汽车尽管有以上长处,但也有以下不足:

(1)续驶里程短。

(2)生产成本高,蓄电池和电机控制器等价格昂贵。

(3)充电时间长,大电流充电虽然快,但有损电池使用寿命。

(4)维护费用高。

(5)蓄电池使用寿命短。

2. 混合动力电动汽车

混合动力电动汽车,有串联式、并联式、混联式三种结构布置形式。

1)串联式

串联式混合动力电动汽车的结构布置形式,如图6-1所示。从图中可以看出,内燃机带动发电机发电,电能通过变频器输送到电动机,驱动汽车行驶并向蓄电池充电。

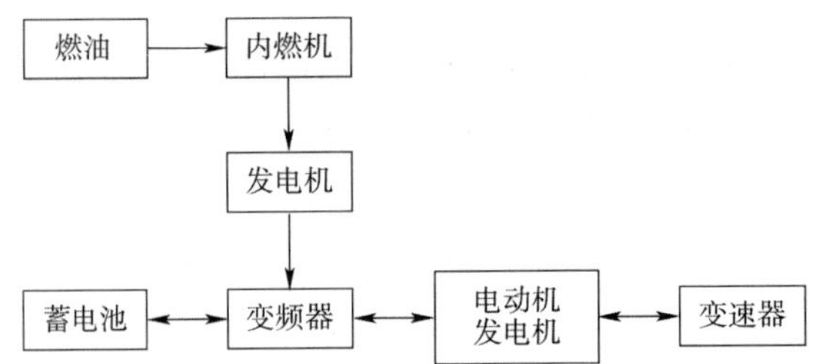

图6-1 串联式混合动力电动汽车结构布置图

串联式混合动力电动汽车的结构特点如下:

(1)内燃机工作状态不受汽车行驶工况影响,始终带动发电机在最佳工作区域稳定运转,具有良好的经济性和较低的排放指标。

(2)内燃机由于只满足于全车用电需求,因而选择功率小些的内燃机即可。

(3)由于内燃机无须驱动汽车行驶,因而对其转速也无更多要求,故可以选择高转速燃气轮机或其他等效率原动机配套使用。

(4)内燃机与电动机之间无机械连接,因而整车结构布置更加紧凑。

(5)内燃机的输出全部转化为电能,再转变为机械能驱动汽车行驶,因此需要功率足够大的电动机和发电机。

(6)需要较大容量电池。

2)并联式

并联式混合动力电动汽车的结构布置图,如图6-2所示。从图中可以看出,内燃机通过机械传动装置与汽车驱动桥连接,电动机通过复合装置也与驱动桥连接,因而汽车可由内燃机和电动机共同驱动或各自单独驱动。其结构特点如下:

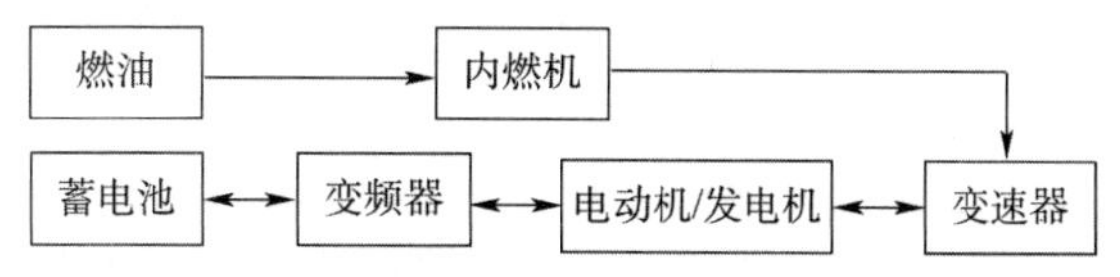

图 6-2　并联式混合动力电动汽车结构布置图

(1)内燃机通过机械传动装置直接驱动汽车,无电能转换损失,因此内燃机输出能量利用率相对较高。当汽车行驶使内燃机在最佳工况范围内运行时,并联式混合动力电动汽车燃油经济性比串联式高。

(2)电动机如果只是作为辅助驱动时,发出的功率可以比较小,发电机的功率也可以比较小。

(3)由于有发电机补充电能,蓄电池容量也可以比较小。

(4)并联式混合动力电动汽车行驶工况变化较多时,内燃机会在不良工况下运转,因此排放的污染物比串联式多。

(5)并联式混合动力电动汽车比串联式结构复杂。

3)混联式

混联式混合动力电动汽车的结构布置图,如图 6-3 所示。从图中可以看出,混联式是串联式与并联式的综合。

内燃机发出的功率,一部分通过机械传动装置传送给驱动轮,另一部分带动发电机发电。混联式的结构布置形式和控制方式充分发挥了串联式和并联式的优点,能够使内燃机、电动机、发电机进行优化、匹配,从而在结构上保证了更复杂工况下各系统工作处于最优状态,因此更容易实现油耗和排放的控制目标。

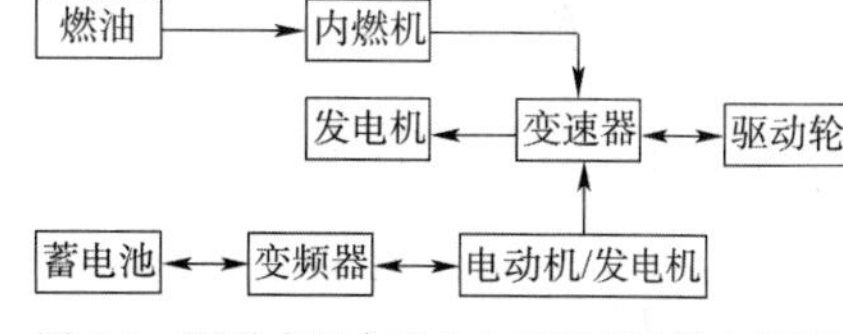

图 6-3　混联式混合动力电动汽车结构布置图

混联式混合动力电动汽车存在的不足是结构复杂、高速行驶节油效果不明显。

3. 燃料电池电动汽车

燃料电池电动汽车有以下优点:

(1)燃料电池电动汽车,以氢燃料电池汽车为例,它是将氢和氧结合,直接产生电和热,排出水,而不会污染环境。

(2)燃料可实现多样化。

(3)汽油燃料电池的转化率高(高达 60% 左右),因而整车燃油经济性好。

但是,燃料电池成本高昂,使用费用(氢)也很昂贵。

三、动力源简介

新能源汽车的动力源,主要包括锂离子蓄电池、镍氢蓄电池、铅酸蓄电池和超级电容器。超级电容器大多以辅助动力源形式出现。

1. 铅酸蓄电池

铅酸蓄电池的发展历史较为长久。它用金属铅作为负极,用氧化铅作为正极。在放电过程中,其正、负两极都会有硫酸铅生成。硫酸在电解质溶液中既作为反应过程中的反应物,也作为反应过程中的生成物。

2. 镍氢蓄电池

镍氢蓄电池的工作是基于氧化镍正极和氢金属负极释放和吸收氢氧根（OH^-）。鉴于镍氢蓄电池中镍的占比较大，致使其价格难以降低，因而新能源汽车产业并未看好该种蓄电池。

3. 锂离子蓄电池

锂离子蓄电池，是目前电动汽车上选用最多的动力电池，这归功于它的高能量密度和单体蓄电池中具有较大功率，使得它以具有竞争力的价格和性能优势而被广泛应用。锂离子蓄电池中电极插入了锂，也就是说电极材料是锂离子的载体。研究表明，目前使用的锂离子电池功率（800～2000W/kg）和能量密度（100～250Wh/kg）都有所继续增加，因而前景比较光明。

第三节　新能源汽车诊断检测程序

随着新能源汽车在使用中行驶里程增加，故障也会逐渐增多，必然给汽车维修行业、汽车检测站（特别是汽车综合检测站）带来诊断与检测作业。本节仅介绍两种新能源汽车的诊断与检测技术。

一、纯电动汽车诊断与检测

纯电动汽车与传统汽车在动力系统方面是不相同的。传统汽车依靠内燃机燃烧石油燃料产生动力，通过传动装置驱动车辆行驶。纯电动汽车通过动力电池提供电能使电机转动，驱动车辆行驶。

内燃机有供油系统、点火系统、润滑系统、冷却系统、曲柄连杆机构、配气机构等，结构复杂。纯电动汽车没有内燃机，只有动力电池、驱动电机、控制系统，结构相对简单。所以，两者产生的故障现象、原因分析、诊断方法也不完全一样。

1. 注意事项

（1）电机、电池、电控系统号称“三电”技术，是纯电动汽车（也是新能源汽车）的核心技术。

（2）纯电动汽车除三电外，还有车身、底盘、电气和行车安全系统等装备。

（3）判断纯电动汽车故障，要了解并掌握被检车辆的车型、组成、结构和工作原理。

（4）对于故障车，要了解故障在什么情况下发生，分析故障是属于低压故障，还是高压故障，缩小诊断范围。

（5）纯电动汽车最常见的故障现象是：无法起动、续驶里程缩短、无法监控动力电池状况和加速无力等，故障原因大部分是电造成的。

（6）动力电池与电源管理系统常见故障是：动力电池故障、线路故障、连接件故障和动力电池管理系统故障等。

（7）电机与控制系统常见故障是：电机故障、控制系统故障等。

（8）整车控制系统常见故障是：整车控制系统故障、CAN 线（总线）故障、传感器故障和电源故障等。

(9)充电系统常见故障是:慢速充电系统故障、快速充电系统故障等。

(10)检测诊断并排除纯电动汽车故障有以下必要条件:

①学会查阅该车原厂维修资料(如维修手册等),了解并掌握该车结构、工作原理和主要零部件安装位置等;

②掌握各部件常见故障的现象、原因分析和诊断方法;

③通过查阅资料,了解该车主要技术参数;

④具有识图、读图和分析电路图的能力;

⑤学会该车系诊断仪的使用方法,并具有数据分析能力;

⑥提高专业理论知识和实践操作技能,能根据故障现象制订正确的诊断流程。

(11)严格按照高压电操作规范,进行安全操作。

2. 诊断检测程序

具体程序,以实际案例介绍。

1)案例一:车辆无法行驶

(1)现象:一辆北汽集团生产的 EV160 纯电动汽车无法行驶。汽车仪表板故障报警灯点亮,表示有故障。连接诊断仪,读出故障代码为 P0519,表示驱动电机超速保护故障。

(2)原因:EV160 汽车驱动电机控制系统框图,如图 6-4 所示。从图中可以看出,驱动电机控制器 MCU 是控制驱动电机组件的重要模块。它能根据旋变信号传感器检测到电机转子位置,并能获得电机转速和方向信息。温度传感器能检测电机绕组的温度,并将温度信号传输给驱动电机控制器 MCU,以保护驱动电机不过热。

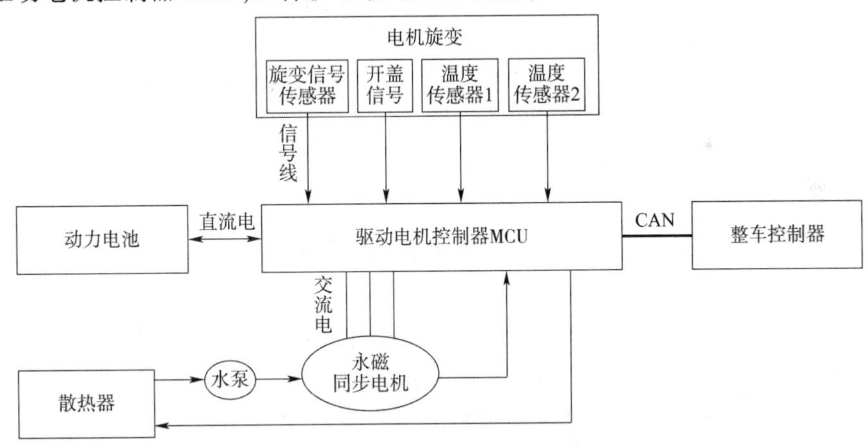

图 6-4 EV160 汽车驱动电机控制系统框图

系统故障灯点亮不仅表示出现故障,而且能用灯的颜色表示故障的严重程度。如果系统故障灯持续点亮并显示红色,表示车辆出现 1 级故障,属于致命故障;如果系统故障灯持续点亮并显示黄色,表示车辆出现 2 级故障,属于严重故障。这种故障灯显示颜色的方法,给车辆故障诊断带来了一定的方便性。北汽新能源汽车故障等级划分见表 6-1。

北汽新能源汽车故障等级划分 表 6-1

等 级	故障程度	故障现象
1 级	致命故障	电机停转,高压电断开,系统故障灯点亮
2 级	严重故障	电机停转,动力电池故障,系统故障灯点亮

续上表

等　　级	故障程度	故障现象
3 级	一般故障	进入跛形工况/功率降低，系统故障灯点亮
4 级	轻微故障	4 级故障属于维修提示，整车控制器 VCU 不对整车进行限制，只对仪表板进行显示，不影响行驶

如前所述，EV160 纯电动汽车显示的故障代码是 P0519，是驱动电机超速保护故障，属于 1 级故障，造成驱动电机停转，动力电池高压电断开，故汽车无法行驶，这就是故障原因。

进一步的原因，还可以查阅该车型维修手册，可得知故障代码 P0519 对应的是驱动电机的旋变位置传感器。该传感器连接在驱动电机低压信号接口 T35 上，因而诊断的重点放在旋变位置传感器或低压信号通信上即可。T35 针脚插接器如图 6-5 所示。

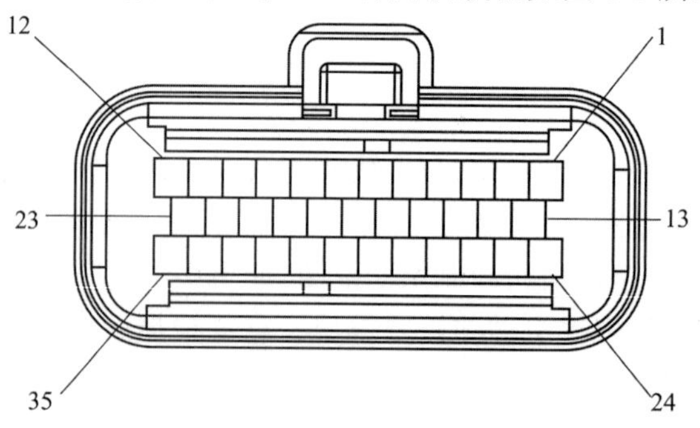

图 6-5　驱动电机控制器 T35 针脚插接器

（3）诊断方法：

①断开低压动力电池负极电缆，拔下驱动电机控制器插件 T35，检查 T35 有无损坏或退针（退针是插接针脚保持力不足，造成失效）。若有，应更换 T35；若无，继续检查。

②测量 T35 的 34、35 脚电阻值，应为 60 ×（1 ± 10%）Ω。若电阻值无穷大，则应更换旋变位置传感器。

③测量 T35 的 22、23 脚电阻值，应为 60 ×（1 ± 10%）Ω。若电阻值无穷大，则应更换旋变位置传感器。

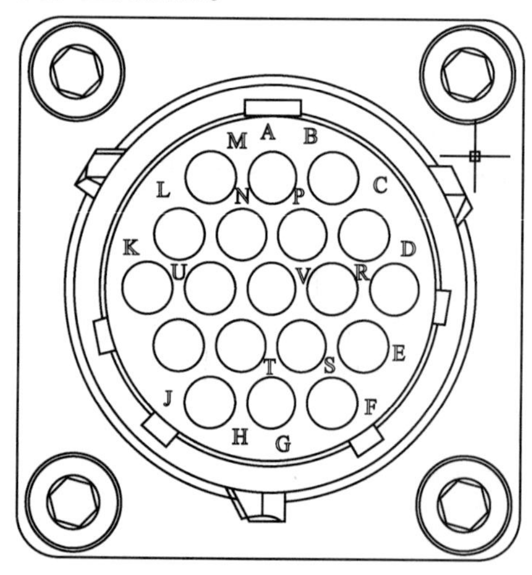

图 6-6　驱动电机插接件 T19b

④测量 T35 的 11、12 脚电阻值，应为 33 ×（1 ± 10%）Ω。若电阻值无穷大，则应更换旋变位置传感器。

⑤拔下驱动电机插接件 T19b，如图 6-6 所示。检查插接件有无损坏或退针。若有，应更换 T19b。

⑥测量插接件 T35 的针脚至插接件 T19b 的针脚之间，是否存在断路。若测量的电阻值为无穷大，则应更换或修理线束。

⑦若以上测量均正常，应更换旋变位置传感器。然后检查故障是否被排除。若排除，清除故障代码，故障诊断结束。

2）案例二：车辆无法起动

（1）现象：北汽 EV160 纯电动汽车早晨起动

时,无法起动。同时,汽车组合仪表板上蓄电池报警灯点亮。

(2)原因:

①蓄电池报警灯点亮,表示蓄电池电压过高或过低,或表示 DC-DC 变换器有故障。进一步用诊断仪检测,显示 DC-DC 变换器无输出电压。

②DC-DC 变换器有一系列保护功能(表 6-2),能避免因电流、电压、温度异常而损坏设备。

EV160 汽车 DC-DC 变换器保护功能 表 6-2

异常现象	保护功能
输入欠压	保护区间(直流):180~200V,恢复区间(直流):200~220V
输入过压	保护区间(直流):420~440V,恢复区间(直流):400~420V
输出欠压	6~7V(直流)关机保护,可自行恢复
输出过压	17.8~18.5V,可自行恢复
过温	内部温度达到 83~87℃时开始降温输出,温度超过 90~105℃时关机,温度低于 83~87℃时自行恢复
过流	100~120A
输出短路	关机,故障解除后自行恢复
DC-DC 内部故障	关机,锁死

③北汽 EV160 汽车 DC-DC 变换器有四个接线口,分别为低压输出负极、低压输出正极、低压控制端和高压输入端,如图 6-7 所示。

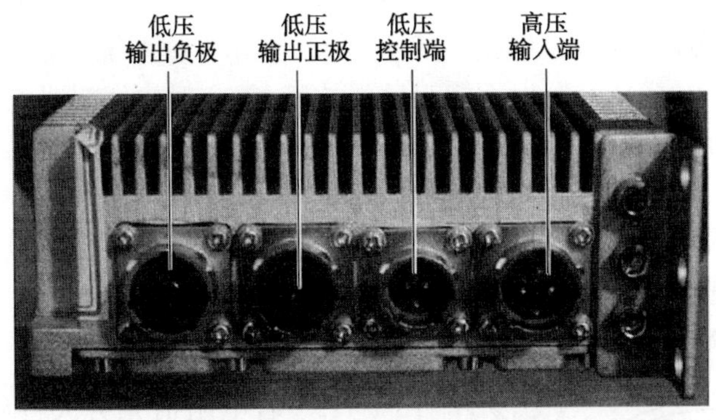

图 6-7 北汽 EV160 汽车 DC-DC 变换器

④DC-DC 变换器输出的低压直流电供给整车控制器、动力电池控制器、驱动电机控制器等作为工作电源,是动力系统重要部件。若 DC-DC 变换器不能输出足以驱动以上核心部件工作的电压,便会导致动力系统控制部件不能正常投入工作,出现车辆无法起动

(3)诊断方法:综合以上分析可以看出,北汽 EV160 纯电动汽车,如果出现蓄电池报警灯点亮,故障诊断中必须检测 DC-DC 变换器的高压输入、低压输入和控制端是否正常,以及是否处在保护功能状态中。诊断重点应该放在 DC-DC 变换器是否达到工作条件、是否正常输出电压上,具体诊断流程不再细述。

二、混合动力电动汽车诊断与检测

如前所述,混合动力电动汽车有串联式、并联式、混联式三种结构布置形式。对混合动力电动汽车进行诊断与检测，要具备一定的专业理论知识、较高的实践操作技能和较强的分析判断能力才能胜任。

1. 掌握专业理论知识和实践操作技能

(1)了解并掌握混合动力电动汽车的类型、结构和工作原理。

(2)了解整车及各系统的控制原理。

(3)对于电路图，应能识图、读图，并会分析电路。

(4)能读懂并会运用汽车使用说明书和汽车维修手册等资料。

(5)会使用汽车万用表、诊断仪等诊断仪表，知道故障代码的含义、产生故障的原因和部位，知道数据流的大小范围和标准值。

(6)能使用诊断仪对汽车进行全面检测，会读码、清码、设置及更新控制程序等。

(7)会观察汽车仪表板上各种仪表和故障报警灯状态，必要时会采取措施进行检测诊断。

2. 提高故障诊断的分析、判断能力。

(1)分析判断混合动力电动汽车故障，首先要了解汽车的结构布置形式，明确是串联式、并联式，还是混联式。不同类型的汽车，分析判断方法也不完全相同。

(2)确认受检汽车结构布置形式，可以缩小诊断范围，提高诊断效率。

①串联式混合动力电动汽车，发生不能起动的故障：

串联式混合动力电动汽车的动力是驱动电机，因此驱动电机是故障诊断的切入口。

②并联式、混联式混合动力电动汽车，发生不能起动的故障：

并联式、混联式混合动力电动汽车的动力，一般由驱动电机和内燃发动机组成。如果在纯电动模式下发生不能起动的故障，应在电力驱动系统中进行检查、分析和判断。故障可能发生在驱动电机与管理系统、动力电池与管理系统、整车管理系统等处。

如果在内燃机驱动模式下发生不能起动的故障，就应对内燃机进行检查、分析和判断。故障原因可能是：内燃机燃油系统故障、点火系统故障、电控燃油喷射系统故障和整车管理系统故障等。

如果在混联模式下发生不能起动的故障，就应对耦合系统进行重点检查、分析和判断。故障可能发生在变速器系统（耦合系统）、电力驱动系统和整车管理系统等处。

3. 安全注意事项

(1)当对混合动力电动汽车进行检测诊断时，一定要提高安全意识，注意安全事项，防止发生事故。特别是对于日系本田、丰田混合动力电动汽车，在作业之前一定要确认动力系统状态，将点火开关关掉，把车钥匙拔下。

(2)混合动力电动汽车最重要的安全问题是高压电气系统，包括电机、蓄电池组、控制系统和电线束。为了保证安全，所有高压电线接线端都是密封的或隔离的，而且电线束是橙色的。即使这样，如果没有戴上绝缘性能良好的高压防护手套，也不要触摸这些电线束。每次使用绝缘手套，都要仔细检查有无破损，即使手套上只有一个极小的针孔，都可能使电流穿过手套，经过人体流向大地，危及作业人员生命安全。

(3)与其他新能源汽车相同，每辆混合动力电动汽车的高压电气系统都设有安全维修开关，维修作业前要将其关闭。日系本田汽车的安全维修开关安装在动力控制单元上，位于后座附近的地板上，打开一个小盖子，将开关打到 OFF 位置即可。日系丰田 Pruis 汽车在驾驶员一侧后排座位附近地毯下面有一个维修塞，当维修高压电气系统时，可将维修塞取下放入自己口袋内,以防其他人员将维修塞装回造成重大安全事故。

4. 诊断检测程序

以实际案例介绍如下。

1)案例一:比亚迪·唐混合动力电动汽车漏电

(1)现象:该车辆起步后,仪表板显示“请检查动力系统”,动力系统自动切换为HEV(混合动力驱动)模式。使用诊断仪检测,显示2个故障代码,表示有2个故障,一个为漏电传感器严重漏电,一个为一般漏电。

(2)原因:当混合动力电动汽车在纯电动模式EV下自动切换到HEV模式下工作(驱动电机与内燃发动机共同驱动)时,说明电量不足。

高压系统漏电能造成电量不足,主要原因可能在以下方面。

①高压模块、驱动电机可能漏电。

②动力电池包可能漏电。

③高压线束可能漏电。

④漏电传感器故障(漏电传感器当漏电电流信号超过一定数值后就会切断线路跳闸)。

⑤BMS(动力电池管理系统)故障。

⑥低压信号线故障。

(3)诊断方法:先测量各控制器和电机总成的绝缘阻值,确定其是否漏电。再逐一排查电池包是否漏电,具体测量方法如下。

①清除故障代码,若通电后系统仍报漏电故障,按以下步骤继续检测:

a. 关闭汽车电源,断开低压电池负极,断开电池包正、负极母线插接件。

b. 测量电池包正极母线线束端对车身绝缘电阻值,用汽车万用表兆欧直流挡位测量。若测量值小于1MΩ,则高压配电箱漏电,应更换高压配电箱。

c. 断开空调压缩机高压线束插接件,测量线束端正、负极高压端子与车身绝缘电阻值,使用兆欧直流挡位,若阻值小于1MΩ,再分别检测前驱控制器、后驱控制器、车载充电器、PTC(加热器)、高压配电箱,确认是否漏电并排除漏电零部件。

d. 测量空调压缩机端线束正、负极高压端子与车身绝缘阻值,若小于1MΩ,则空调压缩机漏电。

②清除故障代码,通电后若系统不再报有漏电故障,但在挂D/R挡后又报漏电故障,按以下步骤继续检测:

a. 车辆关电后,断开低压磷酸铁锂电池负极,断开电池包正、负极母线插接件。

b. 断开前驱电机三相线,分别测量电机三相线、前驱动控制器三相输出端子对车身的绝缘电阻值,测量值小于1MΩ,则被测元件漏电。

c. 断开后驱动电机三相线,分别测量电机三相线、后驱动控制器三相输出端子对车身的绝缘电阻值,如小于1MΩ,则被测元件漏电。

③清除故障诊断代码,若通电后系统不再报有漏电故障,但打开空调又报有漏电故障,按以下步骤继续检测:

a. 将车辆空调调到制冷最低,打开空调后系统又报有漏电故障,则为空调压缩机漏电。

b. 将空调调到暖风最高,打开空调后报有漏电故障,则为PTC漏电。

c. 清除故障代码,通电后系统未报漏电故障,但充电时充电系统报有漏电故障,此为车载充电器漏电。

④如果还有怀疑对电池包以外高压部件绝缘电阻值排查，若无漏电元器件，则可能电池包漏电，更换动力电池包后，复检时再无漏电故障出现，故障诊断结束。

2）案例二：动力电池包SOC跳变，行驶里程缩短

（1）现象：一辆比亚迪·唐混合动力电动汽车，行驶中有时其SOC（电荷状态）会自动跳到99%。另外，用车载交流充电装置对车辆充电仅几分钟后SOC就显示为100%。组合仪表板上无故障提示。

（2）原因：SOC能表示动力电池当前所拥有的电荷量。它用当前所拥有的电荷量占动力电池常温下总容量的百分比表示。SOC显示的百分比是动力电池管理系统的估算值。影响这一估算的因素有很多，主要有放电电流、温度、自放电、容量衰减、动力电池管理软件等。

①单节动力电池电压异常。

②动力电池电压采集器故障。

③BMS（动力电池管理系统）故障。

（3）诊断方法：

①用诊断仪读取车辆静态（KOEO）时的电池包信息，检查是否异常。

②进行试车检查，观察电量变化，并使用诊断仪读取实时动力电池电压数据，根据数值进行分析。

如果检测数据显示动力电池总电压、总电流、单节动力电池电压都明显偏低，可判定动力电池损坏，更换动力电池包，复检中试车一切正常，再未显示故障，诊断结束。

3）案例三：高压互锁

（1）现象：一辆比亚迪·秦混合动力电动汽车，无电动驱动模式。组合仪表板故障报警灯点亮，提示："请检查动力系统"，高压BMS报故障代码为P1A6000，系高压互锁故障。

（2）原因：该车主要高压插接件（包括高压BMS、高压配电箱、维修开关、驱动电机控制器及DC变换器）均带有互锁回路。当其中某个插接件带电断开时，BMS便会检测到高压互锁回路断路，为保护维修人员安全，立即报警并断开高压回路电器连接，同时激活主动泄放。

（3）诊断方法：

①车辆通电，使用诊断仪读取故障代码，故障代码含义见表6-3所列。

高压互锁故障代码及含义 表6-3

序号	故障代码	代码含义
1	P1A4A00	高压互锁故障、高压信号故障
2	P1A6000	高压互锁故障

②清除故障代码，关闭点火开关后再重新通电，检查故障代码是否重新出现。

③若故障代码重新出现，用诊断仪读取高压BMS及驱动电机控制器数据流，检查高压BMS中"高压互锁"状态是否为"锁止"状态，高压接触器是否为"断开"状态。若不是，则检查BMS故障。若是，说明是BMS故障，更换BMS。若BMS未锁止，高压接触器为"吸合"状态，说明高压接触器出现烧结故障，更换高压配电箱。

复检故障是否重现，若高压互锁故障重现，按下述步骤继续诊断。

④检查高压互锁端子及低压互锁线束是否连接正常。

a. 测量高压电池管理器 K64-1 与 K65-7 针脚之间是否导通,如图 6-8 所示。若导通,说明高压互锁故障不是由高压动力电池管理器造成的;若不导通,说明高压动力电池管理器故障,应更换之。

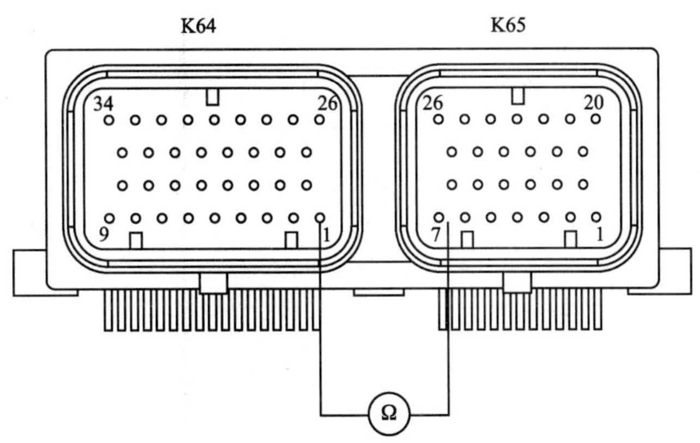

图 6-8 测量高压电池管理器两针脚之间是否导通

b. 测量高压配电箱 K54-2 与 K54-6 针脚之间是否导通,如图 6-9 所示。高压配电箱上有 6 个用于互锁信号的插头,包括动力电池包输入正、动力电池包输入负、驱动电机控制器与 DC 变换器正极、驱动电机控制器与 DC 变换器负极、车载充电器输入、输出至空调配电盒。这些插接件插上后互锁针脚是串联状态,测量插接件 K54-2 与 K54-6 之间的导通性,即可确认高压配电箱的高压互锁是否正常。

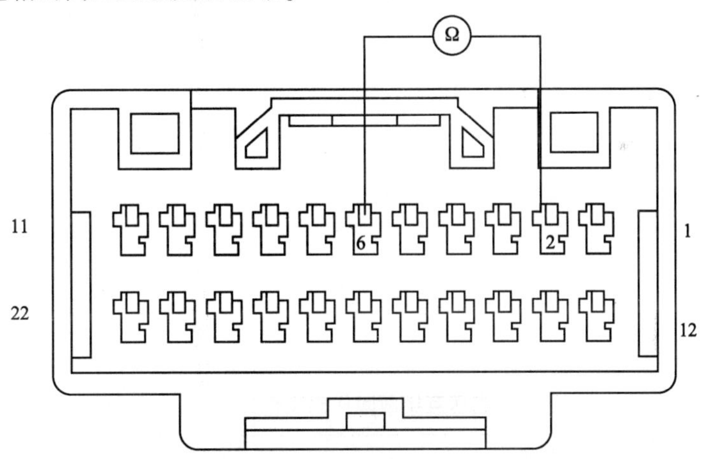

图 6-9 高压配电箱低压插接件 K54 互锁端子

若导通,说明高压互锁故障不是由高压配电箱引起的;若不导通,检查高压及低压互锁端子针脚是否有退针现象。若未退针,说明高压配电箱故障,更换之。

c. 驱动电机控制器及 DC 变换器无法直接测量,可以用排除法先测量维修开关 K66-1 与 K66-2 两针脚之间导通是否正常。若正常,说明高压互锁故障不是由维修开关引起的;若不正常,说明维修开关故障,更换之。

d. 若维修开关正常,拔掉所有高压线束,检查互锁针脚是否有退针现象。若有,处理针脚插头故障。

e. 若以上检查均正常,替换高压动力电池管理器,检查高压互锁故障是否排除。若排除,诊断结束。

参 考 文 献

[1] 张建俊. 汽车检测技术[M]. 北京:高等教育出版社,2014.

[2] 李东江,赵国柱. 亚洲轿车故障诊断流程册[M]. 北京:机械工业出版社,2005.

[3] 李东江,顾林. 欧洲轿车故障诊断流程册[M]. 北京:机械工业出版社,2005.

[4] 夏令伟. 新能源汽车维护与检测诊断[M]. 北京:人民交通出版社股份有限公司,2018.

[5] 刘新江,何陶华. 新能源汽车维修[M]. 北京:人民交通出版社股份有限公司,2020.